爱伦·坡传

The Reason
for the Darkness of the Night

Edgar Allan Poe and
the Forging of
American Science

〔英〕约翰·特雷什 —— 著
John Tresch

李永学 —— 译

中国出版集团
中译出版社

The Reason for the Darkness of the Night : Edgar Allan Poe and the Forging of American Science by John Tresch
Copyright © 2021 by John Tresch
The simplified Chinese translation copyright © 2023 by China Translation & Publishing House
Published by arrangement with The Cheney Agency, through The Grayhawk Agency Ltd.
ALL RIGHTS RESERVED
著作权合同登记号：图字01-2022-6533号

图书在版编目（CIP）数据

爱伦·坡传 /（英）约翰·特雷什著；李永学译 . -- 北京：中译出版社，2023.7

书名原文：The Reason for the Darkness of the Night : Edgar Allan Poe and the Forging of American Science

ISBN 978-7-5001-7296-3

Ⅰ. ①爱… Ⅱ. ①约… ②李… Ⅲ. ①坡(Poe, Edgar Allan 1809-1849)－传记 Ⅳ. ①K837.125.6

中国国家版本馆CIP数据核字(2023)第023252号

爱伦·坡传
AI LUN PO ZHUAN

出版发行：	中译出版社
地　　址：	北京市西城区新街口外大街28号普天德胜大厦主楼 4 层
电　　话：	（010）68359101　（010）68357328
邮　　编：	100088
电子邮箱：	book@ctph.com.cn
网　　址：	http://www.ctph.com.cn

出 版 人：	乔卫兵	总 策 划：	刘永淳
策划编辑：	郭宇佳　马雨晨	责任编辑：	邓　薇
文字编辑：	马雨晨　邓　薇	营销编辑：	张　晴　徐　也
版权支持：	马燕琦　王少甫　王立萌	封面设计：	王子君

排　　版：	北京中文天地文化艺术有限公司
印　　刷：	北京中科印刷有限公司
经　　销：	新华书店
规　　格：	787 mm×1092 mm　1/16
印　　张：	29.75
字　　数：	385千字
版　　次：	2023年7月第1版
印　　次：	2023年7月第1次

ISBN 978-7-5001-7296-3　　　定价：89.80元

版权所有　侵权必究
中 译 出 版 社

谨以此书献给我的母亲，她阅读了我可怕的故事

"艺术是自然的极致。假如天地形如第六日那天,则仍是一片混沌而已。大自然造了一方天地,艺术则另造了一方。简而言之,天下万物,均是神匠的作品;因为大自然是上帝的艺术。"①

——托马斯·布朗(Thomas Browne),《医生的宗教》(*Religio Medici*),1643年

---

① 此段译文选用了缪哲的译本,本书译者改动了一个字。——编者注

开篇　主题：宇宙　1

第一章　从爱伦到爱伦·坡　13
1　少年天文学家　15
2　在杰斐逊的实验中　31
3　流放、发明家、军校学员　45

第二章　扬帆启航　65
4　巴尔的摩的学徒生活　67
5　里士满：摸得到的模糊　82
6　疯狂的设计　104

目录

第三章　费城　119
7　美国的雅典　121
8　怪诞与奇特的方法　141
9　高处不胜寒　164
10　潮流转向　186
11　科学与江湖骗子的征程　207

第四章　纽约　225
12　新奇事物的市场　227
13　神奇之人　256
14　倔强之魔　279

第五章　前往冥界的彼岸　305
15　天使的奇观　307
16　上帝的谋划　317
17　陨落的星辰　345

结束语　来自一座灯塔　367
致谢　383
注释　387

开篇

主题：宇宙

1848 年 2 月初，一份纽约的报纸宣告了一个即将到来的神秘事件："星期四晚，埃德加·爱伦·坡（Edgar Allan Poe）将在社会图书馆（Society Library）……以'宇宙'为主题发表演讲。"[1]不会有比这更宏大的题材了，但谁也不知道他们会听到些什么：一个故事、一首诗，还是一次批判性的谩骂？又或者包含上述所有？

《纽约家庭期刊》（*New York Home Journal*）宣称："只有一件事确定无疑：这场演讲必定是思想紧凑的，它将充斥许多最新颖、最令人吃惊且最有见地的想法。"[2]作为一个"天生的思想剖析家"，爱伦·坡先生"以大西洋两岸无人企及的技巧，将天才及其仿制品切成碎片"。这些言论激起了人们对爱伦·坡本人的猜想。尽管声誉卓著，但他毕竟已经有一年多的时间淡出了公众的视野。

作为此次演讲的举办地——最近刚搬到伦纳德街和百老汇（Leonard and Broadway）的社会图书馆也并未提供更多有关演讲内容的线索。社会图书馆的文化档次比距它 10 个街区，位置在其南的 P. T. 巴纳姆（P. T. Barnum）的美国博物馆更高，其理事会成员包括银行家科尼利厄斯·罗斯福（Cornelius Roosevelt）等社会名流。拉尔夫·沃尔多·爱默生（Ralph Waldo Emerson）曾在此地发表"时间演讲"（Lecture on the Times）。这里也曾见证了形形色色的娱乐奇景，"瑞士敲钟人"、美国银版照相协会（American Daguerreotype Association）和舞台魔术师西格诺尔·布利茨（Signor Blitz）的表演都是最近具有代表性的高档演出。

爱伦·坡的演讲将与文学、科学或者某种从未出现过的新奇事物有关吗？《宇宙周刊》（Weekly Universe）对此评论道："爱伦·坡先生不仅仅是一位科学人，不仅仅是一位诗人，不仅仅是一位文学家。他是这几种人的综合，又或许超出了他们的综合。"[3]

这次演讲标志着爱伦·坡在一段令人焦躁的失踪之后终于复出。3年前，他因自己一首题为《乌鸦》（The Raven）的诗一举成名。这首诗以其古怪、诱人的旋律和令人萦绕于心的叠句，记录了一只神秘的鸟儿对一位悲痛欲绝的学者发出的声音，在公众的头脑中留下了深刻的印象："乌鸦说：永不复还。"（"Quoth the raven：Nevermore."）这首诗最先是用笔名发表的，人们赞颂它、翻印它、模仿它。一份纽约的报纸热烈地谈论道："它是以一种神明、人类（包括书商）过去都不知道的诗节写成的，但它以奇怪的方式，让自己像富于冲击力的狂野音乐一样充斥我们的耳朵，愉悦我们的感官。人人都在读这首诗，人人都在赞扬它。"[4]

文学界也听到了这首诗。爱伦·坡成了纽约文学沙龙的常客，他在那里以激昂而又沉静的朗诵吸引着听众。诗人弗朗西丝·萨贡特·奥斯古德（Frances Sargent Osgood）回忆道："他高高昂起自己骄傲的、美丽的头颅，他黑色的眼睛中闪耀着情感与思维的电光。"[5]另一位作家则在报告中称爱伦·坡是一位催眠师，称这种新科学由看不见的流体与连接心灵的振动组成："人们似乎认为在他周围有某种神秘的东西，在他身上发生了一些极为奇怪的故事，更重要的是，人们相信他的'催眠术'。"[6]

《乌鸦》也打开了新的大门。1845年，爱伦·坡向300名听众做了一场以"美国诗人与诗歌"为题的演讲，抨击美国文学界与批评界的凄惨状态，也谴责他们的区域性派系和自吹自擂的声誉。1846年年底，爱伦·坡的诗歌、小说、坚定不移的看法和善于挑衅的天赋，让他几乎就快要实现自己的梦想了——创办一本自己的杂志。从他成名初期的大致情况来看,他是一个镇定、睿智、敏锐的人,确实有乐观的理由(尽管也有几分忧郁)。

但他的运气变了。在1847年的大多数时间里,他不再出现在沙龙和学会演讲厅,而是成了流言蜚语和悲剧中的人物。他搬到了市中心以北12英里①处的福德姆(Fordham),与他的姑妈玛丽亚·克莱姆(Maria Clemm)和生病的妻子弗吉尼亚·伊莉莎·克莱姆(Virginia Eliza Clemm)住在一起。他后来向一位朋友坦白:"我开始变得疯狂,可又长时间伴随着可怕的清醒。我在疯狂发作时会毫无节制地饮酒,只有上帝知道我喝了多少次、多少酒。"[7]

他的盟友和敌人都在猜测他的状况。他的朋友乔治·W. 埃弗莱斯(George W. Eveleth)是一位医学学者,乔治在给编辑埃弗特·戴金克(Evert Duyckinck)的信中写道:"爱伦·坡先生在哪里?他在做什么,或者说他可能在做什么?……他是否仍在酗酒,还是已经改过自新?"[8]他的对手托马斯·邓恩·英格利希(Thomas Dunn English)此前写过一部小说,恶毒地讽刺爱伦·坡是个"醉鬼",现在则嘲笑爱伦·坡正处于人生的低潮期:"我们明白,爱伦·坡先生已经受雇为跨越百老汇的新铁路铺设栏杆。有人曾在几天前在这条街上见过他,当时他显然在铺路。"[9]

事实上,这时的爱伦·坡已经远离了纽约报纸和沙龙的喧嚣,不再遭受公众仔细的审查和琐碎的攻击,他正在为自己职业生涯的下一个阶段做规划。尽管在这人生的至暗时期,他几乎与世隔绝,但他为自己的想象力插上了翅膀。他在福德姆郁郁葱葱的草地和哈德孙河(Hudson River)沿岸光秃秃的石崖上漫步,创作了许多大胆的新作品:一篇阐述"写作科学"的论文;一首魔咒歌谣——《尤娜路姆》(Ulalume),如同一颗新诞生的星辰闪耀着"朦胧的光辉";一个在单一长卷上创造出的

---

① 英里,英美制长度单位,1英里等于5280英尺,合1.6093千米。——编者注

幻想故事——《阿恩海姆乐园》(*The Domain of Arnheim*)，讲述了一位享有无尽财富的艺术家设计了一座庞大的景观花园，看上去似地狱，又如天堂。而在所有这些作品中，最大胆的当属那篇1848年以"宇宙"为题的演讲。

爱伦·坡将他的希望寄托在这份工作上，这也是他"在文学世界中重建自己"[10]的计划的坚实第一步。作为一位杂志作家，他很幸运地得到了每篇文章20美元以上的稿费（无论有多少读者阅读这些文章）。一场听众众多、票价50美分的演讲，可以为他挣足好几个月的房租。在这场纽约的演讲之后，他将在全国巡回演讲，赢得门票收入，并为他考虑重新出版的文学杂志《铁笔》(*The Stylus*)增加订阅量。这份杂志是他与弗吉尼亚大学（University of Virginia，简称UVA）和美国陆军学院[U.S. Military Academy，即西点军校（West Point Military Academy）]的同班同学们一起创办的。"要开办这份杂志，必须有至少500人订阅，现在已经有将近200人了。然而我觉得，我应该到南部和西部，去见我在大学和西点军校的私人故交与文学界朋友，看看能不能请大家帮忙，一起做些什么。"[11]

最终我们知道了，他这篇于1848年公开发表的演讲稿就是一首散文诗——《尤里卡：关于物质与精神世界的随笔》(*Eureka：An Essay on the Material and Spiritual Universe*，简称《尤里卡》)。"尤里卡！——我发现了！"① 这是古希腊哲学家阿基米德（Archimedes）在发现一种检测黄金纯度的方法时发出的喊叫；"尤里卡！"也是加利福尼亚的淘金探险者们高兴的呼喊。爱伦·坡确信，在他这篇散文随笔中的发现将为他铸就不朽的名声，赚得宝贵的财富，而且，在他探索宇宙奥秘的同时，这也是在拯救自己的生命。

---

① "尤里卡"（εὕρηκα）是一句希腊语，即"我发现了"之意。相传古希腊哲学家阿基米德因为思考如何测量黄金纯度而发现了浮力定律，大喊道："尤里卡！——我发现了！"故也有版本将爱伦·坡的《尤里卡》译为《我发现了》。——编者注

他的策略不像看上去那么疯狂。爱伦·坡曾经在西点军校接受过数学与工程学的训练，并在随后几十年中紧跟电磁学、化学、自然历史学和天文学中迅猛的突破性发展；他也和与他同时代的几乎所有学者一样，参与有关宇宙学的讨论。宇宙的起源与组成让那个时代的许多伟大思想家，比如皮埃尔-西蒙·拉普拉斯（Pierre-Simon Laplace）、约翰·赫歇尔（John Herschel）和亚历山大·冯·洪堡（Alexander von Humboldt）都深陷与之相关的研究而无法自拔，美国公众也对此非常着迷。苏格兰牧师、天文学家托马斯·迪克（Thomas Dick）出版了通俗天文学书籍，它们协调了自然科学与新教神学，而8卷本的《布里奇沃特论文集》（*Bridgewater Treatises*）则更新了"自然神学"，使其同步于科学的进步。

1844年，畅销书《创世的自然历史的遗迹》（*Vestiges of the Natural History of Creation*，简称《遗迹》）在爱丁堡出版，现在仍然是大西洋两岸的人们热烈争论的对象。令人惊愕的是，《遗迹》重新描述了太阳系，包括太阳、地球以及人类的起源和发展，认为它们是统一的自然定律发展的结果，而其中并没有神的干预。这本书的匿名作者究竟是一个极端分子、奇思怪想者，还是一位令人尊敬的科学人？无人知晓。在1848年年初，爱伦·坡于社会图书馆发表演讲之前仅仅几天（彼时《遗迹》已恶名昭彰），《遗迹》作者的"重大嫌疑人"之一——格拉斯哥（Glasgow）大学天文学教授约翰·普林格尔·尼科尔（John Pringle Nichol）在纽约对大批听众发表了一系列演讲。[12]

尼科尔让听众专注于星云——它们是天空中遥远的朦胧光点，人们正在通过强大的新望远镜对它们进行仔细观察。根据他推崇的星云假说（nebular hypothesis）的解释，我们的太阳在凝聚之前曾经是一团闪光的旋转气体云，随后出现的是在轨道上围绕它运行的行星。

这一假说的神学后果[13]是明显的：如果正确，那就意味着，天空是逐步进化到现在的状况的，宇宙的历史与《创世记》（Genesis）中的描述显然不同。如果这样的进化过程是自然定律发展的结果且没有造物主的干预，则这些定律或许仍然有效，其影响将超越我们这颗渺小的行星，甚至能形成新物种。

在福德姆的那所小屋内外，爱伦·坡的姑妈玛丽亚·克莱姆，这位警惕的监护者总是在他工作时陪伴着他。"我经常陪着他到凌晨4点，他坐在他的书桌旁，我坐在椅子上打瞌睡，"玛丽亚·克莱姆这样回忆道，"当他创作《尤里卡》时，我们经常在花园里来回散步，用胳膊搂着彼此，直到我累得实在走不动了为止。他每隔几分钟都会停下来，向我解释他的想法，问我是否听得懂。他写作时，我总是和他坐在一起，每隔一两个小时给他一杯热咖啡。"[14]爱伦·坡时常坐立不安地徘徊到深夜，他抬头凝视着乡村上空清晰的星辰，心中冥思苦想着它们的来历，思索着这片天穹或许会为地球上的人们带来些许暗示。

从孩提时代开始，在他养父那座位于里士满的豪宅的阳台上，透过那台英国制造的望远镜，爱伦·坡像一名美国陆军炮兵的工程师那样抛光透镜，观察星辰。他最早期的诗歌之一——《阿尔阿拉夫》(Al Aaraaf)的背景就设定在由天文学家第谷·布拉赫（Tycho Brahe）发现的一颗新星上。爱伦·坡的《莫格街谋杀案》(The Murders in the Rue Morgue)是第一部现代侦探小说。和书中的侦探C.奥古斯特·迪潘（C. Auguste Dupin）一样，爱伦·坡认为，在他于夜间散步时观察到的星座中，有可能隐藏着关于宇宙早期历史和控制其生命与死亡定律的线索。

正如《乌鸦》中描述的那位学者一样，爱伦·坡在1848年1月不断地认真修改他的演讲稿，并且"思索着、恐惧着、怀疑着、梦想着从来没有任何凡人曾经经历过的梦境"。他租用了社会图书馆，请求他在出版社的朋友们帮忙宣布这一事件。他选定于2月3日（也是其妻子去世后的1年零4天）发表演讲，然而天公不作美，那天晚上，一场暴风雨袭击了这座城市。

爱伦·坡走到讲台前。他身穿简单优雅的黑色西服套装,领子和领带一尘不染(尽管或许略微有一点儿磨损),他面前放置着一叠手稿,由他小巧工整的笔迹书写而成。只有不畏风雨的60多人前来见证了这一事件,他们是一群"精选的、对他极为信服的听众"。[15]

毫不气馁的爱伦·坡破解着宇宙的奥秘。一位听众评论道:"我从未见过任何能恰如其分地展现爱伦·坡那苍白、优雅、睿智的脸庞和迷人双眼的肖像。他的演讲是一支极为精彩的狂想曲。他看上去深受启发,他的启发简直让为数不多的听众感到痛苦。"[16]爱伦·坡的演讲以一个新的创世故事为核心,其特点是奇异而且充满诗意的对称性:一个关于恒星形成的理论,将星云假说扩展到了整个宇宙。

在他的叙述中,一切事物都始于一个单一的、统一的粒子,它向外爆炸,达到了"恒星宇宙"("the Universe of Stars")[17]的极限,聚集为星云。这些星云接着向内部凝聚,形成了恒星和行星。但向内部的引力受到一个与其竞争的排斥力的对抗,爱伦·坡称这个排斥力为电力,它是引起一切活力、意识和思维现象的原因。[18]"亘古以来,这两大力量一直斗争不止,产生了充斥于地球和其他行星上的种种存在。最终,引力将占据上风,而一切物质将以'百万倍于电的速度'[19],向其内部冲去,重新成为初始球体的原始统一[20]。"

一位来自《纽约清晨快报》(*New York Morning Express*)的记者将这次演讲描述为他有史以来听到过的"准备得最为精心、最为深刻"[21]的演讲,"听众对演讲报以热烈的掌声,他们始终如同着了魔一般专注地倾听着他的话语。"爱伦·坡将《尤里卡》视为他的写作、他的梦想和不走运的生命的巅峰。他告诉他的朋友们,它的宿命是"让物理与元物理科学的世界爆发革命",这是他"冷静思考后想要表达的"。[22]

演讲稿发表后,他在给自己的姑妈兼岳母的信中说:"我不想活了。自我写下《尤里卡》之后,我就再也无法拥有任何成就了。"[23]他于第二年溘然长逝。

爱伦·坡效应

无论将爱伦·坡尊崇为恐怖的卓越才子、侦探小说的鼻祖、科幻小说的开路先锋，还是象征艺术的高级牧师、忧郁的哥特王子，许多他的崇拜者其实都从未读过《尤里卡》——这部由他在1848年那个夜晚完成的宇宙学理论散文诗。特殊的篇幅、令人难以理解的形式与论证方式，使《尤里卡》似乎与爱伦·坡其他著名的作品格格不入，无论是那些疯狂到令人发指的恐怖小说，还是他热情赞颂缥缈之美的诗歌。

本书从一个新的角度出发，讲述了有关埃德加·爱伦·坡生命的完整故事。它让爱伦·坡的宇宙学回到了他生命和思想的巅峰，并且把他的作品展现为他所处年代的纷乱思想与激情的独特表达，与现代科学的出现紧密地联系在一起。

爱伦·坡探索了世界组成的强大新方式及其令人振奋的前景和危险的盲点。要想更深入地了解他的生活与作品，就必须密切注意他与科学思想和发现之间的不解之缘。作为回报，爱伦·坡的生活与作品生动地揭示了在这一决定性时刻的现代科学。科学史学家托马斯·库恩（Thomas Kuhn）将19世纪上半叶定性为"第二次科学革命"。[24]有了精确测量与计算的方法，研究者们在巩固以弗朗西斯·培根（Francis Bacon）、约翰尼斯·开普勒（Johannes Kepler）、勒内·笛卡儿（Rene Descartes）、伽利略·伽利雷（Galileo Galilei）和艾萨克·牛顿（Isaac Newton）等为代表的17世纪的"第一次科学革命"中的项目，而这时的科学领域也在多样化地扩展。爱伦·坡的情况清楚地解释了当科学于19世纪在美国展开时，人们对它的痴迷和争论。他的作品从本质上体现了当时的紧张状态：在大众扩张与精英控制之间、在共情与分离之间、在神圣的热情与冷冰冰的物质主义之间。

爱伦·坡认为，一首诗或者一个故事中的每一个词和形象都应该服务于某个单一的、有选择的效果。他的作品传达了一大批令人眼花缭乱的震撼与欣喜，它们是恐惧、幽默、反感和庄严的。然而，在最初的效果之后往往会有第二个时刻。专注的读者或许会想：他是怎样做到的？怎样将词语、期望和渲染结合，从而给个体和群体的思想造成这样的冲击？还可能有更深一层的问题：这些就是具有启发性的高档次艺术的技巧吗？或者它们只不过是触发了基本反应的原始谋划？在爱伦·坡的作品引发了读者对类似真实事件的反应的情况下，或者说在其达到"逼真"的效果下，读者或许会问，这是对于事实的真实报告，还是一个恶作剧或一场骗局？

这种"爱伦·坡效应"应该在感叹号后面加上问号——一个惊人的、高强度的影响，让读者在一连串的原因之后认真思索。这些都指向一个迷人但难以捉摸的起源——爱伦·坡本人。他的幻想小说、侦探小说和非虚构写作，都戏剧化地表现了探究的行为，以及产生探究行为的人们的斗争、恐惧、希望和幻想。他发明的"新效果"和对隐藏原因的寻找，将他置身于19世纪上半叶美国科学大旋涡的中心。

爱伦·坡和他的同代人的感官遭受了新科技效应的冲击：电磁信号、灿烂的灯光演出、喧嚣的城市街道、令人迷幻的表演、机器印刷的文字。他们也面对着那些分析世界、治疗疾病、为政治决定辩护、组织构建社会和塑造心灵的新方法和新理论。科学在今天的形象是实验室、显微镜和白大褂：一项规范的、统一的事业，由政府大量投资，被认为是获得有关世界可靠知识的最佳途径，而且，对某些人来说，这也是唯一的途径。然而，当爱伦·坡于19世纪30年代开始他的职业生涯时，科学的这种形象充其量不过是一个遥远的梦。

只是到了1833年，人们才发明了"科学家"（scientist）这个词，用以取代身兼数职的"自然哲学家"（natural philosopher）。在欧洲，拿破仑战争的余波和工业革命的曙光引发了有关权利和财产、信仰和专业知识之间的激烈冲突。因为不存在民族传统和制度框架，美国的科学形势甚至更为混乱。[25] 在大众出版社和学会演讲厅中，自我标榜的专家们可以就任何题材公布值得怀疑的观察结果和似是而非的理论。无论是科学协会、国家科学院还是同行评议的杂志，都不存在强有力的权威，这让人无法从谬误甚至全然的欺诈中分辨出可靠的说法。

但潮流开始有所转变了。在爱伦·坡的时代，一些有进取心的、相互关系密切的改革家开始重新塑造科学，让它成为一套关于人们应该如何在世界上居住的相互关联的主张。它将推动人们物质生活的改善，是知识和自然的统一。爱伦·坡的人生与这些人走过的道路一再相交，而且他也在消化与探讨他们的发现和发明。

我们将会看到，本杰明·富兰克林（Benjamin Franklin）的曾外孙亚历山大·达拉斯·贝奇（Alexander Dallas Bache），和贝奇的亲密盟友物理学家约瑟夫·亨利（Joseph Henry），以及数学与天文学家本杰明·皮尔斯（Benjamin Peirce）所坚信的观点：促进科学的形成和发展是将美国建设成为一个统一的国家的基础。他们致力于建立由联邦支持的、具有良好组织的机构，用于训练与研究。他们将这些机构视为对于国家力量、工业发展和领土扩张的关键支持。科学艰难地交织在这个时代的各种冲突之中，它刚刚开始形成我们今天认识到的强有力（尽管不时受到威胁）的势力。

爱伦·坡就他的时代的科学领域进行写作与思考，他经常发声呼吁科学的制度化与扩大。与此同时，他也审视与嘲讽科学的崛起。他明确地指出，科学只能通过说服人们遵循特定的乌托邦远景，才能扎下坚实的根基，而且，真理与虚妄、理性与非理性、常识与疯狂之间的界限是不断变化的、不稳定的。

有时候，他明确地支持像贝奇和亨利这些科学改革者的项目，响应他们的呼吁，要把美国的知识体系建立在一个新的、更坚实的基础上。但他有时也会嘲笑现代科学作为任何题材的最后定论所给出的简单解释，并用可以与P.T.巴纳姆相比的恶作剧来戏弄那些轻信他人的同代人。

在包括《尤里卡》在内的范围广泛的哲学著作中，他提出了有关科学和宇宙的另一个景象，其中直觉、感情和想象力扮演着主要角色。爱伦·坡的作品既有赞同也有反对新兴科学共识的内容，其思想平衡的支点是他对科学的深入了解。

包括语言学家罗曼·雅各布逊（Roman Jakobson）、科学哲学家查尔斯·桑德斯·皮尔斯（Charles Sanders Peirce）、加斯顿·巴什拉（Gaston Bachelard），以及西格蒙德·弗洛伊德（Sigmund Freud）的学生玛丽·波拿巴（Marie Bonaparte）[26]在内的大量后世学者借鉴了爱伦·坡的理论和著作，研究他的思想以促进精神分析学的发展。并且，我们还需要研究他所痴迷的科学之外的更多东西。几乎每个初中生都知道，他的作品洋溢着忧虑的气氛，同时，他也是一个严谨的艺术家，是一个善于把握词语的声音和深层意义的语言大师，极力倡导发扬语言的精巧、不规则之美。

他以种类多得惊人的风格、题材和语气创作，描绘了壮丽的风景、迷幻的内心世界和令人极为不安的人物，向后来的作家们演示了短篇小说可能意味着的一切：心理与美学实验、哲学研究、恐惧与美好的狂野之旅。爱伦·坡为备受折磨的人、遭受诅咒的人、惨遭放逐的人和性格古怪的人仗义执言，即使在他严谨而又清晰地解释艺术的普遍原则的时候也同样如此。

他深刻地影响了许多作家，其中包括夏尔·波德莱尔（Charles Baudelaire）、费奥多尔·陀思妥耶夫斯基（Fyodor Dostoevsky）、儒勒·凡尔纳（Jules Verne）、H. P. 洛夫克拉夫特（H. P. Lovecraft）、阿瑟·柯南·道尔（Arthur Conan Doyle）、弗拉基米尔·纳博科夫（Vladimir Nabokov）、帕特里夏·海史密斯（Patricia Highsmith）和豪尔赫·路易斯·博尔赫斯（Jorge Luis Borges）等。他们紧跟爱伦·坡的步伐，走出了一条现代文学的道路。爱伦·坡至今仍是在任何语言中都具有最广泛读者的虚构类作品作家之一。他的作品中具有疯狂怪诞的对比，因此，他或许也是最具美国特色的作家。爱伦·坡分别从极具特权与极度贫穷者的视角观察美国的国家实验，他宛如一台地震仪，记录着他所在的时间和地点的波动。他曾沉浸在里士满、波士顿、巴尔的摩、费城、纽约这几座主要城市各具特色的文化活动中，他的作品让人们看到了与美国的创建无法分割的暴力、忧虑、狂热的理想主义和恐惧。[27]

尽管围绕爱伦·坡存在着种种神话与陈词滥调，但他并不是一个病态的忧郁梦想家，也不是一个容易因为最轻微的暗示就转而相信另一种震撼世界的现实的人；或许他确实是这样的人，但并非仅此而已。爱伦·坡经历过重大的不幸，其中许多是他咎由自取。然而，正如他的肖像让我们看到的那样，他以尊严、善良、责任感和甘之如饴的态度对待它们。作为第一批完全凭借文学作品谋生的美国作家之一，他强迫自己通过前所未有的曲折情节抓住读者、赢得名声。

爱伦·坡有着更高的目标。当他不由自主地抬头远望天穹时，他是一名分析家、哲学家，也是一名侦探，他在尝试破解宇宙的密码。爱伦·坡以他那极为锐利的目光，追踪着这个奇异而又矛盾的国家走过了辉煌的道路；正是这个国家造就了他，并让他把崇高的甚至让当时的人深感可怖的现代精神带到了人间。

第一章
从爱伦到爱伦·坡

无止境的骄傲
形成了深不可测的黑暗之潮——
一个奥秘,还有一段梦境,
这似乎就是我早期生活的写照。
——爱伦·坡,《模仿》(*Imitation*)[1]

魔术幻灯片《"半月"和"新月"》(英格兰,约1847年)

1
少年天文学家

在 1825 年夏季的闷热日子里，任何路过第五街（Fifth Street）和缅因街（Main Street）拐角那座豪宅的人，只要抬头仰望阳台，都可以看到一位身材修长的少年在仔细地调整望远镜。这座房屋坐落在肖科山（Shockoe Hill）上，山坡向詹姆斯河（James River）延伸，正是这条潮汐河让里士满市与大海相连。当少年透过那台用玻璃、木料和黄铜制成的仪器[1]向外窥视时，他时而小心地移动，时而耐心地一动不动；白天他会追踪随着浪潮进出的船只，夜晚则会紧盯星辰。

这位时年 16 岁的天文学家就是埃德加·爱伦·坡，人们有时称他爱迪（Eddie），有时称他埃德加·坡（Edgar Poe）或埃德加（Edgar）。他熟习星图和星体运动轨迹的计算知识，并涉猎相关传说，从而熟知星座的位置。他眉清目秀，淡褐色的眼睛炯炯有神，且头脑敏捷聪慧；有人认为，他时而活跃、时而庄重的举止与鸟儿相似。从 1821 年起，他就在少年绅士们就读的里士满学院（Richmond Academy）里读书，并在语言学、修辞学以及该院引以为傲的天文学、圆锥曲线、代数、微积分和力学等课程[2]中笑傲同侪。

埃德加是个孤儿，是寄养他的家庭中唯一的孩子。他和朋友们时常在市外的树林中奔跑，在拳击比赛、恶作剧和探险中较量。他曾经横渡詹姆斯河最宽的水面，游程约 10 千米，并将这一壮举比作乔治·戈登·拜伦勋爵（Lord George Gordon Byron）横渡赫勒斯滂海峡（Hellerspont）[1]的行为。和拜伦一样，他也是一位诗人。他曾写道，自己的心中"奔涌着深沉激情的狂澜"[3]，并将这种情感倾注于富于乐感与沉思的诗句。他非常沉迷于小说、探险故事、历史书籍和那些在他的养父约翰·爱伦（John Allan）的商店中出售的杂志。

无论外貌还是性格，埃德加与约翰·爱伦都没有多少相似之处。约翰·爱伦高大魁梧，注重社会地位和自身欲望的满足。他给家人创造的优渥生活靠的是烟草交易。这些辛辣烟草产自弗吉尼亚西部与南部种植园，由强占了美洲印第安人土地的殖民者买来的非洲裔奴隶们收割、捆绑，将其装上大车运往里士满，并在那里卖出、加工处理、包装，最终运往美国北方各州和英格兰。与沉迷于书籍的养子不同，约翰·爱伦关心的只是烟草的发货和到货时间、气候、价格及成本。

这座豪宅叫摩尔达维亚（Moldavia），距离里士满的烟草与棉花市场只有一箭之遥；几条街外的肖科洼地（Shockoe Bottom）是买卖奴隶的场所。约翰·爱伦于1825年6月买下了这处房产，那时他已经在里士满自诩精英和南方贵族的绅士圈子中牢牢地占据了一席之地。豪宅位于这座城市的最大建筑群，它们的白色圆柱与圆顶遵循古希腊与古罗马的帝国礼仪标准建造而成。摩尔达维亚有3层楼高，带有支柱门廊，宣告着约翰·爱伦从惨淡经营的生意人转向种植园主与商界寡头的崛起。正如豪宅中的画像、华丽的帷幔和精美的家具一样，埃德加的望远镜同样展现了财富和品位。它也是爱伦所珍爱的现实世界的一部分，因为它是对跨大西洋贸易举足轻重的领航和绘制地图的工具。

几十年前，约翰·爱伦从苏格兰乘船来到了里士满，投奔他的叔叔威廉·高尔特（William Galt），一位成功的商人。后来，约翰·爱伦与查尔斯·埃利斯（Charles Ellis）合伙，开始进口家用货物、纺织品和

---

[1] 现名达达尼尔海峡（Dardanelles），位于土耳其。英国诗人乔治·戈登·拜伦曾于1810年游泳横渡该海峡。——译者注

杂志，向富有的顾客兜售。再后来，他娶了一位种植园主的女儿弗朗西丝·基林·瓦伦丁（Frances Keeling Valentines）为妻。在1812年战争①之后的一些年，埃利斯-爱伦合伙公司（House of Ellis and Allan）一度风雨飘摇。而在约翰·爱伦的叔叔于1825年3月去世后，约翰·爱伦变成了弗吉尼亚最为富有的人之一，他继承了三处大产业——"包括奴隶、存货和从属于该产业的各种资产"[4]，还有在里士满圣公会纪念教堂（Richmond's Episcopal Monumental Church）里彰显高尔特显赫地位的靠背长椅。

埃德加的生母是一位著名的女演员，被誉为"美国最漂亮的女子之一"[5]，但她于1811年死于里士满，于是约翰·爱伦和弗朗西丝·爱伦夫妇收留了当时年仅两岁的埃德加，埃德加从此成了埃德加·爱伦·坡。他们在许多方面都对他视若己出，把他当作弗吉尼亚未来统治阶级的一员来培养，让他认为自己有一天会继承一笔庞大的遗产。然而，约翰·爱伦一直不肯在法律上正式收养这个男孩，这让爱伦·坡的童年变成了他为赢得约翰·爱伦的爱和认可的无情考验。

到了1825年夏季，爱伦·坡已经年届16岁，但他与那易怒的养父之间的紧张关系仍在进一步加剧。弗朗西丝·爱伦一直溺爱着爱伦·坡，他也以同样的爱回报她。然而，爱伦·坡对投身商海兴趣寥寥，这让约翰·爱伦大为恼火。爱伦·坡现存的最早诗稿正是写在一张约翰·爱伦用来计算贷款复利的纸上。[6]

约翰·爱伦对他那娇弱的妻子越来越冷淡。对爱伦·坡，他则态度倨傲、视若无物、动辄发火。他是一个严厉的人，会因为爱伦·坡孩子气的错误鞭打他。他时而会大方地给爱伦·坡大笔零花钱和礼物，但有时又吝啬得令人费解。最重要的是，他没有一刻让爱伦·坡忘记：他们之间既没有血缘关系，也没有法律上的父子关系，因此爱伦·坡无权期

---

① 即美国第二次独立战争（Second War for Independence），指美国与英国之间发生于1812—1815年的战争。这是美国独立后的第一次对外战争。——编者注

待任何遗产。此外还有一些有关约翰·爱伦与爱伦·坡生母的议论也开始发酵。

有了望远镜,爱伦·坡可以跨越太空旅行。当他蹲在镜头前时,模糊的迷雾分解了,成为一团吸人眼球的黑暗,还有细微的光点散落其中,揭示了一幅显示奇异地点的准确、诡异的图像。他也躲进了诗的意境,根据描写"长庚星"的诗句(*Evening Star*)在脑海中上演了一出天空的戏剧[7]:

> 透过更为明亮的冷月之光,
> 星辰运行在轨道上,
> 显现了苍白的容颜,
> 她的奴隶是行星,位于中央,
> 她自己在天空中,
> 她的光束辉耀着海浪。

他以"夜的主宰"恭维月球,但也在凝视着"她清冷的微笑;太冷了——对我来说"之后,转向了金星(Venus),即长庚星。这颗星扮演的"骄傲的角色"迷住了他:

> 我更加赞美
> 你遥远的火光,
> 而不是在夜空中,
> 更冰冷的卑微寒芒。

尽管华美的月球吸引了世界的目光,但诗人追求的是更稀有、更遥远的欢乐。

这些超脱凡俗的简练诗句是爱伦·坡十几岁的时候写下的,预示着他未来的诗人之路。它们也反映了他充满忧虑的童年世界：在一座水上之都、一个矛盾价值的商业中心，古典的理想、对现代科学的神往、对暴力强制的屈从和对浪漫诗歌的渴望、对比与激情都在发挥着作用。

舞台之子

1809年1月19日，爱伦·坡生于美国北方的波士顿。他的母亲伊莉莎·阿诺德（Eliza Arnold）9岁时从英格兰移民到美国。她在舞台上长大，以其饰演的唱歌女郎和（《哈姆雷特》中）奥菲莉亚（Ophelia）的角色迷倒了观众，人们对她的美貌与活泼性格赞叹不已。在早期的美国，表演是一个容易在道德上受到怀疑的行当；在波士顿，戏剧直到1795年才被解禁。在巡回演出中，伊莉莎引起了戴维·坡（David Poe）的关注。戴维·坡来自巴尔的摩一个受人尊敬的家庭，他的父亲坡将军（General Poe）曾在独立战争期间担任德·拉法耶特侯爵（Marquis de Lafayette）的军务长。他们结婚了，并一起巡回演出——虽然戴维·坡常常酗酒，而且在舞台上只能出演配角。

他们的第一个儿子亨利·坡（Henry Poe）生于1807年，随后埃德加·坡出生。当第三个孩子罗莎莉·坡（Rosalie Poe）出生时（也可能在她出生的很久以前），戴维·坡已经离家出走了。1811年，伊莉莎·坡夫人在弗吉尼亚州的舞台表演大受欢迎。然而，她在里士满出演朱丽叶（Juliet）和其他著名角色时，不幸染上了肺结核。

一位垂死的貌美的女演员，身旁围绕着她的孩子们，其中最小的一个还在吃奶——多么凄惨的景象。据一位当地商人说，女士们向她表达了敬意："这一阵这里流行一种时尚——慈善。我们都知道，坡夫人是一位非常漂亮的女子，可惜她病得很重，而且在与丈夫争吵之后分手，现在一贫如洗。现在最时尚的'度假胜地'就是她的房间。"[8]《里士满探索者》（Richmond Enquirer）报道说："病倒在床、儿女环绕的坡夫人正在请求您的援助,这很可能是她最后的时光。"[9]

12月8日,她去世了。很可能就在几天之后,不负责任的戴维·坡也在诺福克死去。坡家族在巴尔的摩的亲戚接纳了亨利;婴儿罗莎莉则由威廉·麦肯齐(William Mackenzie)和简·麦肯齐(Jane Mackenzie)夫妇收养,他们是约翰·爱伦一家的亲密朋友。在妻子的劝说下,约翰·爱伦把埃德加带回了家。

接着又发生了另一起公众悲剧:12月26日,就在伊莉莎·坡曾经演出的同一个里士满剧场,正当《流血的修女》(The Bleeding Nun)上演之时发生了火灾,72人罹难。市议会委托修建了一座纪念碑。在最高法院首席大法官约翰·马歇尔(John Marshall)的指导下,由托马斯·杰斐逊(Thomas Jefferson)的一位学生设计的新古典八角形圣公会纪念教堂于宽街(Broad Street)竣工。与几位参议员、国会议员及弗吉尼亚州的州长一样,约翰·爱伦的叔叔威廉·高尔特出资购买了一条靠背长椅。在爱伦·坡的记忆中,这次火灾和他母亲的去世是联系在一起的。

里士满是美国南部的政治中心,在联邦政府中的地位举足轻重。种植园主们依靠商人,这些商人中有许多是像约翰·爱伦和他的叔叔威廉·高尔特一样的苏格兰移民。[10]他们的锱铢必较与种植园主们的慷慨形成了鲜明对照,但弗朗西丝的家庭关系和威廉·高尔特的财富都保障了爱伦夫妇的社会地位。每年夏天,为了躲避里士满的闷热,爱伦一家都会前往白硫黄温泉镇(White Sulphur Springs)度假。[11]在那里,爱伦·坡因为"他孩子气的优雅和坦率、纯情和慷慨的性格"而备受欢迎,人们都说他是"一个可爱的小家伙,长着一头黑色的卷发和一对亮晶晶的眼睛,打扮得像个小王子"。[12]

弗吉尼亚人以其重视荣誉和等级观念的传统为豪。这些都被深刻地表现在舞会和决斗的仪式上,由沃尔特·斯科特(Walter Scott)创作的英雄武士传奇《艾凡赫》(Ivanhoe)和《韦弗利》(Waverly)则向其注入了梦幻般的激情。弗吉尼亚州的大奴隶主贵族紧紧抓住其在国会、法庭和白宫中的地位,确保家族利益,自己不能任职,就派出儿子们来接替。弗吉尼亚人珍视冷静与张狂,鼓励女性的纯洁与雅致,并且充满担忧地维护种族边界。然而这些理想经常因为男性奴隶主们对于他们豢养的女奴隶的性自由而受到破坏,这也是在感觉论者作品和废奴主义文学中反复出现的主题。[13]

爱伦·坡的活动范围通常在爱伦夫妇用来招待朋友和家人的客厅和仆人的住所之间。在里士满,三分之一以上的人口是奴隶。[14] 种族融合在此以无数种方式出现,爱伦·坡的早期童年中很大一部分时间都由黑人仆人照顾,其中包括约翰·爱伦的管家——达布尼·丹德里奇(Dabney Dandridge)。[15] 照顾他的人经常给他讲故事。非洲传说[16]——它们代代相传,经过中间叙说者的修改和重新创作,经常描述通过巫术和危险的强迫意念附身的灵魂、死者的尸体恢复生命、邪恶的精灵怎样折磨活人等。爱伦·坡后来那些有关鬼魂出没、墓葬和僵尸一样的亡灵故事及诗歌也将这些非洲和克里奥尔人(Creoles)的主题传递给了读者。

有些批评家觉得,爱伦·坡竟然全情拥抱了哥特式文学,这是非常离奇的。哥特式文学是一种与鬼魂作祟的城堡和受到诅咒的贵族相关的传统文学,由爱丁堡的《布莱克伍德杂志》(*Blackwood's Magazine*)和德国作家 E. T. A. 霍夫曼(E. T. A. Hoffmann)向大众普及。然而,爱伦·坡在他第一部短篇小说集的前言中坚持认为:"恐怖并非源于德国,而是源于灵魂。"[17] 更具体地说,爱伦·坡从弗吉尼亚州的贵族氛围和奴隶们日常的悲惨生活中获得了写作灵感,表现为《厄舍古屋的倒塌》(*The Fall of the House of Usher*,简称《厄舍》)和《红死魔的假面具》(*The Masque of the Red Death*)中病态的颓废氛围、《黑猫》(*The Black Cat*)中感情用事的虐待,以及《陷阱与钟摆》(*The Pit and the Pendulum*)中的刑具等。弗吉尼亚州奴隶制的中心地位是爱伦·坡童年时代的标志,也是他后期写作的标志。奴隶反抗的可能性一直存在,但有关其反叛和遭遇残酷镇压的谣传也接踵而至。

作为约翰·爱伦的被监护人，爱伦·坡生活在与种植园紧密相连的弗吉尼亚的特权阶层生活之中。然而，他不得不两次从这个阶层离开。这不仅因为约翰·爱伦是新近打入贵族阶层的新兴商人阶层中的一员，而且更令人沮丧的是，这个阶层的人一再让爱伦·坡牢记，在一个血统至上的文化中，他是一个孤儿，是个演员的儿子。他的亲生父母（尤其是在其模糊记忆中珍藏着的母亲，尽管这种记忆很可能只不过是他自己的想象）早早死亡的悲剧也时时在他的童年记忆里挥之不去。这些经历，正是塑造一个忧郁、神经质、观察力极强的孩子的"理想条件"。

实验中的共和国

里士满的白人精英乐于展示财富、学识和美学鉴赏力。他们也拥护在《独立宣言》（the Declaration of Independence）和美国宪法（the United States Constitution）中确定的温和的理性主义，认为常识可以发现隐藏的自然定律和政治驱动力。[18]作为美国独立战争期间的弗吉尼亚州州长，华盛顿时期的国务卿和美国的第三任总统，托马斯·杰斐逊在弗吉尼亚社会中具有重大影响力。与本杰明·富兰克林一样，他也是美国早期最为著名的科学贡献者之一。[19]

过去，在殖民地中，从事科学活动基本上一直是绅士们的特权。杰斐逊和他的种植园主朋友们会讨论里士满的历史与自然问题，并把他们的儿子送到威廉与玛丽学院（William & Mary College）接受经典教育。在北方，机械技艺备受尊崇，但与医学不同，科学更常被看作一种消遣而非职业；尽管伦敦与巴黎的学者们盛赞富兰克林1751年发表的《电学实验与观察》（*Experiments and Observations on Electricity*），但让他在费城赖以谋生的是印刷厂主这一职位。在他于1747年退休之前，他一直利用业余时间研究闪电和莱顿瓶（Leyden jar）①，并提出了电荷守恒原理，即正负电荷的互补性。

当时建立的科学机构普遍规模很小，主要是由城市与各州政府资助的。在殖民地的学院中教授的主要是古代语言、历史和神学；人们认为教授们就该好好在教室里教学，而不应该搞什么采集、归类研究或者做实验——当时用于仪器和其他设备的经费很少。只有医学能让人有一些研究科学的机会；许多当时研究植物学、自然历史、化学、物理学的人都是医生。那些有关自然哲学的讨论基本是在非正式的地方组织协会中进行的。例如富兰克林于1743年在费城创建了美国哲学学会（American Philosophical Society，简称APS），约翰·亚当斯（John Adams）则于1780年在马萨诸塞州的剑桥开创了美国艺术与科学学院（American Academy of Arts and Sciences）。尽管这些机构拥有这些声名赫赫的成员，但它们依然没有得到全国性的资助，全靠会员费和各州的津贴维持。

就在这样一种俱乐部形式的背景下，成员之间有礼貌地交换着有关天文观察、自然历史趣闻和农业实践新方法的报告。在美国哲学学会，威廉·巴特拉姆（William Bartram）与其他人探讨植物、树木和地衣的相关知识；戴维·里滕豪斯（David Rittenhouse）演示了望远镜、时钟和太阳系仪（一种太阳系的机械模型）如何使用。当独立战争期间的科学人士研究牛顿理论的简朴比例时，他们的许多知识也时常通过生动的展览、奇异的物体和栩栩如生的展示，得以更广泛地向大众，包括儿童和妇女普及。在一次普及电学相关知识的演示中，富兰克林的助手真的电击了一些观众，让他们通过身体感官的冲击获得自然科学的启蒙。[20]

独立战争被认为是理性定律在社会中的一场应用。富兰克林认为，这一"大胆的、崇高的实验"[21]是"上天赋予我们的光荣使命"[22]。在《人的权利》(*The Rights of Man*)一书中，托马斯·潘恩（Thomas

---

① 原始形式的电容器，用以储存静电电荷。——译者注

Paine)断言,独立战争"只不过是在政治上呈现了力学理论"。[23]杰斐逊的私产中不乏弗朗西斯·培根、艾萨克·牛顿和约翰·洛克(John Locke)的肖像,杰斐逊认为他们是"人类历史上最为伟大的三位圣人,没有例外"。[24]詹姆斯·麦迪逊(James Madison)和约翰·亚当斯在他们支持宪法中权力平衡的辩论中提到了牛顿定律。[25]然而,将早期美国说成"科学应用的尝试"[26]只不过是口头上的,制宪者事实上并没有对科研提供全国性支持,科学仍然主要是地方性的事务。

在《弗吉尼亚州纪事》(Notes on the State of Virginia)中,杰斐逊就像一位气象学家、测量师和博物学家那样写作。他为唯物主义哲学所倾倒,将5个版本的卢克莱修(Lucretius)的《物性论》(De rerum natura)[27]与伊拉斯谟斯·达尔文(Erasmus Darwin)①的宇宙学诗歌《自然之庙》(The Temple of Nature)、《植物园》(The Botanic Garden)放在一起。他还对照看植物十分上心。"我将植物学排名为最有价值的科学。"[28]他说,因为它对于"衣食""装饰""香水"和"药剂"都"非常有用",而"对于一个农村家庭,它是他们的很大一部分社交享受"。作为一位总统,他于1803年从法国购买了路易斯安那领地,并派梅里韦瑟·刘易斯(Meriwether Lewis)和威廉·克拉克(William Clark)对延伸至太平洋海岸的大陆进行探索,确信美国未来的殖民地将延伸到那里。美国哲学学会的科学家给刘易斯和克拉克开办了制图与自然历史的速成课程,包括寻找大型动物存在的证据(无论它们已经灭绝或者仍然存在),用以证实美国的自然广大而活跃,而不是正在"萎缩与变小"[29]——此观点与法国博物学家布封(Buffon)的观点截然相反。

杰斐逊的《弗吉尼亚州纪事》也声称:"自然"在各种族之间划定了"真正的差别",并且让非洲人从外貌到智力的表现都逊于欧洲人(这一论断至今"臭名昭著")。[30]本杰明·班纳克(Benjamin Banneker)

---

① 伊拉斯谟斯·达尔文是英国医学家、植物学家、诗人,也是英国著名博物学家查尔斯·达尔文的祖父。——编者注

是一位追求自由的黑人天文学家、地图绘制家,曾经帮助设计了新建的美国首都华盛顿哥伦比亚特区。他曾劝说杰斐逊和其他人"放弃那些狭隘的偏见"。[31] 尽管杰斐逊批判性地称奴隶制为"可怕的污点"[32],但他并没有很快地采取行动废除奴隶制,而是采用"殖民化"计划,让黑人前往非洲重新落户扎根。

杰斐逊对植物学的研究和使用科学向大陆殖民的兴趣,以及他不愿意将"普遍的"人权扩大应用于除欧洲男性后裔之外的人们的做法,让他成了一位相当典型的早期美国科学人。严格地说,这样的科学热衷者并不算是"业余玩家",因为当时几乎没有"专业的科学家"来与他们对比。杰斐逊将科学知识与实际问题联系在了一起,比如他自己设计了自己的住所蒙蒂塞洛(Monticello)的圆顶和柱子,并在这座住宅中放置了大批书籍和机械发明,把对西部土地与当地土人的征服和国际网络捆绑在一起。他还经常与欧洲专家们通信,他声称,与其在巴黎聚会一周,他更愿意与戴维·里滕豪斯共度一个晚上。

在爱伦·坡出生的1809年,詹姆斯·麦迪逊取代了杰斐逊的总统职位。两年前,一艘英国军舰曾在弗吉尼亚州海岸线外向一艘美国护卫舰开炮,并抓了4名美国水兵。[33] 在英国对拿破仑发动旷日持久的战争期间,英国海军曾抓了1万多名美国海员,强迫他们为自己服务。

在国会鹰派——也包括因为独立战争时期家人在英军手中遭受虐待而心怀不满的安德鲁·杰克逊(Andrew Jackson)的驱使下,麦迪逊加剧了与英国的紧张关系。因为急于转嫁国内矛盾,他于1812年向英国宣战,呼吁10万志愿兵入伍参战。约翰·爱伦和他当时在里士满火枪队(Richmond Riflemen)的战友们应征入伍。里士满市并没有直接遭受战火的蹂躏,但由于对英国的贸易禁运,一切航运都受到了威胁,所以该市的商人们只能焦虑地看着他们的烟草和面粉存货日渐堆积如山却无法售出。[34]

1812年的"第二次独立战争"以僵局结束。1814年,一支包括约翰·昆西·亚当斯（John Quincy Adams）、艾伯特·加勒廷（Albert Gallatin）和亨利·克莱（Henry Clay）在内的代表团在根特谈判中与英国达成了和平协议。美国民众因此涌现出更加强烈的民族认同感，开始支持建立常备军与大幅度加强海军力量。这次战争也推动了新奥尔良之战（Battle of New Orleans）的胜利者安德鲁·杰克逊涉足政治。

随着禁运解除，约翰·爱伦需要卖出他库存的烟草。他要在苏格兰和英格兰寻找弗吉尼亚烟草的新买家。于是在1815年6月，他和弗朗西丝·爱伦·坡以及弗朗西丝的姐妹一同出发。他们只带上了必要的物品，拍卖了其他物品，卖掉了一个名叫西皮奥（Scipio）的奴隶，并把其余奴隶租了出去。

他们乘船出发，再从美国的诺福克市前往纽约，接着到达英国的利物浦。在艰难地跨越了大西洋后，约翰·爱伦给身在美国的生意伙伴查尔斯·埃利斯寄了一封信，其中写道："埃德加说：ّ爸爸，帮我带一句话——我不怕跨越大海。'"[35]横跨大西洋途中的暴风雨和汹涌的海浪激发了6岁的爱伦·坡的想象力。伦敦，这个正在成长的帝国的神经中枢也将同样激发他的想象力。

伦敦岁月

从6岁至11岁，爱伦·坡在英国度过了性格形成期的5年。他们一家首先前往苏格兰，拜访了欧文、基尔马诺克和约翰·爱伦的故乡城镇格里诺克。在那里，爱伦·坡见到了令人惊叹的景观——陡峭的绝壁、山峰和峡谷，以及沃尔特·斯科特在其小说中赞美过的明暗对比鲜明的天空。他们还穿过了爱丁堡——一座熙熙攘攘的城市，也是科学实验、常识哲学和出版业的中心，高处有一座狭窄的中世纪小镇俯视着它。

伦敦在爱伦·坡的记忆中留下了不可磨灭的印象[36]，约翰·爱伦就是在那里购买了爱伦·坡后来在里士满使用的那台望远镜。约翰·爱伦在寄往美国的信中写道：他们当时"在拉塞尔广场的南安普顿路（Southampton Row, Russel Square）47号的居所里，坐在一间很舒适的小客厅中的温暖炉火前，弗朗西丝和南希（Nancy）在缝补衣物，埃德加在读一本小故事书"。[37] 爱伦·坡的一位学校里的朋友的母亲写道："我觉得，埃德加不会知道这样一座大城市到底意味着什么。"[38]

在伦敦，那些被煤气街灯照亮的人群构成了一幅令人眼花缭乱的新奇景象，但拿破仑战争也在这里留下了恶果。约翰·爱伦对一位朋友描述了当时的情况："税务沉重，负债累累的人们感到不满和绝望……人们甚至用石块袭击了王子的马车。"[39] 在他们于英国居住期间，骑着马的军队冲击了曼彻斯特工人的一次和平示威，犯下了1819年那场被称作"彼铁卢（Peterloo）①屠杀"的暴行。工人们感到越来越绝望，因为政府越来越多地动用暴力来镇压他们。[40]

由于旅途疲劳，弗朗西丝的健康状况逐渐恶化；当她的丈夫前往曼彻斯特、苏格兰和利物浦旅行时，她被送往温泉小镇道利什（Dawlish）和怀特岛（Isle of White）。尽管约翰·爱伦经常在写给她的信中向"天堂中的上帝"发出祈求，但他也是一个世俗凡人，容易流连忘返于"自然之美"[41]，而弗朗西丝在给他的回信中则带着被压抑的怨恨："我只希望，我的健康状况能让我享受这个地方的一切快乐。我很快就会让你看到，在没有你的情况下，我也能像你在没有我的时候看上去那般快乐和满足，因为我在你口中听到的，只有在国内、国外的一次次聚会。"②[42]

尽管当时政局不稳定，但爱伦·坡经历了英国历史上一个引人注目的时期——艺术与科学开始兴旺发达。报刊紧密追随着拜伦勋爵的每一个行动，他是浪漫主义运动最引人注目、作品最令人愤慨的人物之

---

① 意在与"滑铁卢"（Waterloo）相呼应。——编者注
② 这段话的原文只有句末一个句号。为方便读者理解，本书译者在这里加上了标点符号。——译者注

一。[43]探索者、园艺师、解剖学家和地质学家们采集各种活物和石头并加以分类，化学家们则忙于检测自然的基本组成单元。在伦敦的皇家科学研究所（Royal Institution）里，汉弗里·戴维（Humphry Davy）和迈克尔·法拉第（Michael Faraday）通过独特的爆炸性演示，展示着各种化学反应、电现象和磁现象等。当时伦敦是走在现代化最前列的城市之一，可以说，它拥有当时最先进繁荣的艺术和科学、非凡的制造技艺和强大的海军。

约翰·爱伦先是让"埃德加·爱伦少爷"在附近的一所学校读书，然后又把他送到了距离伦敦市中心以北5英里的斯托克纽因顿，在庄园之家学校（Manor House School）寄宿就读。斯托克纽因顿这个村子曾经是理查德·普莱斯（Richard Price）、玛丽·沃斯通克拉夫特（Mary Wollstonecraft）以及她与威廉·戈德温（William Godwin）所生的女儿玛丽·雪莱（Mary Shelley）等激进派名人居住的地方。庄园之家学校的校长约翰·布兰斯比牧师（Reverend John Bransby）是一位热忱而又严厉的语言、数学和几何学教师。约翰·爱伦为爱伦·坡购买了《剑桥数学》（Cambridge Mathematics）、西塞罗（Cicero）的《雄辩家》（Orator），以及一本语法书。到了爱伦·坡离开学校的时候，"他已经会说法语，分析任何浅显易懂的拉丁文作者的作品，而且关于历史和文学的知识比许多更为年长的学生都要熟悉得多。"[44]

许多年后，爱伦·坡在他的短篇故事《威廉·威尔逊》（William Wilson）中刻画了一所"布兰斯比学校"。故事的主人公过着放浪形骸的生活，受到一个与他有着相同名字和出生，甚至长相也相似的竞争者的纠缠。这两位"威廉·威尔逊"第一次相遇是在一所与布兰斯比学校极为相似的学校，那"是一座'魔法宫殿'，带有一条条迷宫走廊，我们对于这所大厦最正确的看法与我们思考无限时的想法相差无几"。[45]教室里放满了书桌和板凳，"黑色的、古老的、饱经风霜侵蚀的桌椅，上面摇摇欲坠地堆满了被翻烂了的书本。"而压倒这一切的是"一座大得惊人的时钟"。

在布兰斯比牧师的记忆中,爱伦·坡是一个"敏锐、聪颖的男孩";可以非常优秀,前提是"假如没有被多得过分的零花钱惯坏,因为这些钱让他搞出了各种各样的恶作剧"。[46] 不同于此前对爱伦·坡满是不屑的态度,约翰·爱伦在寄往美国的信中竟满怀父亲式的满足:"埃德加是一个好孩子,我对他的成长毫无怨言。"[47]

然而,当他们居住在伦敦期间,约翰·爱伦的烟草贸易公司在英国的分公司倒闭了,一家人只得整理行装返回里士满。而这段有关在英国逗留的记忆却一直保留在爱伦·坡的心中:那里的君主制就像一面镜子,一直是这位未来诗人与故事讲述者拿来照出自命不凡的美国的邪恶的试金石。

重返昔日自治领

当他们的船"玛莎"(Martha)号于1820年7月停靠在纽约码头时,弗朗西丝病得"如此严重"[48],约翰·爱伦只好叫来了医生。途经诺福克市,他们乘坐蒸汽船回家(蒸汽船是他们离开美国后引进的新事物,第一艘跨大西洋航线的蒸汽机轮船于1819年前首航)。

约翰·爱伦的公司负债累累。爱伦·坡于是在约瑟夫·克拉克学院(Joseph Clarke's Academy)读书,他的个性在那里开始慢慢彰显出来。校长约瑟夫·克拉克发现他"极为自尊,没有傲气,对待玩伴的行为严格地公正与正确,这让他成为大家喜爱的人物"[49]——但是,"一旦与同学们意见不同,他就表现得非常固执,直到确知自己的判断有误时才会放弃"。爱伦·坡也在"献给他的少年女性朋友的青涩作品中"发挥了自己的"想象力"。他有"一颗敏感、温柔的心,会尽其所能地帮助朋友"。约翰·爱伦的公司合伙人的儿子托马斯·埃利斯(Thomas Ellis)说他是"男孩子的领袖"[50],他对爱伦·坡无止境的崇拜,甚至促使他

"做了许多被禁止的事"——除了跟着爱伦·坡学游泳、滑冰和射击,爱伦·坡有一次还让他在天黑以后长时间逗留在外面,并开枪射杀属于另一个土地拥有者的家禽,他们俩都为此挨了顿鞭子。

爱伦·坡的出身在他身上投下了阴影。他贪婪地阅读来自他的哥哥亨利的每一封信,亨利当时与坡家族的亲戚一起住在巴尔的摩,正在计划环球旅行。[51]他的妹妹罗莎莉则仍然由麦肯齐夫妇照顾,她的身体发育正常,但智力有些问题;她至死未婚。一位注意到了里士满的"贵族式"态度的同学说:"有关埃德加·坡,我们知道他的父母是演员,他依赖的只是他人给予一个养子的慷慨。"[52]每当有人提及爱伦·坡的这些出身,他都会"变得咄咄逼人,而在其他情况下是看不到他这样的"。

尽管人们鼓励爱伦·坡视自己为"贵族"的一员,但也总有人提醒他,他无权获得任何遗产。作为约翰·爱伦未曾正式领养的受监护人,爱伦·坡一生都有一种期待关怀却未曾拥有的怨恨之情。他感觉自己地位崇高、有所倚仗,但同时也意识到自己的地位根本不牢靠。他深信自己无与伦比、独一无二,因此变得好胜甚至好斗,这似乎同时是他的福音和诅咒。

到了1825年,在摩尔达维亚的门廊前仰望星辰的爱伦·坡是一个喜怒无常的少年,他与自己的养父斗争,热切地希望离家去读大学,梦想着扬帆出海旅行。

2
在杰斐逊的实验中

在16岁那年夏天,爱伦·坡在约翰·爱伦的公司总是一副无精打采的样子,做一些送信之类的杂活儿。约翰·爱伦在给爱伦·坡的哥哥亨利的信中说:"他什么都不干,看上去似乎可怜巴巴的,对家里所有人都绷着脸,一副坏脾气。我们是怎么让他变成了这样?对此我无法理解。"[1]他认为爱伦·坡"毫无感恩之心",尽管他受到了比约翰·爱伦"本人受到的高得多的教育"。约翰·爱伦认为,是爱伦·坡在里士满的朋友们引导他选择了"一种与他在英格兰时全然不同的思维与行为方式"。

导致这种摩擦的原因之一是约翰·爱伦对爱伦·坡生母的轻慢态度:他认为罗莎莉是一次婚外情的结晶。尽管这种指责可能是真的,但它大大激怒了爱伦·坡。一个公开的秘密是,约翰·爱伦不仅为他的一个私生子付钱去读书,而且还有另外一对婚外恋双生子。因此,约翰·爱伦的说教既伤人又虚伪,他的风流韵事更是对爱伦·坡的养母弗朗西丝造成了严重的伤害。

那年夏天,爱伦·坡与哥哥亨利曾短暂团聚。亨利在乘坐美国海军的"马其顿人"(Macedonian)号战舰出海时途经里士满。该舰将驶向南美洲,亨利将继续旅行,前往希腊和俄国。后来,爱伦·坡用亨利的探险之旅来让自己的传记变得更加引人注目。

英国的杂志极大地满足了少年爱伦·坡对历史、游记、科学、诗歌和文化名人的痴迷。他常常阅读那些在约翰·爱伦的店铺中出售的出版物,包括《观察家》(The Spectator)、《爱丁堡评论》(The Edinburgh Review)以及让他印象最为深刻的《布莱克伍德杂志》(一份爱丁堡出版物,其中有许多"生动的第一人称轰动故事"、文学趣谈、科学发现和哲学辩论)。在这份杂志中,塞缪尔·泰勒·柯尔律治(Samuel Taylor Coleridge)、托马斯·卡莱尔(Thomas Carlyle)、托马斯·德·昆西(Thomas De Quincey)和其他散文家向读者介绍了德国的理想主义者[2]——伊曼努尔·康德(Immanuel Kant)、约翰·戈特利布·费希特(Johann Gottlieb Fichte)、弗里德里希·谢林(Friedrich Schelling)和施莱格尔兄弟[即奥古斯特·施莱格尔(August Schlegel)和弗里德里希·施莱格尔(Friedrich Schlegel)],以及浪漫诗歌。

诗歌——多么美好啊!以一个与这个世界同样生动而真实的个人世界为中心;发现那些形象与声音,它们可以将其他人带入那个更完美、更隐秘的空间,并把经历转变之后的他们带回他们的世界。当爱伦·坡在里士满附近的乡间漫步时,有一片孤零零的池塘[3]让他念念不忘:它让"孤寂的自己感到非常可爱";那是"一座荒凉的湖泊,周围环绕着黑色的岩石";它让他感到颤抖,"但那不是恐惧"——

> 而是令人战栗的欣喜,
> 和莫名的情感,
> 在焦黑的心灵中奔涌而起。

他将那片池塘想象为自己的"合适的坟墓"——或者说,这里适合作为任何一个足够奇特、能为眼前这样一种离奇的景象而感到安心的人的坟墓。是的,可以是任何人的,只要那个人拥有"可以把这座暗淡的湖泊变为一座伊甸园"的疯狂的想法。在这片远离里士满城区的未开发的森林中，在诗歌的移情梦境中，爱伦·坡发现了欢愉与恐惧的混合体，在那里，死亡向他承诺了舒适与希望。

尽管爱伦·坡追随着自己的榜样拜伦，摆出了一副厌世流亡者的姿态，但他的郁闷还有更深沉的原因。他后来写了一首题为《致海伦》(*To Helen*)的十四行诗，纪念简·斯蒂斯·斯塔纳德（Jane Stith Stanard）——他的一位朋友的母亲。当爱伦·坡"在家中感到不愉快（他经常如此）"[4]时，他就会去拜访她。她在1824年发疯并去世，成了爱伦·坡一生中众多死去的"美丽女人"之一。他的梦中情人是莎拉·埃尔迈拉·罗伊斯特（Sarah Elmira Royster）——一位拥有黑色卷发的15岁少女，住在爱伦一家对面的一条街上。1825年夏，这两个孩子秘密订婚了。

约翰·爱伦的叔叔高尔特在那年早些时候去世了，但这并没有让爱伦·坡的地位更加稳固。弗朗西丝一直在生病，无法有效地保护他免遭约翰·爱伦的虐待——在约翰·爱伦酒醉之后尤为暴烈。正如莎拉·埃尔迈拉·罗伊斯特后来写到的那样："爱伦·坡生性烂漫，但他的举止显得很忧伤——他深深地热爱着第一位爱伦夫人，她对他也同样如此。"[5]

爱伦·坡于是将希望寄托在未来的变化上。1826年年初，他开始在夏洛茨维尔市接受高等教育，托马斯·杰斐逊的新大学刚刚在那里开办。如果约翰·爱伦真心把他当作儿子，他就可以过上一种悠闲的知识分子式生活；如果不，他则可能会像他的哥哥一样出海，过探险家的生活。

拉法耶特、洪堡和天空灯塔

1824年，美国迎来了曾在美国独立战争中作战的法国人德·拉法耶特侯爵的回归。他当时在美国进行了巡回演讲。在由爱伦·坡这位中队长率领的里士满少年火枪队（Richmond Junior Riflemen）的迎接下，这位老战士、老政治家来到了弗吉尼亚州首府。[6]爱伦·坡让侯爵检阅了他的部队，并与侯爵谈到了他的祖父——侯爵过去在巴尔的摩的军务长坡将军，结果得知，侯爵正巧刚刚探访过他祖父的坟墓。

拉法耶特在美国进行巡回演讲时，美国正处于整体较为乐观的时期。在1812年战争后的10年间[7]，以杰斐逊为首的热爱农庄的民主共和党（Democratic-Republican Party）和最初由亚历山大·汉密尔顿（Alexander Hamilton）领导的都市中心化的联邦党（Federalist Party）之间的敌意逐步消弭。这场战争让杰斐逊的同盟、总统麦迪逊确信，金融界和生产需要更有力的全国协调；取得和平之后，他批准建立了联邦资助的第二国民银行（Second National Bank）和保护性关税政策。于1817—1825年间担任总统的詹姆斯·门罗（James Monroe）在1820年的大选中没有遇到强劲的对手。而在竞争激烈的1824年总统大选中，政治上的敌对关系重新出现，约翰·昆西·亚当斯侥幸击败了安德鲁·杰克逊——尽管他的选民票数不如后者，但他通过讨价还价的方式赢得了选举团的多数票，从而当选。

在巡回演讲的过程中，拉法耶特对美国的"巨大进步、令人赞叹的交通和惊人的创造"[8]深感吃惊。约翰·昆西·亚当斯则在他的总统就职典礼上宣布了推动国家进一步改革的计划。他承诺，将在亨利·克莱提出的"美国系统"（American System）的基础上大举投资交通（公路、运河和铁路）和科学资源。出于国家荣誉，亚当斯建议建立一个天文学观察网络，密切关注"天空现象"（the phenomena of the heavens）。[9]欧洲人以他们的"130个这样的天空灯塔（light-houses of the skies）而自豪"，而美国人每年只能学习一些关于"新的天文学发现"的"二手知识"。曾经担任修辞学教授的亚当斯这样哀叹："美国人被剥夺了以光明回报光明的手段，而在我们这个半球上既没有天文台，也没有观察者。"而在这时，"在我们愚钝的目光中，地球永远在黑暗中旋转"。

亚当斯的对手则对"天空灯塔"这个短语嗤之以鼻。虽然杰克逊因赢得的选民票数较少而最终落败，他的追随者们随后却不断给亚当斯找麻烦，阻碍了亚当斯的国家改革计划。而杰克逊本人也对科学机构不屑一顾，认为这只是贵族的奢侈。然而，亚当斯的美国科学计划激发了美国人广泛的求知欲。

1812年之后，公众教学和实验演示越来越多。讲师们在各个城镇之间旅行，他们热烈地向大众普及学习科学的乐趣，如搜集植物、岩石、化石并给它们分类，观察在美国生长的鸟类和其他动物，研究土壤和石头形成的过程等。有些人带着重物与滑轮相连的机械来演示牛顿运动定律，用旋转的玻璃圆盘产生静电来电击观众；有些人展示能产生恶臭或者芬芳气味、产生闪光和爆炸的化学实验，还有诸如魔灯一类的光学仪器，其中有使用蜡烛或者煤油灯投射的彩色幻灯片；有些人演示新发明，包括自动装置、精制的音乐盒子和万花筒。[10]万花筒由爱丁堡光学仪器商戴维·布鲁斯特（David Brewster）于1816年发明，它能让人的眼睛欣赏到由玻璃镜子反射的对称的奇幻图案。

学会演讲厅开始在全国各地涌现，其宗旨是为当地公民提供信息并提升他们的知识水平。波士顿和其他新英格兰地区的城镇在这一"学会运动"中尤为活跃。成立得较早的一个学会是纽约自然历史学会（New York Lyceum of Natural History），于1819年开张。作为听众、组织者和演讲者，妇女在学会中扮演了重要角色。"学会运动"表明："智慧、道德和社会能力并不局限于我们这个种族中少数得天独厚的人物；科学也并不局限于被苍天眷顾的地点；智慧、道德与人类在同一空间内共存，科学如同大地与天空一样无边无涯。"[11]通过标本、仪器、光和声音，科学的直接感官经验让之前没有受过多少正规教育的男人和女人踏入了知识的殿堂。一位神学家看到，"在我们出生与倾注了感情的地方，科学在人们心中的地位如同财富与政治力量一样迅速上升"。[12]

1803年，由于另一位欧洲启蒙运动的代表——精力充沛的普鲁士博学家亚历山大·冯·洪堡的来访[13]，美国的科学计划再次受到了强力刺激。作为他在西班牙美洲（今拉丁美洲）多年探险的最后一站，洪堡在费城停靠，并将继续前往华盛顿会见杰斐逊。在比他的任何（欧洲）先行者都更为深远地探索了奥里诺科河（Orinoco River），攀上了（或者说几乎攀上了）钦博拉索山（Mount Chimborazo）那令人眩晕的顶峰，勇敢地面对了暴风雨、疾病、抱有敌意的西班牙官员和谨慎提防的美洲原住民之后，他现在正向"未来之国"致意。

洪堡随身带着多得令人瞠目结舌的精密仪器（其中有些已在海上失落）和令人惊奇的植物、动物标本，以及地图和观察笔记。他在美国哲学学会和总统的办公室中滔滔不绝地讲述着他的思想和观察结果，比如云的形成、土壤的种类、蜥蜴的习性、地球的磁能、对西班牙人虐待当地人和非洲奴隶们的愤慨，以及他自己对欧洲革命的希望等。尽管是一位贵族，但洪堡本人反对奴隶制；作为一位共和政体的热忱拥护者，他后来曾鼓励西蒙·玻利瓦尔（Simón Bolívar）在新西班牙领导革命。

洪堡对自然环境的研究既是地方性的，也是全球性的。他分析了植物、动物和大气现象（温度、气压、空气组成和天空的蓝色程度）随纬度、经度与海拔的变化。他描述了这些环境的变化，确定了植物、地质形成、动物和气候分布的全球模式，以前所未有的方式使用图表和地图。他的重要发现之一是"等温带"，即在行星上具有类似温度的区域，如北欧和北美。这个共性后来被别有用心的人用于证明白人殖民点在整个北美地区的扩大化是正当的。杰斐逊特别急切地倾听了洪堡有关西班牙殖民地的报告，以及这些地方是否可能屈服于美国的影响（或入侵）。

在洪堡1803年的访问中，包括艾伯特·加勒廷、查尔斯·皮克林（Charles Pickering）和年轻的约翰·昆西·亚当斯在内的科学家和政治家们都对他所说的惊叹不已。22年后，亚当斯总统有关"天空灯塔"和统一的国家科学基础设施网络的计划，与洪堡对国际科学未来的愿景有许多共通之处。分布全球的仪器与观察者将形成一个动态的、活跃的整体，将自然与知识编织在一起。通过他的这次旋风式访问，洪堡成了美国的科学教父。40年后，爱伦·坡在他的宇宙学著作《尤里卡》的题献上写的正是他的名字。

洪堡于美国科学的作用相当于拉法耶特对美国政治的作用。他们都帮助激发了一种开明的、共同进步的社会氛围，它与原来的殖民地气氛明显不同，而与欧洲的进步运动紧密相连。杰斐逊以与接待年轻的探索者同样的热烈情绪欢迎老年政治家，他认为他们都为这个国家指出了未来的发展道路。

最自由的课程设置

1809 年，杰斐逊退休回到他位于蒙蒂塞洛的种植园，开始专注于改善美国的学校状况。[14]在他的计划中，公众教育的最高学府是位于夏洛茨维尔的弗吉尼亚大学，1826 年时爱伦·坡就在那里读书。

弗吉尼亚大学本身是一个大胆的实验：它是一所面向全美国的大学，有现代化的课程设置，不受神学监督。在杰斐逊为弗吉尼亚州制订的计划中，小学将为教授导航、测绘、语言和"数字运算的高级分支"[15]的学院输送学生。在这一"教学阶梯"的最顶层就是大学。在写信邀请来自麻省的天文学家纳撒尼尔·鲍迪奇（Nathaniel Bowditch）担任教授职位时，杰斐逊解释了他的设计：一个由建筑群组成的"学术村"[16]，每个建筑各有风格，通过一个开放的四边形，组成了一个"独立、好客、得体、友善"的微型社会。按照建筑师本杰明·拉特罗布（Benjamin Latrobe）的建议，杰斐逊把一座图书馆设置在中央——这座微型万神殿与他那就坐落在附近的庄园豪宅蒙蒂塞洛的形状相互映照。尽管圆形大厅的红砖与白色木质框架依然反映出殖民地时期的风格，但杰斐逊和拉特罗布对经典理性主义的倾情投入可以透过它的立柱、圆顶，甚至各部分的比例清晰可见。

《独立宣言》宣称"人人生而平等"，然而这一格言与杰斐逊对奴隶制的容忍和他那以天赋和美德为基础的"自然贵族主义"[17]有冲突。

尽管杰斐逊也将欧洲的贵族制视为腐败的土壤，但他的大学将会青睐那些"注定要以学术工作谋生的人"[18]和"那些拥有独立财产，可能渴望参与领导国家事务的富人"（种植园主和奴隶主的儿子们）。

与殖民地的学院不同，新成立的弗吉尼亚大学在课程设置方面十分重视自然科学，当然，语言和修辞课程也仍然受到鼓励。杰斐逊的大学允许学生享有"选课权"，即学生可自主选择所修课程。[19]和由亚历山大·冯·洪堡的哥哥威廉·冯·洪堡（Wilhelm von Humboldt）创办的柏林大学（University of Berlin）一样，弗吉尼亚大学的指导原则是让"每个人都能来听他认为可以改进其思想素质的任何课程"。

在西部山脉上

一位和爱伦·坡社会地位相近、天赋相当的青年男子，本可以期望通过这样的教育取得光明的前途。毕业之后，他可以与莎拉·埃尔迈拉·罗伊斯特结婚，然后在法律或者政治方面从事某种不太重要的工作；如果运气好，他甚至可以继承他的养父的财产，做任何自己想做的事情。

但当爱伦·坡于1826年2月乘坐由约翰·爱伦的奴仆詹姆斯·希尔（James Hill）驾驶的马车前往夏洛茨维尔时，他和约翰·爱伦之间的紧张关系已经持续了好几个月。这是弗吉尼亚大学成立后的第二年。在夏洛茨维尔，爱伦·坡常与一伙富有的白人青年混在一起，这是他们在回家继承家产前最后的绅士式"镀金"。他们由黑人仆人陪伴着，身穿华丽的衣服，佩戴着决斗用的手枪，拥有大笔零花钱，他们常常骑马或者乘车，在草坪上大声喧哗。

爱伦·坡见证了杰斐逊在自由和美德方面野心勃勃的实验，以及这一实验的初期失败。为爱伦·坡授课的教授都是从欧洲聘用来的，其中，来自剑桥（Cambridge）大学的乔治·朗（George Long）教他古典语言，德国人乔治·布拉滕曼（George Blaettermann）教授他现代语言。他从图书馆里借了有关古代历史的图书、伏尔泰（Voltaire）的几卷著作、迪菲弗（Dufief）的《自然在人类语言教学模式中的表现》（*Nature Displayed in Her Mode of Teaching Language to Man*），以及一本讲解天文学、自然历史和数学的法语教科书[20]。他甚至参加了杰斐逊文学与辩论协会（Jefferson Literary and Debating Society）。他还很可能与杰斐逊一起吃过饭（杰斐逊会定期邀请学生前往蒙蒂塞洛），并于1826年参加了这位伟人的葬礼。

大学的学生们赌博、诅咒、决斗[21]、用马鞭相互抽打，甚至在醉酒后引发骚乱。爱伦·坡早期的短篇小说《故弄玄虚》（*Mystification*）就融入了他在大学时的经历，旨在通过这种具有文学恶作剧与欺骗性的题材引导读者重新评价偏见。[22] 尽管故事的背景设定在德国的大学城哥廷根市，但其中的事件可能真正发生在1826年的夏洛茨维尔。"除了吃喝玩乐"[23]，没别的事可干；决斗很流行，只要某人的看法似乎与"人们认为绅士应该持有的看法不同"，就可以成为被挑战的理由。

安顿下来之后，爱伦·坡在给约翰·爱伦的信中曾写道：

> 柱廊的立柱完成了，它大大改进了整体外观——那些书已经放进了图书馆，我们收藏了一些好书。
>
> 最近我们这里有好多人打架，学院昨天晚上因为威克利夫（Wickliffe）的不良行为开除了他，但具体地说，是因为他在和一个学生打架的时候咬了对方的胳膊。我完整地看到了事件始末，它就发生在我门口。威克利夫比对手厉害得多，但他并没有因此而满足。在完全制服了对方之后，他就开始咬人了。我事后看了那人的胳膊，伤势真的很严重。[24]

精心设置的古典美学与学习氛围被一次卑鄙的残暴行径粉碎了——

这将是爱伦·坡作品的特色风格，也是他对美国早期现实情景的真实写照。

而在一位同学的眼里，爱伦·坡"非常易怒，不肯安宁，有时非常任性，但当他情绪好的时候则是一个喜欢玩闹、非常有趣、非常吸引人、令人愉快的伙伴"。[25]爱伦·坡开始出名了，因为他"引用诗人的诗篇，朗读他自己的诗作，这让他的朋友们很高兴，很欣赏"。[26]但不知道从何时起，"他突然变了"，开始在他宿舍的墙上画一些"异想天开、光怪陆离的怪诞人物"的速写。在这些画在墙上的速写中，有一些是拜伦当时在夏洛茨维尔畅销的作品中的插画。

拜伦用简洁而富于旋律感的诗歌传递着智慧、渴望和病态的苦痛。他的名声是通过一篇题为《恰尔德·哈罗德游记》(*Childe Harold's Pilgrimage*)的长诗铸就的，诗中复述了大胆、敏感的主人公的旅行经历，其中牵涉一些丑闻和误会。他后来的作品，包括《曼弗雷德》(*Manfred*)和《唐璜》(*Don Juan*)，都是以悲剧和讽刺的手法写成的。拜伦"玩弄"着他的读者，煽动他周遭的谣言（其中包括与他同父异母的姐姐的乱伦通奸）。他最终逃到了欧洲大陆，还在日内瓦参与了一场与玛丽·雪莱和珀西·雪莱夫妇（Mary and Percy Shelley）共同举办的鬼故事竞赛——玛丽·雪莱的著名科幻小说《弗兰肯斯坦》(*Frankenstein*)便诞生于此。在珀西溺水身亡后，拜伦也因在参加希腊革命战争时感染热病而去世。

读大学时，爱伦·坡也逐步发展成了一个"拜伦式"的角色——一位饱受困扰的风流诗人。为了让自己看上去更加符合角色设定，他赊账购置了"一块3码①长的'超级蓝布'、一套'最好的腰带纽扣'和一件天鹅绒背心"。[27]他也时常受邀去喝酒，正如一位朋友所说的那样，"为了平息他反复出现的过度紧张的兴奋情绪，他将自己置于'看不见的葡

---

① 码，英美制长度单位，1码等于3英尺，合0.9144米。——编者注

萄酒精灵'的影响之下的次数实在太多了"。[28]

酒精在他身上具有破坏性效果，尤其是大学生们喜爱的桃子白兰地。一位同班同学说："影响他的并不是饮料的'味道'。他喝酒不是小口抿一下或者浅浅地喝上一口，而是拿起满满一杯酒，不加水也不加糖，便直接一饮而尽——这经常使他一下子就烂醉如泥。"[29]只需少量的酒精，便就足以让他狂乱。在刚上大学的几个月里，他也曾尝试赌博，这是在那些有大笔家财可以挥霍的人中更容易获得原谅的陋习。有一次，爱伦·坡为了一本他渴望已久的关于霍加斯（Hogarth）版画的书[30]而和另一位青年打了个赌，结果最终只得为对方买下了这本书。

在爱伦·坡后来所著的短篇小说《威廉·威尔逊》中，主人公威廉·威尔逊沉湎酒色的陋习在他就读于牛津（Oxford）大学期间就已根深蒂固：

出于不假思索的自负与虚荣，我的父母给我配备了一套产业，外加每年的津贴，使我得以过上我挚爱的奢侈生活，任意挥霍金钱，与不列颠帝国最富有、最高傲的贵族继承人们争强斗富。在这种恶习的刺激下，我与生俱来的性情爆发出了加倍的热情。在狂欢的疯狂迷恋中，我甚至摒弃了最基本的礼仪与体面……在这所全欧洲最肆意妄为、目无纪律的大学，各种荒唐恶行累累，司空见惯。这些事儿我都干过，甚至还玩出了不少新花样。[31]

叙事人的分身（实际上是他罪恶心理的体现），因玩牌时的作弊行为被校方驱逐了（他似乎还满怀屈辱），并从此进一步地在背信弃义的道路上走了下去。

爱伦·坡认为，他本人在夏洛茨维尔的麻烦并非出于约翰·爱伦的过分慷慨，而是他"错误的过度吝啬"。[32]爱伦·坡没有打算尝试节俭，但约翰·爱伦给他的钱只够交两个学期的学费和食宿费，爱伦·坡并没有多余的钱来买书、床和其他家具。爱伦·坡曾要求得到更多的钱,但他只得到了约翰·爱伦用"最糟糕的辱骂做出的"回答:"即使我是世界上最卑鄙的人,也不会比你所做的更恶毒,因为我无法用110美元支付150美元的账单。"他对约翰·爱伦控诉,这种悲惨的境地造成了他的崩溃:"如果我想留在大学里,我就必须有书,可我现在只能赊账买书……再这样下去我就走投无路了,只好去赌博,直到我最后无可挽回地深陷其中。"

几个月后,爱伦·坡振作了起来,在考试中得了第一名,但约翰·爱伦的吝啬决定了他的命运。虽然爱伦·坡的成绩在班上可以说是最好的,可他欠了一屁股债——他想利用赌博付债,却赌输了,据估约为当时的2500美元,差不多相当于今天的6万美元。

太少了,太晚了

8个月以后,约翰·爱伦终于意识到了爱伦·坡的麻烦达到了何种程度,于是他来到了夏洛茨维尔,"弄清了一切情况,偿付了所有他认为应该偿还的债务"。[33]但他唯独拒绝偿付赌债,这让爱伦·坡失信于班级同学和大学老师,让许多债主愤怒不已。

约翰·爱伦把爱伦·坡带回了里士满,并禁止他返回大学。他让爱伦·坡在埃利斯-爱伦合伙公司的账房工作,"试图让他获得一些在簿记、会计和商业通信"[34]方面的知识。但很快,他就连这种机会也不再给爱伦·坡,而是让他屈辱地无所事事。爱伦·坡得知,莎拉·埃尔迈拉·罗伊斯特(他的秘密未婚妻)的父亲把爱伦·坡给她的信藏了起来,并且她已和别人结了婚,这让爱伦·坡写下了一首悲伤的抒情诗,题为《我见到了新婚之日的你》(*I saw thee on thy bridal day*)。[35]

1827年年初,一次激烈的争吵让约翰·爱伦和爱伦·坡对彼此的敌意彻底爆发了。在愤怒中,爱伦·坡详细地叙述了他所认为约翰·爱伦犯下的种种罪恶,包括对他公开与私下进行的羞辱——"在那些你认为可能会在这个世界上为我出头的人面前揭露我",并让他屈从于"种种奇思异想和反复无常的做法",让他"不仅屈从于约翰·爱伦的白人家庭,还必须服从家中黑人的一切命令"。[36]与其他同为乡绅的人一样,爱伦·坡的等级观念也非常强。按照弗吉尼亚州根深蒂固的白人至上意识观念,爱伦·坡认为让他服从约翰·爱伦的家人和仆人的命令是一种无法忍受的羞辱,因此他做出了一个决定:"我无法对此委曲求全,我要走了。"

他找了一个酒店,用假名亨利·勒·伦内特(Henry le Rennet)登记入住,这是对他在巴尔的摩哥哥致意。他在给约翰·爱伦的信中说:"我最终做了我决定要做的事:离开你的家和你所追求的,到广阔的世界中寻找一个地方,我将在那里得到与你对我不同的待遇。"

爱伦·坡认为,约翰·爱伦对他最残酷的伤害是强迫他离开大学。"我有能力思考任何题材,我充满了抱负,而老师们可以教会我如何实现自己的抱负,如何在公共生活中出人头地——没有良好的教育,这一点是不可能实现的,这样的教育在初级学校中是无法得到的。因此,大学教育是我最热烈渴望的,而且也正是你曾让我认为,这是我在未来的某个时候可以得到的。但是,就出于一瞬间的心血来潮,你粉碎了我的希望。"

其他方面的伤害也同样深重:"我曾经听你说过(当时你差不多没想到我正在听,因此一定是发自内心的),你对我并没有真感情,你还命令我离开你的家,谴责我吃闲饭——而那时明明只有你能改变这种邪恶的状况,也就是让我去做生意。"爱伦·坡要求约翰·爱伦给他一个箱子和一点钱,可以让他去"某个北方城市",并能支持自己一个月的开销,直到他能自主"获得生活来源"。

在回信中,约翰·爱伦责骂他在文学上浪费时间:"我教你立志追求,甚至要在公众生活中出人头地,但我从来都没有想到,你会认为阅读《堂·吉诃德》（*Don Quixote*）、《吉尔·布拉斯》（*Gil Blas*）、《乔·米勒》（*Jo. Miller*）这类作品可以达到这个目的……我说你吃闲饭，只是为了激励你努力学习经典课程，完善你的数学，并掌握法语。"[37]

无家可归的爱伦·坡在街上游荡。他再次写信给约翰·爱伦，要求得到一小笔旅行费用，并于3月24日前往诺福克市。他在一艘向北方运煤的船上找到了一个铺位。

3天后，约翰·爱伦在给他的姐妹的一封信里以根本无所谓的口吻写道："我想，埃德加已经出海闯荡，寻找他自己命定的前途了。"[38] 18岁的爱伦·坡现在已是独自一人了。

3
流放、发明家、军校学员

爱伦·坡先是找到了一条前往希腊的船。在希腊，他像拜伦一样，加入了一支为了从奥斯曼帝国赢得独立的衣衫褴褛的革命者队伍。在一系列英勇的战斗和令人胆寒的不幸遭遇之后，他被美国派驻俄国的大使从深海中救出，在圣彼得堡暂时落脚。

这些经历都是他后来自述的。真实的情况其实更加严酷，却也更加平凡：当时他险些饿死。

之后，他去了波士顿，带着一批诗歌的手稿，其中包括他的史诗《帖木儿》（*Tamerlane*），说的是一位骄傲的14世纪土耳其军阀，为了一生的征服事业，放弃了名叫阿达（Ada，与拜伦的女儿同名）的初恋情人的故事。

爱伦·坡的母亲曾给他留下一幅水彩画和一个带肖像的挂坠盒，水彩画的背面写着：波士顿一向对她很好。可爱伦·坡的经历与母亲是如此不同。这座城市充满歧视，知识分子圈对他是封闭的。他的一位老同学，彼得·皮斯（Peter Pease）在海港附近与他偶遇时，发现他变成了"一个驼背严重的职员，突然出现在一家商铺里……衣着非常破烂"。[1] 爱伦·坡急忙拉他走进一条小巷，请求他不要喊出自己的名字。"他离家出去闯荡，迄今仍然命运多舛。在取得无可争议的成功之前，他情愿隐瞒自己的身份。"爱伦·坡曾在海滨的一座仓库中工作两个月，"拿着微薄的薪金，其中有一多半，他出于自尊心不曾讨要"。在那之后，他还为"一家不知名的报纸"担任过市场记者，但"报纸老板名声不佳，编辑部很快就负债累累"。

这不是爱伦·坡最后一次为区区小钱而艰苦劳作，也不是他最后一次运气不佳。但他在波士顿实现了一个梦想：出版了他的第一部诗集——《帖木儿和其他诗篇》(Tamerlane and Other Poems)。这部诗集的发行量为40—200册；它是以粗劣的纸张印刷的，标题页是商业形式的；尽管题头诗表现的是征服和荣耀，但这本书的发表是默默无闻的。[2]

在别无选择的情况下，爱伦·坡只能追随着他的祖父坡将军——拉法耶特曾经的军务长的脚步。他参加了美国陆军，服役期为5年。[3]他当时年仅18岁，但他谎报了年龄和名字，签字时称自己是"来自波士顿的职员埃德加·A. 佩里（Edgar A. Perry）"，时年21岁。

他搬进了马萨诸塞州独立堡第一炮兵团（First Artillery Regiment at Fort In-dependence）的兵营。陆军生涯绝不轻松。基础训练持续了好几周，随后是艰苦的操练和劳动，生活也很单调。大约一半陆军士兵都是文盲。[4] 1827年10月，由于疟疾暴发，他所在的营不得不移居南卡罗来纳州的苏利文岛上的莫尔特里堡（Fort Moultrie）。这是一座形状不规则的大型砖砌堡垒，周围环绕着海滩和树木。事实证明，离开南方要比他想象中的更为艰难。

对于只知道爱伦·坡那些充满了"神秘与想象力"的诗篇与短篇小说的人，他在陆军中的这段经历似乎令人吃惊。有些传记作家甚至略过了这段经历，认为它对爱伦·坡作为作家的职业生涯无关紧要。[5]然而，士兵这个身份，爱伦·坡维持了将近4年时间，而这4年对他整个人生的影响是巨大的。他在严格的纪律和森严的等级下工作，在那里，一切有关细节和程序的问题都可能决定着生死存亡。美国陆军工程兵团（United States Army Corps of Engineers）在独立战争期间创建，并于1802年经由杰斐逊改组。美国陆军是这个国家最为可靠的专业知识机构。它的成员绘制了路易斯安那领地的地图,修建了堡垒,构筑了公路、运河和铁路,并参与了探索西部边陲的工作,以利于进一步扩大殖民。美国陆军军官和士兵是这个国家为工业、防务和征服积累资源的首席专家。

爱伦·坡的技术能力给了他很大的帮助。结束第一年服役时,他被提升为"技术官",位居他所在的营中其余 400 人之上。技术官负责监督弹药供给。[6]这个工作要求他必须极为细心,时刻意识到微小的不慎可能会带来致命的爆炸。[7]他还需要登记造册炮兵团使用的设备并负责维护和修理,有时候甚至也要参与制造设备的工作,这些设备包括子弹、步枪、炮弹、马车和野战望远镜等装备。

利用业余时间,爱伦·坡写了一首题为《阿尔阿拉夫》的长诗,创作灵感来源于天文学、伊斯兰神话及其有关来世的观点,它是对超凡世界的美丽与激情的畅想,丰富多彩而又芬芳怡人。他也在搜集着未来创作的素材:收藏各种贝壳和业余昆虫学研究的标本,苏利文岛沙质海滩上的贝壳将成为他的小说《金甲虫》(*The Gold-Bug*)的故事背景。

1828 年年底,他终于放弃了骄傲,给约翰·爱伦写了信。他说,一年半的军旅生涯改变了他,他已经"不再是在这个世界上既无目标也无持续性、只能反复折腾的小男孩了"。[8]他的实验取得了效果:"我在美国陆军工作,已经达到我的目的和喜好了,我觉得是时候离开了。"他所需要的仅仅是约翰·爱伦的赞同。他将他"最亲切的爱送给妈妈":"(希望)她不会因为我任性的行为而减少对我一直以来的关爱。"

如果约翰·爱伦写过回信,这封信必然会丢失,因为爱伦·坡所在的团再次换防,这一次他们来到了遥望弗吉尼亚州最南端海岸线的门罗堡。他在那里与豪斯上校(Colonel House)成了朋友,后者是一位文学家,并且认识爱伦·坡的祖父。豪斯将他提升为军士长(军士的最高官阶),让他成为"主管该营一切操练(从最初级的演习到与战争配套的调动)的负责人"。[9]在服役不到两年之后,他取得了近乎火箭般的提升——是他的家世为他的升迁扫平了道路。

现在，爱伦·坡发现，要想重新取得他童年时代的阶级特权，最短的捷径就是从西点军校毕业并且获得军衔。但那些军衔的大部分名额都由军官、政治家和其他要人的儿子们占据。于是他再次尝试联系约翰·爱伦，只向他提了两项请求：得到离开陆军的允许，以及让约翰·爱伦在他那些地位显赫的朋友面前为爱伦·坡说话，以获得他们的支持。

死亡为他们的关系带来了暂时的缓和。爱伦·坡心爱的养母弗朗西丝·爱伦于1829年2月28日去世。他得到了奔丧假期，急匆匆地赶回里士满，但在她于肖科山公墓下葬一天后的夜里才赶到。约翰·爱伦以一种异于往常的慷慨态度欢迎了爱伦·坡，为他买了符合军官和绅士身份的全套衣物："一套黑布西装、3双半长的短袜"、一顶"伦敦帽子"、一把刀、一条吊裤带和一双手套。[10]

丧假结束后，爱伦·坡回到了门罗堡。当豪斯上校在华盛顿祝贺新当选的总统（约翰·昆西·亚当斯的继任人）安德鲁·杰克逊时，爱伦·坡开始决定争取获得西点军校的录取资格。他找到了自己的替换者，"一位有经验的士兵兼被认可的军士"，但对方有个有些不祥的名字：布利·格雷夫斯（Bully Graves）①。[11] 他付了格雷夫斯几美元，并承诺还会再付50美元，让他替自己服完剩下的陆军服役期。

从那年的4月15日开始，"来自波士顿的职员埃德加·A.佩里"便不复存在了，取而代之的是埃德加·爱伦·坡——一名志向远大的军官、工程师、诗人。

取得声誉的两条道路

爱伦·坡前往巴尔的摩投亲，同时开始争取成为西点军校的学员。他受到了父亲的姐妹玛丽亚·克莱姆的热烈欢迎，她现在是一个带着8

---

① Bully 意为"欺负、霸凌"，Graves 是复数形式的"坟墓"，因此原文说"有些不祥"。——译者注

岁女儿弗吉尼亚的寡妇。克莱姆受过良好的教育，思想务实，性格敏感却也坚强。她的经济状况不宽裕，为了维持家用不惜哄骗他人。她把爱伦·坡当作儿子一样欢迎，爱伦·坡则称她为"马蒂"（Muddy）。

哥哥亨利曾经从海上回来，给他讲了许多有关异国风情、艰苦旅行和胆大无畏的故事。两人常常在一起写诗，并以亨利的名字在巴尔的摩和费城的报纸上发表作品。爱伦·坡曾在一位巴尔的摩医师的女儿露西·赫尔姆斯（Lucy Holmes）的签名簿上写下一首诗，其中清楚地说明了他对奇异命运的感知：

> 从童年时代起
> 我就与别人的遭遇不同，
> 我未曾见过他人所见，
> 未曾从普通的春天中
> 感受到热情——
> 我未曾从同样的源泉中
> 得到痛苦——
> 我无法唤醒
> 我的心，
> 用同样的声调
> 享受欢欣——
> 而一切我爱的，
> 都是我自己情之所钟。[12]

1929年春，年方20岁的爱伦·坡以不屈不挠的毅力，决心同时在两条职业道路上发展。这两条路都指向他自幼所受教育让他期待的目标——"在公共生活中出人头地"：一条从西点军校开始，成为一位陆军军官和工程师；另一条则通往诗歌。

创作一首诗与建一座桥梁不同。然而，诗人（或者虚构作品作家）与陆军工程师（或者科学家）在美国都属于新颖的职业。在爱伦·坡这一代人之前，小说和诗歌作家必须生于富人之家，或能得到贵族赞助者的支持，否则他们只能把艺术作为自己的副业来追求。在与爱伦·坡同时代的重要作家中，没有一个人能仅凭写作谋生：纳撒尼尔·霍桑（Nathaniel Hawthorne）在波士顿海关（Boston Custom House）工作，亨利·华兹华斯·朗费罗（Henry Wadsworth Longfellow）是律师兼教授，詹姆斯·费尼莫尔·库珀（James Fenimore Cooper）则成了外交官。类似地，大部分从事科学研究的人仍然只能利用业余时间，其中许多人将医生作为正式职业，因为只有少数大学开设了自然哲学课程。要求从业者必须受过正规科学训练的机构极少，而陆军工程兵团恰恰是其中之一。

无论是成为诗人还是工程师，爱伦·坡都必须保证得到有影响力的人物的支持。若想成为西点军校的学员，必须由国防部部长约翰·伊顿（John Eaton）亲自批准。爱伦·坡在门罗堡的指挥员们证明了他有"良好的习惯，完全不饮酒"，并且受到过"非常高档的教育"。[13] 更重要的信件来自约翰·爱伦强有力的弗吉尼亚圈子。詹姆斯·普雷斯顿上校（Colonel James Preston）写道：爱伦·坡"出生于艰难困苦的环境中"，"无可怀疑的证据说明，他是一位有天分、有才华的年轻人"，他将"在未来的某一天用他的服务来回报政府"。[14] 时任众议院议长的安德鲁·史蒂文森（Andrew Stevenson）也确认收到了一些"来自最高权威人士"[15] 的证词，例如约翰·坎贝尔少校（Major John Campbell）断言，爱伦·坡是"一位绅士，你可以完全相信他的话"[16]。与爱伦·坡的面对面会见给伊顿部长留下了深刻的印象，主要是因为爱伦·坡从巴尔的摩步行到达华盛顿，向他面交了一扎推荐信。然而当时席位没有空缺，因此爱伦·坡必须耐心等待。

回到巴尔的摩后，他向里士满的政治家兼律师威廉·沃特（William Wirt）[17] 做了自我介绍，希望能得到沃特对自己进入西点军校和在文学方面发展的支持。沃特发现《阿尔阿拉夫》的脚注带有"许多有趣而且有用的信息",但他不知道"这首诗能否被老式读者接受"。[18]尽管如此,他还是开始介绍爱伦·坡与费城的出版社接触。爱伦·坡给艾萨克·利(Isaac Lea)发去了另一份《阿尔阿拉夫》的稿件,后者是一位受人们尊敬的地质学家和贝壳专家,而且与其岳父马修·凯瑞(Mathew Carey)一起开办了一家著名的出版社和书店,即凯瑞和利(Garey & Lea)。爱伦·坡曾承认:"如果这首诗发表了,无论成功与否,我将'义无反顾地'成为诗人。"[19]

事业的进展增加了爱伦·坡的勇气,他请约翰·爱伦出面以其名义承担《阿尔阿拉夫》可能带来的损失。爱伦·坡用自己的年轻做担保:"让世人看到我,这一点意义重大;而一旦受到注意,我将能轻而易举地铸就一条通往名声之路,这当然不会有任何不利之处,因为它不会在任何时刻干预我对其他目标的追寻。"[20]

然而,约翰·爱伦并不认同爱伦·坡自称的"光明的文学前途"的观点。他很生气地在回信中写道,"天才人物不应该请求"[21]他的帮助。

爱伦·坡在诗歌方面的活动取得了一定的成功。缅因州的小说家约翰·尼尔(John Neal)在《波士顿文学公报》(*Boston Literary Gazette*)上说,这首诗的作者"写出了一首优美甚至壮观的诗篇"。[22]随后,爱伦·坡给他寄去了《帖木儿》的一些段落,并且满怀感恩地坦承道:"我还年轻,如果对于一切美好的深深崇拜可以让一个人成为诗人的话——那我就是个诗人。"巴尔的摩的一家日报也刊载了《阿尔阿拉夫》的一些摘录,扬基·尼尔(Yankee Neal)在12月写道:"如果《阿尔阿拉夫》和《帖木儿》的其他部分也和在这里发表的这些摘录同样好……那么他就有资格获得著名的诗人兄弟们给他的崇高评价,非常崇高的评价。"[23]

12月10日,通过巴尔的摩的一家小出版社,爱伦·坡终于出版了他的第二部诗集:《阿尔阿拉夫、帖木儿和其他小诗》(*Al Aaraaf*,

Tamerlane, *and Minor Poems*）。波士顿的《美国诗歌目录》（*Catalogue of American Poetry*）收录了这部诗集，莎拉·约瑟法·黑尔（Sarah Josepha Hale）的《美国女性杂志》（*American Ladies' Magazine*）曾谨慎地赞扬道："其中一部分特别孩子气、柔弱，完全缺少诗歌的共性；但其他部分……提醒着我们，这是一位不亚于雪莱的诗人。"[24]

随后，爱伦·坡的名字出现在巴尔的摩当时一首题为《穆西亚德或者尼尼德——魔鬼著》（*Musiad*，*or*，*Ninead*，*by Diabolus*）的匿名讽刺诗中："接着是面对理性微笑，面对法律大笑的爱伦·坡。"[25] 对一个年轻的诗人来说，有什么比得到讽刺诗承认更好的鼓励呢？而且，更让人高兴的是，他在其中扮演的角色是嘲笑理性和法律的浪漫的小丑！

献给新女神的颂歌

但是，正如爱伦·坡在他诗集里的第一首诗中揭示的那样，他对理性和科学的看法已经变得非常复杂了。这是一首经典的十四行诗：有14行诗句，遵循"抑扬格五音步"的格律，以一副对句结尾，韵脚交替进行。这首诗在他生前曾经有几次改动。在1830年的版本中，诗的标题是：《十四行诗——致科学》（*Sonnet—To Science*）。[26] 全诗如下：

科学呵！你这时间老人的乖女儿

你用慧眼的凝视让世界改观！

你这兀鹰！晦暗的现实铸成了你的翼翅！

可为什么要啄食诗人的心灵？

他何以爱你——或羡你高妙？

尽管他能乘风轻扬

你却总不让他漫游飘荡

去那布满珍宝的苍宇寻觅

可是你把月神拖下了天车?

可是你把山林仙子逐出了林莽

迫使她去往某颗福星上躲藏?

可是你从水泽里赶走了温柔的神女

把小精灵逼出了绿茵,而且还从

凤眼果树下驱散了我夏日的美梦?①

这首颂歌并不是献给永恒的神祇的,而是献给科学的历史产物——"时间老人的乖女儿"的。弗朗西斯·培根曾在17世纪初写道:"真理是时间的女儿,不是权威的女儿。"[27]换言之,真理不是镌刻在永恒的写字板上的,而是通过人类的活动,如观察、实验和讨论而逐渐出现的,这就是培根在他的《伟大的复兴》(*Great Instauration*)中设定的研究程序。

然而,就在培根认为是科学揭示了隐藏的真实的同时,爱伦·坡发出了不同的声音:科学用"慧眼的凝视"会改变这世上的事物。科学已经把"月神(Diana)拖下了天车":当现代人注视着月球时,他们看到的是一颗布满陨石坑的卫星,而不再是正在夜之旅行途中的奥林匹克之神(Olympians)。科学已经驱逐了自然神祇、精灵和缪斯(Muses),"把山林仙子逐出了林莽","把小精灵逼出了绿茵"。这头猛兽不断啄食着诗人的心灵,是一头用"晦暗的现实"铸成了翼翅的兀鹰,它用事实取代了隐藏的含义和神话。对一位诗人来说,这样的一位神祇既不明智,也不可爱。

许多批评家将这首十四行诗解读为诗人"对科学的攻击"。[28]爱伦·坡则坚称自己作为一名诗人,拥有"对于一切美好事物的深深的崇拜";但在创作这首十四行诗的时候,他同时也是一名士兵,在技术和科学问题上有着丰富的经验。他在这两个方向各迈出了一只脚,并且试

---

① 此段译文选用了熊荣斌、彭贵菊的译本,为配合本书原文和译文,本书译者修改了其中部分标点符号。——译者注

图寻求一条能够同时研究二者的道路。这首十四行诗的标点符号也耐人寻味：在头 4 行中的 4 个惊叹号之后，诗的其余部分以问号结尾；在第 5 行中，爱伦·坡向科学提出了这首诗的中心问题："他何以爱你——或羡你高妙？"

这个问题或许是修辞上的，指向一个简单的回答：一名真正的诗人根本不可能热爱科学。这将带来一个我们熟悉的浪漫式解释：这首诗是关于反对科学的辩论，悲叹科学对于梦想、神话和想象的敌意。以这种方式阅读，不禁让人想起约翰·济慈（John Keats）的《拉弥亚》（Lamia）[29]中的诗句："哲学将剪去天使之翼，用尺子和直线，让一切神秘在无奈中听从安排。扫荡土地神的矿藏，还有妖祟的阴霾，拆解彩虹。"

但如果爱伦·坡的问题是实实在在的呢？如果爱伦·坡真的是在问：诗歌会怎样参与、对抗、挑战科学并且再次发挥想象，或与科学结盟呢？面对科学特定的智慧形式，诗歌应该怎样才能保持美感，而不被科学所谓的真实摧毁呢？

如果这是一个真问题，我们还可以期待一个答案。在他的诗集中，紧随《十四行诗——致科学》之后，爱伦·坡在长诗《阿尔阿拉夫》中提供了一个答案。[30]这首诗的标题来自伊斯兰神话："阿尔阿拉夫"是人死后灵魂前往的地方，是天堂与地狱之间的中间地带，人们在那里不会遭受任何惩罚，但也不会得到天堂的那种宁静和幸福。[31]"正如他向艾萨克·利解释的那样，爱伦·坡将阿尔阿拉夫想象为一个真实的地方，将它放在 1572 年第谷·布拉赫[32]发现的著名星辰上，这颗新星的出现与消失都是如此突然。"

于是，在这首诗的标题上，星球阿尔阿拉夫的关键形象基于现代科学的一个重大事件才得以形成。第谷·布拉赫是欧洲资金最充足的星辰观察者。尽管天文学家们那时还没有开始使用望远镜，但丹麦国王给了布拉赫一座岛屿，用于建立他的天文台，其中装备着庞大的象限仪（quadrant）和六分仪（sextant），让人们可以在此对星辰进行全欧洲最准确的观察。他对于发现那颗新星（拉丁语写作"Stella Nova"）的宣告给公众带来了巨大的冲击，因为亚里士多德（Aristotle）和一些中世纪哲学家曾认为，月球和在它之上的天宇在水晶球上旅行，是完美而且不变的；只有在地球上才有不完美、转变和死亡。布拉赫发现了一颗突然出现与消失的星星，这是发生在月球之上的新颖事件——这说明，与一切人们所接受的知识不同，天空或许也只是历史的一部分。

在写给艾萨克·利的信中，爱伦·坡将阿尔阿拉夫描述为一颗"信使星"（messenger star），这可以追溯到先知穆罕默德的绰号以及现代科学中的另一个重大事件——伽利略在他1610年出版的《星际信使》（*Starry Messenger*）①一书中，报告了他用"千里眼"（即望远镜）所做的观察。与布拉赫发现的新星一样，伽利略的观察（月球上坑坑洼洼的不规则表面，以及围绕木星旋转的4颗卫星）说明了在"超越月球的"区域内存在不完美和变化。

时间、变化和腐朽也是天空的一部分：培根、布拉赫和伽利略打碎了先前关于宇宙的信息。在《阿尔阿拉夫》中，爱伦·坡将这颗在爆炸中生成并于此后不久便消失了的新星，与处于"天堂与地狱间"一个不稳定的临界地区相连，美好与希望以离奇的新形式绽放出了生命的花朵。

既然在科学的"晦暗真实"与诗歌的"夏日美梦"之间似乎确实存在某种"敌意"，一位诗人又怎可能热爱科学或者觉得它睿智呢？《阿尔阿拉夫》答道：如果科学"改变了"人类在夜空和自然界中的经验，则诗歌可以回报这一姿态。因为想象可以抓住科学的事实：无论是对新星的观察、对历史和现代神话的发现，还是对奇特植物和昆虫、瑰丽太空的探索，诗歌的想象力都可以赋予它们美好与离奇，为它们编织出新情

---

① 美国著名天体物理学家尼尔·德格拉斯·泰森（Neil deGrasse Tyson）以此为灵感撰写了同名科学反思著作《星际信使》，向伽利略致敬，中文版已由中译出版社引进，于2023年5月出版。——编者注

感、新形象、新神话和新经历。

《十四行诗——致科学》也为爱伦·坡一生的作品设置了程序。即使在探索想象和非理性最外层限度的时候，他也将继续提问：诗人何以热爱科学并认为它睿智？[33] 他会得出许许多多种答案，而这无数种答案之间，总是充满了思索、矛盾，时常崇高、庄重。

1830年春天，就在《阿尔阿拉夫》刚刚发表之后，爱伦·坡的未来之星终于照亮了他。爱伦·坡最后一次动用了裙带关系——密西西比州参议员波瓦坦·埃利斯（Powhatan Ellis），也是约翰·爱伦一个生意伙伴的兄弟，终于为爱伦·坡争取到了在西点军校的预备学员资格。

在黑板上

或许是因自己终于摆脱了爱伦·坡而高兴，约翰·爱伦于5月底在里士满接待了他。约翰·爱伦给他买了衣服和毯子，亲自到轮船码头送他上船。爱伦·坡又一次开始在信中称约翰·爱伦为"亲爱的爸爸"，一心想要维持约翰·爱伦对自己的好感。尽管他在夏洛茨维尔的债务被偿清或者遗忘了——他仍然欠着那位替他服役的布利·格雷夫斯50美元，约翰·爱伦也不肯为他付这笔钱。对此，爱伦·坡在给格雷夫斯的一封信里坦率地做了解释："A先生神志清醒的时候不是很多。"[34]

6月，从纽约市出发、向北旅行了一天的爱伦·坡终于来到了西点军校。他搬进了"平原"上的一顶帐篷，那里位于一座绝壁之上，眼前是在绝壁下弯曲的哈德孙河的惊人景象，被茂密森林覆盖的山峦在滚滚的波涛之上逐渐隐去。和在夏洛茨维尔时一样，爱伦·坡再一次加入了一队精选的白人男子行列，他们都有着良好的家庭背景。但现在，他们必须在一次写作、阅读和"数学基本规则"（包括"化简""简单与复合比例"以及"普通分数与小数"等内容）[35] 的入学考试[36] 中，证明自己具有"未来对这个国家有用的性格和能力"。爱伦·坡轻松地通过了,但"很大一批来自良好家庭的预备学员"的申请以"能力不足"为由被驳回了,其中甚至包括弗吉尼亚州州长的儿子。[37]"这家伙在被叫到……黑板前演算5除以2/3时哭得极为可怕。"[38]在每年得到入学名额的130名军校生中,"只有30—35人最后能毕业"。

整个夏天,爱伦·坡和其他通过了考试的人都在进行操练和军事训练,包括构筑工事和使用军火,他作为军士长的经验让他得以轻松应对。8月30日他们从帐篷中撤离,搬进了兵营,开始上课,下午保留一个半小时的操练,随之是晚上的队列练习。

在杰斐逊对弗吉尼亚州引入德国大学体制一系列跌跌撞撞的实验之后,爱伦·坡在西点军校参加了造就美国精英的另一项实验。西点军校是一所最先由汉密尔顿和联邦党人创办的国家军官学校,尽管杰斐逊认为,国家防务应该依靠地方民兵。这所军校于1802年创办,由于在1812年的战争中提供了工程师而证明了自身的价值。1817年,希尔韦纳斯·塞耶上校(Colonel Sylvanus Thayer)被任命为新的总监,并被国防部派往法国参观巴黎综合理工学院(École Polytechnique)——这是一所在大革命中创建的工程学院,拿破仑把它变成了一所军事学校。对于训练为现代国家和帝国服务的数学家和技师,巴黎综合理工学院也是全世界效仿的榜样。

塞耶从法国带回了当时最前沿的科学教科书和改革计划。同巴黎综合理工学院一样,他的学生们被称为"学员",将被训练成为科学家和士兵;他们全都学习法语,因为塞耶认为,"这是让学员们能自由阅读欧洲科学著作的唯一途径"[39];语法和数学课程也以与作战训练同样的严格标准被讲授。

塞耶的改革计划是,力求从学员们的记忆中扫除"一段有关这个机构的学员有权为保护自己而辩护的时期"。[40]斯巴达式的兵营中没有自来水或者取暖设备,食物也让人没有胃口;塞耶用操练和工作填满了学员们每天15个小时的日程;他的"奖励总名单"将由无所不在的监察决定，其中每位教授每周都要针对每个学员做出报告。

爱伦·坡发现这些规定"极为僵化"。[41]他和他的同学们必须按照安排来学习那些用法语讲授的几何和工程学课程，这些课程强调拉克鲁瓦（Lacroix）、勒让德（Legendre）、拉格朗日（Lagrange）和巴黎综合理工学院创始人加斯帕尔·蒙日（Gaspard Monge）等人的学说。[42]图书馆里存放着工程师兼科普作家夏尔·迪潘（Charles Dupin）的著作，包括他的一本书的最新英文译本，《数学在实用艺术与美术中的应用》（*Mathematics Practically Applied to the Useful and Fine Arts*）。[43]夏尔·迪潘就是爱伦·坡作品中 C. 奥古斯特·迪潘的原型，这位侦探正是一位数学家兼诗人。

皮埃尔-西蒙·拉普拉斯的著作也占据了书架上相当多的位置，他是巴黎综合理工学院的院长之一，其著作体现了法国数学的理性与宇宙观。在他的《有关概率论的哲学随笔》（*Philosophical Essay on Probabilities*）中，拉普拉斯幻想出了一个全知全能的智慧装置，只要知道宇宙的初始条件，它就能预言宇宙在未来任何时刻的状态，这是检验决定论和机械宇宙想法的试金石。他的《天体力学》（*Mécanique céleste*）完善了牛顿的"机械宇宙观"，描述了一个自我调节的太阳系，其各部分按照统一定律相互作用。这本书由纳撒尼尔·鲍迪奇翻译，他以撰写《美国实践航海学》（*The American Practical Navigator*）而闻名。

拉普拉斯在他另一部名为《世界体系一览》（*Exposition du système du monde*）的著作中，提出了"太阳系由旋转气体云（星云）逐步冷凝而形成"的理论。天文学家威廉·赫歇尔（William Herschel）也曾提出类似有争议的假说，后人称之为星云假说。[44]人们认为，拉普拉斯有关太阳、地球和行星形成的力学理论，革命性地取代了《创世记》的创世故事，对神学产生了威胁。拿破仑曾经问拉普拉斯，在这样一部有关宇宙的长篇著作中，他为什么从来没有提到过上帝？据说拉普拉斯的回答是："我不需要那个假说。"[45]

西点军校是美国首批使用黑板的机构之一，这也是从巴黎综合理工学院引进的另一个舶来品。[46]学员们在黑板上解答问题、推导证明（往往由几个人同时进行），写出他们的每一步思路。人们可以清楚地看到这些过程和他们的解题速度，有利于检查与改正。有一位学员曾经在宾夕法尼亚大学（University of Pennsylvania）学习了3年。来到西点军校3个星期后，他在给父母的信中写道："我先前学过的代数知识在这里又都重温了一遍，基本上都讲到了。"在信中，他还提到，每一次课堂陈述都要求熟练掌握十几页课本上的内容："光是在黑板上板书下来还不算，还要对每个细节步骤都加以阐释才行，这些都是必须要做的事情。"[47]

拉普拉斯修正了由力学定律解释的宇宙的形象，现在它可以通过数学推理被完美展现了。而按照纪律，无论身体还是思想，西点军校的学员都必须与这一宇宙机器保持一致。

富兰克林的继承人

亚历山大·达拉斯·贝奇是首批接受塞耶的课程设置的学生之一，他在毕业考试中考了班级第一名，上学期间也没有一次过失记录——考虑到这所学校高标准的要求和无所不在的监督，这简直是前所未闻的壮举，人们都预期未来他会做出一番大事业。贝奇的曾外祖父是本杰明·富兰克林，他的父亲是富兰克林唯一的女儿的儿子，而他的外祖父亚历山大·达拉斯（Alexander Dallas）曾经担任美国财政部长。

贝奇生于1806年，长着一双大眼睛和一个圆润的下巴（后来被他的大胡子遮住了），脸上带着自信、智慧，有时透露出顽皮的怀疑表情。"他班里的每个同学都毫不讳言地承认他的学识高人一等"，而无论学员还是军官，也都"因为他毫不做作的举止、友好的风度和尽职尽责的态度喜爱与尊重他"。[48]当被需要的时候，贝奇很迷人，但他对待愚人时并不太友善；当别人反对他时，他也会变得脾气暴躁、不屈不挠。

1825年贝奇毕业时，国防部部长詹姆斯·巴尔布尔（James Barbour）在信中对贝奇的母亲索菲娅（Sophia）说："我对你儿子优异的考试成绩和诚信记录表示欣慰与感激……我认识并爱戴你的父亲（达拉斯），不过对于他伟大的祖辈（富兰克林），我只能通过其著作对其有所了解。在你的儿子身上，我看到了这两个家族的结合所产生的强大力量。"[49]贝奇似乎命中注定会取得光辉的成就，而他的同学们，包括他的朋友杰斐逊·戴维斯（Jefferson Davis）则自发组成了一股势力，致力于将任何干扰贝奇的愚蠢行为消弭于无形，使他可以顺利地完成这一使命。

在西点军校，贝奇学会了如何像军队中的专家那样观察问题，他将在自己一生的研究和管理项目中运用这一视角。他在毕业后留校担任教官3年，与来自纽约、颇有影响力的化学家兼植物学家约翰·托里（John Torrey）以及天文学家兼数学家奥姆斯比·米切尔（Ormsby Mitchel）一起教学，后者后来创办了辛辛那提天文台（Cincinnati Observatory）。刚好在爱伦·坡到来之前，贝奇返回了费城，他们俩将于1838—1842年在那里生活——这是对他们两人而言都具有决定性意义的几年。

刚刚进入青少年时期的贝奇就受到了激励，要实现祖辈的期望，后来他真的做到了——他的职业生涯堪称西点军校学员的典范。而作为一个有着痛苦原生家庭的孤儿，爱伦·坡与贝奇相比，无论是最初的条件还是最终的生活轨道都有很大的差别。但他一直在如饥似渴地学习西点军校的课程，并将自己的所学应用于他后来的职业生涯。尽管他们最终分道扬镳，但爱伦·坡和贝奇的生活常常呈平行状态。

爱伦·坡在给约翰·爱伦的信中提及了自己的"杰出表现"，尽管还"需要不断地学习，（军校的）纪律也极为僵化"。[50]爱伦·坡还与温菲尔德·斯科特将军（General Winfield Scott）有过交谈——他们此前也曾在里士满相遇过。斯科特是1812年战争中的弗吉尼亚英雄，作为拿破仑的训练手册的翻译者，斯科特的绰号是"小题大做者"（Old Fuss and Feathers），因为他极度喜欢浮华和礼仪。"我非常喜欢塞耶上校，"爱伦·坡在给家人的信中写道,"以及军校中的一切。"

两年多来,爱伦·坡一直自食其力,他比他的同班同学年长些,也更有经验。一位学员说他"看上去憔悴、疲倦、心怀不满,这令人难以忘怀"[51],尽管与他同住一顶帐篷的室友认为他是"世界上最伟大的人"[52]、一位老练的探险者,称他的"野心似乎是要在一切学习中领先于全班",他还有着"非凡的数学天赋,这让他在准备课堂汇报时毫无困难,也总能拿到最高分"[53]。

爱伦·坡以他"有力且恶毒的打油诗"[54]而闻名,这些诗的嘲讽对象往往是那些在兵营里巡查的教官;这种"令学校内部人员很有兴趣的诗歌和讽刺短文"让他在同学中享有"天才的美誉"。他还是学校演讲厅的常客,那里经常举办哲学与文学演讲。一位学员指出:"因为我们在这里上的课程几乎都与科学有关,这让我们无法很好地融入社会。"[55]这里为学员们提供的课外读物只有本杰明·西利曼(Benjamin Silliman)的《美国科学与艺术杂志》(*American Journal of Science and Arts*)和《北美评论》(*The North American Review*)。[56]

在西点军校,只有周期性的狂欢活动(包括7月4日的狂野庆祝[57]和夏季营地结束时的化装舞会)可以让学员们彻底放纵一番,暂时从严酷的学校生活中得到解脱。一位同学相信,爱伦·坡"已经养成了更为危险的持续性痛饮的习惯"[58],有一个关于此事的笑话在学校流传:"其实他给自己的儿子安排了一个学员的位置,结果那个孩子死了,他就自己顶替儿子当了学员。"[59]

爱伦·坡在刚来西点军校的时候认为,基于过去的教育和军旅经验,他可以在6个月内就完成两年的课程。然而他想错了,他需要长期在军校学习。

他从军的决心随后遭受了来自里士满的致命打击:约翰·爱伦要再婚了,新娘是新泽西州一个富有家庭的女儿路易莎·帕特森(Louisa Patterson)。约翰·爱伦即将组成一个新家庭,而其中将不会有一个已成年的养子的位置。

破釜沉舟

　　约翰·爱伦的再婚典礼于那年 10 月份在纽约举行。爱伦·坡没有收到邀请。"亲爱的先生，"他在写给约翰·爱伦的信中不再称他为"爸爸"，"我曾经非常希望你在纽约期间能前来西点军校，可我如今非常失望地得知，你已经在未曾告知我的情况下回家了。"[60] 他在信末使用了正式的言辞"向爱伦夫人致意"，指代尚未谋面的约翰·爱伦的新妻子。

　　此后不久，因为要求约翰·爱伦偿付爱伦·坡欠下的 50 美元债务，爱伦·坡的服役替代人布利·格雷夫斯在里士满与约翰·爱伦发生了冲突。他给约翰·爱伦看了爱伦·坡说他是酒鬼的信。随后，约翰·爱伦在给爱伦·坡的信中大发雷霆，表示拒绝承担这一债务。

　　爱伦·坡在回信中为自己辩护："当我还是幼童的时候，我是否请求过你的慈悲？你是否是出于自主意愿，心甘情愿地为我提供服务？"[61] 他或许本可以留在巴尔的摩，与他的祖父坡将军在一起，但他的这位"有血缘关系的保护者"相信了约翰·爱伦愿意收养并教育爱伦·坡的承诺。"在这样的情况下，你是否还能说，我没有任何权利从你那里期望得到任何东西吗？"

　　说到约翰·爱伦确实提供了的"自由教育"，爱伦·坡在弗吉尼亚大学时资金不足，那 8 个月几乎根本不能算数。"如果你让我回去继续上大学，我肯定可以改过自新，因为我最近 3 个月的行为可以让任何人有理由相信这一点。"爱伦·坡唯一后悔的是他未能及时返回里士满，没能在弗朗西丝去世前见她一面。"我从来都没有把你的爱当成一回事，但我相信她如同爱她自己的孩子一样爱我。"在养母死后，约翰·爱伦曾承诺会"原谅一切"，但他很快就将诺言抛诸脑后了——"你像送一个叫花子一样把我送到了西点军校"。他承认自己写过有关醉酒的那封信：

"至于说到其中内容的真伪,我将它留给上帝和你自己的良心来评判。"

爱伦·坡宣称,他"未来的生命(感谢上帝,它不会让我忍受太久)必定会在贫穷与病痛中度过"。西点军校和他在那里忍受的"必需品"的缺乏,已经损害了他的健康;他此时需要的只是约翰·爱伦同意他退学的书面证明。

在给约翰·爱伦写信的同一天,爱伦·坡开始了他的年中考试。在87个学生中,他的数学成绩位列第17名,法语成绩位列第3名。[62]如果他当时肯在这方面多加努力,他可以成为杰出的军官和工程师。然而,约翰·爱伦无所谓的态度及其对爱伦·坡情感上的伤害让爱伦·坡无法继续安心学习。从1月7日起,他便不再去听课、操练,也不再去教堂参加宗教活动。当月月底,他因疏忽职守而受到了军事法庭传讯。伊顿部长批准了判决:"学员 E. A. 坡将被解除美国陆军军籍。"[63]

爱伦·坡一位同学的母亲是费城的文学编辑莎拉·约瑟法·黑尔——也是歌谣《玛丽有只小羊羔》(*Mary Had a Little lamb*)文本的创作者,她曾发表对《阿尔阿拉夫》的赞许。这位同学在信中说:"这里的人们认为,爱伦·坡'很有天赋',但他作为一个诗人喜欢数学,这实在太疯狂了。"[64]另一位士兵后来也写道:"埃德加·坡在西点军校,好比把错误的人放到了错误的地方,尽管他凭借自己的智力在这里取得了很高的地位。"[65]还有一位传记作家对此评论道:"我们必须认为,爱伦·坡在西点军校的经历打断了他真正的职业生涯。"[66]

肤浅地说,这是正确的观点:从离开西点军校起,爱伦·坡便正式开始以作家和编辑(而不是作为陆军工程兵团的成员)的身份谋生了。即便没有家庭的支持,也没有如同亚历山大·达拉斯·贝奇这样牢不可破的社会地位,爱伦·坡在西点军校依然是出类拔萃的。在一个造就了他的国家中最为训练有素的数学家和工程师的学校里,尽管面临着希望全部粉碎的境地,他仍然在第一个学期结束时取得了接近班级榜首的成绩。

西点军校以分析化、标准化、系统化的训练模式培养学员,他们从而可以在美国的各行各业扮演关键角色。在陆军工程兵团和私营公司中,他们将修筑道路和运河,绘制西部领土的地图。[67] 有些人则像亚历山大·达拉斯·贝奇和奥姆斯比·米切尔那样,成了研究人员和科学管理者。其他人将布匹、铁和枪械的生产系统化。大批西点军校出身的工程师在修建铁路的政府与私营公司中工作。他们所受的训练让他们做好了准备,有能力评估路线效率、解决远距离供给链面临的后勤难题。作为铁路的雇员和主管,他们在这些公司中复制了西点军校的管理与纪律结构,许多人因此发了财。[68]

尽管爱伦·坡走上了与这些人相当不同的道路,但他在西点军校还是得到了训练,这一点对于塑造他成为诗人、批评家和作家的职业生涯具有决定性的意义。他在这所军校中学到的一切——包括数学、几何和天文学知识,分析和精心重建的技巧,力争超越的驱动力以及制定战略与指挥的能力,都将使他受益终身。

对爱伦·坡来说,在西点军校的经历是一个转折点,这不仅仅是因为这段经历标志着他从约翰·爱伦那里得到重大支持的希望的破灭。在西点军校时,他完全沉浸在一个全面现代化、机械化的思维与生活方式之中。这是一个受到高度控制的暴力系统,直接作用于感官,并在他的头脑中留下了不可磨灭的印记,这种经历变成了他的诗人身份和知识储备中坚定不移的一部分。他有了一个军人的骄傲与风度,并且得到了一系列将在今后多年的文学征途中为他服务的工具。

现在,爱伦·坡在文学的道路上正式扬帆启航了,但他将继续以一个诗人、小说作家和杂志人的身份发问:他应该怎样热爱科学,他应该怎样做才是睿智的?

第二章
扬帆启航

> 我雄心勃勃——你知道
> 这种激情吗,父亲?你不知道:
> 作为一个乡下人,我在一个凌驾
> 半个世界的宝座上画上了记号。
> ——爱伦·坡,《帖木儿》(*Tamerlane*)[1]

带有模拟运动机械装置的魔灯幻灯片

4
巴尔的摩的学徒生活

离开西点军校之后,爱伦·坡住在纽约市一间简陋的房间里,用颤抖的手给约翰·爱伦写信:"我没有钱,也没有朋友,我给我哥哥写了信,但他无法帮助我。我永远也无法从床上爬起来了,除了我肺里无边的冷气,我的耳朵在流血,情况还会更糟糕。"[1]但约翰·爱伦对此没有回信。

到了春天,他开始做计划。他曾写信给塞耶上校,请求得到一份"专业操守证书",以便在可能的情况下通过德·拉法耶特侯爵的赏识,在波兰陆军中谋求一个职位。[2]这一请求毫无结果,但在232名西点军校学员中,有131人从他们得到的津贴中各自捐出了1.25美元,让爱伦·坡发表他的诗作。[3]4月,他以《诗歌》(Poems)为名的第三部诗集出版了。

他在题献中把它献给了"美国军校学员"。然而他的同学们很失望:它是"用拙劣的机械方法生产的,绿板装订,劣质纸张印刷,显然是以最廉价的方式成书的"[4],其中也完全没有收录爱伦·坡在兵营里吟诵的那些讽刺打油诗[5]。他们发现,取而代之的是中世纪的蒙古英雄史诗《帖木儿》;难懂的天文学幻想长诗《阿尔阿拉夫》,还有相对简短但同样晦涩难懂的其他诗篇,比如《尼斯山谷》(The Valley of Nis)和《被诅咒的城市》(The Doomed City),它们描述的是受到诅咒的凄惨景观,以及包括经典情诗《致海伦》在内的爱情诗。

但对于这部诗集，来自文学批评界的声音要比他的同学们好一些。费城的《星期六晚邮报》(The Saturday Evening Post)和《首饰盒》(The Casket)注意到了这部诗集；《纽约镜报》(The New-York Mirror)给出了不温不火的评论，如"语言中的一切都预示着诗的灵感，但它很像被风吹散的西比尔草的叶子"[6]，《被诅咒的城市》中的几行"比书中大多数地方更容易理解"；还有一位评论者称爱伦·坡是"一个有着良好天赋的人"[7]，而且，尽管他承认书中的段落是"一派胡言"，但他仍然认定其作者"很有天赋，并且领先于当前的时代"，《致海伦》[8]开篇的头几行就是明证：

> 海伦，你的美艳
> 似昔日尼西亚的小艇。
> 轻轻地，在芳香的海面，
> 被困乏思归的流浪人
> 驶回他故国的海滨。

这种"纯粹的诗歌"段落与批评家们所认为的《十四行诗——致科学》中"纯粹的胡说八道"段落形成了鲜明的对照。

爱伦·坡在"前言"中宣告了他的严肃态度。"在一个美国作家的道路上横亘的巨大障碍"[9]，是人们将其作品与欧洲诗人的作品相比时，往往认为后者令人望尘莫及："文学如同法律或者帝国，一个已经建立的名字仿佛就是一份终身产业"；在美国，"关注书籍装帧的读者喜欢从封面、书脊看到扉页的最下方，哪怕那里仅仅拼写着伦敦、巴黎或者热那亚的神秘字符"，在他们眼中，这些字符"便等同于许许多多封推荐信"。

然而——在爱伦·坡看来，一些英格兰诗人已经迷失了方向："威廉·华兹华斯（William Wordsworth）错误地用诗歌来教导道德，而柯尔律治的诗文一味纠缠于元物理学。"[10]爱伦·坡强烈地认为，诗歌需要用特定的方式阅读，如果考究得过分仔细，美感与真实感便都会消失："诗歌是一幅美丽的图画，如果仔细观察，它的色彩是混乱的，甚至是令人困惑的。"相比之下，"鉴赏家好奇的一瞥"则会略过细节，看到优美的统一体。这一点在天文学中也成立："直接并且专注地观察的人确实会看到星辰，但只会看到不能发出光华的星辰；而那些不那么精细地考察它的人，则能够意识到星辰对于在地面上的我们有用的一切，即它的光辉与美丽。这就是一个关于'间接'观察的描述[11]，一个由天文学家约翰·赫歇尔描述，并由物理学家兼光学仪器发明家戴维·布鲁斯特强调的现象。"

这一"前言"看似只是宣告了爱伦·坡要在伟大诗人们之中取得一席之地的意图，但实际上，它触及了爱伦·坡试图铸就名声的所有3个领域：如果说诗歌瞄准的是"无限的欢乐"，浪漫或虚构作品的目标便是用"有限的感受"呈现"可以感知的形象"，科学则是直指真实。爱伦·坡发表的第一批作品是诗歌，然而他很快就会转向小说创作领域。那么科学呢？他对科学的神往也从来不曾消退。

机械师街

爱伦·坡于1831年春天离开纽约前往巴尔的摩，前去与他病重的祖母（那位坡将军的遗孀）、他的姑妈玛丽亚·克莱姆、克莱姆的女儿弗吉尼亚以及他的亲哥哥亨利会合。爱伦·坡曾经给那里的一位编辑写信找工作，表示他"迫切地想留下定居"。[12]

巴尔的摩彼时是美国第二大城市，人口刚刚超过8万，比费城多几百人，但远远落在纽约的20万人之后。这座城市以其工业而自豪。[13]除了拥有在切萨皮克湾（Chesapeake Bay）的造船厂和子弹制造塔（一座大烟囱，熔融的铅从其顶部落下，在冷却的过程中变为粒状霰弹弹丸），它还是这个国家第一条洲际铁路的起点，这条铁路刚好于1830年——爱伦·坡到来之前开始营运，即巴尔的摩—俄亥俄线。

这座城市也以它的文学与科学协会而亮眼，其中70多种期刊和杂志于19世纪30年代开始上架。[14]这里也有查尔斯·威尔逊·皮尔（Charles Willson Peale）设立的美国博物馆（American Museum）分馆，由皮尔的儿子伦勃朗·皮尔（Rembrandt Peale）担任馆长。与其他美国城市一样，巴尔的摩于1830年多次见证热气球升空。这种气球飞行具有双重目的，一是为了科学，例如盖·吕萨克（Gay-Lussac）和亚历山大·冯·洪堡的升空是为了在前所未有的高度上测量大气的化学组成，二是为了刺激。

爱伦·坡一家住在人称"机械师街"（Mechanics Row）的威尔克斯街（Wilks Street）上，邻近费尔斯角（Fells Point）的港口。这所拥挤的小房子距离另一所房子只有几个街区，那所房子的居民包括弗雷德里克·贝利（Frederick Bailey），后来人们称他为弗雷德里克·道格拉斯（Frederick Douglass）[15]。道格拉斯是个奴隶，他的主人把他租给了自己的兄弟，后者又把他租给了一家造船公司。

涉及奴隶制的冲突演变成了重大的国家问题。[16]自从安德鲁·杰克逊于1828年当选总统以来，他用"分赃制"重新定义了总统职务：在政府部门，用忠于他的人更换了原有的高官。他用武力驱逐印第安人的政策为白人定居者提供了廉价土地，而他白人至上主义和本土主义的好战呼吁更加剧了一种法律荡然无存的风气，经常引发暴民暴动。杰克逊将自己包装成民主和平民的专制保卫者，而所谓平民指的是白人男性和奴隶主，尤其是他的那些朋友。

1831年，在预言的景象和日食的启发下，奈特·特纳（Nat Turner）领导了一次席卷弗吉尼亚州南安普顿县的奴隶起义，其中60名白人和两倍于此的黑人丧生。南方种植园主由此与北方依赖棉花的纺织厂主和商人沆瀣一气，越发严厉地对待种植园的奴隶们，并发起立法运动，以巩固与扩大奴隶制的要求。

要求废除奴隶制的运动也随着宗教势力的加强而发展。戴维·沃克（David Walker）[17]是一位与非洲卫理公会圣公会（African Methodist Episcopal Church）有联系的呢绒商人，他于1829年发表了《向全世界有色人种公民的呼吁》（Appeal to the Coloured Citizens of the World），批判杰克逊的种族理论，呼吁为建立平等的条件而积极地对抗。沃克于1830年突然去世，或许是被毒杀的，但他发起的运动由白人国际法学家威廉·劳埃德·加里森（William Lloyd Garrison）和阿瑟·塔潘（Arthur Tappan）在纽约延续，他们为废奴运动注入了"第二次大觉醒"（Second Great Awakening）的千禧年能量。在对基督迫在眉睫的回归的期待下，这一波宗教热情已经率先席卷了纽约上州。在那些培灵会[18]上，圣灵的到来让人们抽搐、喊叫、哭泣。在西部与南部，渗礼宗的教徒则热情高涨，尽管许多南方福音派教徒压制了福音书中"平等"和"改革"的含义。

马里兰州是南部各州中最靠北的一个。弗雷德里克·道格拉斯觉得，在巴尔的摩的经历是他暂时躲避种植园恐怖奴役的缓刑期。"与种植园奴隶相比，城市奴隶差不多就是自由人，"他在自传中回忆道，"他们的吃穿要好得多，还能享受种植园奴隶们闻所未闻的特权。"[19]当未被主人分配工作时，他就会抓紧时间学习，他说自己是受到了一件事情的启发："我怎样才能学会写字呢？这个想法是我在杜金和贝利造船厂（Durgin and Bailey's ship-yard）作为劳动力工作期间产生的。那时我经常看到，每当劈砍出一块可以使用的木料之后，木匠们就会在那上面写下他们打算在船上使用的那部分的名字。"[20]在逃到北方之后，他成了一位作家兼出版商，同时也是废奴运动的重要人物，他推崇知识与技术进步，还是一位消息灵通的美国种族科学激烈反对者。[21]

而对于爱伦·坡，在巴尔的摩生活，好处是关心他的亲戚们就近在身边[22]，但也意味着贫穷。他的哥哥亨利还记得他们死去的生母，有时会回忆起与她有关的事。爱伦·坡在报界找了些关系，但也染上了大量饮酒的习惯，因此他只能找到一些零散的工作。出于坡将军在战争期间的贡献，他们的祖母获得了一小笔赡养费，爱伦·坡在巴尔的摩的其他族人也过得不错。但在丈夫死后，玛丽亚·克莱姆的运气就变坏了，她只能不定期地做一些教师工作。除了朋友和邻居的帮助，穷人们之间没有社交网。更糟糕的是，1832 年，一场霍乱大流行开始出现在美国东海岸，数以千计的人死于非命，每一次与他人的接触和呼吸都会让人担心自己被传染。[23]

爱伦·坡则努力寻求着教师和助理编辑的职位。[24]一位西点军校的毕业生曾看到他在一个砖窑里制砖。[25]1831 年 6 月，费城《星期六信使报》(*Saturday Courier*)公布了一次短篇小说竞赛的结果，他赢得了 100 美元的大奖，这让他大受鼓舞，从此他也开始创作短篇小说了。《巴尔的摩星期六游客报》(*Baltimore Saturday Visiter*)的记者兰伯特·威尔默（Lambert Wilmer）是爱伦·坡的朋友，他认为爱伦·坡似乎是"世界上最努力工作的人之一"，他说："我随时都会去看他，总是能看到他在工作。"[26]

在机械师街上创作小说的同时，爱伦·坡也在反复思考着文学创作的一般规律[27]：是什么造就了一份成功的杂志或一篇得奖的小说？他的主要文学模型来自爱丁堡的《布莱克伍德杂志》，它有两大重要特色：其一是以第一人称描述危及生命的困境，爱伦·坡称它们为"效果故事"（tales of effect）或者"轰动故事"（tales of sensation）；其二是嘲笑文学时尚和夸大上流社会缺点的喜剧故事，爱伦·坡称它们为"荒诞故事"（tales of grotesques）。

爱伦·坡提交给《星期六信使报》的竞赛作品不是一篇而是 5 篇小说，风格多样，每篇都取材于他的广泛阅读。它们包括一篇针对美国小说家纳撒尼尔·威利斯（Nathaniel Willis）的小说的讽刺短文，讲的是一位在地狱里的君王通过玩牌欺骗魔鬼拯救了自己；还有一篇名为《耶路撒冷的故事》(*A Tale of Jerusalem*)的寓言，是以"圣经"风格撰写的。

1831年8月，他迎来了一个新的悲剧。由于受到酒精困扰和艰苦生活的打击，他的哥哥去世了，年仅24岁。亨利的死让爱伦·坡与姑妈克莱姆以及小表妹弗吉尼亚更亲近了，他亲昵地称后者为"茜茜"(Sissy)。威尔默有一次来看爱伦·坡，发现他"正在教弗吉尼亚做代数"。在一次散步途中，爱伦·坡和弗吉尼亚碰到了一次葬礼，这让弗吉尼亚"受到了影响，洒下的泪水比丧主还多，她的情绪也感染了爱伦·坡"。[28]

亨利死后，爱伦·坡在给约翰·爱伦的信中以痛悔与怀念的情绪写道："在漫长的21年间，我称你为父亲，你称我为儿子；可当想到这一切竟然如此收场，我便禁不住哭得像个孩子。"[29]他在短期一段时间里没有了债务，也不想从约翰·爱伦那里得到任何东西了："只有像现在这样，当我在给你写信时意识到我不再需要请求帮助了，我才敢敞开自己的心怀。"然而他也"真正意识到，所有这些'更好的感情'来得太晚了"。

可是到了11月，爱伦·坡又欠下了80美元。债主敲门时，他再次写信给约翰·爱伦，他早些时日的安宁再次荡然无存："我陷入了极大的困境，除了你，我在地球上没有别的朋友可以求诉了，如果连你也不肯帮助我，我完全不知道该怎么办了。因为欠债，我在11天前被逮捕了，我根本不知道自己还有这份债务（实际上是亨利的债务）。"[30]现如今我们找不到爱伦·坡的入狱记录，在巴尔的摩的监狱中，一半的囚犯是因为欠债未还。[31]爱伦·坡在12月再次向约翰·爱伦乞求："不要让我因为一笔你永远不会在乎的钱而死去。"[32] 12月7日，约翰·爱伦终于动笔给爱伦·坡写了回信，并在信封中放了100美元，但直到来年1月12日才想起来寄出。

12月，爱伦·坡在一次短篇小说竞赛中失利，输给了迪莉亚·S.

培根（Delia S. Bacon）写的一段感情缠绵的故事——她也是"莎士比亚（Shakespeare）的作品是弗朗西斯·培根（她的祖先）所著"这一理论的主要鼓吹者。尽管如此，《星期六信使报》还是在此后几个月间陆续发表了爱伦·坡的小说，最先发表的是《门则根斯坦》（*Metzengerstein*）——一个哥特式的复仇故事，以及《模仿德国人》（*In Imitation of the German*）——一匹公马被魔鬼附身的故事。但除了为他造势之外，《星期六信使报》没有付给他任何稿费；这是一份有精神价值的奖励，但令人难以下咽。《巴尔的摩星期六游客报》评论道："我们认为，没有几个美国作家能写出比这更好的作品。"[33]尽管饥饿、疾病和牢狱之灾袭击着爱伦·坡，但他的作品始终有人在读。

弗里欧采样器

受到上述这一点评的鼓舞，爱伦·坡将一篇小说发给了《新英格兰杂志》（*The New-England Magazine*），称它是一部更大的合集中的一部分，"应该由一个文学俱乐部的11名成员围坐在桌边共同阅读"。[34]他还建议每一名成员都模仿一位著名的文学人物，这样一来，他们对这些小说的评论就将成为一场"关于批判的滑稽讽刺表演"。若读者喜欢，他可以提供整套小说："如果你喜欢我发来的样章，我将再发来其余部分。"

他将这部合集命名为《弗里欧俱乐部故事集》（*Tales of the Folio Club*）。[35]每个故事是以不同的风格写成的，但它们都夸大了已经确立的体裁和作者的陈词滥调。《明白无误的损失》（*A Decided Loss*）的开头是《布莱克伍德杂志》上那类令人透不过气的"轰动故事"。[36]这里的"令人透不过气"可以从字面上理解，因为它讲的就是一个男人在怒斥他的老婆时"失去了呼吸"及其引发的一系列故事。在到处寻找"呼吸"这个难以捉摸的物体的过程中，他被旅行公车上的一个乘客弄得窒息了，结果人们认为他已经死了，打算埋葬他。他被几只猫轻轻地咬着，代替一个被裁定有罪的罪犯上了绞架；后来又被放上了解剖台，即使他连连踢腿也无人理会。一个喜欢做实验的医生用一种"新的伽伐尼原电池"处理了这具被误认为"尸体"的躯体。这个故事狂躁地利用了肉体和精神之间的关系，遮掩着它阴郁的自传式真相：这是一个受过过多教育的忧郁的男人的自白，整个世界都不在乎那些能危及他生命的侮辱。

爱伦·坡建议发表在《弗里欧俱乐部故事集》中的其他故事则分别以德国幻想故事、圣经寓言和时髦的"银叉子"贵族式小说（"silver fork" novels）[37]为模型，爱德华·鲍沃尔–利顿（Edward Bulwer-Lytton）的小说和本杰明·迪斯累里（Benjamin Disraeli）最初匿名发表的《维维安·格雷》（*Vivian Grey*）是这些小说的最佳代表。《维维安·格雷》追踪了一个野心勃勃的青年男子从贫困走向文学界大佬的崛起之路，同时讽刺了伦敦的"狮子们"（"lions"）和"蓝长袜们"（"bluestockings"），即才子和才女们。

在爱伦·坡的《捧为名流》（*Lionizing*）[38]中，主人公的事业建立在人们对他令人瞩目的鼻子的赞美上，他写了一篇题为《分类学》（*Nosology*）的论文，令文学界战栗。

"好作家！"爱丁堡说……[39]

"我们中的某一个！"布莱克伍德说。
"他会是谁呢？"才女夫人（Mrs Bas-Bleu）说。

这是在装模作样地模仿迪斯累里的讽刺式作品，其嘲讽名流的所谓成功就是说他们被"狮子化"，即在一天之内成为文学之王。

爱伦·坡创作这些故事的地点远不如《维维安·格雷》中的客厅

那么优雅。1833 年,他和他的家庭从机械师街搬进了友好街(Amity Street)的一座狭窄的联排住宅里。从巴尔的摩—俄亥俄线铁路停车场向北出发走过 5 个街区就能来到友好街。

然而,这种工业区的写作环境与《弗里欧俱乐部故事集》中的文学实验达成了某种奇特的和谐。在爱伦·坡的认识中,文学"体裁"是大规模生产出来的一种形式。爱伦·坡将他在接受工程师训练时养成的习惯运用于小说创作中,对这一领域进行了充分的考察,分析了较为早期的作品结构,并将这些"公式"运用在他自己的一系列作品当中,其结果就是《弗里欧俱乐部故事集》的诞生——它是案例展示的"标本",是他从自己的产品中抽取的样本。爱伦·坡的第一批小说基于一种与哈泊斯·费里(Harpers Ferry)的标准化制造系统相似的逻辑,这种系统是由伊莱·惠特尼(Eli Whitney)从法国的先例中借用而来的[40],就像爱伦·坡从欧洲文学借用模型一样。

确认与复制一种体裁或风格的原则并不一定意味着乏味的重复。爱伦·坡对他的"公式"进行了最优化,要么把它们放大为"怪诞的",要么纯化它们,使之成为更浓缩的形式。当国会就亨利·克莱的"美国系统"——利用联邦政府资助协调道路、运河、铁路和通信的计划举行辩论的时候,爱伦·坡距离第一批成功通往西部腹地的铁路只有几步之遥,而且正在修补美国文学体系的源泉和动力。

不寻常的作者

《巴尔的摩星期六游客报》于 1833 年 6 月宣布要召开另一场有奖竞赛,这给了爱伦·坡一个检验他的"公式"的机会。评判员之一是约翰·拉特罗布(John Latrobe)[41],即美国首位专业建筑师本杰明·拉特罗布的儿子。本杰明参与设计了美国首都哥伦比亚特区华盛顿市的国会大厦(the Capitol)、白宫(the White House),费城国尼银行

（Philadelphia National Bank）以及在巴尔的摩和新奥尔良的大批建筑物。约翰·拉特罗布也是西点军校的学员，后来对蒸汽机进行过技术改进，他在巴尔的摩—俄亥俄线铁路担任律师和顾问。另一位评判员是医师 J. H. 米勒（J. H. Miller），他同时也是巴尔的摩华盛顿医学院（Baltimore's Washington Medical College）的创建人。第三位评判员是 38 岁的约翰·彭德尔顿·肯尼迪（John Pendleton Kennedy），前海军军官和小说家（后来由于听了弗雷德里克·道格拉斯的演讲而转变为废奴主义者），他的《燕子谷仓》（*Swallow Barn*）发表于 1832 年，为南方种植园描绘了一幅玫瑰色的景象。他即将成为国会议员和海军部长，亚伯拉罕·林肯（Abraham Lincoln）曾考虑选择他作为自己的竞选伙伴。

这三位评判员都很关心国家的改善和理性的改革。加入了辉格党（Whig Party）的他们坚持由睿智、道德高尚的精英领导一个强大的美国联邦政府。出于对杰克逊"民主共和主义"的回应，辉格党于 19 世纪 30 年代崛起，带有地方主义倾向，强烈支持奴隶制。拉特罗布和肯尼迪参与了巴尔的摩—俄亥俄线铁路的路线制订，二人也都将帮助塞缪尔·莫尔斯（Samuel Morse）收获他的电报发明的联邦专利。

他们都是美国创新的倡议者，都拥抱科学知识，懂得欣赏爱伦·坡将科学的敏锐、古典的学识、机智和大胆的想象相结合的创举。据拉特罗布称，爱伦·坡送交的小说集"远远超过了、遥遥领先于任何其他作品"，这让他们"毫无疑问地选定将一等奖颁发给它的作者"。[42]他们把爱伦·坡的古典诗歌《罗马大圆形竞技场》（*The Coliseum*）评为诗歌组的第二名（但爱伦·坡本人认为，这只不过是要避免两次给他一等奖）。他们仅有的困难是，应该在他的几篇小说中选哪一篇作为冠军。

评判员们请爱伦·坡来到他们的办公室。拉特罗布对这位同为西点军校学员的作家很感兴趣，因为"他身板保持挺拔，一看就知道受过军事训练"。[43]爱伦·坡"穿着黑色衣服，他的礼服大衣一直扣到领口，在那里与黑色的支托会合，几乎到处都有同样的磨损"。尽管他的衣着已经不时兴了,"但此人有种气质,让人无法批评他的服装"。他们认为他全身都闪耀着尊严:"他全身上下都带着绅士的风度。"

拉特罗布被爱伦·坡的想象力迷住了:"从他的外表判断,世界对他非常严酷……然而,他的外表被遗忘了,因为他似乎忘记了他周围的整个世界,只因为疯狂的幻想、逻辑的真实、数学的分析和事实的美妙结合着、流淌着,形成了一种奇异的混合体。"[44]"爱伦坡似乎拥有一种让人将他本人与任何他正在描写的事物相联系的能力,"拉特罗布被这种能力深深地触动了,"他当时向我描述了一次飞向月球的旅行,我想,他打算将它们形成文字,兼具最细微的真实细节的准确性和可以视为物理现象的真实性,他的这种想法给我留下了深刻的印象,几乎就像他本人刚刚从这样一次旅行中归来一样。"

评判员们最终将一等奖颁给了《瓶中手稿》(*MS. Found in a Bottle*)[45],这是一个真实得扣人心弦的海难故事,讲述了主人公与传说中的鬼船和"飞行的荷兰人"(Flying Dutchman)号的一次奇妙邂逅。主人公是一位从苏门答腊岛扬帆出海的科学家,他充满了怀疑精神,只相信自己的感官。在一次海难之后,他登上了一艘由非人水手们驾驶、由"看上去离奇古怪的仪器和腐烂的海图指引"的船。这些非人水手们正在执行一项模糊难言的使命。当这条船接近一个可怕的旋涡时,他"正在获取某种令人兴奋的知识——某个从未披露的秘密,获得它就意味着毁灭"。

这部小说的力量来自绝对的真实性和似乎是超自然的疯狂事件之间的对比,很像极地探索和玛丽·雪莱的《弗兰肯斯坦》中在阿尔卑斯山(Alpen)上的追逐之间的对比。它将哥特式的故事从豪宅移向自然的极端条件下。爱伦·坡以其娴熟的笔触和科学的语言及概念描述故事中的灾难,给读者带来了可怕的身临其境之感。

多亏了这奋力一搏,爱伦·坡现在有了可以安抚债主的50美元,也获得了强有力的新同盟。但他的生活仍有危险。他在沉默了两年之后,给约翰·爱伦写信道:"死亡——因为缺少帮助而造成的彻底死亡。"[46]

彼时，约翰·爱伦本人已是疾病缠身，大部分时间只能待在自己的卧室内，"因为水肿而痛苦万分"。爱伦·坡最后一次前往里士满看望他时，差点被拒绝进入摩尔达维亚豪宅，但他还是闯了进去，从第二位爱伦夫人身边冲向了约翰·爱伦的卧室。据当地坊间传闻，在卧室里，"约翰·爱伦先生举起了手杖。他威胁道：如果爱伦·坡来到他的手杖攻击范围之内，他就会动手打人。他命令爱伦·坡出去，于是爱伦·坡退了出去，而那就是他们的最后一次见面。"[47]

拥有8座房子、多座种植园、几十名奴隶和几百万美元的约翰·爱伦最终于1834年3月27日去世。[48]他在遗嘱中给第二位爱伦夫人为他生的儿子们留下了可观的遗产，给自己的三个私生子女的少一些，然而没有给爱伦·坡留下任何东西。这位孤儿终究彻底与他脱离了关系。

爱伦·坡写信给约翰·彭德尔顿·肯尼迪，请求他帮忙找一份教师工作。但是当肯尼迪邀请他前去吃饭时，爱伦·坡承认道："（这份邀请）深深地刺痛了我。我无法前去，原因是没有合适的服装，这一点令人极为难堪。"[49]他没有了最起码的经济能力，更不用说保留资产阶级的体面。肯尼迪回忆道："我发现他正在挨饿，我给了他衣服，让他可以随时到我的餐桌上吃饭，还可以选择在任何时间来我这里骑马锻炼。事实上，是我把他从绝望的边缘拉了回来。"[50]

"贝蕾妮丝"实验

肯尼迪"父亲式"的支持为他敲开了另一扇大门。托马斯·W.怀特（Thomas W. White）是来自里士满的一名印刷厂厂主，开办了一名新月刊——《南方文学信使》（*Southern Literary Messenger*）。由于肯尼迪的大力推荐，怀特委托爱伦·坡撰写评论及宣传文章。

怀特同意考虑发表他的一篇短篇小说，爱伦·坡给他寄去了自己震撼人心的《弗里欧俱乐部故事集》的续篇《贝蕾妮丝》（*Berenice*）——

又是一篇"轰动故事"。爱伦·坡认为它可以与德·昆西的《一个英国鸦片服用者的自白》(*Confessions of an English Opium-Eater*) 和刊登在伦敦的流行杂志《新月刊杂志》(*New Monthly Magazine*) 中的《疯人院中的手稿》(*MS. Found in a Madhouse*) 相媲美。

若用法国精神病学家艾蒂安·埃斯基罗尔(Etienne Esquirol)最新宣布的术语来表达,《贝蕾妮丝》将读者带入了一位罹患"偏执狂症"的神经质学者的世界中。[51]主人公越来越病态地迷恋着妻子(也是表妹)的牙齿:"但愿我从未见到过它们。"[52]他的妻子贝蕾妮丝也一定会同意这种说法,因为她在深夜接受了恐怖的牙医治疗,遭受了命运的可怕摆布。这篇小说传达了一个不受监控的智能体存在的阴暗状态——只依靠自己的执着生存。这个故事也是爱伦·坡早期令人不安的作品之一。

爱伦·坡向怀特承认,《贝蕾妮丝》的主题"实在太可怕了",他也曾犹豫过是否要发表这个作品。[53]然而,他还是寄出了这篇小说,不是因为其中的内容,而是将其"视作自己写作能力的标本",作为他的通俗文学理论的一个验证。

他自信地解释道:"一切杂志的历史清楚地表明,所有那些赢得了声誉的杂志都得益于与《贝蕾妮丝》性质类似的文章。"这样的文章将"滑稽被提升为怪诞,令人担忧的故事色彩晋级为可怕,俏皮的夸张发展为滑稽模仿,怪异铸造了离奇和神秘"——这些也都是可以附在《弗里欧俱乐部故事集》上的标签。他说,《贝蕾妮丝》是经过有效市场研究的成果:"我谈到的文章是否品位低下,这一点无关紧要。要欣赏它,你就必须阅读它,因为人们总是热切地追求这些东西。只要你留心一下就会发现,它们是会被其他杂志和报纸转载的文章。"这建立了第一次刊载这些文章的杂志的声誉。

爱伦·坡所描述的,是在他所处的时代与地点,杂志和作者获得成功的所需条件。要想提高一家杂志的档次,就要发表震撼人心、令人难忘的作品(哪怕它令人害怕或者品位低下),并寄希望于其他杂志和报纸的转载、讨论甚至争论。[54]若按照一种我们今天熟悉的社交媒体的点击量逻辑，以及关注度和转推经济的逻辑，一段文字的价值就在于有多少其他文字在谈论它、引用它或者复制它。

爱伦·坡声称：不仅任何作品都是如此，"独创性是作品的精华，必须极为注重风格，还要在写作时痛下功夫，否则它们就会沦为浮夸和荒唐"。综上所述，《贝蕾妮丝》是一个构思巧妙的、罕见的因此也是有价值的商品。爱伦·坡声称自己掌握了此类创作的一般规律，并愿意为了怀特的利益而使用。

他提出建议，每个月为《南方文学信使》提供一篇新小说："无论选材还是表现方式，这些小说中将没有任何两篇有丝毫雷同。"结果不言自明："如果有任何效果，它都会通过杂志的发行量显示，这是比人们对于其内容的评论更好的估价。"

爱伦·坡接受了人们批评他的小说的可能性，将它转化为关于如何建立杂志的声誉的论证，并以一个赌约作为结束。他拿出了他的作品，用它们作为招牌和赌注，以此来证明一种商业主张，让它们成为一个精心准备的实验的对象。

1835年6月，怀特询问爱伦·坡是否可以来里士满工作，爱伦·坡立即接受了这个提议。[55]他宣称："我确实渴望在这座城市安居乐业，没有什么比这样做更让我欢欣鼓舞的了。"[56]

于是，他告别了他的姑妈和表妹，带着可以迅速实施的计划离家。约翰·爱伦已经去世，26岁的埃德加·爱伦·坡现在或许终于能凭借自己的能力，在这座他童年生活过的城市里找到一个位置了。

5
里士满：摸得到的模糊

浪子回头

托马斯·W. 怀特是一位气质温和的男子，圆脸，留着一头卷发。他具有创办《南方文学信使》的手段与能力，但总是怀疑自己的判断。他不得不依赖投资人的建议，他们中许多都是在南方知识分子和政治圈子里知名的人物。[1]当爱伦·坡到来时，怀特仍旧需要他们的建议和帮助，尽管他已经做好了否决爱伦·坡每一个决定的准备。

怀特将《南方文学信使》视为"学会运动"的一部分：一个思想高尚但形式通俗的载体，以提高他所在的城市、州和区域的知识水平。文学进步类似于经济发展，他认为："就像一条铁路对于农业劳动的作用一样，一份杂志能够改进思想。"[2]但他也抱怨道："在华盛顿以南只有两份文学期刊。"

怀特急切地发表来自新创办的弗吉尼亚历史和哲学学会（Virginia Historical and Philosophical Society）的报告，希望通过刺激一次运动，来为老自治领建立文学与科学氛围。[3]"难道除了政治之外，生活中就没有其他值得关心的事了吗？"他想让《南方文学信使》帮他的区域参与国家的发展，"通过相互亲善与友好的纽带，确保北方与南方永远亲密无间地结合在一起。"[4]

这一全国性的使命意味着,怀特和他的编辑们必须谨慎地避免在文中出现与"有争议的神学"和"政治"话题——尤其是奴隶制相关的内容。废奴主义当时正在积蓄能量,进一步巩固奴隶制的运动也同样如此。在纽约、费城、波士顿和巴尔的摩,担心黑人竞争的白人工人们发动暴乱,攻击自由黑人和废奴主义者,并受到了预见到南方货物价格提高的工厂主们的鼓励(有时候甚至会得到来自他们的津贴)。[5]有关奴隶制的争斗正在两极分化,生死冲突将会以内战(Civil War)的形式爆发。

怀特不希望他的杂志被人当作支持奴隶制观点的载体而遭到蔑视。《南方文学信使》只会在极为罕见的情况下接触这个题材。它偶尔会发表一些支持非洲殖民化的作品(将自由黑人送往非洲,废奴主义者认为这项任务是一个无法接受的中间措施)。很不寻常的是,它于1836年发表了一篇匿名文章,评论了两本为这一"奇特制度"[6]辩护的书:其中一本是《因为北方废奴主义者的叛国罪和狂热,南方被证明无罪》(*The South Vindicated from the Treason and Fanaticism of the Northern Abolitionists*),后来被证明是威廉·德雷顿(William Drayton)的作品;另一本是纽约小说家詹姆斯·柯克·波尔丁(James Kirke Paulding)撰写的《美国的奴隶制》(*Slavery in the United States*)。这篇文章极有可能是由小说家、法官和威廉与玛丽学院的法学教授纳撒尼尔·贝弗利·塔克(Nathaniel Beverley Tucker)撰写的,其中声称奴隶制改善了非洲人的状态和性格。正如约翰·卡尔霍恩(John Calhoun)所说的那样,该文认为,奴隶制并不见得是邪恶,而是一种"积极的善"[7]。

维希(Vesey)叛乱是发生在1822年的一次密谋,有人试图在查尔斯顿解放成千上万的奴隶,但遭到了挫败。在此之后,南方精英们的看法变得更为强硬,支持奴隶制的论证变得越来越咄咄逼人;与此同时,无所不在的白人至上主义思想则基本上无人质疑,即使许多反对奴隶制的人们也这样认为。无论是在《南方文学信使》工作时还是后来,爱伦·坡基本上都会避免提出有关奴隶制的观点，龟缩于文学批评家特伦斯·惠伦（Terence Whalen）曾经称之为"平均种族主义"（average racism）[8]的界限之内。"平均种族主义"是前内战时期北方与南方的白人的普遍态度。与托马斯·W.怀特及其他所有美国白人一样，爱伦·坡是以各种方式存在的奴隶制度和种族排斥制度的受益人。1940年，一位记者在巴尔的摩法院（Baltimore Court House）找到了证据，证明了在1829年，时年20岁的爱伦·坡作为玛丽亚·克莱姆的经纪人，出售了一个21岁、名叫爱德温（Edwin）的男性奴隶，买主则是一个名叫亨利·里奇韦（Henry Ridgway）的"劳动者"，爱德温在一份城市卷宗中被登记为"有色人种"。[9]这笔40美元的售卖账单意味着，凡是牵涉此事的白人都是支持奴隶制的反人道共犯。

美国社会秩序如此僵硬地规定了"白人与黑人"之间的两极分化，这一点深深地铭刻在爱伦·坡的想象中。他的一些小说包含有关非裔美国人的粗鲁刻板形象，他有时候会用光明和黑暗的意象描绘理性与无知之间、精神与物质之间的对立。可以与这种做法产生共鸣的是一种偏见，即"非洲的存在是一种可怕的另类"，这种偏见也支撑着处于非裔美国人之上的脆弱的白种美国人身份。正如托妮·莫里森（Toni Morrison）所写："对于美国非洲主义，没有任何美国早期作家的重要性能逾越爱伦·坡。"[10]

然而，尽管爱伦·坡的作品经常与他那个时代的种族（以及性别和阶级）的层次结构呼应，他同时也敏锐地意识到了在"政治划分"背后的暴力、威胁和恐惧，以及当它们被强力实施时的残酷。作为一个永恒的旁观者，他在作品中不断颠覆、颠倒着虚伪和不公正的等级制度。尽管爱伦·坡基本上避免公开发表政治言论，但他同情受压迫者和疯狂的人，并认识到，即使是那些人们普遍认为具有理性和美德的人，也会受到"有悖常理"和破坏性冲动的驱使。爱伦·坡远非一个南方事业的信徒，也不是对美国的短处视而不见的民族主义者，更不是呼吁万事万物都应符合现代文明标准的倡导者。但对于想象眼下这个世界未来某天会崩塌或者迎来末日天启式的灾难,他抱有惊人的乐趣。

提高水平

《南方文学信使》的办公室与爱伦·坡在缅因街的童年家园只有几条街之隔。一开始在这个办公室工作时,他最关心的是美国文学和相关学术的状态。他尽职尽责地执行着怀特的启蒙计划,他的评论催促着教育改革和政府资助办学。

他倡导出版有关通识教育的著作,例如,他赞扬约翰·W. 德雷珀(John W. Draper)的《化学和自然哲学课程导读》(*Introductory Lecture to a Course of Chemistry and Natural Philosophy*)。[11] 德雷珀是一名精力充沛的青年物理学教授,从英格兰来到弗吉尼亚的汉普顿-悉尼学院(Hampden-Sydney College),接连不断地为读者介绍着化学、光学、拉普拉斯的天文学、力学和生理学领域的新发现。德雷珀常常在讲台后面连蹦带跳地给学生们科普:"与过去一千年相比,最近的半个世纪为人类增加了更多的知识。"他和他的同代人"在科学家们发现物质世界的基本构成的前夜战栗":"我们可以感知到,它就是一切流体中最细微的光本身的分子。我们几乎可以察觉到它们的各个面和顶端,可以真正控制、规范与安排一道日光的组成部分!"德雷珀将很快进入纽约大学(New York University),领导自然科学的教学,并在照相研究中驾驭日光。

爱伦·坡对受大众喜爱的,由英裔爱尔兰人科学与力学讲师狄奥尼修斯·拉德纳(Dionysius Lardner)撰写的《美国实用知识宝库与年鉴》(*The American Almanac and Repository of Useful Knowledge*)和《橱柜百科全书》(*Cabinet Cyclopaedia*)不吝赞美之词。他发现《医学与物理科学西方杂志》(*The Western Journal of the Medical and Physical Sciences*)"对于辛辛那提非常有价值"[12],并将它推荐给了由耶鲁(Yale)大学化学家本杰明·西利曼主编的《美国科学与艺术杂志》。作为当时在几个城市同时出版的唯一的全国性科学杂志,《美国科学与艺术杂志》曾发表过大批"具有普遍与实用意义"而且"文笔流畅的纯科学类文章"。

在《南方文学信使》工作时,爱伦·坡编纂了他自己极具信息量的文章合集"皮娜启迪亚"(Pinakidia)[13],他视之为一座知识宝库,能够"在任何工作中洒水,使其带有深刻的内容"。例如,伊拉斯谟斯·达尔文有关"植物之爱"的《伟大诗篇》(Great Poem)中的内容,就从一部法语前作《康努比亚之花》(Connubia florum)那里汲取了许多养料。他还从其他参考作品中提取有关古代的事实和罕见的文字,比如哥伦比亚(Columbia)大学教授查尔斯·安东(Charles Anthon)的文献学表格和比勒菲尔德男爵(Baron Bielfeld)的《普世知识要素》(Elements of Universal Erudition),都是他在寻找知识奥秘时的智慧源泉。[14]

爱伦·坡每个月都会发表一篇新小说。[15]《汉斯·普法尔的绝世奇遇》(The Unparalleled Adventure of One Hans Pfaall)是第一批中的一篇,用一种新方式表现"热爱科学"以及"认为它是明智的";文中还使用了科学事实来拔高一个轻松的荒诞故事的现实主义精神。故事中的汉斯·普法尔是一名自然哲学家,乘坐热气球从鹿特丹的债权人那里逃离。因为逃离了地球的引力,他的交通工具变换了方向,向月球的方向下落,在那里遇到了奇异的植物和具有智能的四足动物。可当他回归时,鹿特丹的天文学家们认为这位飞翔的荷兰人的壮举只不过是一场恶作剧。"但是我相信,这些人物口中的恶作剧,只是对于超越了他们理解能力的一切事物的通用术语。"[16]

报纸《里士满辉格党》(Richmond Whig)曾盛赞这篇小说,"我们从未拜读过一篇能引起这样眩晕感的小说",并称它的作者的思索"具有真实的哲学特质,展示了他的天才和创造精神"。[17]爱伦·坡还从各种科学与文学作品中吸取素材,他尤其注意的是约翰·赫歇尔 1833 年出版的《天文学论述》(Treatise on Astronomy)。[18]约翰·赫歇尔就是那位发现了天王星（Uranus）并罗列了几百片星云的天文学家威廉·赫歇尔的儿子，他不久之前去往英国的殖民地南非，在那里主持世界上最大的天文台的工作。《汉斯·普法尔的绝世奇遇》把科学帝国的触角延伸到了月球。

最初，爱伦·坡似乎考虑将这篇小说写成讽刺文章，它被介绍为"对于气球飞行的绝佳讽刺，这种活动的开展最近达到了堪称荒唐的程度"[19]。这篇小说具有两大关键特色：完全不可能的荒唐，以及其中显得精确而可行的细节。这就将两个对立的方向汇集在一起：它既是对于轻信科学的热情的嘲笑和滑稽的模仿，也可以是个恶作剧。正是利用了这种轻信，他才让读者相信了本来难以置信的事情。这种不和谐的不稳定性，让它成为我们赞美而不是喜爱的故事。尽管如此，正如爱伦·坡很快就会知道的那样，它也是一个会被人们争相模仿的故事。[20]

家庭纽带

在几个月中，爱伦·坡的《贝蕾妮丝》每个月都以惊人的数量印行，达到了他预期的"实验"效果。《南方文学信使》的声望和订阅者的数字都在增加，爱伦·坡和怀特把《南方文学信使》收到的赞扬印在了包裹每一期杂志的绿色纸张上，让读者知道他们手中的物品的价值。詹姆斯·柯克·波尔丁也证实，《南方文学信使》"确确实实比美国的任何其他杂志都更为强大，而爱伦·坡先生也确确实实是我们当代最优秀的作家"。[21]另一位评论家则这样描述这位处于工作状态的艺术家："他首先非常优美地触及了肯定会让读者感兴趣的东西……只是轮廓，所有其他内容都留给了读者自行发挥想象力，填入本身值得填入的内容。"[22]还有一位弗吉尼亚批评家认为："爱伦·坡先生拥有不寻常的能力。他用奇特的能力画出了摸得到的模糊。"[23]

小说家菲利普·彭德尔顿·库克（Philip Pendleton Cooke）在写给怀

特的信中赞扬爱伦·坡是"弗吉尼亚同行中的头号天才",并敦促怀特要"根据他极为杰出的优点"评价他。[24] 1835年年底,怀特将爱伦·坡晋升为编辑,每月薪金60美元。

爱伦·坡此时仍然觉得自己无拘无束。在巴尔的摩,他变得依赖于他的姑妈和表妹给他带来的舒适。弗吉尼亚现在13岁,刚好是爱伦·坡年龄的一半,她开朗、深情且聪明。出于方便和家庭情感,也出于爱伦·坡所说的一种全情投入的激情,他们打算结婚。这种激情与今天的情感有所冲突,当时也受到了一些质疑。[25]

尽管当时表兄妹之间的婚姻很普遍,有时双方年龄相差也很大,但弗吉尼亚似乎"长得比实际年龄还小",看上去像个孩子。[26] 就连爱伦·坡的家人也觉得他们的婚姻不太理想。当这对表兄妹的祖母去世时,玛丽亚·克莱姆改变了之前的计划,不会再让弗吉尼亚来里士满,而是会搬去和另一个表亲尼尔森·坡(Neilson Poe)一起住。尼尔森彼时是一名巴尔的摩前途远大的律师,有能力让弗吉尼亚接受教育并进入社交界,然后指导她寻求更为合适的婚姻。

爱伦·坡写了一封信作答,其中洋溢着他的真情实感。"我最亲爱的姑妈,"他写道,"在我写信的时候,眼泪模糊了我的双眼……我不想活下去,也不会活下去了,但还是让我履行我的责任。你知道,我热烈地、全情投入地爱着弗吉尼亚。我无法用语言表达,我心中对我亲爱的小表妹狂热的忠诚。她是我最亲爱的人。"[27] 在信中,他描述了他看到的"在教堂山(Church hill)上幽静之处那座甜蜜的小房子",以及他对能让她们母女都生活舒适、幸福的信心,他还激动地表达了当他称弗吉尼亚为"我的妻子"时内心的骄傲。他无法承诺富有,但他保证自己的真心:"你认为会有任何人比我更爱她吗?在我身边,她进入社交界的机会将远远大于在尼尔森那里。这里的每个人都张开双臂欢迎我的到来。"

他让弗吉尼亚做出决定:"请让她亲自写信给我,亲口向我说再见、永别。我会心碎地死去,但我不会再纠缠。"

爱伦·坡夸张的回应以及他通过情感进行"讹诈"的尝试，或许是受了他当时正在撰写的一部有关爱情、背叛和谋杀的悲剧《波利提安》（*Politian*）的影响。这部作品的标题来自文艺复兴时期的学者、诗人波利齐亚诺（Poliziano），以当时轰动了肯塔基州的一桩丑闻为背景。书中的第一篇连载内容发表在《南方文学信使》上，结果受到了极为强烈的批评，让他不得不放弃，但他后来还是重新将类似的场景放到了他之后所写的瘟疫小说《红死魔的假面具》中。他偶尔会在早晨按照当地的习惯，饮用冰镇的薄荷甜白兰地——但他的酒量不好只需喝一点点，他就会变得醉醺醺，性情也会反复无常起来。[28]怀特办公室里一位年轻的印刷工人说："清醒的时候，爱伦·坡先生是一位和蔼的绅士。他总是和善、有礼貌，在这样的时候人人都喜欢他。但当他喝了酒，他差不多就是我见到过最不讲道理的人之一。"[29]从不饮酒的怀特发现，"很遗憾，爱伦·坡相当沉迷于饮酒"。[30]1835年9月，爱伦·坡做了一些让人讨厌的事情，怀特决定让他离开。

爱伦·坡请求给他第二次机会。怀特相信他改过自新的承诺是诚恳的，但担心爱伦·坡的决心会逐渐衰减，接着又会"再次喝酒"。于是他订立了严格的条件："我们双方都必须清楚地明白，从你喝醉了的那一刻起，我的所有诺言都会立即作废。任何一个在早餐之前饮酒的人都可能给别人带来危险！"[31]

爱伦·坡回到了《南方文学信使》。玛丽亚·克莱姆和弗吉尼亚很快来到了里士满与他会合，并在国会大厦广场（Capitol Square）附近的银行街（Bank Street）上的一家寄宿公寓租了房间。无论个人方面还是职业方面，此时爱伦·坡的情况看上去都在改善。1836年1月，他在给约翰·彭德尔顿·肯尼迪的信中写道："我的身体比过去几年都好，我满脑子都在思考，我在经济方面的困难已经消失了，我对于未来的成功相当乐观。总之一句话：一切都没问题。"[32]

1836年5月16日，埃德加和弗吉尼亚按长老教（Presbyterian）仪式举办了婚礼,由家人和怀特证婚。在他们的结婚证上附有一份宣誓书,声称弗吉尼亚"已经年满21岁"[33]——比实际年龄上调了8岁左右。爱伦·坡私下告诉过肯尼迪,说她15岁。

在弗吉尼亚确定嫁给比自己年长许多的表哥的决定中,我们无从知晓她本人的愿望起了什么作用。无论这桩婚姻在开始和以后的多年中真正的情况如何(对此,历史记录所留无几,但人们的猜测泛滥成灾)[34],按照当时的一切说法,爱伦·坡和弗吉尼亚之间的爱是耐心的、深情的、热烈而又理智的、慷慨且双向的。对爱伦·坡而言,在经历了与约翰·爱伦家里的激烈冲突和多年的孤独之后,家庭生活的纽带(无论何等古怪)都变得不可或缺。

刺穿肿泡

在《南方文学信使》工作的时候,爱伦·坡沉浸在非正式的新闻工作中,因为评论、公告、典故和摘要忙得不可开交。每份杂志都会评论其他杂志,相互交换赞美和偶尔的批评;从一份期刊中提取大堆的文字、短语或者整篇散文与故事,然后在另一份期刊上转载,但往往不说明出处。[35]这些"交换"中的一个关键元素是"鼓吹":通过事先拟好的赞扬计划和浮夸评论,让人们对朋友和同盟报刊的作品建立起兴奋感——这就是19世纪的大肆宣传。

受到《布莱克伍德杂志》和《观察家》等英国杂志之间激烈的文学论战的启示,爱伦·坡偶尔会在《南方文学信使》每月刊登的精彩评论中添加一些炫耀式的激烈言辞。尽管他是这种鼓吹行为的参与者和受益者,但他依然把自己定位为一个在这个系统之外的独立评论家。

他的第一批目标之一是《诺曼·莱斯利:现代故事》(*Norman Leslie: A Tale of the Present Times*)。它的作者西奥多·费伊(Theodore Fay)是《纽约镜报》的著名编辑。在费伊的书出版之前,这份周报连续4期赞扬并摘录了这本书。《纽约人》(Knickerbocker)月刊的编辑刘易斯·盖洛德·克拉克(Lewis Gaylord Clark)狂热地赞扬这部小说"强有力的场景"和"从容的文笔、纯正的措辞",但也承认自己没有读过这本书。[36]

"看啊!我们看到了这本书!这就是那本书,那本出类拔萃的书,那本得到鼓吹、狂赞、如同镜子般清澈可人的书,"爱伦·坡在那篇评论的开头这样写道,"为了每一件得到了鼓吹、狂赞而且如同镜子般清澈可人的作品,就让我们看看其中的货色吧!"[37]他无情地嘲笑了书中在美国和欧洲上演的爱情故事那令人难以置信、错综复杂的情节,并认为费伊的写作风格"比起学校的学童都不如"。他在评论中最后说:"《诺曼·莱斯利:现代故事》就是一堆令人无法想象的胡言乱语,它让善良的美国人民的常识遭受了如此公开的、邪恶的羞辱。"

全美国的杂志都在为爱伦·坡敢于攻击纽约文学聚会的行为喝彩。费伊则以一篇题为《成功的小说》(The Successful Novel)的喜剧小品回应了爱伦·坡,将其嘲讽性地描写成《乘客》(The Passenger)中暴躁的恶犬。[38]爱伦·坡的攻击为《南方文学信使》带来了几乎令人感到可耻的成功。他的目标是当时那些名气很大、略受批评也输得起的流行作家。在一个公开的批评可以导致决斗或者肉体袭击的年代,人们把爱伦·坡措辞最严厉的评论描述成"角斗士带来的娱乐和无法无天的暴力",把他的写作比作使用"半月弯刀"或"铁棒"进行"剥皮""切削"和"解剖"。[39]后来,当杰克逊驱逐印第安人的计划持续推进,人们震惊于其中残忍行为的惊悚故事,想到爱伦·坡的嘲讽,将二者结合,就称爱伦·坡为"印第安战斧"。

然而,爱伦·坡为保卫自己而辩护称,他的大多数评论都很谨慎、公正无私,遵循着清晰的批评原则。他的指导方针是"总体性"和"效果统一":诗歌或者小说的每一个要素都应该为一个单一的、有意识的总体效果来服务。例如,尽管他赞扬了纳撒尼尔·威利斯(一位纽约作家,他曾批评过爱伦·坡的第一部诗集)的"尼亚加拉大瀑布(Niagara

Fall）游记"，但他也指出，该文在干巴巴的喜剧和浪漫、壮丽的自然描写之间反复。他对此劝诫道：任何"轻视了效果统一"的作家都会"很快被人遗忘"。[40]

他也把"效果统一"这一标准应用于诗歌。他将诗歌定义为超越了世俗理想的期望："当前是对理智幸福感情的期望，此后是对更高的理智幸福的希望。"[41]他对浪漫主义美学的另一个比喻则借鉴了德国理想主义、柯尔律治和维克多·库赞（Victor Cousin）的作品，这也是当时在马萨诸塞州形成的超验主义哲学（transcendentalist philosophy）至关重要的源泉。爱伦·坡声称，由于其"不可捉摸的、纯粹精神的性质"，诗歌的目标超越了"人类理智的动荡混乱"，指向"只有真正的诗人才知道的光辉的长青乐园"。他认为，想象力扮演着至高无上的角色："想象是'诗歌的灵魂'。一旦有了人类的激情……它不需要不可避免的也不必要的共存。"

尽管具有这样高尚的理想主义，爱伦·坡弹奏的也是更为世俗甚至机械式的音符，他反对柯尔律治那具有影响力的"想象是一种准神性能力"观点[42]。在一篇针对詹姆斯·道尔顿（James Dalton）的名为《彼得·斯努克》（Peter Snook）的评论中，他贬低了艺术想象能"无中生有"的理念。他认为："原创工作是一个仔细地、耐心地通过领悟加以结合的过程。"[43]在1831年版的《弗兰肯斯坦》的"前言"中，玛丽·雪莱也提出了一个类似的物质主义的想象观点，声称发明"无法在虚无中产生，而需要在混乱中产生；首先必须出现可以使用的物质：它可以让黑暗的、无形体的物质具有形式，但无法让它们形成物质本身"。[44]

爱伦·坡曾经给出了一个悖论：写作可以通过对声音和感觉的描绘引导读者在想象中走向一个无形的、精神的理想境地；但是，诗人并非如同精灵或者神明一样工作，而是如同一个使徒、一个工匠，抑或一个机械师，一样将实在的物质组合成新颖的布置。

他也不时加强这个悖论，在可随意更改的精神虚无和不可辩驳的现实主义之间盘旋。最终，他将建立一个独一无二的哲学观点，其中物质与精神迅速分离或者融合，这是元物理学这枚硬币的两面。

哥谭市的蝙蝠人

爱伦·坡的诗歌理论的矛盾和他对于"摸得到的模糊"的热爱，也是在他所处的时代中，哲学、技术与科学之间摩擦的体现。那个时代的新科学，诞生于人们在新期刊、学会演讲厅中匆匆忙忙开展的交流，然后由火车和轮船迅速扩散。得益于此，人们从而重新审视、挑战，甚至推翻对精神与物质、上帝与人类之间关系的旧有认识。通过报刊疯狂的传播速度和新闻带来的无穷惊讶，新的发现与新的科学让读者对究竟应该相信谁、相信什么产生了怀疑。

例如，新的有争议的颅相学声称能通过对头颅的经验观察解释人的性格。这门学问于18世纪晚期由弗朗茨·高尔（Franz Gall）在维也纳提出，并在巴黎得到发展，受到英国和美国正在崛起的中产阶级的支持。颅相学认为，人的性格和思维能力，如爱恋、勤勉和想象都由大脑中不同的器官主宰。因为颅骨与大脑的形状一致，因此，头部不同部分的隆起指出了每种特征对应的或大或小的器官。

颅相学是一门引人入胜、可以动手实践的科学。通过人们的形象辨别是敌是友，甚至分析他们的性格，这给研究者带来了无穷的乐趣。[45]这门科学不仅研究人们广泛感兴趣的题材，还可以通过个人学习掌握。这也引起了争议。苏格兰颅相学家乔治·库姆（George Combe）在他的畅销书《人的构造》（Constitution of Man）中断然声称："思维质量是由大脑的大小、形式和构成决定的。"[46]尽管他认为这门科学是与基督教兼容的，但这样的说法似乎否定了"存在独立于肉体的永恒灵魂"的信仰。

在评论一部颅相学教科书的第4版的时候，爱伦·坡勉强地说：

"我们或许可以在了解了具体情况之后再做决定。"[47]几个月后,他责备一名作家在未曾研究颅相学的情况下就攻击颅相学。到了1836年3月,爱伦·坡在一篇针对L.迈尔斯夫人(Mrs. L. Miles)的《颅相学》(*Phrenology*,随书还赠送印刷卡片和瓷质头颅)的评论中宣布:"作为一门科学,具有权威性是最重要的。"[48]颅相学的方法和概念将在他的评论和虚构作品中处处可见。[49]

1835年夏,出现了另一起轰动一时的科学事件:上次出现于1759年的哈雷彗星(Halley's Comet)回归。企业家们在纽约的市政厅公园(City Hall Park)设置了一台望远镜,每看一次收费6美分。人们深陷于这一"奇特的疯狂"[50]中,P. T.巴纳姆对此评论道:"最终,除了看星星外,整个社区几乎无事可干。"

纽约第一份一便士小报《太阳报》(*Sun*)由"报童系统"在街角出售,该报发表的一套匿名系列文章掀起了这个夏天的天文学热。1835年8月,《太阳报》发表了头版独家新闻——《月球上的发现》,据称是从《爱丁堡科学杂志》(*The Edinburgh Journal of Science*)直接转载的,其中详细介绍了在南非的约翰·赫歇尔通过一台庞大的望远镜看到的东西。这台望远镜的形象被人用一盏"氢氧"灯("hydro-oxygen" lamp)[51]打到了墙上。这种利用了舞台聚光灯的化学原理的新型照明装置是由罗伯特·赫尔(Robert Hare)和迈克尔·法拉第开发的,能够为在学会演讲厅里明亮炫目的新型魔灯展览提供光源,投射自然奇观,宛若演奏了一首带有明亮色彩的幻想曲。与一台显微镜相连的"氢氧"灯可以放大昆虫、组织和微小的自然结构中的隐藏世界。

在《太阳报》的报告中,这种光学技术是连在一台望远镜上的,用来揭示月球的世界。在开普敦天文台(Cape Town Observatory)的墙上,赫歇尔和他的同事们观察到了颜色如同红宝石的洞穴、庞大的湖泊、高耸的山峰和茂密的森林,如果仔细观察,还有长着角的熊、斑马和蓝色的独角兽。最令人目瞪口呆的是,据该系列文章的第5篇披露,他们还看见了用两条腿站立而且用翅膀飞行的类人生物,以及这些"蝙蝠人"的文明的证据,包括尖顶上带有反光球体的完美的金字塔。

随着这个月球故事的流传,这份报纸的发行量上升到了 17000 份以上,是其竞争者的 10 倍。该系列文章在整个美国引发了广泛摘录和讨论,甚至传播到了大西洋对岸,访问者们就月球生命的存在向赫歇尔提出了一连串问题。根据一项传说,耶鲁大学的天文学教授埃利亚斯·卢米斯(Elias Loomis)和丹尼森·奥姆斯特德(Denison Olmsted)甚至来到了《太阳报》的办公室,要求观看原版的《爱丁堡科学杂志》报告;编辑只能如同踢皮球似的把他们从一个印刷工那里带到另一个那里。这套系列文章最后以叙述灾难告终:最后一篇文章报告说,赫歇尔的望远镜指向了太阳,结果产生了一道极为强烈的光束,让整个天文台着火焚毁。8 月底,《纽约先驱报》(The New York Herald)披露了这个故事中的矛盾之处,才戳穿了这个骗局。4 年后,该文章的匿名作者,废奴主义者、改革家理查德·亚当斯·洛克(Richard Adams Locke)才在出版物中坦白了自己的身份。

《月球上的发现》是在爱伦·坡的另一篇有关月球观察的现实主义小说《汉斯·普法尔的绝世奇遇》发表两个月后才出现的。爱伦·坡曾公开接受洛克"没有看过前面发表的这篇小说"的说法[52],但无论洛克是否受到了爱伦·坡的启发,这一"月球恶作剧"都给爱伦·坡上了难忘的一课。惊人的事实为想象提供了起点,尤其是当以技术证据和准确的观察语言表达的时候。爱伦·坡注意到,"10 个人中也不会有一个不相信",而那些不相信的人都急切地去买了报纸并展开辩论。[53]

哈珀兄弟出版公司(Harper & Brothers)为丹尼尔·笛福(Daniel Defoe)的《鲁滨逊漂流记》(Robinson Crusoe)新出了带插图的版本[54],爱伦·坡对该版本进行了一番评论。而就像这评论中所说的那样,洛克的《月球上的发现》也带有罕见的特质,爱伦·坡将其命名为"逼真的强大魔力"。通过"巨大的抽象能力"和强烈的"认同感",笛福正在编织一种文学魅力。他通过意志之力压倒了读者的想象,他运用巧妙的写作手法,使故事变得难以与生活本身区分开。

洛克的《月球上的发现》表明,科学家和恶作剧骗子使用类似的方法,说服他们的听众,使之形成信念。真相和信仰的生效机制至少有一部分是相同的,它们都是通过对某一形象进行精心包装,并在特定的时间点对其展开大范围宣传。

考虑思维机器

1836年,爱伦·坡对另一个有争议的新颖发明下手了。不过他扮演的可不是恶作剧骗子,而是理性的揭发者。他这次的目标是约翰·内波穆克·梅尔策尔(Johann Nepomuk Maelzel),一位巴伐利亚的马戏团老板和仪器制造商及其著名合伙人"土耳其人"(the Turk)——一台能下国际象棋的"自动"机器人。这个人形的奇妙装置头戴头巾,靠在一个放着棋盘的柜子上,用一根长烟斗抽烟。

在(包括爱伦·坡描述的在里士满的那次)表演之前,梅尔策尔总是会一个接一个地打开柜子的抽屉,表明其中除了转动的齿轮之外没有任何东西。当梅尔策尔在柜子侧面转动一把钥匙之后,机器人的眼睛、胳膊和手突然都动了,就像我们人一样,能自行动作(所谓"自动")。"土耳其人"自己挪动棋子,如果对手违规走子就会停止比赛,结果它几乎所向无敌。

这个国际象棋机器人是在1770年由一位匈牙利工匠沃尔夫冈·冯·肯佩伦(Wolfgang von Kempelen)制造的,它曾在奥地利宫廷取得成功;在巴黎,它曾与美国驻法国代表本杰明·富兰克林大战。然后梅尔策尔买下了"土耳其人"。在一次皇家表演中,它甚至逼平了拿破仑。1835年,梅尔策尔在美国巡回表演。报刊也被它迷住了,批评家甚至宣称,"土耳其人"是一项令人震惊的机械发明,尽管有些人怀疑其中有诈。

爱伦·坡的笔尖在《南方文学信使》上疾驰着,都快让纸张冒出火星了。他是作为一位义愤填膺的对手在撰写这些评论文章,不是针对国际象棋比赛,而是针对梅尔策尔对他的观众玩弄的思维游戏。他开始同"那些毫不犹豫地宣称那个"自动机器人"是一台纯粹的机器"、它的运动后面"绝无人类操纵"的人争论。[55]他撰出一副认为理性受到了冒犯的姿态,开始证明"这台机器人的操作是由思维而非任何别的东西操控的"。爱伦·坡认为,机器内部必定藏着一个人。

他的文章以"一连串提示性的推理"[56]达到了高潮,提出了对这台机器结构的17处观察评论和这一欺骗游戏的逻辑——演出者和容易受骗的人之间的关系。人们看到"箱子的内部塞满了机器",这一事实必定"显然与观众有关系"。尽管梅尔策尔的其他机器人的运动平稳而且好像有生命,"毫无人工操作的迹象",但"土耳其人"的运动其实是不连贯的、不自然的——爱伦·坡认为这是有意的,是为了加强它是机械装置的印象。[57]

尽管梅尔策尔声称这名"国际象棋手"只是一个表演人类功能的机器,但爱伦·坡的论证是:真的有一个人藏在里面,大概是梅尔策尔的助手,他装作是一台机器。这样一个揭开骗人的诡计的工作大概会让阿兰·图灵(Alan Turing)头昏脑涨,但爱伦·坡使用了机器一样的逻辑证明:一台机器无法进行思考。后来对于"土耳其人"的重新组装证明,爱伦·坡的论证基本正确。柜子里那些密集的齿轮装置只不过是镜子制造的幻象;在滑动挡板后面,一个矮个儿男人(绝非偶然的是,那人特别擅长下国际象棋)在表演时藏在里面,移动机器人的胳膊和头部,通过在棋盘下面的磁铁系统跟踪并引导棋子运动。

然而必须承认的是,无论爱伦·坡的文章对梅尔策尔的欺骗有多大的敌意,他在文章中抄袭了他人的著作。他的许多"观察评论"摘抄自戴维·布鲁斯特1832年的畅销书《关于自然魔法的信件,致沃尔特·斯科特爵士》(*Letters on Natural Magic, Addressed to Sir Walter Scott*),这本书出版的目的是让读者弄明白一些极为有效的方法，它们使用人工奇观哄骗大众。在这本书有关"自动机械"的一章中，布鲁斯特揭示了梅尔策尔的下国际象棋机器人的秘密。布鲁斯特也对比了类似"土耳其人"的机器和更新的思维机器，后者是真的：由英国数学家查尔斯·巴贝奇（Charles Babbage）设计的计算引擎，是世界上第一批工作计算机之一，能比人类快得多地进行复杂的计算。尽管下国际象棋机器人是个骗局，但布鲁斯特依然将巴贝奇的机器视为现代科学的"一个伟大奇迹"[58]的证据。

爱伦·坡却把戴维·布鲁斯特对"土耳其人"的揭露据为己有。他也援引了巴贝奇和他的计算引擎，但巧妙地避开了布鲁斯特的论证。爱伦·坡比较了与进行数学计算有关的逻辑和下国际象棋需要的逻辑。他说，计算是可以预测的；他只要按"一系列正确的步骤"往下进行即可，"不涉及任何变化"。[59]与此不同，国际象棋比赛的过程是不可预测的："在走过了几步之后，以后的步骤完全无法确定。"爱伦·坡提出的推理是：与下国际象棋的"土耳其人"声称它所做的事情相比，巴贝奇的计算引擎所做的计算只不过是小孩子的把戏。如果下国际象棋机器人如梅尔策尔展示的那样，那它将是人类最令人震惊的发明，远远不是任何其他发明可以比拟的。

当然，实际上，下国际象棋机器人绝非仅仅通过机械动作来下棋，可靠的人工智能（和计算机国际象棋）还需要等待一个多世纪才出现。尽管如此，如果爱伦·坡的一位急性子的读者认为，既然爱伦·坡已经战胜了梅尔策尔和他的下国际象棋机器人，那他也超越了巴贝奇和他那仅仅能"计算的引擎"，这样的读者是可以被原谅的。因为爱伦·坡巧妙地重新撰写了布鲁斯特的启蒙故事，模糊了在恶作剧骗子与发明家之间的界限，让他本人——这位绝对可靠的推理者与雄辩家，凌驾于二者之上。

阅读神明的设计

有人认为，梅尔策尔和巴贝奇的发明说明，可以用机器取代人。爱伦·坡对"土耳其人"的攻击，与浪漫作家们对机器更广泛的敌意达成了一致。包括柯尔律治、华兹华斯、济慈、歌德（Goethe）和席勒（Schiller）在内的诗人们都发表了反对机器和数学，以及他们更喜爱生物与灵感的论证。1829年，苏格兰批评家和德国文学作品翻译家托马斯·卡莱尔便以《时代的征兆》（Signs of the Times）为题发表文章，发出了反对用工业机器代替人的呐喊。卡莱尔警告道："机器时代"会消磨"爱情、恐惧、好奇心、热情、优雅和宗教的神秘源泉"。

爱伦·坡也坚持认为，下国际象棋机器人的走子是"由思维而非任何别的东西"操控的，这也让人想起一个更为传统的信仰：自然神学。这一有影响力的信仰是通过书本、布道和谚语提出的，认为眼睛、苍蝇、北极熊和太阳系这些令人印象深刻的自然现象，恰恰就是有一个设计了它们的智力更高的存在的证据。正如威廉·佩利（William Paley）于1802年论证的那样，在荒野上发现一块岩石不会让人思索，但发现一块手表将会说明有"一个或者多个工匠"存在，"他们之所以制造这块手表，是为了让我们通过发现它来寻找他们"。这样一种复杂的装置必定是思维的产物；佩利认为，自然界中每一个"发明的标志"都代表着其背后有一个聪明而又仁慈的工匠。[60]

最近的科学断言也对基督教的教义形成了一种威胁。有些生理学家和生物学家试图用纯物质的原理揭示生物，认为不需要神性的气息就能让生命开始运动。地质学的地层和化石提供了地球年龄远远超过"圣经"年代学所给出的数字的证据。拉普拉斯自我修正的天体力学似乎不需要一个被视为"世界的创造者、监管者和保护者"[61]的上帝。

在19世纪二三十年代的英国，激进的科学理论与非正统的宗教和公众的不安遥相呼应。作为对策，英国国教的自然哲学家以《布里奇沃特论文集》为题，出版了一系列图书，以此证明科学与保守的基督新教是完美兼容的。[62]这一系列图书的出版是由布里奇沃特侯爵（Earl of Bridgewater）的一份遗赠资助的——或许是为了在历经奢华的生活之后让他自己的良心有所慰藉。在布里奇沃特侯爵现存于达勒姆大教堂（Durham Cathedral）的肖像中，他曾经握在手中的那杯葡萄酒被涂掉了。这一系列图书致力于显示与证明"在创世过程中，上帝的能力、智慧与善意"。[63]

8卷本的《布里奇沃特论文集》也在美国受到了热烈欢迎，其中最著名的是剑桥大学数学家、天文学家、哲学家、新教牧师威廉·休厄尔（William Whewell）的《天文学与普通物理学》（*Astronomy and General Physics*）。该书专注于地球和太阳系中物理定律的和谐及相互作用，这些定律的无缝凝聚证明了上帝的无限远见。休厄尔将其中的一章用于阐述拉普拉斯有关太阳系形成的说法，并首创了"星云假说"这一术语。尽管这一理论与无神论的法国物质主义相关，但休厄尔发现它与神圣创世完全兼容。[64]

休厄尔花费大力气论证了上帝定律的优美与威力，他也坚持认为，数学和物理学在超越了一定限度之后是毫无作用的，尤其是在尝试理解宇宙形成的"最初原因"[65]方面。如果"我们通过物理学证据证实，可以在世界史中追溯的第一个事实是'那里有光'，我们就仍然会受到指引（甚至是基于我们的自然原因），认为在此之前可能已经发生的是：'上帝说：要有光'"。[66]创世是一个奇迹，发生在定律系统之前，而且也超越了定律系统。

《布里奇沃特论文集》的作者们也认为，上帝可以暂停这些定律。其中一篇文章《从自然神学看地质学与矿物学》（*Geology and Mineralogy Considered with Reference to Natural Theology*）的作者威廉·巴克兰（William Buckland）解释道[67]："在化石记录中出现的不连续，即灭绝与新生的物种,是神性奇迹创世的连续时刻,超越了可以预测的定律。但即使自然的秩序也是由神性行为产生的:没有上帝的持续管控,一切事物中存在的精致平衡终将崩溃,即使惰性的、被动的、本身无生命的物质也将不再继续凝聚。"[68]

尽管他们重新振兴了自然神学,但《布里奇沃特论文集》并没有淡化这些时代争议,也没有让反对意见闭嘴。他们最终也没有带来基督教常识的统治,但自然神学的重新流行所带来的一个有趣结果是:人们相信在其他行星上存在智慧生命,或者说"世界具有多重性"(plurality of worlds);如果上帝确实无所不能,则他的能力和预见必定可以通过在与地球同样复杂的其他行星上创世来体现。休厄尔一度持有这种立场(尽管后来改变了想法),约翰·赫歇尔也赞成,他声称,创造那些"散布于太空深渊中的宏伟天体"[69],不是"为了照亮我们的夜空",而是为了照亮"其他有活力的种族"。事实上,理查德·洛克在他的"月球恶作剧"中特别强调了赫歇尔对月球文明[70]的所谓观察,其初衷也在于讽刺这种新教正统说法。

自然神学的习惯是寻求每一种自然法则背后的神圣原因,尽管这种习惯现在看上去似乎越发简单化而且很吃力,但在19世纪初,大多数英语读者都认为其论证是可信的、有启发作用的。查尔斯·达尔文(Charles Darwin)与爱伦·坡一样生于1809年;尽管他在破坏这一运动方面所起的作用几乎大于任何人,但他一直对佩利和《布里奇沃特论文集》的作者们提出的论证设计深信不疑。达尔文在他的《物种起源》(*The Origin of Species*)中到处盛赞生物在舒适地"适应"周围环境的各种奇妙方法,其中可以清晰地看到自然神学的印记,尽管这些方法已经不再是神性的规定了。

尽管爱伦·坡对自然神学感到不安,有时甚至感到恼怒,但他也十分入迷。[71]《布里奇沃特论文集》的最后几卷是当爱伦·坡在《南方文学信使》工作的时候出炉的。爱伦·坡在所写的评论文中提到了威廉·柯比牧师（Reverend William Kirby），并称《伦敦季刊》（*London Quarterly*）对这套系列图书的评论是"有史以来最令人赞美的文章之一"。他评论了彼得·马克·罗杰（Peter Mark Roget）有关生理学的第5卷，此人凭借所写的词典而闻名。尽管罗杰演示了在生物身上能让人联想到上帝设计的诸多方面，但爱伦·坡还是觉得他的选择性太强：如果某种特征的天意目的不清楚，罗杰就简单地略过不提，忽略了"关于那些与最终原因的关系无法清晰追踪的结构的一切描述"。

在《布里奇沃特论文集》里，苏格兰政治经济学家托马斯·查尔默斯牧师（Reverend Thomas Chalmers）专注于心理学和道德科学的那一卷，爱伦·坡也愤怒地做了些记号。[72]他不同意查尔默斯的如下观点：只要能习惯性地抗拒贪婪、欲望和愤怒，就能"最终不受它们侵扰"。爱伦·坡用铅笔在他的书页中草草写道："错误：因为敌人的动机是一直存在的，在坏习惯占压倒性优势时情况并非如此，因为良心减退了。"换言之，爱伦·坡认为，抗拒有害的倾向最多只能导致暂时的胜利，邪恶的冲动或者"敌人的动机"始终存在。与此不同，屈服于有罪的倾向将可能导致它们的永远胜利：查尔默斯本人指出，在"罪恶的无耻方面"[73]，良心被"置于一种麻木状态"，这让犯罪分子在"追求他的秘密堕落"时毫不犹豫。根据查尔默斯本人的清教徒推理，总是邪恶占据上风，美好处于下风。

爱伦·坡此后还会不断地重新讨论《布里奇沃特论文集》作者们的中心问题。在面对一套事实或者一连串线索时，他不断寻找它们背后的设计、计划、理由或者目的，并且询问：这些事实可能会揭示留下了这些痕迹的作恶者、策划者或者创造者的哪些东西？他借用了他们的语言，即经过科学验证的崇高和他们对于复杂自然结构的神往。

但爱伦·坡依然认为，来自自然神学的许多回答听起来都很空洞。世界具有混乱和衰败的倾向（如地震与火山爆发、海难与火灾、动物的暴虐本能、人类想要伤害他人和自己），神性的智慧与善意何在？基于奴隶制和抢夺印第安人土地的政策，在经济混乱和非法分子威胁的背景下诞生的美国中，爱伦·坡反对和谐设计的证据尤其确凿——尽管他的国人经常向上帝祈求保护。

与他的绝大多数同代人一样，爱伦·坡对自然显示了神性之手在起作用的证据并没有多少怀疑。但他也敢于思考：这位造物主是否真的如同主流基督教教义所说的那样明智与仁慈？爱伦·坡本人的厄运和他自我毁灭的倾向甚至让他怀疑，上帝有时候是不是在有意针对自己。

在《南方文学信使》编辑部，爱伦·坡反复无常的倾向和表现动摇了托马斯·W. 怀特的信任。怀特曾表达过他对爱伦·坡咄咄逼人的批评及其疯狂小说的质疑，觉得这会对杂志的声誉造成不良影响，怀疑他是不是一直在饮酒。1836 年，怀特旅行归来，发现办公室里"一片乌烟瘴气"[74]，两期杂志延期出版，印刷工人们在罢工。

他在给一个朋友的信中写道："尽管我高度评价爱伦·坡先生的天分，但我仍然不得不提前——最多一个星期向他发出警告，告诉他，我将无法再让他担任我的杂志社的编辑。"[75]

尽管取得过明显的成功，但爱伦·坡的第一次编辑生涯就这样很不体面地凄惨收场了。他不得不再次离开里士满。

在出租公寓包好了他们少得可怜的几件东西之后，爱伦·坡、弗吉尼亚和马蒂前往纽约，急切地打算在那里掀起更大的浪花。

6 疯狂的设计

向极地进发

爱伦·坡写信给各家出版社的编辑们,说他希望发表《弗里欧俱乐部故事集》,却得到了"公众对小说集没什么兴趣"的提醒。"人们想看主题更大、篇幅更长的作品。"凯瑞和利[1]说。哈珀兄弟出版公司的评论员詹姆斯·柯克·波尔丁则表示,美国人更喜欢"整部书中只有内部存在相互联系的单一故事"。[2]

他接受了他们的建议。他在1836年年底还在里士满的时候便开始写作一部受到《鲁滨逊漂流记》启发的航海小说,主角的名字是阿瑟·戈登·皮姆(Arthur Gordon Pym),与他自己的名字有些相似。小说中有两个部分已经发表在了《南方文学信使》上,但自从怀特解雇了他,这本小说的连载便中断了。他带着尚未完成的手稿去了纽约。

爱伦·坡的这本小说将引起公众对他曾在《南方文学信使》促进全国性科学探险事业的兴趣,从而催生政府资助的"南太平洋"(South Seas)探险计划。这一计划是由演讲人 J. N. 雷诺兹(J. N. Reynolds)[3]发起的,他被约翰·克里夫斯·辛姆斯(John Cleves Symmes,被誉为"西半球的牛顿")的"空心地球"(hollow earth)理论迷住了。

第二章 扬帆启航

辛姆斯曾是陆军军官，他曾在肯塔基州、密苏里州和俄亥俄州之间开展活动。他认为地球表面是 5 个同心球面中最外面的一个，地球的两极是平的、开放的，人们可以顺顺当当地从地球的最北端或最南端进入地球内部。辛姆斯声称，由于受到反射光线的照耀和加热，最外层球壳的内表面（及其包含的 4 个小球面）是"温暖、丰饶的大地，到处都是茁壮成长的蔬菜和动物"。[4] 他还声称，汉弗里·戴维和亚历山大·冯·洪堡是他的"拥护者"，他呼唤"100 名勇敢的伙伴"和他一起带着驯鹿和雪橇"出发，从西伯利亚穿越冰冻之海的寒冰"，进入内地球。一位迷人的演讲者雷诺兹加入了辛姆斯的巡回演讲，而且他认为，美国政府应该资助一次检验这一理论的探险。

随后，雷诺兹签约参加了一次最终在智利结束的商业航行，并接受了招募，为一艘环球航行的美国护卫舰记录沿途情况。爱伦·坡在评论中赞扬了雷诺兹有关这次探险的 600 页记录[5]——《美国护卫舰"波托马克"号的航行》(*Voyage of the United States Frigate Potomac*)。回国后，雷诺兹通过《南方文学信使》的编辑办公室加强了他与政治和媒体的联系。

尽管不再推崇辛姆斯的理论，但雷诺兹似乎觉得，前往南极探险要比以往任何时候都更紧急。当他就这一课题与国会交流时，爱伦·坡在《南方文学信使》上开始了这项事业的同步报道。[6] 他写道：这次探险事关"国家的尊严与荣耀"。美国人认为美国就是这个世界的知识宝库："只要还有人在考虑物质问题，科学的领域就必定会扩大；人们会更好地理解自然及其规律，并且更加聪明地应用它们。"一次探险可以促进美国在鲸油、海豹皮、檀香和皮革上的贸易。它（这次探险）应该包括一支"热爱科学的科学家团队"，他们能修正海图并"搜集、保存与安排每一件"在自然历史和人类学上"有价值的东西"。他们将记载"人的体力与脑力，人的举止、习惯、性格、社会与政治关系"，他们将研究语言，以追溯人类"从旧世界早期家庭开始的"起源。

雷诺兹的游说运动成功了，尽管他自己无缘参加。杰克逊总统批准了一项探险，但他的海军部长马伦·迪克森（Mahlon Dickerson）在这个项目上进展迟缓。1836年，杰克逊选定的继任者马丁·范布伦（Martin Van Buren）当选为总统。范布伦的国防部部长乔尔·波因塞特（Joel Poinsett）来自南卡罗来纳州（那朵红色的尖尖的花朵①就是用它的名字命名的），他对自然历史和美国的向外扩张都有兴趣。波因塞特通过华盛顿的官僚机构指导美国的探险。他把他的舰队交给一位来自纽约的海军军官——鲁莽专横的查尔斯·威尔克斯（Charles Wilkes）指挥，他没有让雷诺兹上船参与。爱伦·坡以一种"强烈的渴望期待着这次探险"："这是我们以前从未经历过的。"[7]

在离开《南方文学信使》前，爱伦·坡也曾热烈地谈论过一本由弗吉尼亚人马修·方丹·莫里（Matthew Fontaine Maury）[8]撰写的新航海手册，莫里经常经过里士满。莫里希望能由他来领导这次探索性远征，最后却被任命为华盛顿海军天文台（Naval Observatory in Washington）的台长。爱伦·坡赞扬莫里的《航海理论与实践新论》（*New Theoretical and Practical Treatise on Navigation*）道："文学进步的精神在我们英勇的海军军官中间苏醒了。我们高兴地看到，科学也在海军队伍中赢得了崇拜者。"[9]

离开里士满前往纽约时，爱伦·坡正在写一篇关于航海的小说，聚焦于当时科学帝国的野心。正如这次探索式远征一样，它从头到尾走的都是古怪的迂回路线。

追逐影子

爱伦·坡一家在第六大道（Sixth Avenue）和韦弗利广场（Waverly

---

① Rosa Carolina，或可译为"草原蔷薇"。——译者注

Place）的交叉点上租了房子。伊利运河（Erie Canal）于1825年竣工，它将哈德孙河与西部连接，因此让纽约的人口增长到了30万。曼哈顿已经成了一个出版中心，那里有几十家报纸、杂志和出版社。后来他们搬到了卡缅街（Carmine Street），玛丽亚·克莱姆成了那里一家寄宿公寓的经理。

5月，经济发展戛然而止——1837年的恐慌来袭。马丁·范布伦接手了一场随时可能爆发的危机。彼时，英格兰的利率持续上涨，棉花的价格则大跌。杰克逊把黄金和白银送往西部支撑银行，但未能成功，而在他与国家银行发生矛盾之后，完全没有信贷提供者进行干预。美国就此陷入了7年的经济停滞。

因为饥饿，爱伦·坡工作时变得更加专注。他给一个书店老板的邻居威廉·高恩斯（William Gowans）留下的印象是："他是我遇见的最有礼貌、最有绅士风度、最聪明的作家之一。"[10]而弗吉尼亚表现了一种"超越甜美的性格"。高恩斯带爱伦·坡参加了在百老汇城市酒店（City Hotel）举办的书商宴会。爱伦·坡在那里结识了华盛顿·欧文（Washington Irving）和诗人威廉·卡伦·布莱恩特（William Cullen Bryant）。他们举杯向"哥谭的各家月刊杰出的编辑们和他们活力四射的合作者们"[11]祝酒，并希望自己也成为合作者之一。

爱伦·坡在纽约逗留期间只勉强发表了少量作品，灵感来自他对古代学术界浓厚的兴趣。在评论约翰·斯蒂芬斯（John Stephens）的《在埃及、阿拉伯彼得雷亚和圣地旅行时的意外事件》（*Incidents of Travels in Egypt, Arabia Petraea, and the Holy Land*）时，他向哥伦比亚大学的古代语言教授查尔斯·安东寻求帮助，向他请教一些词源学和希伯来术语。6月，他在《美国月刊》（*The American Monthly Magazine*）上发表了《冯·荣格，神秘主义者》（*Von Jung, the Mystific*），有关一位古代语言专家的恶作剧。他的小说《西欧普》（*Siope*）则发表在一家巴尔的摩的年刊上，把他对古代语言的领会转变为一个新的寓言：他把一次致命的瘟疫人格化为一个能说话的影子。这一年，爱伦·坡在北美逐渐消失的霍乱疫情中活了下来。但在纽约，他和他的家庭再次面临可怕的贫穷。他那本有关海难和饥饿的小说还未完成，所以那段时间他几乎没什么收入。

1837年春天，在人们意识到经济危机的一切后果之前，哈珀兄弟出版公司为爱伦·坡的小说登记了版权。这部"内部存在相互联系的单一故事"将爱伦·坡对于探索远征队的兴奋之情和他对于古代语言的解码研究编织在一起。书中充斥着令人震惊的段落和各种不祥的意象，不断用出乎意料的发现撩拨读者，同时在发现真相的过程中设置了神秘的障碍。

奇怪的旅行

《阿瑟·戈登·皮姆：楠塔基特岛旅行叙事》(*The Narrative of Arthur Gordon Pym of Nantucket*，简称《皮姆》)出版于1838年。[12]它的扉页被一个含有107个词的长长的副标题占满，其中承诺读者将会读到"在1827年6月驶向南太平洋的美国双桅横帆船'逆戟鲸'（Grampus）号上发生的叛乱和虐杀事件的详情"，还有"海难和随后的可怕苦痛""获救""船员遭受大屠杀"，对"南纬84度"群岛的拜访以及最终"在更朝南的地方进行的不可思议的探险和发现"等内容。

一位评论家问道："请问读者，你对这样的扉页有何感受？"[13]这一页没有提到爱伦·坡，也没有说明这是一部虚构作品，这说明爱伦·坡想让读者认为它是一部真实的游记，至少乍看上去如此。

让《阿瑟·戈登·皮姆：楠塔基特岛旅行叙事》显得更为逼真的，是其中有关洋流、气候和海里与空中生物细节而准确的描述。它与一种极受欢迎的体裁——第一人称游记非常相似。爱伦·坡也在书中加上了雷诺兹在"波托马克"（Potomac）号上的航行情况，以及他在《白鲸》

(*Moby-Dick*)中对狩猎一头白鲸的叙述——赫尔曼·梅尔维尔（Herman Melville）后来也注意到了这一点。[14]《阿瑟·戈登·皮姆：楠塔基特岛旅行叙事》选择的出版时间利用了公众对于当年8月启航的南太平洋探索远征队的兴奋，叙事者希望它将证明自己的"陈述中一些最重要、最不可能的事件"。[15]第一版也包括了哈珀兄弟出版公司的其他图书——游记、历史和传记的公告，鼓励读者将他们手上的这本书视为一部事实与实际经历的真实陈述。

如果真的如此，它的作者就应该是"阿瑟·戈登·皮姆"（"A. G. 皮姆"）。[16]然而一年前，爱伦·坡已经在《南方文学信使》上连载了这一虚构作品的前几章，使用的作者署名是"埃德加·A. 坡"。

为了解释这一矛盾，署名为"A. G. 皮姆"的"前言"声称，在"南太平洋上一系列极不寻常的探险"之后，"A. G. 皮姆"在"里士满遇到了几位绅士"，他们劝他发表这些故事，但"A. G. 皮姆"拒绝了，认为他在旅行中的这些事件"实在过于神奇"，会让读者认为它是"一部大胆而巧妙的虚构作品"。但是，前《南方文学信使》编辑"埃德加·A. 坡"先生"劝说他：尽管这部作品的文笔相当粗糙，但正是这种未经打磨的叙事感，更有可能让读者相信这是一个真实的故事"。"A. G. 皮姆"因此同意了向大众讲述他的故事，条件是由"埃德加·A. 坡"加以改写，并"披着虚构的外衣"出版，因此它出现在了《南方文学信使》上。果不其然，尽管"埃德加·A. 坡"赋予了这个故事"些许寓言的味道"，还是有很多读者相信它是真实发生的。"A. G. 皮姆"逐步确信，如果平铺直叙地报告他在旅行中的真实情况，"并在其中加上足以说明其本身真实性的证据，便将证明它确实是真的"。所以，他将以他"自己的名字"讲述这个故事。

就这样，在"A. G. 皮姆"和"埃德加·A. 坡"就如何才能更好地向读者证明其真实性的激烈争论之后，故事以相当平静的方式开始了："我叫阿瑟·戈登·皮姆。在我出生时，我父亲是个受人尊敬的商人，在我出生的楠塔基特岛做航海用品生意。"[17]在一次派对之后，17岁的皮姆和他的好朋友奥古斯都（Augustus）一起乘坐一条小帆船"阿里尔"（Ariel）号出海"狂欢"。他们差点被一艘大型双桅横帆船"企鹅"（Penguin）号碾碎，还好它回来救起了他们。

奥古斯都说服皮姆参与了另一次航行。这次他躲在奥古斯都父亲的捕鲸船"逆戟鲸"号的甲板下。为了让自己有事可做，他带了一本梅里韦瑟·刘易斯和威廉·克拉克的探险书。他几乎在"船舱内令人恶心的阴暗迷宫中"窒息，而甲板上发生了一次叛乱。在一半印度血统一半欧洲血统的德克·彼得斯（Dirk Peters）和另一位水手理查德·帕克（Richard Parker）的帮助下，皮姆和奥古斯都利用水手们的迷信，制服了叛乱者。然而一场暴风雨摧毁了他们的船，饥饿的他们只好抽签决定把谁作为食物，结果帕克在一次"可怕的猜测"中沦为了牺牲品。后来，奥古斯都也死了，只剩下了皮姆和彼得斯。

一艘来自利物浦的纵帆船"简·盖"（Jane Guy）号路过，他们遇救了，随后继续向南航行，到达欧洲人过去从未到过的南方区域。他们在察拉尔岛（island of Tsalal）上岸，当地人的一切都是黑色的：衣服、皮肤、头发和牙齿。当地人在看到了欧洲人的白皮肤和船帆后感到不可思议，也吓坏了，他们叫喊道："特克利—利！"在看到"有利可图的投机生意"机会之后，盖船长（Captain Guy）建立了一个市场，用不值钱的欧洲小装饰品交换海岛附近出产的可食用水产品。这些未来的殖民者原本一切顺利，但察拉尔岛人把他们骗进了一个陷阱，让致命的山崩埋葬了他们。

又一次，躲在山峦中间的皮姆和彼得斯成了船上仅有的幸存者。在饥饿的驱使下，他们穿过岛上黑色的花岗岩缝隙。这些缝隙按照一种奇怪的路线发展，就如同皮姆记录下来的字母一样。他们也在洞穴的一面墙上发现了雕刻的"凹痕"，看上去像一个指路的人。他们带着一个察拉尔岛人，坐着一条小独木舟逃出了岛。他们拼命划船离开，他们的船

第二章 扬帆启航

"继续向南驶去"。天气越来越热,海水也变得浑浊不清了;漫天的白色鸟儿在空中叫着:"特克利—利!"洋流增强了,白色的灰烬落在他们的船上。在他们前面出现了一股巨大的喷泉,他们以"可怕的速度"接近了喷泉。

天空"骤然变黑,只有当喷涌的水柱从我们面前的白色帷幕落下时才变亮了一点"[18],皮姆叙述道,而那位察拉尔人被吓死了。就在他们的船向喷泉冲过去的那一刻:"一道裂缝在我们眼前张开,让我们向它靠近。在外面的通道上出现了一个包裹着的人影,但它远远大于任何人类居民,而且这个人影的皮肤色调是那种白雪般的纯白色。"随后,皮姆的叙述令人困惑地戛然而止了。

这本由"前言"开启的书,最终也由一个神秘而调皮的"注释"[19]结束。其中解释说,皮姆回到了美国,随即去世了,"埃德加·A.坡先生不肯"重新改写皮姆航行的最后几章。

最后这一神秘"注释"的作者——既不是"A. G. 皮姆"也不是"埃德加·A. 坡",对一些察拉尔岛洞壁上刻画的记号进行了解释。无论按埃及语、阿拉伯语还是埃塞俄比亚语来理解,它们似乎都传达了"阴暗的""白的"和"南方区域"之意。这一"注释"用神秘的、准宗教的方式给出了结论:"我把它刻在山中,我对岩石中的尘土进行了复仇。"

在《阿瑟·戈登·皮姆:楠塔基特岛旅行叙事》的结尾,黑色裂缝中的象形文字、水沫与雾气中的白色人影、行动的突然中断,以及宣称皮姆回归与死去的注释,留给读者的问题多于答案。是皮姆劝说盖船长努力驶向南极的:"由我们来解决那些有关南极大陆的大问题,如此诱人的机会是前所未有的。"[20]尽管他为那些因为他的建议而造成的"不幸的血腥事件"(几十位当地人和"简·盖"号全体水手惨死)感到后悔,但在他的协助下,科学显露了有史以来最吸引人的激动人心的秘密,他对此"感到高兴"。在皮姆的陈述中还有许多模棱两可之处,蕴藏着有关探索、发现及其代价的故事。

一份状态改变的清单

尽管当时还不存在侦探小说（爱伦·坡将在3年后发明这一体裁），但《阿瑟·戈登·皮姆：楠塔基特岛旅行叙事》中的古怪事件给读者带来了数不清的待破解的谜语。察拉尔岛裂缝中的文字出现在书的最后一段，显然是在邀请读者给出各种猜测。它这样写道："这样的结尾为猜测和激动人心的假说打开了宽广的领域。"它呼吁对"写在蜿蜒的"峡谷上的古代词语进行"细致的语言学考察"[21]，这说明，人们可以对整本书进行同样细致的研究。

例如，读者或许可以为结尾"白茫茫的一片"找出一个自然原因：水手们或许被转移到辛姆斯预测的"空心地球"的孔洞中去了。那个白色影像或许是一个光学幻象，是逐渐接近的船的扭曲形象，或许就是那同一条船——"企鹅"号[22]，它在书的开头拯救了皮姆和奥古斯都。

又或者，爱伦·坡可能想让读者将那个白色影像看作一个带有神性真理的启示[23]，与《启示录》（Revelation）里的"7个金灯台"以及"(耶稣)那洁白如羊毛的头发"的描述异曲同工。在这部小说里或许也有政治隐喻：有些批评家将"南方区域"黑与白的极端视为奴隶制的天然基础，或者视为《圣经》（Bible）中挪亚（Noah）对含（Ham）的后裔的诅咒；其他人则将察拉尔人致人死命的反叛解读为：对于实施奴隶制可能导致的后果的警告。

这本书明确地指出了解释的不确定性："在任何情况下，即使数据很简单，我们也都无法仅仅通过偏见（无论正方或者反方）得出肯定的推断。"有关光学幻象的描述，爱伦·坡再次利用了戴维·布鲁斯特的《关于自然魔法的信件，致沃尔特·斯科特爵士》，这本书曾为他提供了说明下国际象棋机器人是骗局的分析。皮姆经历过海市蜃楼、暮色的视觉扭曲,而且很有可能,在航行结束时的影像其实是一个"布罗肯幽灵"(the Specter of the Brocken)[24],即当一个人自己的影子被投射到远处的地面时会出现的巨人形象。皮姆也确认了布鲁斯特的总体信息,强调了光学把戏在操纵天真的相信者时的威力。皮姆曾打扮成一具尸体来影响反叛者的迷信、恐惧和内疚心理,结果自己在照镜子时也不禁剧烈地颤抖;大副看到了,以为是鬼,结果被吓死了。[25]

这本书引导着读者历经思维的一系列变化状态,强调了感官的不可靠性。就在皮姆于甲板下窒息的瞬间,他梦到了蛇、妖精和沙漠;当在海难船上挨饿时,他甚至于蒙眬中进入了"部分无感觉的状态",看到了"绿色的树木、起伏的草地上成熟的庄稼、一队队起舞的姑娘和骑兵部队等幻觉"。他乘坐着小船"阿里尔"号——"阿里尔"也是莎士比亚的《暴风雨》(The Tempest)中普洛斯彼罗(Prospero)所驱使的精灵的名字,经历了第一次历险。在他身上,爱伦·坡设置了一个发作性昏睡病的韵律,这会让皮姆进入入定状态或者梦想状态,然后猛然回归清醒。

通过一个接一个奇怪的故事,这本书不断地将读者从虚幻拉回现实,爱伦·坡告诉我们,中毒、饥饿、期望等可以如何影响思维状态。这种心理强调在安·拉德克利夫(Ann Radcliffe)和霍勒斯·沃波尔(Horace Walpole)"做过解释的哥特式小说"中增加了一个探测的哲学维度。然而,与德·昆西的《一个英国鸦片服用者的自白》[26]十分相似的是,《阿瑟·戈登·皮姆:楠塔基特岛旅行叙事》中的真相也是一个活动的靶子。他指出:"在一切都牵涉其中并且无疑将永远牵涉最骇人听闻、最深不可测的神秘时,进行猜想显然是毫无用处的。"每一个表象或许都隐藏着一个不同的潜在真实,而那个真实的原因一直包裹在怀疑之中。他通过一个信号,以及奇观、崩溃、埋葬和模糊不清的梦,用幻象和不可靠的解释将皮姆和读者拉在一起。

倒序书写

爱伦·坡总是极为注意他的作品的印刷格式和排版布局，即它们的"外貌"。[27]他常以准确、规整的极小字体书写手稿，还经常与印刷工和排字工沟通交流。《阿瑟·戈登·皮姆：楠塔基特岛旅行叙事》的扉页就采用了特别抢眼的印刷布局，似乎在呼唤读者对其进行解码。在1937年勒内·玛格利特（René Magritte）的画作中，《阿瑟·戈登·皮姆：楠塔基特岛旅行叙事》的法语翻译本看上去就像一面镜子，映衬了一位沉湎于形象、词语和事物之间的艺术家。皮姆原版扉页饱含深意的对称呼唤着人们的仔细阅读和静心体会。

主标题中的8个单词漂浮在色调更深、字体更小的副标题之上。如果你用稍微涣散一点的眼神观看或者斜视，你就会发现，主标题形成了一个半圆，受到下面逐步缩小、稍微有点弧线弯转的文字串的影响。主标题和副标题形成了一个球体：上半球主要是白色的，下半球主要是黑色的。你的视线会被向下拉，"继续向南"，略过下面的介绍，最后会遇到出版社和出版日期——这本书的诞生记录。这一短暂的视觉运动预示着：故事的发展路径将通往地球的底部，而且或许会通向一个正在后退的、离开了页面的远点。

你是否能够看到，形成了两列"船帆"的4行主标题，与下面成段的副标题一起看，就像一条船的船体？想象一条直线，令其平行于由"南纬84度"这几个词形成的线，然后你就会看到，下一串词以较小的比例，上下颠倒地重复了上面的文字区块的形状。现在我们看到了一条船和它的反射图像，图像上还带着船帆，好像来自遥远的地方，跨越了微微闪光的海面：这种安排很好地说明了即将展开的海上奇遇，以及它们的分身、倒置和幻象。[28]

《阿瑟·戈登·皮姆：楠塔基特岛旅行叙事》中到处都是对称和倒

置。爱伦·坡由经验知道：设置印刷页面对排字工的要求是，以倒序将字母和词排列在排字棒上。这就意味着倒着写、倒着读。这是一种镜像作用，很容易因为错认字母或更换某个字母而排错。

爱伦·坡还将这种对称和倒置放进了《阿瑟·戈登·皮姆：楠塔基特岛旅行叙事》的故事结构中。[29] 该书的 25 章被整齐地分为两半，可以自己"对折"。以中间的第 13 章为"镜面"，前面 12 章中的事件以相同的距离与后面的 12 章形成"反射"。在位于全书中心的第 13 章的中间自然段里，"逆戟鲸"号穿越了赤道，皮姆最好的朋友奥古斯都去世，船只倾覆了。在前一章中同类的盛宴情节是对《最后的晚餐》(The Last Supper)的可怕模仿，它也在第 14 章中回荡，这时船从圣诞港(Christmas Harbor)离开了，这是皮姆象征性的再生。过去，他们在赤道以北饿着肚子漂流；现在，他们在赤道以南的岛屿之间漂流，有许多食物。与此类似，"逆戟鲸"号上的反叛与察拉尔岛上的背叛平行，开始时在"阿里尔"号小船上被诅咒的航行则与结束时的独木舟航行对应。

作为一个整体，这本书体现了交错法[30]这一修辞手段，其中一个短语的元素总是以倒置的次序重复出现，例如这句："说出你的想法，想你说出的。"编辑的"注释"提出了一种察拉尔峡谷所勾画形状的意义——可以形成词语的一段旅程的形象，扉页则包含了可以形成一段旅程的形象的词语。[31] 第一页和最后一页包裹了它们之间的语言旅程。

书中这些不祥的配对暗示了有关真实的可塑性中暗藏的真相。开始时，皮姆说到了促使他出海的那些别扭的希望，以及他隐约看到的那些"海难与饥馑、死亡或者被大群的野蛮人俘虏"的景象。与它平行的是最后一章，就在他悬挂在绝壁上，想象他一旦松手就会发生的情况时，他发现："这些幻想形成了它们自己的真实，而一切想象中的恐惧事实上都聚集在了我身上。"到了这个时刻，他隐约看到的那些可怕异象确实变成了真实；他的"幻想"已经创造了"它们自己的真实"[32]。这就好像在书的后半部分中，皮姆步行穿过了将他的思维夸大后的投影。他与他自己的思想和幻想相遇，但它们是放大了的、上下颠倒的、与景物融合了的。这就好像穿过了一面扭曲的镜子、一个万花筒、一个相机的暗箱，或者是一盏魔灯。[33]

就像一个自然神学家一样，皮姆正在寻找他背后的神性设计或上天的计划。例如，他怀疑，在察拉尔岛上发生的一连串奇迹可能是自然的结果，这就暗示，它们可能是神明造就的。然而他手头没有明确的证明。在中间的一章中，疲惫、饥饿但在海难中得救的他，回想着他"最近如此命定地遭受的"恐惧。[34]他沉思着：如果严格进行比较，他当前的痛苦似乎"仅仅是一个寻常的小邪恶而已，所以，它既不算好，也不算坏"。

换言之，我们对任何实体的评价，都取决于与它进行比较的其他实体，以及它与它们之间的相互关系。[35]这一主题呼应着"简·盖"号水手与察拉尔人之间的镜射。皮姆和其他"文明"人成了食人魔，而那些当地人实际上并不比白人投机家们更轻信或者更野蛮。如果这本书意味着一个种族寓言，它或许让双方都遭受了诅咒。

《阿瑟·戈登·皮姆：楠塔基特岛旅行叙事》的最后一行写道："我把它刻在山中，我对岩石中的尘土做出了复仇。"也许这是在暗示我们，可以把皮姆的苦难解读为一个证据，说明上帝的创世并非出于慷慨与仁慈，而是出于某种为了复仇的目的或者人类无法理解的神性渴望。毕竟，用原始文字刻字，将精神化为尘土，是人类的无尽苦难之源。或许，甚至更残酷的是，无论是上帝的还是皮姆的复仇，尽管旅途上的每一个转折点都具有诱人的暗示且重大意义，但我们找不到最终计划或者救赎的设计。对于来自《阿瑟·戈登·皮姆：楠塔基特岛旅行叙事》的教训，赫尔曼·梅尔维尔将在《白鲸》模糊的启示中继续重蹈覆辙。

爱伦·坡在航海小说运用了令人惊叹的文学准确性，用以提出一系列没有答案的问题，这一系列问题形成一个不断引人探究的奥秘。[36]

第二章　扬帆启航

如此特殊

美国评论员们发现,《阿瑟·戈登·皮姆：楠塔基特岛旅行叙事》既是"恐怖小说"，又是"一座宝库"。[37]《纽约公报》(*New York Gazette*)猜测，这本书的真正作者是理查德·亚当斯·洛克，即那篇《月球上的发现》的"极具独创性的作者"。[38] 洛克写信给编辑，感谢他抬爱[39]，但还是把这份荣誉转交给了爱伦·坡。另外几家报纸注意到了皮姆与鲁滨逊、格列佛（Gulliver）、辛巴达（Sinbad）以及"吹牛大王"敏豪森男爵（Baron Munchausen）之间的相似性。[40]

英国的反应则更加热情也更加轻信。据乔治·普特南（George Putnam）称："标题和叙述如此特殊，它们误导了许多评论家和我们自己，这些新'发现'的整个栏目，包括在岩石上发现的象形文字，都被作为严肃的史实加以转载。"[41]《观察家》盛赞"它的航海知识，以及与笛福一样的真实表象"[42]，而《伯顿绅士杂志》(*Burton's Gentleman's Magazine*)则足够模糊地将该书归类于套红标题的"文学与科学智慧"[43]领域。

对爱伦·坡来说，最重要的受众却是费城的读者。在该书出版之前，爱伦·坡离开了纽约，向南旅行，希望获得更好的机会。在费城，《亚历山大信使周报》(*Alexander's Weekly Messenger*)称该书为一部"非常聪明但内容狂妄的作品"[44]，《纽约家庭期刊》则宣布，如果一位读者想要"出发前往南极探险，他只需要带上一本阿瑟·戈登·皮姆的游记；而如果他在通往极地时没有得到科学的引导，他至少会在到达那里时发现，自己已处于一种科学不再有用或者不再必需的境地"[45]。

与此不同，费城《伯顿绅士杂志》的编辑威廉·伯顿（William Burton）却感到大为惊骇。"从来没有人企图比他更加厚颜无耻地欺骗公众，"他认为皮姆极端暴力、荒诞不经的神秘故事是对任何思维正常的人的侮辱,"我们很遗憾地发现,爱伦·坡先生的名字与这样一个无知、无耻的混乱叙述联系在一起。"[46]

但伯顿需要一个助手,爱伦·坡也需要一份工作。很快,在一个科学既"有用"又"必需"的城市里,爱伦·坡和伯顿的名字联系在了一起。在费城,爱伦·坡将写出他最与众不同的小说,将身兼虚构作品作家、诗人、批评家和科学问题专家,由此在名人圈获得独一无二的地位;他将向那些造就了现代科学"明显的奇迹"的人物学习,并且延续一段他们的职业道路。

第三章

费城

哪个时代能像我们这个时代一样夸耀改善,
当人变为神明,白痴也会成为诗人?
…………
梦境、云层或者煤气灯,一切都是
埃斯皮用最便宜的价格或者"刀刃"制成!
哦,奇妙的年代!谁的光荣远远地超过了
一切传奇小说家的梦境或者虚构作品的名声!
当怪物的银行能够引起骇人的惊恐,
而幼童靠电流的手段赖以长成!
这样的人口,如同狂躁症,其速度
超过西部草原的荒草,哪怕它们有毒、野生。
新的国家诞生,新的星辰祝福我们的旗帜,
而挣扎中的国度被吞噬,如同沦为棋子之人!
——爱伦坡,《美国诗人与诗歌:一种讽刺》(*The Poets and Poetry of America: A Satire*)[1]

化学家马丁·汉斯·布瓦耶,银版照相
罗伯特·科尼利厄斯,1843年摄于费城

7

美国的雅典

"费城是一个令人愉快的城市,"纽约的智者纳撒尼尔·威利斯于1831年写道,"一切都运转良好,服务周到。如果硬要找缺点,那就是过于规律、准确性过高。"[1]城市的街道形成了清晰的网格,体现了在独立大厅(Independence Hall)中签字的《独立宣言》和宪法表达的平衡、比例和理性。其他市政建筑物,包括费城国民银行,则采取了一种新古典风格,带有檐壁和立柱。清扫得很干净的人行道和整齐的商店在通往特拉华码头(Delaware's docks)的核桃街(Walnut Street)、板栗街(Chestnut Street)和市场街(Market Street)两边排列。

正如诗人詹姆斯·拉塞尔·洛威尔(James Russell Lowell)所观察到的那样,19世纪上半叶的美国文化生活是一个"分为许多系统,每个系统都围绕着它的几个太阳旋转"[2]的"银河系"。费城曾经是这个国家的首都。19世纪30年代,它以其出版业、银行业、艺术和科学闻名一时,与竞争者波士顿分享了"美国的雅典"这一绰号。[3]绘画和雕塑艺术在宾夕法尼亚美术学院(Pennsylvania Academy of the Fine Arts)蓬勃发展。它也是雕刻家约翰·萨廷(John Sartain)和肖像画家托马斯·萨利(Thomas Sully)的故乡,同时是皮尔设立的美国博物馆所在地。美国博物馆中最富特色的展品是查尔斯·威尔逊·皮尔的独立战争英雄画像,还有自然历史标本,包括他发掘出来的乳齿象的骨骼。

从 19 世纪 20 年代起，费城的经济便从贸易转向制造业。因为热切地希望复制纽约的伊利运河的成功，费城投资运河来连接西部区域与切萨皮克湾（Chesapeake Bay），使运河横穿斯库基尔河（Schuylkill River）、萨斯奎汉纳河（Susquehanna River）和特拉华河（Delaware River）。这一水上交通网络上很快便布满了运输宾夕法尼亚州东部特有的坚硬无烟煤的船只。到了 1838 年，这一网络上有了比其他任何州都多的蒸汽机，它们喷吐着浓烟，为酿酒厂、面粉磨坊、地毯工厂和钢铁工业提供动力。

从贵格会教徒彭威廉（William Penn）建城起，这座城市便秉持平等主义的态度，并为此深感自豪。然而，随着建筑业的兴起，经济不平等加剧，杰克逊派人士支持本土主义，鼓吹对爱尔兰移民与自由非洲人的仇恨，于 19 世纪三四十年代引发了破坏性的骚乱。[4]然而，这座城市继续鼓励机械师、科学家和政治领袖之间频繁接触。[5]作为各个工人党派的所在地，费城也是"机械师学院"（Mechanics' Institutes）运动的美国基地。这个运动为工匠们提供各自行业的数学与物理学原理。在以该城最著名的公民富兰克林命名的富兰克林学院（Franklin Institute），工人与科学家和投资者在改进机械方面展开了合作。

19 世纪三四十年代，费城是美国最活跃的科学研究中心，波士顿是它仅有的真正竞争者。费城也是埃德加·爱伦·坡成年后居住时间最久的城市。在这里，新闻工作者、工匠、科学家和企业家可以轻松地交往，这形成了他的一些最令人震惊的作品的背景。

一些著名科学家也曾经与爱伦·坡同时在费城住过一些年月，包括物理学家约瑟夫·亨利和亚历山大·达拉斯·贝奇、颅相学家乔治·库姆、颅骨收藏家塞缪尔·莫顿（Samuel Morton）和地质学家兼出版商艾萨克·利。他们的研究为内战前的科学工作注入了关键性的力量。他们面对的是精英的集中要求和对大众的吸引力之间、民族自豪感和对欧洲模式的依赖之间、冷静的经验主义和有争议的推测之间的紧张关系，这些推动了对知识的追求,为爱伦·坡的想象提供了素材。

费城是一座将科学与发明进行独特结合的城市,这一结合是由爱伦·坡的同时代人铸就的。来到费城之后,爱伦·坡不得不在这座城市寻找他自己的道路。

约瑟夫·亨利的重大日子

与纽约相比,普林斯顿(Princeton)大学的自然哲学教授约瑟夫·亨利对费城的科学文化更为欣赏。"每当我从纽约回来,我几乎总会因为那里的科学方式而情绪低落,"他这样对一位朋友承认道,"在那里,我似乎被扔进了这个国家所有的江湖骗子和庸医堆里,我憎恶他们的自命不凡,十分厌烦他们的谈话。从那座城市回来之后,我对兄弟之间的情谊有着多么不同的感觉啊!这里虽然也有嫉妒和竞争,但更有科学和智慧,而且,投机和金钱并不是这里的人们头脑中仅有的东西。"[6]

1834年11月,当爱伦·坡在巴尔的摩修改他的第一批短篇小说的时候,新近被任命的亨利教授对费城进行了一次长期访问。[7]他是从特伦顿来的,是一个谨慎且好奇心很强的人,穿着朴素的西装,热切地渴望吸收这个城市的工业作坊和科学机构所能提供的一切。

亨利生于奥尔巴尼。他生着坚毅、直爽的面容,被誉为思路清晰的演讲者。尽管如此,他的拼写一塌糊涂,而这正是他十分自卑的印记之一——它们说明了他的贫寒背景和他受到的教育不够系统。在普林斯顿大学工作以前,他因为"怀疑和缺乏自信"[8]而缺乏正常的交际活动。正如他很久以后承认的那样,他的父亲是个酗酒者,死得很早。这个家庭秘密或许让他对自己的出生年份不太确定——他被告知生于1797年或者1799年。他致力于让他周围的环境变得有次序,并用不知疲倦的工作来证明自己的价值,或许也与这个秘密相关。

在接受了仅仅几年基本教育之后,亨利开始给一名银匠做学徒。新成立的招收青年男子的奥尔巴尼学院（Albany Academy）给他提供了一份奖学金。除了自然哲学和化学课程之外，他还通过研究西里曼的《美国科学与艺术杂志》来掌握当前的科学动态。他的投入让他获得了国会议员斯蒂芬·R·伦塞勒（Stephen Van Rensselaer）的支持，R·伦塞勒雇用他做老师。他也为一位富家子弟——彼时还年轻的老亨利·詹姆斯（Henry James Sr.）做家教，后者后来成了伊曼努尔·斯韦登伯格（Emanuel Swedenborg）的门徒，并养育了一群聪明的孩子，包括小说家亨利·詹姆斯（Henry James）和心理学家威廉·詹姆斯（William James）。

奥尔巴尼学院在约瑟夫·亨利毕业时雇用了他。为了完美胜任这份工作，在1826年6月，他花了两周时间在附近的西点军校吸收更多科学与文化知识，并结识了宾夕法尼亚大学的化学家罗伯特·赫尔和化学家兼地质学家约翰·托里。托里将前往普林斯顿大学工作，并领导纽约自然历史学会。他们向亨利演示了最新发现的电现象与磁现象之间的关系，亨利被惊呆了。

回到奥尔巴尼之后，亨利开始了一系列电磁学实验。他在冶金业界的学徒生涯让他获得了建造与修改实验仪器并跟踪不同的研究路线的能力。他最终获得了令人瞠目结舌的发现，包括磁感应现象：一块磁铁在一块导体附近的运动会产生足以让一根针运动，并最终让马达运动的电力。但他不知道的是，迈克尔·法拉第已在一年前于伦敦收获了同样的发现，并宣告了发现的优先权。

亨利制造的电磁铁威力很大，足以从铁矿石中吸铁。他制造了一个强大的电池和一个通过电线发出间断性电脉冲的装置，这证明了塞缪尔·莫尔斯应用于电报的概念。然而，让他自己很压抑的是，他发现把自己的发现写出来并发表是一件困难的事。就像他对于机械感应的研究那样，他本来更早地做出了一些研究成果，但其他人首先成功地发表了文章，因此享有优先权。

亨利的科学成就，以及他给人的那种可信、有礼貌并热切地期待获得承认的印象，让他成了普林斯顿大学填补其教授席位空缺的合理选择。本杰明·西利曼确认了他的"智慧能力""细腻的性格"和"谦虚有礼的举止"[9]，而托里肯定，亨利将"跻身美国最优秀的哲学家之列"[10]。与爱伦·坡的情况一样，亨利与其表妹哈里特（Harriet）结婚，不过哈里特只比亨利小10岁。与妻子一起在普林斯顿安顿下来之后，亨利设立了一门自然哲学课程。由于有了一个"非白人的仆人"（或者说"助手"）山姆·帕克（Sam Parker），亨利不必再干"实验室里的任何脏活了"[11]，因为帕克会帮他制造、修理和演示电设备，甚至帮他遭受电击。亨利的大多数学生后来做了牧师[12]，其中许多来自南方。他常以援引自然哲学的效用和宗教的重要性作为课程的开场。

在繁重的教学任务中，亨利对费城的访问让熟知他个性的人感到吃惊。[13]他在凯瑞和利书店[14]驻足，买了一本科普工作者狄奥尼修斯·拉德纳的书。他去看望了为他提供科学设备的朋友塞缪尔·卢肯斯（Samuel Lukens）。在仪器制造商梅森（Mason）的商店里，一套新的标准砝码给他留下了深刻的印象。他顺便去听了一场罗伯特·赫尔的化学演讲，并买了一张板栗街的"机械厅"（Mechanical Hall）观看自动装置表演的门票，在那里，他"觉得表演很有趣，但对他启发不大"。[15]

晚上，在领导了费城"希腊复兴运动"（Greek Revival）的建筑师威廉·斯特里克兰（William Strickland）的家中，他出席了一次"威斯塔（Wistar）聚会"——该市科学精英的聚餐俱乐部，受美国哲学学会的图书馆馆员约翰·沃恩（John Vaughan，他也是一个传奇般的葡萄酒窖的拥有者，许多年后，亨利向这座酒窖贡献了一瓶1785年的阿蒙提拉多雪利酒[16]）邀请，这是亨利第一次参加这种聚会。在那里，他聆听了地质学家亨利·达尔文·罗杰斯（Henry Darwin Rogers）的一场报告，主题有关伦敦物理学家查尔斯·惠斯通（Charles Wheatstone）制造的测量光速的电动机器:"光是由无数个微小的火花组成的,它们通过旋转镜子的作用相互分离。"[17]

与这些美国科学与社会精英的相遇使亨利眼花缭乱,他只得前往裁缝铺置办新衣。"我对自己的服装不太满意,"他在访问了费城之后写给哈里特的信中说,"我必须努力改善形象才是。"[18]

在一次游览中,他遇见了亚历山大·达拉斯·贝奇,贝奇的曾外祖父是本杰明·富兰克林,亨利在电学研究中的先行者。贝奇当时已经于1827年从西点军校毕业回家,时年21岁,成为宾夕法尼亚大学的自然哲学教授。他邀请亨利到他家中,给亨利看了"他自己的所有实验",并介绍他与自己的妻子南希相识,南希是"一个有趣的小个子女子,她帮他进行所有的磁学观察"。贝奇夫妇每天记录磁石指北针与准确的北方的偏差,以及在垂直面上的"倾斜"情况。[19]他们的研究与在整个行星上为地磁场绘图的国际项目相关,这个项目后来叫作"磁场十字军计划",是由亚历山大·冯·洪堡倡导的。亨利此时已经研究过地磁现象,还研究过北极光的磁性质。

贝奇邀请亨利加入他那不对外的小组,"组内成员志同道合,一起讨论科学的原理及其应用",并将其应用于"整个物理学与力学的研究范围"。[20]贝奇确信,只有当美国最有成就的研究人员齐心合力创建并领导有影响力的研究机构时,美国科学才能进步。这个"俱乐部"的全体成员包括约翰·托里、领导了新泽西州和宾夕法尼亚州地质调查的亨利·达尔文·罗杰斯——由他思想自由的父亲取名,作为向物质主义诗人、博物学家伊拉斯谟斯·达尔文的致敬,以及詹姆斯·埃斯皮(James Espy)——他参与了贝奇的蒸汽船的工作并研究暴风雨。

贝奇和亨利从此开始了一生的友谊,这段友谊也将为美国科学指明道路。在这个训练有素、主动性极强的科学家俱乐部中,贝奇被称为"首领"。

第三章 费城

亚历山大的雄心

贝奇是家里9个孩子中的老大,他生来具有"极强的能力和个人魅力",而且像亨利一样,也不幸有一个不负责任的父亲——小理查德·贝奇(Richard Bache Jr.)。1836年,小理查德·贝奇因滥用资金被逐出国家邮政局,此后便抛下了妻子和儿女前往得克萨斯州。[21]贝奇没有染上他父亲的恶习,而是对自己的工作高度负责。他将科学的发展视为国家强大的必由之路。在他的大学讲课中,他用自己的物理学研究实验做演示,让学生们目瞪口呆。他加入了老牌的美国哲学学会,但很快就专注于建设设备好得多的富兰克林学院。这个学院有几名出色的演讲者、一家博物馆、一些展览厅及一个"实验室和工作作坊"[22]。贝奇重新为它制定了发展方向,即"扩展当代科学,而不仅仅是传播"。[23]

创建于1824年的富兰克林学院是美国对工人教育运动最重要的贡献,该运动开始于格拉斯哥的安德森学院(Andersonian Institute)。乔治·伯克贝克(George Birkbeck)将这一教学模式带到了伦敦,而在巴黎,巴黎综合理工学院的工程师和科学家们在法国国家艺术和职业学院(Arts et Métiers conservatory)给工人们上课。1829—1836年间,贝奇在富兰克林学院的杂志上发表了30多篇论文。他也给戴维·布鲁斯特的《光学导论》(*Treatise on Optics*)投递了一篇精选的文章,爱伦·坡正是从这篇文章中得到了有关光学幻象和魔灯的知识。

贝奇为美国科学所做的计划与辉格党高度一致。[24]辉格党人是杰克逊的敌人,他们坚信,这个国家的事务最好是由受过教育的、有责任心的精英管理。正如他所受的西点军校训练鼓励他在任何情况下都要坚持战斗一样,贝奇认为,应该对美国科学这个体系进行分析与改进。他在给他的叔叔——参议员乔治·达拉斯(George Dallas)就美国的度量衡改革计划提出建议时写道:"一个体系的目标,应该是让一个国家的各个

127

部分达成一致,而不是引入新东西。"[25]他认为,在保留英制计量单位的英寸①、英尺②、盎司③和磅④时,每一种度量都应该建立在"独立的科学原则上",而"不应该完全从国外借用"。

贝奇热切地希望将科学运用于公众与国家。随着蒸汽机大量增加,致人死命的爆炸经常发生。从1830年起,贝奇便开始领导一个委员会,与埃斯皮和赫尔一起研究锅炉和安全烟道的合适结构与材料,以及快速增加的压力的影响。[26]财政部长对研究资金的保证,让贝奇能放心地负责美国"第一个联邦资助的研究项目"。[27]通过援引法国与英格兰的政府政策,贝奇推动引入联邦政府对锅炉的强制性规定,它们后来被写入了国会法。[28]贝奇对美国科学的发展远景已经非常清楚了:在公众关注的问题上,应用国际认可的实验、观察与推理的专家形式进行研究,由强有力的、活跃的联邦政府予以支持与加强。

贝奇的主要支持者是尼古拉斯·比德尔(Nicholas Biddle),他是美国哲学学会成员,撰写了刘易斯和克拉克的西行游记。[29]生于1786年的比德尔对制图学、自然历史、颅相学和古希腊文很感兴趣。作为美国第二银行(Second Bank of the United States)的总裁和辉格党的重要人物,比德尔在19世纪30年代的"银行战争"中坚决反对安德鲁·杰克逊。杰克逊称银行是反对人民医院的私人利益集团,下令从中撤出政府资金并放置到他的支持者的"宠物银行"里。比德尔愤怒地指出,杰克逊这样想,是"因为他已经剥掉了印第安人的头皮并将法官投入了监狱,因而要让银行屈从他的意志"。[30]比德尔做过了头:为了说明银行的重要性,他对信贷实行了严格的限制。结果这让反对他的人找到了理由,导致银行章程于1836年终止。

---

① 英寸,英美制长度单位,1英寸等于1/12英尺,合2.54厘米。——编者注
② 英尺,英美制长度单位,1英尺等于12英寸,合0.3048米。——编者注
③ 盎司,英美制质量或重量单位,1盎司等于1/16磅,合28.3495克。——编者注
④ 磅,英美制质量或重量单位,1磅等于16盎司,合0.4536千克。——编者注

第三章 费城

比德尔在费城各组织中仍然很活跃,并帮忙保住了贝奇在大学的教授职位。他是费城吉拉德学院(Girard College)的董事会主席,该校是由一位巨富银行家史蒂芬·吉拉德(Stephen Girard)出资兴办的学校,招收男性白人孤儿。1833年,比德尔在学校的奠基仪式上赞扬了美国对公众教育的重视:在其他国家,"未受教育与无知"或许属于"个人的不幸"[31],但在美国,"这是公众的错误",因为"如果这会让无知的群氓依靠数量上的力量战胜他们嫉妒的高等智慧,权力的普遍平等此时将陷入危险"。在比德尔的支持下,亚历山大·贝奇于1826年放弃了教授职位,成为吉拉德学院的第一任院长。

在学校运营之前,吉拉德的受托人出资,让贝奇前往欧洲巡访,研究教育制度——同时,约瑟夫·亨利也在为他的课程购买仪器和书籍。两位朋友在伦敦会面,在那里与著名的科学人打成一片。在查尔斯·惠斯通和迈克尔·法拉第的协助下,他们演示了亨利的强大电池,它能使热电流产生电火花。"为美国佬的实验欢呼!"[32]法拉第大声喊叫道(至少亨利的学生之一这样说)。法拉第也向亨利介绍了他在实验中使用的仪器。他给亨利看了汉弗里·戴维在皇家科学研究所用导线与上方的剧场连接的大电池,戴维曾经这样用电灯震惊了观众。[33]

贝奇在皇家学会(Royal Society)愉快地参观。他有许多能证明他的科学地位与辉煌祖上的介绍信,这让他的活动变得畅通无阻。亨利很高兴地发现,他的科学名声在他到来之前已经传到了英国,尽管他与"英国女士们"的谈话让他不安,因为她们不理解甚至反对他对奴隶制的支持。他抱怨说,她们无法"理解我们"与非洲籍美国人有关的"偏见",也"无法看出,他们为什么不应该拥有与白人同等的特权"。[34]

在巴黎,贝奇被法国科学院(Academy of Sciences)秘书、天文学家弗朗索瓦·阿拉戈(François Arago)迷住了。作为洪堡的亲密知己,阿拉戈行使了他的科学权威,在国民大会(National Assembly)上倡导工人教育和民主改革,并在1848年的法国大革命期间领导了在法国及其殖

129

民地结束奴隶制的立法运动。亨利不会讲法语,所以他能与之交流的学者很少。他认为,享有室外餐厅、特色精品店和"带有许多全裸的大理石雕像的花园的巴黎人",几乎可以算作"另一颗行星上的居民"。[35]

1837年,当他回到利物浦参加英国科学促进协会(British Association for the Advancement of Science,简称BAAS)集会时,一次更尴尬的场面在等着他。1831年,由于受到了由洪堡和生物学家洛伦兹·奥肯(Lorenz Oken)创办的类似的德国组织的启发,一批"科学绅士"(其中包括戴维·布鲁斯特、查尔斯·巴贝奇和威廉·休厄尔)创办了BAAS。[36] BAAS每年集会一次,自然科学各个领域的研究者们齐聚一堂,讨论他们的发现,建立友好的联系。

亨利很高兴,因为他和德国化学家尤斯图斯·冯·李比希(Justus von Liebig)、瑞士物理学家奥古斯特·德·拉·赖夫(Auguste de la Rive)一起,作为尊贵的外国参与者而受到了特别对待。他在会上做了有关美国国内在铁路和运河方面的"改进"的演讲,其中回顾了在哈德孙河上从纽约到奥尔巴尼的一次轻快的9小时旅行。结果,在演讲结束后,一位会议主办者"跳了起来",认为这样的高速度是不可能的。[37]

这位质疑者名叫狄奥尼修斯·拉德纳,是一位在伦敦工作的力学讲师,他的话让"整个房间"进入了"骚乱状态"。当一位同事责备拉德纳,说他不应该对"一位绅士和外国客人"不敬时,亨利选择为他辩护,说自己不应该"因为身为外国人"而受到特殊待遇,"因为真理和科学没有国界"。亨利的崇高赢得了掌声。

然而,甚至在他回国一年后,这一事件仍然让亨利感到困扰。他为欧洲人对美国科学"普遍低下的看法"感到懊恼。尽管他对许多物理学家对自己的热烈欢迎心怀感激,但他的欧洲之旅让他意识到,他的国家想作为平等的科学伙伴登上国际舞台还有多么漫长的道路要走。

为了与针对美国科学的"重大偏见"开战,亨利开始接受贝奇在全国范围内组织科学的计划:"我比过去任何时候都更赞同你的观点，即在这个国家以科学为职业的真正工作者应该把它作为一项共同的事业。"[38]

贝奇以费城为起点。当他回国时，吉拉德学院尚未正式运营。他接受了第二个职务——在公众教育的另一个实验单位，中央高中（Central High School）担任总监。很快，他的学生们就用他安装的强大的望远镜进行天文观察，同时，他也在吉拉德学院的校园建立了地磁观测站，并在站里开展每日的地磁观察，这是洪堡的"磁场十字军计划"的一部分。

贝奇也利用了他的政治关系，从宾夕法尼亚州政府取得了 4000 美元的资助，用来购置温度计、气压计和雨量计，并将它们分发给全州各地的观察员。他们把观察记录发给"俱乐部"成员詹姆斯·埃斯皮，让他成了美国有史以来第一位州级气象学家。贝奇和他的朋友们，与地球及天空的观察者们建立起了越发紧密的国际网络。

政治对手迫使贝奇从吉拉德学院和中央高中隐退。杰克逊对州一级资助教育活动的敌意引起的争吵只让贝奇比以往更加确信，国家需要"公众教育这一巨大体系，它值得自由、开明的人民的赞助和支持"[39]，同时它应与一个资金宽裕的全国性的科学研究计划紧密相连。贝奇返回大学，等待下一次能让他实现建立全国科学网络这一愿景的机会。一旦机会出现，他便将采取行动。

在公众面前解读头颅的秘密

亨利和贝奇看到了阻碍他们达成目标的一大障碍，他们称这个障碍为"江湖骗子的医术"。出版社和学会通过"月球恶作剧"或者梅尔策尔的下国际象棋机器人这类娱乐活动得利，因此它们也为医药专利、永动机、占星气象学，以及从考古学到动物学的不切实际的理论的发表与传播大开方便之门。

亨利和贝奇确信，这伙伪造者、欺诈者和骗子的那些离奇的、未经检测的、时常是在有意挑衅的江湖骗子式的说法，正在将严肃的、真正的科学家们的成果排挤出去。正如亨利在给惠斯通的信中写的那样："在这个国家，我们面对江湖骗子的诈骗毫无抵抗能力。我们的报纸上充斥着对江湖骗子的医术的种种鼓吹，任何人，只要他能在氧气中燃烧磷并向一批少女演示几个实验，就都能被称为科学人。"[40] 回顾他们的欧洲之旅，他告诉贝奇："当我刚刚从欧洲回来的时候，面对我们国家这些江湖骗子的行为，我的感触远远超过以前，甚至也远远超过现在。我经常想到你习惯性地发出的评论：我们必须镇压江湖骗子行为；否则，科学就会被江湖骗子行为镇压。"[41]

然而，他们极为缺乏"镇压江湖骗子行为"需要的工具。亨利认为，"为了确保正确的优先权"[42]，他们需要美国出版业的支持，这样就能第一时间发表新发现的消息，弄清楚谁是第一个发现的人。"缺少一个国际版权"，也同样会损害美国的科学利益。国外出版社可以"不受惩罚地剽窃"[43]美国作者的作品，让美国作者无法"在金钱与名声方面获得适当的补偿"，这就让亨利没有办法"为本人和同事所在的班级撰写原本可以自己拥有版权的教科书"。然而，亨利认为，美国还没有为建立一个类似 BAAS 那样的出版组织而努力。"因为在这个国家混杂着这么一批自称科学人的江湖骗子，我们这样做的结果只会自取其辱。"[44]

更大的麻烦在于，如何区分真正的科学与它所反对的"江湖骗子行为"呢？当时的科学主要是通过通俗作家和演说家在学会演讲厅、图书馆和其他公众大厅的讲演带给公众的，通常需要公众成员支付少许费用。这些方式中有一些确实是亨利和贝奇蔑视的江湖骗子的作为，其他的却被他们的同行承认为"科学发展过程中真正的工作者"所做的贡献。[45] 与贝奇和亨利不同，这些科学家们想要使用高雅的修辞、生动而感人的显示方式，以及道德与政治的诉求来感动听众。他们的观点也有可能煽起公众的争议甚至引发丑闻。

刚好在爱伦·坡到达费城之后不久,1838年12月底,来自爱丁堡的超级科学明星乔治·库姆突然降临费城,要在皮尔的费城博物馆(Philadelphia Museum)向数以百计的付费观众发表演讲。[46]他要讲的是在他的畅销书《人的构造》中系统阐述过的颅相学。他是一位异常自信的长老会成员,是弗朗茨·高尔和约翰·施普尔茨海姆(Johann Spurzheim)的学生,也是在英语世界推广有关头部凹凸知识的重要学者。他认为,通过分析一个人与其他人的性格的不同,再培养积极的情感,这个人可以发展大脑器官,变得更具美德、理性与智慧。他的演讲带来了一个自我改进的信息,让壮志满怀的费城听众听得如痴如醉。

在费城,库姆抱怨美国人用跺脚表示喝彩的习惯[47]:在他头顶的礼堂上,一伙数目远远超过他的听众人数的人群跺着脚,表达他们对非裔美国作曲家弗兰克·约翰逊(Frank Johnson)及其乐队表演的赞赏。另一个让他失望的是,他从纽约寄出的那些头部与颅骨的标本迟迟未到。他只好凑合着使用他的费城同事们的标本,包括颅骨研究者塞缪尔·莫顿借给他的几副颅骨,尼古拉斯·比德尔借给他的一套在弗朗茨·高尔于1802年巡回演讲时购买的颅相学头部。

演讲的时候,库姆一直没有告知听众,在他之后将要发表的有关他的旅途的记录中,他在提及奴隶制的弊端时将会描述些什么[48]。与亨利在伦敦遇到的那些英格兰女士们类似的是,他对许多美国中产阶级白人将"废奴"视为一种危险的极端立场很吃惊。例如,"受人尊敬的"报章责备废奴主义者,认为他们是费城1838年骚乱[49]的罪魁祸首,这次骚乱导致宾夕法尼亚大厅(Pennsylvania Hall)刚刚由反对奴隶制协会(Anti-Slavery Society)开放即被焚毁。大厅开放的头几天,这里举办了詹姆斯·埃斯皮的气象学讲座,尽管此人所在学会的成员们"过分担心地"从不叙述自己有关奴隶制的看法[50]。在威廉·劳埃德·加里森和安吉莉娜·格里姆克(Angelina Grimké)对多达3千名种族混杂的听众发表了演讲之后，一伙暴徒还是在这座庞大的建筑物中放了火。消防队迅速赶来，他们阻止了火势向周围的建筑物蔓延，但当大厅的屋顶垮下来时选择了冷眼旁观。

尽管库姆反对奴隶制，但他受到了医学教授塞缪尔·莫顿的热烈欢迎。在过去的学生——亚拉巴马州的医师约西亚·诺特（Josiah Nott）和自诩"埃及古物学者"的国际盗墓者乔治·格利登（George Gliddon）的协助下，莫顿花费了多年时间，在世界范围内搜集颅骨，从战场上、坟墓中以及殖民过程的俘获中获得样品。他清洗并掏空了这些颅骨，用大号铅弹和种子填充从而测量它们的容积，并总结出一个"颅容量"的等级，他认为这个等级可以代替大脑的大小和智力。[51] 毫不奇怪的是，由于莫顿的先入为主，欧洲人的颅骨等级最高，而非洲人的最低。后来，莫顿令人毛骨悚然且来源值得怀疑的颅骨藏品以及所谓的"人种学科学"，被用作了奴隶制"自然"基础的经验证据。

在许多方面，库姆和莫顿的科学形式都会被抨击为江湖骗子或诈骗行为，因为它们与贝奇和亨利头脑中科学的清醒、自我指导的行为大相径庭。库姆热切地利用其引人入胜的演讲来追求公众名声和金钱。尽管许多人接受颅相学（例如爱伦·坡认为，它已经"呈现了一门科学的威严"），但人们对它有多种不同的解释，不乏反对者的猛烈攻击。弗雷德里克·道格拉斯最终使用了颅相学论证[52]，但还是尽力将科学与莫顿及其合作者们的尝试加以区分，因为后者想要建立的是本质上以种族差别与等级为基础的"人种学科学"。

库姆和莫顿都很乐意就潜在的丑闻话题发表演讲。他们之所以无人不晓，与其说是因为他们确信性格与智力可以从颅骨和武断的种族范畴解读（这些是被那个时代的"平均种族主义"视为理所当然的理念），还不如说是因为他们推崇的是一种与奇迹和神明干预无关的科学。他们都倡导一种有关自然的"均变论"观点，与地质学家查尔斯·莱伊尔（Charles Lyell）一样相信，所有自然现象——从水平面的上升与下降到

第三章 费城

行星的运动（甚至人类性格的基本知识），都是由某种不变的定律控制的。神学教义或许可以帮助解决道德问题，但在处理自然事实时并不是必需的。

莫顿用他的颅相学支持"多源发生说"理论，即人类的不同种族源自不同的物种，是在不同的时刻诞生的。这种观点直接与《圣经》中有关创世的单一行为的叙述（即"一元发生说"）相抵触。笃信《圣经》的研究者会避开莫顿的理论，而德国博物学家弗里德里希·蒂德曼（Friedrich Tiedemann）[53]使用了同样的颅相学方法，论证人类物种的统一性并反对奴隶制。19世纪三四十年代，非裔美国作者罗伯特·本杰明·刘易斯（Robert Benjamin Lewis）、霍西亚·伊斯顿（Hosea Easton）和詹姆斯·W. C. 彭宁顿（James W. C. Pennington）曾以创世的"一元发生说"为基础，对于他们认为的非洲文明做出了历史评价，以此直接挑战"多源发生说"，并谴责了奴隶制的罪行。[54]

尽管他们有神学上不正规表现的迹象，但全世界的研究者们当时都尊重库姆和莫顿，认为他们确实是科学人。莫顿是贝奇的大学同事，也是费城自然科学院（Philadelphia's Academy of Natural Sciences）多年的主席。由于在访问莫顿的"美国各各他山"（American Golgotha）①[55]时感到敬畏，瑞士博物学家路易斯·阿加西斯（Louis Agassiz）赞扬说，在那里的"600个系列头骨中，大部分属于现在或者过去居住在美国的所有部落的印第安人"，即使单为这些头骨，"来一趟美国就不虚此行"。阿加西斯后来也成了"多源发生说"和种族科学的一位热情的倡导者，并将在贝奇和亨利的热烈欢迎下与他们的科学家派系见面。而且，尽管库姆反对奴隶制，他仍然为莫顿对种族分类的综述《美国人的头颅综述》（*Crania Americana*）撰写了一篇附录。在19世纪三四十年代，在合理的科学与政治挑衅、取悦大众的江湖骗子行为之间的界限是很难定义的。

---

① Golgotha 意译为"骷髅地"，原指耶稣基督受难地，这里指莫顿搜集的头骨的所在地。——译者注

客串自然历史学家

爱伦·坡于 1838 年来到费城。比贝奇小 3 岁的他也一直在他的城市精英群体中长大,并且受到了极好的教育。然而,和青年时代的亨利一样,他现在只是一个贫穷的圈外人,试图寻求他人的承认、稳定的生活与工作。他在费城的工作将与贝奇和亨利的工作密切相关。他们三人都努力要将美国的智慧生活置于一个稳定与统一的基础上,让它能与欧洲科学竞争。令人吃惊的是,爱伦·坡在费城出版的第一部作品(也是他一生中卖得最多的作品),竟是一本科学教科书。

当爱伦·坡与弗吉尼亚、玛丽亚·克莱姆来到费城的时候,他们"尤为缺少食物",又得"接连几个星期靠面包和糖浆"勉强生活。[56] 爱伦·坡的朋友詹姆斯·佩德(James Pedder)在一家制糖厂工作并且职位不低,负责精制提纯从加勒比海(Caribbean Sea)奴隶岛(Slave islands)运来的原材料。这时他前来帮了他们一把,他的女儿贝茜(Bessie)和安娜(Anna)也带着礼物来看"茜茜"和"马蒂"。佩德同时也是《农民内阁》(*The Farmers' Cabinet*)的编辑。这本杂志宣传改良土壤和提高产量的技巧,是那种实用的、商业导向的出版物,报告与讨论了许多当代的自然科学。[57] 佩德曾在法国学习甜菜产业,如今正在计划向美国引入甜菜糖。

佩德帮爱伦·坡找到了些零活儿。他在巴尔的摩的老朋友内森·布鲁克斯(Nathan Brooks)和约瑟夫·斯诺德格拉斯(Joseph Snodgrass),偶尔在《美国科学、文学与艺术博物馆》(*The American Museum of Science, Literature, and the Arts*)上发表爱伦·坡的一些作品。爱伦·坡希望找到一份政府工作,他于 1828 年 7 月写信给小说家詹姆斯·柯克·波尔丁,他当时已经是范布伦的海军部长了。爱伦·坡在信中说:"希望得到在你的管辖下最不重要的职员职位——任何工作都行,海上或

第三章 费城

陆地上均可。"[58]然而他没有成功。

到了 1838 年 9 月,爱伦·坡一家搬到了刺槐街(Locust Street)的一所小房子里,房子带有一个花园,则好适合养一只宠物幼鹿——那是一个朋友想要送给弗吉尼亚的礼物:"她真心实意地让我向你表示感谢,但遗憾的是,我不知道该怎样把它运过来。"[59]他只好满足于想象"那头小家伙……已经在窗前咀嚼青草了"的场景。佩德提出送一件更有用的礼物:把他介绍给一名需要作家提供帮助的自然历史学家。

托马斯·怀亚特(Thomas Wyatt)是一名在特拉华州工作的学校教师,已经在哈珀兄弟出版公司出版了一部有关贝类学(给贝壳分类的学问)的大部头教科书。怀亚特的教科书依赖法国生物学家拉马克(Lamarck)和布兰维尔(Blainville)过去的作品,他也接受了费城出版商和博物学家艾萨克·利的帮助。

在 19 世纪 30 年代,地质学是最受追捧的科学分支之一,这是因为煤在工业上的重要性日益增加。[60]地质学与贝壳学有着紧密联系:知道了哪些贝壳和哪些岩石在一起,人们就有可能将地质层如同地球的漫长历史中连续的章节一样排列起来。艾萨克·利[61]对自然科学的激情,来源于他与地质学家拉德纳·瓦尼克桑(Lardner Vanuxem)之间的友谊。他写道:地质学和贝壳学是"姊妹科学",它们揭示了"最重要的物体,是有关我们的宇宙"或者宇宙起源的"最全面的知识"。作为一种更为激进的方式,诗人、博物学家伊拉斯谟斯·达尔文以这样一个短语作为他的家族的象征:"一切源自贝壳(*e conchis omnia*)。"[62]

当利第一次检查一箱来自中国和美国俄亥俄州的贝壳时,他的眼界被造物的神奇打开了:他"过去不知道,是什么生活在上帝的土地上"。[63]利在美国哲学学会发表了《对于 6 种淡水贻贝新物种的描述》(*Description of Six New Species of the Genus Unio*),并与塞缪尔·莫顿一起成为费城自然科学院的指路明灯。这座科学院建于 1812 年,与尊贵的美国哲学学会相比,它虽不那么正式,但它是更为包容的科学协会。[64]

1832年，和许多孜孜不倦地追寻科学题材的同时代美国人一样，利在欧洲做了一次巡回访问。他参加了 BAAS 的第二次会议。正如贝奇和亨利在 4 年后会做的那样，他与法拉第、布鲁斯特和巴贝奇有了交往。《布里奇沃特论文集》作者中的地质学家威廉·巴克兰告诉他，"英格兰的繁荣建立在它的煤矿的基础上"，而且，"当煤矿用尽了的时候，它将回归它过去的野蛮状态"。[65] 当巴克兰嘲笑美国少得可怜的煤储量时，利展示了他的地质地图，证明了"在北美，无烟煤和烟煤的数量几乎是无限的"——这预示了超过英国的财富与文明（当然也有煤烟）的前景。

在巴黎，利得到允许，前往参观传奇博物学家乔治·居维叶（Georges Cuvier）的图书馆。他得到了拉马克的一部分贝壳藏品，并与巴黎植物园（Jardin des Plantes）的解剖学家布兰维尔、杰弗莱·圣希莱尔（Geoffroy Saint-Hilaire）和费卢萨科（Ferrusac）见了面。他们都按照利的体系，重新为博物馆中的珠蚌属贝壳进行了分类。回国后，利出版了一本全彩色大开本的大部头著作——《珠蚌属贝壳观察》（*Observations on the Genus Unio*）。

在利的分类基础上，托马斯·怀亚特构建了自己的贝壳学教科书，把它们与布兰维尔和拉马克的贝壳学融合，对所有已知的贝壳做出了更为详尽的综述。[66] 然而，当怀亚特发表演讲时，他发现，对包括许多妇女和儿童在内的听众来说，他的书太大、太贵了。他需要一本更方便、人们相对买得起的书，但如果他出版一本类似的著作，那就一定会激怒他的出版商——强大的哈珀兄弟出版公司，因为这会降低他们的利润。他需要一个新版本：更短些、更便宜些，而且使用另一个作者的名字。

这时候，刚刚来到这座城市便急于开启工作的爱伦·坡出现了。由于《阿瑟·戈登·皮姆：楠塔基特岛旅行叙事》和他在《南方文学信使》时期写的评论，爱伦·坡在科学出版物方面已经积累了一定名声。他能说流畅的法语，可以阅读居维叶、拉马克、布兰维尔和圣希莱尔的有关著作,它们都可以在刺槐街的图书馆公司(Library Company)找到。那是一个庄严的地方,有一座庞大的雅典娜胸像俯视着下方。

爱伦·坡于1839年出版的《贝壳学家的第一本书》(The Conchologist's First Book)是一部能随身携带、价格便宜的薄薄的书,其中包括几幅对开面的贝壳木刻画。该书的序言和前言借鉴了怀特的书和托马斯·布朗的《贝壳学要素》(Elements of Conchology)。[67]布朗在他的书中公开向法国先行者表示感谢,尽管后来有些人谴责爱伦·坡,说他剽窃了这本书的内容,但一切自然历史的"新"体系都依赖于较早的体系,它们也同样是全世界无数观察者、搜集者和分类学者们(大多数没有留下名字)数目庞大的合作工作的产物。[68]爱伦·坡在前言中感谢了艾萨克·利的"很有价值的公众工作",以及就这本书给予他的"私下帮助"。

爱伦·坡做了些重大改进。生物学家斯蒂芬·杰伊·古尔德(Stephen Jay Gould)确定了这本书"在内容安排方面的改进甚至创新之处"[69]:布朗的书是按照拉马克描述的顺序展开的,从最高级或者最完善的开始,然后逐步介绍到更低级、更原始的贝壳;但爱伦·坡采用的是更为广泛使用的方法,即从"较低级"的贝壳开始向上叙述。

爱伦·坡在该书的副标题"带壳软体动物学体系"(A System of Testaceous Malacology)中宣布了一个意义更为重大的学术进步。"软体动物学"(Malacology,来自希腊语中表示"软"的词)是一门研究柔软小生物的科学,而"Testaceous"的意思是"带壳的"。爱伦·坡写道:过去的贝壳学作品"似乎让每一位科学人都觉得它有根本性的缺点,因为动物和贝壳之间相互依赖的关系,在研究其中每一种时都是一个非常重要的考虑点"。[70]他想不出"任何有效的理由",不该让一本有关贝壳学(使用普通的术语)的书成为一本有关软体动物学的书。这本书并不是去研究死去的生物留下的遗体的学问,而是描述了贝壳和它们里面黏糊糊的居住者,将贝壳学"从人工描述,提升成一门综合生物学"。[71]爱伦·坡的书不仅仅只是更薄些、更便宜些，而且反倒更加完整，甚至具有超越前人的创新。

与怀亚特不同但与艾萨克·利类似的是，爱伦·坡也在书中加入了对自然神学的思考："对一个正直而且头脑有序的思考者来说，造物主的一切工作都在他的认知之内，没有哪一部分不可以成为专注与愉快的研究的对象。"[72]他引用了德国博物学家卡尔·伯格曼（Carl Bergmann）的话，后者写道：贝壳是"创世的勋章"，是上帝的设计的最后记录。

首版很快就售罄了，同年出版的第2版加上了"更近期发现的美国物种"，并指出，这本书已经被几所学校用作教科书。这部书全部3个版本的出售数目超过了爱伦·坡一生出版的其他任何著作。它至少为他带来了50美元，让他的饭桌上有了食物。它也让他搭上了艾萨克·利这个关键人物，费城出版社同意出版爱伦·坡的第一部短篇小说集。[73]就在他试图为他的才学寻找买主时，《贝壳学家的第一本书》的成功，让他有了一些可以夸耀的成果。

除了他的三部诗集，刚满30岁的爱伦·坡当时已是两本非常不同的书的作者：一本是《阿瑟·戈登·皮姆：楠塔基特岛旅行叙事》，一本很好玩、激动人心的神秘小说，其中有大量经验细节和心理透析，但被批判为一次"欺骗公众的尝试"；另一本是《贝壳学家的第一本书》，一本人们广泛阅读的科学教科书，被放入当时出版的最佳研究之列，在一个重要的自然领域内扩展了一个合理的分类。

在费城，公众急切渴盼着有娱乐性的新颖作品，与其相对的是对知识的标准化与对江湖骗子的投机行为的禁止。爱伦·坡刚好位于这两股强有力的潮流的交叉点上，这让他感到如鱼得水。

8
怪诞与奇特的方法

《伯顿绅士杂志》的帮助

1839年5月,爱伦·坡在《伯顿绅士杂志》得到了稳定的工作,这份杂志的创办人威廉·伯顿是一位声音洪亮的英国舞台演员。尽管伯顿曾给过《阿瑟·戈登·皮姆:楠塔基特岛旅行叙事》恶评,但他还是提出以每周10美元的薪水雇用爱伦·坡,并且要求他"除了偶尔的例外,每天只工作两小时(与作者通信、写评论、为文字布局)"。[1]不过对爱伦·坡而言,这表示出的对他的认可度以及给他的自主性,其实少于在《南方文学信使》时期,但弗吉尼亚和马蒂不能再靠糖浆生活了。

爱伦·坡于是开始撰写评论,但他几乎立即就与伯顿发生了冲突,因为后者不准他刊登一篇诋毁一位巴尔的摩诗人的文章。伯顿像长老一样劝爱伦·坡不要"过分严厉",不要自以为是:"尘世的麻烦已经让你的情绪带上了病态的腔调,你有责任压制这种情绪。"[2]

作为伯顿的助手,爱伦·坡开始在特拉华码头周围几个内陆方形街区内巡访,这才让他得以初次接触这座城市的知识界。一天晚上,他去剧本作家理查德·佩恩·史密斯(Richard Penn Smith)家中参加该市的编辑与新闻工作者晚宴。伯顿在午夜隆重入场,身后跟着演员和作家。[3]爱伦·坡在此遇见了将成为他终生朋友（偶尔也是敌人）的两位作家：托马斯·邓恩·英格利希，一位吵吵闹闹的医学院毕业生；亨利·赫斯特（Henry Hirst），一位律师和苦艾酒爱好者。爱伦·坡与发明家詹姆斯·赫伦（James Herron）讨论铁路连线的新计划，与画家约翰·萨廷讨论木刻技巧。在伯顿的杂志社位于码头街（Dock Street）的编辑部办公室里，爱伦·坡每期在各个栏目中撰写的评论多于12篇。他剖析小说、戏剧、回忆录和游记，几乎囊括了一个绅士所应该知道的一切，包括《优良教养准则》（*The Canons of Good Breeding*）或者《时尚达人手册》（*The Handbook of the Man of Fashion*），工作量远远大于原本承诺的每天两小时。然而，一位全面发展的绅士仍然需要更多的内容。

利用在《伯顿绅士杂志》内的地位，爱伦·坡巩固了他享有的对科学敏锐的名声。他评论最新的科学著作[4]：S.奥古斯都·米切尔（S. Augustus Mitchell）的《现代地理学体系》（*System of Modern Geography*）；路易斯-切兰·勒蒙尼耶（Louis-Céran Lemonnier）那收录了大批插图的著作《自然历史概要》（*A Synopsis of Natural History*）[5]，由爱伦·坡在撰写贝类学著作时的老搭档托马斯·怀亚特翻译；亨利·邓肯（Henry Duncan）的《理性的神圣哲学》（*Sacred Philosophy of the Reasons*）[6]，一部用韵文书写的自然神学教科书。

翻开《伯顿绅士杂志》的封面（上面印着戴着眼镜的本杰明·富兰克林）便可以看到，爱伦·坡撰写的以"科学与艺术的一章"（*A Chapter on Science and Art*）[7]为题的系列文章。他从来自美国和英格兰的期刊上阅读的文字为素材，在这个系列中考察了一个时代中的疯狂发现与发明。他讨论了电镀、用硝酸做版画、一个全国"自然科学中心学校"的计划，还探究了一个能把破布转变为书本的新的造纸厂、"有史以来发明的最令人震惊的机器"——从机器的一端丢进一件衬衫，"就可以从另一端看到一本《鲁滨逊漂流记》出现"。

新的发明和发现似乎无穷无尽。爱伦·坡不但把它们作为知识、见解和幽默介绍给读者，还借此将他自己表现为一个多领域的专家，对于大气压、蒸汽机、溜冰鞋和天文墨镜通通可以驾轻就熟。通过他的"科学与艺术的一章"，爱伦·坡跻身于美国第一批科学记者之列。

寻找方法

这类报告似乎可以证明，自然界的一切问题都可以通过科学解决，从最遥远的星辰的运动，到思维的驱动力源泉。启蒙的承诺似乎成了现实，即利用观察、实验和推理，将世界置于定量与分类的统一网格之内。尽管现实的某些领域仍然比较模糊，但它们似乎最终也会被置于科学定律的管辖范畴之内。

科学信念的根源可以追溯至辉煌的历史岁月。17世纪科学的重要发展以伽利略、笛卡儿和牛顿的名字为标志，哺育了18世纪的探索和百科全书；美国和法国的革命，工业的发展和各个领域知识的更新都是科学进步的土壤。正是在爱伦·坡所处的年代，在19世纪前半叶，科学首次得到了认真对待，而且不仅仅受到学术界、绅士学者和发明家的重视，还受到了政治家和一般民众的重视。科学理解本身逐步沉积为一种备受赞誉的、越来越有权威的现实基线。

爱伦·坡是许多尝试理解这一巨大变化，并确定科学思想的性质和影响的思想家中的一员。然而，也正是科学的成功，使这一变化难以定义。通过集中关注研究范围，化学、生物学、物理学和地质学得以飞速发展。每种学科都有了它自己专门的仪器、语言和问题，它们依然为行内人所熟悉，但非此领域的专家及普通民众越来越无法理解。于是一种担忧在加剧，即知识的整体图像已经崩溃为互不兼容的碎片了。

从亚里士多德的时代开始，现在被视为"科学"的很大一部分知识领域便被统称为"自然哲学"。这一术语暗示，对一切物理现象，都有一个根据单一的因果系统而来的统一解释。但在整个18世纪中，人们越来越清楚地意识到了一类问题，例如：为动、植物分类是与计算彗星的轨道、测量蒸汽机的输出功率或者定义地质年代不同的学问。到了19世纪初期，统一的自然哲学破碎了。[8]

在英国科学促进协会1833年的会议上，塞缪尔·泰勒·柯尔律治指出了这个变化。[9] 在聆听了一系列高度专业化的报告之后，柯尔律治插话表示：研究人员的工作如此狭窄、相互无关，这很难让人们再称他们为哲学家。当时主持人威廉·休厄尔回答道：如果"哲学家（philosopher）这个术语的范围太广"，则"与艺术家（artist）类似，我们可以发明科学家（scientist）这个新词"。

这一对话强调了加强科学的定义和研究者的职业认同的需要，尽管有专业化的多样性。在法国，奥古斯特·孔德（Auguste Comte）提出了他的"实证哲学"体系，其中解释了现代科学因为历史发展的定律而出现并崛起，它让人类从宗教走向元物理学和经验科学。[10] 其他人（包括采取相当不同研究方式的柯尔律治和休厄尔）则从伊曼努尔·康德的工作和追随他的理想主义哲学家[11]那里得到了启示。康德曾认为，知识是将感官数据与概念和模式（如均匀的空间与时间）结合而产生的结果，后者是内置的，或者"先验的"思维的装备。康德还说"自然的理念"（即上帝的存在，或者灵魂的永恒生命）是无法通过科学证实或者证否的，因此在科学限度之外。

在19世纪30年代，哲学和科学的发言人寻求确定一种一切真正的科学共有的单一方法。培根的归纳法哲学值得信赖其主张科学定律根据观察结果而来，这一观点在约翰·赫歇尔1830年出版的《自然哲学研究初探》（*Preliminary Discourse on the Study of Natural Philosophy*）得到了更新，这本书探究了观察与理论推测之间的关系。[12] 1840年，休厄尔的《归纳科学的哲学》（*Philosophy of the Inductive Sciences*）认为，每一门科学都是从某种类似于康德的先验范畴的"基本理念"衍生而来的，在它们的指引下，事实得到综合，成为定律。[13] 这些定律因为能预测新的事实（作为例子，休厄尔后来引用了1846年有关海王星的发现，它的位置是天文学家们根据天王星运行路径的反常现象计算得来的）及其"一致性"而得到证实。所谓一致性，就是它们可以应用于几种不同类型的事实，如引力理论可以解释潮汐、物体下落和行星运动。

在美国，培根的归纳法得到了一种"尝试哲学"的加强，它认为，人们通过简单的推理和观察就能获得知识，包括上帝的存在。[14] 包括《布里奇沃特论文集》的作者们在内的自然神学家群体在美国受到了赞扬，因为他们证明了：科学知识尽管屈居于对万能的上帝的崇拜之下，但仍然能与其兼容。他们认为，物质本身是死的、惰性的、被动的，需要一个无所不能的神明来将它们凝聚在一起并赋予其生命。

他们也认为，科学实践体现了新教的美德——对普遍真理的一种纪律严明、谦虚谨慎、自我否定的追寻。在美国，这种整体思想与杰斐逊和富兰克林的启蒙理想（实用性、有效性、节俭）合并时，会变得更有吸引力。这是驱动发展的一种提升，而且它引导着科学，也与克莱的"美国系统"这类为了工业进步的统一计划相吻合。克莱的"美国系统"规划了公路、运河、铁路和通信系统[15]，将正在扩大的国家疆土结合在一起。

技术创新被视为特别具有"共和国性质"的事情，是科学的一种有用的、非精英主义的表达，提升了全体大众的智力与物质条件。威廉·埃勒里·钱宁（William Ellery Channing）于1841年在费城所作的演讲中说："科学已经变成了一个永不停歇的机械师；而通过她的锻铁炉和工厂，她的蒸汽动力车辆和印刷厂家的印刷机，她正在给予千百万人的东西不仅仅是舒适，还有过去仅有极少数人专有的奢侈。"[16] 尽管杰克逊对科学冷眼相待，但约翰·昆西·亚当斯之前统一美国科学技术基础设施（包括天文台或者"天空灯塔"）的就职愿景仍然有着强大的支持者。

亚历山大·达拉斯·贝奇和约瑟夫·亨利新近结识了一位同

盟：本杰明·皮尔斯，一位来自哈佛（Harvard）大学的顽固的数学家、天文学家，曾帮助纳撒尼尔·鲍迪奇翻译拉普拉斯的《天体力学》。当时他们看到，其他国家在科学领域正在大踏步地前进，这一进步的步调是由洪堡、赫歇尔、巴贝奇和阿拉戈这些科学组织者设定的。这些科学家与在柏林、南非、格林尼治和巴黎的天文台密切合作，并与全世界数以百计的观察者保持通信，他们协调了地球上的人们对气象学、物理学、地质学和生物学的研究，逐步将自然的各个领域联系了起来。他们的工作以准确的天文学合作和共享仪器为基础，如洪堡的等温线和植物的生物地理分布、巴贝奇对国际标准化的推动以及在"磁场十字军计划"中对地磁现象的每日与季节变化的研究等。[17]

贝奇、亨利和皮尔斯想让美国科学家们也以平等的身份加入这些世界范围的网络。[18] 为了做到这一点，他们需要坚实可靠的机构来实施科学研究与训练，而且不允许那些骗子参加，而他们痛切地发现——在美国缺少这样的机构。科学正在以前所未见的速度和规模前进，在不断搜集事实，并把它们放置在一个稳定、包罗万象的世界之图上。美国也必须迎头赶上，参加这一运动。

让黑暗可见

1839年，当爱伦·坡和贝奇都在费城时，人们欢庆着照相术的出现，认为这是科学的重大进步。就照相术的第一个广泛接受的形式——银版照相法，贝奇写下了美国最早的报道之一。他的报告于1839年9月发表在费城的《美国公报》（United States Gazette）上，是以这一重大发现的法语宣告为基础改写的。这一发明是巴黎舞台设计工作者路易斯·达盖尔（Louis Daguerre）在尼塞弗尔·尼埃普斯（Nicéphore Niépce）的协助下完成的，能在永久介质中捕捉"由光勾画"的形象。

第三章 费城

银版照相法利用了一种经过改装的照相机暗箱，即一个在一端带有透镜的封闭的盒子。在盒子的另一端，操作者插入一块镀银的铜板，上面涂着碘。在对准某个场景之后，"其他的一切都由光来完成"。当铜板被移出并暴露于汞蒸汽中时，一幅活生生的、精细得令人吃惊的画面便以"最不可思议的美丽"显现了。弗朗索瓦·阿拉戈为它的两位发明人确保了一生的养老金，并预期它会在自然历史、考古学和天文学中得到广泛应用。[19] 贝奇用足够详细的技术细节解释了这一过程，并让读者自己尝试在想象中创造"一幅图画，其中真实地表现光和影子，而且可以在光的作用下不时发生变化"。[20]

在贝奇的鼓励下，费城的几位同事尝试了这一过程。约瑟夫·萨克斯顿（Joseph Saxton）曾在伦敦做过迈克尔·法拉第的助手，现在于富兰克林学院和费城铸币厂（Philadelphia Mint）工作，与他一起工作的还有一位熟练的金属加工师罗伯特·科尼利厄斯（Robert Cornelius），后者能制造镀银的铜板。[21] 萨克斯顿在铸币厂的窗前拍下了美国的第一幅银版照片，照片中显示的是贝奇的机构基地之一的中央高中。

萨克斯顿和科尼利厄斯与大学教授保罗·贝克·戈达德（Paul Beck Goddard）合作，改进了银版照相法中的化学过程，令照相的曝光时间从以分钟计缩短为以秒计，使迅速拍摄人物照成为可能。[22] 通过使用溴化碘作为催化剂，同时利用聚光镜增加光照，科尼利厄斯为自己拍摄了世界上第一张自拍照。

银版照相机是第一种与画家的工作竞争的机器。《纽约人》的编辑刘易斯·盖洛德·克拉克看到了由达盖尔的一位学生带来、在纽约展出的第一幅银版照片。他注意到了塞纳河（the Seine）幽灵般的形象，包括"停尸房码头"（Quay de la Morgue）——洗衣妇女正在那里"晾衣服，几乎可以看到，这些衣服正在微风中飘动"。[23] 这些形象与英国画家约翰·马丁（John Martin）的圣经题材全景图相似，也与约翰·弥尔顿（John Milton）在《失乐园》（*Paradise Lost*）中描写的地狱场景很相似：

"'可见的黑暗',光的洪流,广袤的空间,以及昏暗、模糊状态下的远景。"约翰·赫歇尔还提及了他在巴黎看到的早期银版照片,其中"每个层次的光和影子都带有一种柔和与逼真,这是一切绘画都远远无法比拟的"。[24]然而,当时正在创作一系列寓言画《生命的旅程》(*Voyage of Life*)的托马斯·科尔(Thomas Cole)对此不屑一顾:"如果你相信报纸上说的每一件事(顺便说一句:如果是真的,这将是很大的一个奇迹),你就会受到它们的引导,认为绘画这门可怜的手艺正在遭受这种让自然自行其是的机器的沉重打击。"[25]

有些人认为,照相术似乎是经验与技术的理想交汇点,实现了这个时代对可观察的事实和通过机器实现的双重信念。这是一种自动方法,似乎不需要人类的解释或者主观见解,它可以揭示并且复制世界上一切肉眼看得到的表象。[26]《布莱克伍德杂志》上的一篇文章热情洋溢地说:"望远镜是一个相当不公平的泄密工具;但现在,每件事物和每个人或许在任何地方都可以遇见自己的分身。"[27]

有一张拍摄于费城自然科学院的银版照片,是美国的第一批室内银版照片之一,很可能是戈达德的手笔。照片中出现了3个男人,周围是动物的骨骼和展示柜。其中,头戴大礼帽的人很像是颅骨收藏家塞缪尔·莫顿,戴帽子的青年男子是他的学徒约瑟夫·莱迪(Joseph Leidy),他后来成了一名著名的古生物学家。历史学家们还认为,照片中右边坐着的那位跷着二郎腿、穿着条纹裤子、神色镇静的人就是埃德加·爱伦·坡。

爱伦·坡确实会留络腮胡子,与科学院的成员过从甚密,与莫顿也相交甚笃,关系好到可以在后来的一篇小说中奚落他。不过,无论照片中的那人是不是爱伦·坡,或者更可能是某位打扮得整整齐齐的热爱科学的人士,他都无疑处于美国的"银版照相热"的中心。[28]

1840年1月,爱伦·坡写下了美国最早的对照相术表达赞赏的文章之一。在他的笔下,银版照相术是"现代科学最重要,或许也是最不寻常的胜利"。[29] 但他的描述超越了认为照相术是捕捉自然的经验表面的忠实工具的评价,而是更加强调其庄严的、异乎寻常的效果。

爱伦·坡认为,银版照相术这种微微闪光、活灵活现的怪诞品质,说明了有关"真实"的一种更为深刻的结构:

> 事实上,与任何手工绘画相比,达盖尔类型的铜版表现形式的精确度强了无限(这个词语的使用是经过深思熟虑的)倍。如果我们利用一台高倍显微镜检查一件普通的艺术作品,它与自然相似的一切痕迹都将荡然无存。但对照相画面的最精细的检查只会揭示更绝对的真实,即照相画面是一个对于它所代表事物的完美等同物。照相画面中,阴影的变化、线条的粗细与空间远景的渐变都反映了真实情况本身,达到了至高无上的完美境界。

银版照相术拍摄的图像说明,它的感知水平在人的眼睛通常能看到的极限之下。使用显微镜检查这样的图像,则会暴露一个更接近真实的隐藏层次。一块放大倍数更高的透镜或许能揭示另一个层次,或许我们可以一直这样做下去:帘子卷起来,后面是另一层帘子……奥秘无穷。

爱伦·坡也揭示了银版照相术暗含的哲理:利用光的行为,产生相对于人类艺术更加"无限准确"的图像,这一点毫不逊色于"神迹"——"在这个例子中,视觉本身的源泉在于其设计者。"他以一个预言作为结束:这一技术带来的后果将超过"最具想象力的人的最狂野的预期",这种光学装置的效果"还远远没有呈现在我们眼前"。好像要证实爱伦·坡的预言一样,就在那一年,从弗吉尼亚大学转到纽约大学的约翰·W.德雷珀[30],就在纽约与塞缪尔·莫尔斯一起做了照相实验,他们为月球拍摄了一张银版照片,以惊人的鲜明对比揭开了月球上的阴影和陨石坑的神秘面纱。

爱伦·坡的文字转变了银版照相术在大众心中的地位,将它从一种科学家们热烈接受并用以捕捉世界的凝固与可视表面的技术,变为一条魔法走廊,它打开了通往一系列无法想象的(而且在当时无法看到的)充满进一步可能性的大门。这种固定视界的机器证明了可见的真实只不过是第一层幕布,是在走向"更绝对的真理"的道路上的一个驻足点。在爱伦·坡的笔下,机械与物质手段开始解锁神秘。

一台活着的神秘机器

当肖像画室仅在费城和纽约开张,而流动的"银版照相师"却可以给人提供更便宜的替代品时,照相术很快就变成了很受大众欢迎的艺术。[31] 于是,像许多技术和科学创新一样,它在公众生活用途、商业目的和可控的科学目标之间不断移动。类似地,尽管爱伦·坡在大众出版社撰写文章,但他也从内部了解了科学改革者的计划。凭借作为陆军军士长的经验、在西点军校所受的训练,以及不间断的科学阅读,爱伦·坡在普通大众眼中成了一个地位较高的公众人物——可以第一时间宣告、倡导大众接纳科学家们的方法。

他的声音甚至帮助了贝奇和亨利"镇压江湖骗子行为"的事业。《亚历山大信使周报》是一家家庭报纸,爱伦·坡在那里开辟了第二职业,揭穿了当地一个"天气预报者、星辰解读者与命运预测者"的真面目。以一道厉声怒喝般的《江湖骗子!》(*A Charlatan!*)为标题,他严厉地抨击了这位"预言家"的书,说它是"一份垃圾小册子"[32]和一次"对公众明目张胆的欺骗"(这也正是伯顿用来批判《阿瑟·戈登·皮姆:楠塔基特岛旅行叙事》的同一短语,爱伦·坡曾对此十分不爽)。

为了对大众科学进一步做出贡献,爱伦·坡在《亚历山大信使周报》上创办了一个通俗专栏,叫作"分析能力训练"。[33]这并不是他的即兴创作,而是为了声称,"在某种程度上,这是一种严格的猜谜方法"。

第三章 费城

他提议,"我们或许(甚至可以说绝对)可以给出一套规则,通过它们,几乎可以猜出世界上任何(优秀的)谜语"——暗指法国埃及学家商博良(Champollion)近来对罗塞塔石碑(Rosetta stone)的破解。

爱伦·坡由此将轻松的消遣与那个时代最重要的理念之———方法结合起来,将破解密码上升至有关"科学威严"的高度。下个月,一位读者说他是在虚张声势,并给他寄来了一段密码[34]:

850;? 9
O 9?　9 2ad;as 385 n8338d— ? † sod—3 — 86a5:— 8x 8537
95:37od:o— h— 8shn 3a sqd? 8d— ? † — og37 — 8x8539 95:
Sod—3 o— 9 ? o— 1708xah— 950? 9n［…］? † 27an8 o5:otg38—
9 2038 ? 95

爱伦·坡声称他是在那天上午报纸版面付印之后才收到的信息,这一挑战对他"毫无难度":

谜语
我是一个由10个字母组成的单词。我的第1、第2、第7和第3个字母组成的单词对农民很有用;我的第6、第7和第1个字母组成的单词代表一种有害的动物……我的整体可以用来形容一个聪明人。

这一谜语的终极谜底是"节制"(temperance),次级谜底是"团队"(team)和"老鼠"(rat)。

其他读者也开始参与这种游戏。爱伦·坡接二连三地解出了他们的象形文字谜语,一周又一周地把他们的问题的答案公之于众(标题为:"我们的谜语又来了""又是谜语!")。爱伦·坡如今的定位不再是"犀利的骗子揭发者",而是"聪明的大众娱乐者",与过去梅尔策尔用他的下国际象棋机器人所收获的结果非常相似——积累了一批热情的读者，只不过他用的不是神奇的机器，而是一种解码的"严格方法"和"普遍准则"。一些读者指责爱伦·坡在"插科打诨，或者更委婉地说，是在糊弄人"，因为"那些谜语都是我们自己写的，谜底也是我们自己精心设计的"。[35] 但爱伦·坡坚持认为，密码学与伪造品或者魔术都没有关系，破解密码"涉及分析的普遍准则"。[36] 有些读者觉得这种表演不可思议，其他人则认为这是对大众的欺骗，这种"争论随着奇迹的增加而愈演愈烈"。[37]

爱伦·坡也看到了他那个时代的许多骗子，以及那些作为骗子的秘密伙伴、试图推动科学以简单但不可靠的形式发展的"科学人"。他们正在共同编织娱乐与科学、怀疑与确信的现代网络。那些成功地揭露了那些江湖骗子的伎俩的人，才是真正推动科学向前发展的人；那些最擅长欺诈的人，正是那些最了解欺诈的运作方法的人；在报章上和演讲厅里有关科学断言的争议，是围绕着"应该以哪些方法与标准为根据，去相信谁和哪些东西"而展开的对话。

这是一个神奇的新时代。"事实很明显：科学日复一日开发出来的简单的真理，要比最疯狂的梦境更为奇怪。"[38] 爱伦·坡这样写道。"方法"是为了得到确定性而提供的一种普遍工具，但爱伦·坡看到的是，人们很容易过分地使用某种普遍工具，甚至不恰当地应用它，或者更多地将之神秘化而不是简单化。爱伦·坡在为《伯顿绅士杂志》写的一篇题为《商人彼得·彭杜拉姆》（*Peter Pendulum，The Business Man*）[39] 的小说中试图调整大众对方法的痴迷。这篇小说以一张名片开始：

我是一个商人。我是一个有条理的人。方法确实很重要。但我从心底里最鄙视的人，无过于那些怪异的傻瓜，他们在不理解方法的情况下侈谈方法；他们严格地执行方法的表面形式，却背离了它的精神实质。这些家伙们总是以他们称之为最有序的方式，做那些最离谱之事。

第三章 费城

与他鄙视的人不同，这位富兰克林的门徒将方法应用于普通的事情上。在他的"准确与准时的一般习惯上"，他的一切行为都"如同钟表一样准时"。无论是打架斗殴，还是养猫出售给公众捕猫人，他在轻率的快速致富计划中表现了"对系统和规则的积极态度"。爱伦·坡后来在一部有关"行骗"、小骗局和欺诈方法的讽刺手册中写道："行骗被认定为精确科学之一。"[40] 科学方法本身并不能保证善良和真理，就连获益也无法保证。

爱伦·坡也利用讽刺作品来指出方法、机器与美国扩张的野蛮之间的关系。第二次塞米诺尔战争（The Second Seminole War）从1835年起就一直在持续，其中部署的美国陆军，强迫佛罗里达的部落离开他们的土地，为白人殖民者腾出空间。在温菲尔德·斯科特将军和扎卡里·泰勒（Zachary Taylor）总统等人的领导下，开展了一系列漫长、血腥但没有确定结果的对抗。1839年8月，爱伦·坡发表的小说《被用光的人》(*The Man That Was Used Up*)，刻画了主人公约翰·A. B. C. 史密斯准将（Brigadier General John A. B. C. Smith）的人物肖像。他在与博格步和基卡普部落（the "Bugaboo and Kickapoo" tribes）[41] 的战斗中成名。这位准将因他圆润的嗓音和对美国"机械发明的迅速前进"的热情而闻名一时。"我们是神奇的人民，生活在一个神奇的时代，"这位内战前就热衷于技术的家伙宣称，"到处都是降落伞和铁路、诱捕陷阱和弹簧枪！我们的蒸汽船在每一片海洋上航行。"他看到了"最神奇""最有独创性""最有用，真正最有用的机械发明"如同雨后春笋般蓬勃生长。

一位在他的房间等着采访他的记者不小心踢到了一个包袱，包袱里立马传出微弱的人声，似在讨要腿、胳膊、假发和牙齿。仆人庞培（Pompey）进来把这些部件组装成一个锡人，并把一个"看上去多少有些古怪的机器"塞进了这个锡人的嘴里。随即，记者听到这个锡人以史密斯"那富有旋律和力量"的嗓音吼叫了起来。

约翰·A. B. C. 史密斯准将在与博格步部落作战时被剥了头皮、肢

153

解并刺瞎了眼睛,博格步部落代表的是一种夸大的恐惧。现成的零件把他做成了一个新的人,像三角形一样规整。爱伦·坡的小说表现了这个"被自我造就的人",这个自由公民和杰克逊式民主的英勇的边陲斗士,本身却是通过宣传、演戏的才能和奴隶劳动来支撑着的一个脆弱的奇妙装置,这是机械化文明进程中残酷的一面。[42]

爱伦·坡那时已理解了大众被新发现和新发明激起的兴奋,科学进步给社会和自然界带来的秩序,以及它与普遍的真实结合,并开始形成驱逐反常、超自然与神话的越来越强的力量。然而在费城,他正在进行用科学的手段来剖析自己的方法实验:用理性拷问理性,并考察它隐藏的阴影。除了他为伯顿所做的工作和在《亚历山大信使周报》的工作,他还在准备一个短篇小说集——在他的《弗里欧俱乐部故事集》的基础上加入新的、令人瞠目结舌的小说,组成一本新的小说集。

爱伦·坡计划中的小说集的标题是《怪诞故事与阿拉伯式故事》(*Tales of the Grotesque and Arabesque*),指的是两种偏离了常识性真实的故事。"怪诞故事"通过夸张的文学和社会的习俗达到喜剧的效果。"怪诞"这个词最初指的是文艺复兴时期洞穴画石壁上脱落的扭曲的面孔。[43] "阿拉伯式故事"打开了一个与现实世界平行的梦幻王国大门,人们在其中可以感知与驾驭超自然力。[44] 浪漫批评家弗里德里希·施莱格尔曾将"阿拉伯式"文学描述为在多样化的风格和形式之间无法预测地变换的作品。这个词也指东方文学塑造的意象:《一千零一夜》(*The Arabian Nights*)的神奇,伊斯兰手稿和波斯地毯华丽的同心框架,令人陶醉的香水药剂,重复的音乐韵律和一个从东方飘来的华丽的、模糊的想象。

一名评论家后来赞扬爱伦·坡的这部小说集,称其为"出现在魔灯中的一系列色彩丰富的关于发明创造的图画"。[45] 这一形容十分恰当:爱伦·坡的文学机器投射着真实的图像,它们被放大、夸张、扭曲,却能揭示真实。这些是检测它的力量的想象力丰富的作品。但在相隔如此之大的不同层次上的变换也要求他理解多种方法：文学的、技术的、理性的和想象的。它们是在"真实中工作的科学人"用来给大众编织稳定的真实基线的工具。

激情四射的实证主义

19世纪初期，最著名的科学形象的建立，依赖于观察、分析和分类，以及对自然机器中各个相互关联部分的剖析与重组。然而，这一安全与清醒的理性图像的镜像，是一对危险的、有独创性的疯狂猜测的孪生姊妹。在这些年间，一股哲学的逆流在科学中发挥着作用，它专注于有机的整体、美学的反映和想象，爱伦·坡异乎寻常地乐于接受这门学问。

Naturphilosophie（德语，意为"自然哲学"）以哲学家弗里德里希·谢林为先驱，他是哲学家G. W. F. 黑格尔（G. W. F. Hegel）和浪漫诗人诺瓦利斯（Novalis）在大学时的室友。这一学派激烈地反对牛顿和启蒙运动关于"宇宙是稳定的、机械的"之观点。它假定人的思想和自然界来自同一个潜在的原则或者力，即"世界的灵魂"或者"绝对性"。这个创造性的力通过分裂和让自己产生差异而发展，始于物质与意识的分离，以此形成宇宙中的一切实体。谢林认为，自然哲学的任务是利用观察、实验和推理，在自我意识中重新发现思维与世界最初的统一。[46]

谢林提出了一个研究计划，研究可见力之间的关系，以便揭示将它们全部统一在一起的原理。然而单靠观察和数学分析并不足以解锁自然的奥秘，还需要一些指导思想，比如体现在活体生物、无法以实物衡量的流体（光、热、电、磁）中的原型模式。象征性、诗歌和自然的"象形文字"可能会为世界的形成过程提供进一步的深刻见解。

自然哲学曾经被称为"浪漫科学"。在爱伦·坡刚开始职业生涯的那几年，浪漫诗歌一直在强调一个处于发展状态的世界。正如华兹华斯所说的那样，灵魂受到影响，与"某种即将到来的永恒事物"[47]相互调合。谢林的工作把诗人歌德、席勒和诺瓦利斯的猜测与渴望带进了经验科学和理性科学的领域中。自然哲学向自然的实证研究注入了蓬勃的美学生命力。它让研究人员的感觉、情感、肉体和灵魂[48]卷入了一场力量交替、逆转与转变的旋风之中。

我们完全可以认为，谢林的著作根本不属于自然哲学的范畴，毕竟它们一点儿都不神秘。不过，经常带有神秘面纱的自然哲学也哺育了严格的研究。[49]1820年，丹麦物理学家兼诗人汉斯·克里斯蒂安·奥斯特（Hans Christian Ørsted）发现可以把电转变为磁。法国人安德烈－玛丽·安培（André-Marie Ampère）证明，这种转变也可以沿着另一个方向进行，并得到了电磁相互作用的定律。后来，迈克尔·法拉第和在美国的约瑟夫·亨利继续进行这方面的研究。比较解剖学家洛伦兹·奥肯、杰弗里·圣－希莱尔（Geoffroy Saint-Hilaire）和理查德·欧文（Richard Owen）猜想，在各种可见物种的背后存在着一种单一的理想动物形式。尽管许多人认为亚历山大·冯·洪堡是实证主义和事实搜集的伟大倡导者，但他也受到了谢林的信念的启示，即认为宇宙是自然的多样化形式的统一，它将通过艺术和科学再次实现。

大多数美国科学人漠视了自然哲学模糊的推测，认为它们与实际应用的关系很小。但爱默生和那些先验论者通过卡莱尔、柯尔律治、杰曼·德·斯达尔（Germaine de Staël）、维克多·库赞和化学家兼诗人汉弗里·戴维的翻译和总结知道了谢林的工作。[50]爱伦·坡也熟悉浪漫科学和浪漫哲学的断言和野心，并在各种地方提及康德、"狂放的费希特泛神论"，"尤其是谢林主张的同一性学说"。[51]

在《伯顿绅士杂志》工作期间，爱伦·坡也考虑了汉弗里·戴维所做的观察：如果像古希腊卫城（Acropolis）这样的古代建筑让我们惊叹过去的那些"艺术家的天才"[52]，我们就应该更加赞美"那些标志着地球上革命的自然界的宏伟纪念碑"[53]。这是在暗指居维叶的地质理论，

第三章 费城

它用洪水、地震、气候变化这些"颠覆性的"自然灾害解释了物种的灭绝。[54]

爱伦·坡呼吁人们注意，上帝的崇高之处并不仅仅在于他是一位造物主，同时也因为他是一位毁灭者。地球有着一个"大陆崩溃为岛屿，一片土地诞生，另一片土地被毁灭"[55]的历史，而我们"眼看着在过往的历史中留存下来的坟墓中间，新的世代在崛起，秩序与和谐在建立；我们先辈的那些坟墓，似乎就是埋葬着昔日生机勃勃的世界的大理石或者岩石"。爱伦·坡认为，大地上的峭壁和山谷证明了造物者的狂暴，造物主会受到暴乱的情绪波动的影响；地球本身既是"造物主创造的生命与美好的系统，也是造物主造就的混乱与死亡的系统"。

与自然哲学的支持者一样，爱伦·坡看到的是一个由两极分化的力量赋予了崇高生命力的自然：吸引与排斥、正能量与负能量、光与暗，全部在有序与混乱之间持续运动。正如观察、计算和推理一样，诗歌和直觉都可以是破解其设计的方法。

阿拉伯式操作——《丽姬娅》和《厄舍》

耐心的实验和与上述可怕的、两极分化的力量的结合，体现在爱伦·坡的《怪诞故事与阿拉伯式故事》中，该书分为两卷，于1840年由利与布兰查特出版社（Lea & Blanchard）出版。评论家们发现，这部短篇小说集"是一个不同寻常的强大智者的思维的有趣流露"[56]，具有"生动的描写，丰富的想象和众多发明"[57]，这些故事捕捉到了"人类受到轮番影响的光明与黑暗、美德与罪恶"。一位伦敦批评家曾抱怨，在庞大的画面上展开的《阿瑟·戈登·皮姆：楠塔基特岛旅行叙事》"到处耗费着过多的笔墨"。[58]与此相反的是，在他最值得让人记住的这些短篇小说中，爱伦·坡使读者对一种单一效果的兴趣持续上升，这得益于他将强有力的诗歌象征手法应用于虚拟作品中。这是一些像避雷针那样带着电的故事。

在《丽姬娅》(*Ligeia*)中,爱伦·坡想象了一个美丽、任性而且极为博学的女子,她的研究领域围绕着"身份认定"这个永不过时的概念。丽姬娅身材修长,生着黑色的卷发和黑色的眼睛,这说明她可能带有东方血统,或者可能是有着非洲血统的"克里奥尔人"[59],就如同迪斯累里笔下的犹太人女主人公一样;但她的丈夫——小说的叙事者竟无法想起他是在何时何地遇到她的。

故事中,丽姬娅因病去世了。在一种如同噩梦般的头脑混乱的状态下,她的丈夫再婚了。他的新妻子罗伊娜(Rowena)面容白皙,拥有金色头发,表面看上去与丽姬娅完全相反。他买了一座偏远的豪宅,装修风格很怪异:在八角塔楼的房间里悬挂着摩尔式的窗帘,天花板上吊着一个五边形的香炉。这一阿拉伯式空间[60]在清醒与梦境、物质与精神、生命与死亡之间摇晃、动荡。当叙事者放任自己吸食鸦片并沉浸于对丽姬娅的回忆中时,罗伊娜也慢慢地病死了,人们为她准备好了坟墓。在丈夫整晚的守夜过程中,当奇怪的风、光和声音充斥着房间时,她的那具躺在一张乌木床上的尸体时不时地在"可怕的复活剧"[61]中复活。她的丈夫此刻已处于一种"无以言表的疯狂"状态中,他看着她站起来走近他,但她的身材比生前要高些,生着黑色的头发和眼睛,脸上带有让人难以忘怀的可怖表情;那是他早早离去的爱人——"丽姬娅女士"又一次站在他面前。

在丽姬娅、罗伊娜和那些让这两个女子融合与分离的奇异的装备和仪式中,爱伦·坡把浪漫科学中极端和神秘的统一进行了人格化。像奥斯特、戴维、法拉第和安培一样,也像他们在虚构作品中的对应人物维克多·弗兰肯斯坦(Victor Frankenstein),以及奥诺雷·德·巴尔扎克(Honoré de Balzac)的《绝对之探求》(*Quest of the Absolute*)中的炼金术士巴尔萨扎·克拉斯(Balthazar Claës)一样,爱伦·坡小心地安排着素材,开启了这一转变过程,实现了在物质世界中的精神转换。当笔锋转到魔法和仪式时，这一操作呼应并放大了当代科学的转变，就像从电到磁，从外部蒸汽到内部做功，从不同的元素到难以确认的化合物（其中明显的对抗让位于潜在的认同）。

许多人认为，《厄舍古屋的倒塌》是爱伦·坡最伟大的小说，也是他的代表作，一切铺垫都走向了最后一场惊人的崩溃。爱伦·坡将我们带进了那个黑暗、遥远的区域，厄舍的豪宅就在那里。叙事者骑着马接近了这座豪宅，一道裂缝现在这座古老大厦的墙上，也倒映在一座小湖上。叙事者感受到了一种阴郁不祥的氛围，不禁惊叹道："当我默默地注视着厄舍古屋时，是什么让我感到神不守舍？"[62] 就在他考虑这个问题时，他的头脑中充满了"模糊的幻想"。他遥望着湖泊，这让他的恐惧"急速增加"。他被一种奇怪而强烈的气氛压倒了。

在整个豪宅及其周围涌动、弥漫着的，是一种对他们以及紧靠他们的地点来说非常奇特的气氛，与天空中的空气毫无一致之处，但它从腐朽的树上、灰色的墙上、静静的小湖中升腾而起，像是一片令人无法适应的蒸汽或者别的什么气体，它呈铅灰色，沉闷、迟缓、依稀可辨。

如同能传染疾病的瘴气，这种令人恐惧与烦恼的有害气体也压在如今住在这里、叙事者童年时代的朋友罗德里克·厄舍（Roderick Usher）身上。

厄舍因为神经错乱而变得十分可怕，带有"无可救药的鸦片吸食者"才可以感受到的那种烟瘾。他的孪生姊妹玛德琳（Madeline）之前也生了病，越来越虚弱，直至死亡，最终被埋葬在家族墓地的金属门后面。

在一次狂暴的雷雨中，罗德里克疯狂地阅读着一份骑士的传说，以此来愉悦他的朋友。随着一声震耳欲聋的撞击声，家族墓地的门被撞开了，摇摇晃晃的罗德里克喊道："疯子！我告诉你，她现在就在那里，门也没有了！"

玛德琳出现在入口处,身上缠绕着血淋淋的床单。她要么是被活埋的,要么是因为雷雨和房子周围那些有知觉的瘴气的共同作用而复活了。

厄舍兄妹拥抱着摔倒在地。叙事者赶忙跳上马逃跑了,在他身后闪耀着"疯狂的光亮"。他看到代表月亮的红色光球冉冉升起,透过一条锯齿形的缝隙闪耀着光芒,那道缝隙在房子的中央越来越宽。房子最终分为两半,沉入湖中它自己的倒影中。

那座房子也反映在罗德里克唱的歌中——"鬼魂萦回的宫殿"。这是他自己和厄舍家族姓系解体的寓言。《厄舍古屋的倒塌》中各处素材都有其暗喻,如倒映在湖中的房子、突然大喊大叫的兄妹等。这篇小说的结构是交错的。开始时描写的要素在结尾时得到了呼应,加速向前发展,远离了故事的中心事件:玛德琳的死亡、埋葬和复活。厄舍的姐妹玛德琳是一条"女性形成的故事线":她在印刷时有了生命,因为狂热的阅读而被重新注入了生命,而当书页合上时再次消失。

从叙事者对豪宅上每一块砖的沉思,到故事在高潮之处随着房子一起崩塌,《厄舍古屋的倒塌》是一则人物具有强烈自我意识的寓言:一次对构成和分解的冥想。[63]它的"完全无可索解的神秘"就在于,它的诞生就是为了呈现最后的分解。

爱伦·坡用它来检测新的文学公式。《厄舍古屋的倒塌》重新结合了来自哥特故事和神奇故事的元素(这与他早期写的《门则根斯坦》非常相似)、来自《启示录》的预示灾祸的语言,以及来自炼金术的意象:人们认为,在结尾时升起的红色月亮指的是"红色国王",它标志着炼金术士们"伟大工作"的成就[64],有些人则把它解释为从肉体的监牢里获得了神秘的解放的灵魂。在这种令人兴奋的"混合物"中,他另外加上了瘴气、大气和实验科学的能量。哥特式庄园的"祖先组合"[65]现在用一个"伏打电堆"(即电池)再次充电。这座房子的周围,曾经满是生机,但现在毒气弥漫,而它在此刻苏醒。这个故事自带强大的艺术魅力,书中不乏绘画、建筑学、音乐和诗歌等领域的知识。这让后人利用多种媒体技术对其进行改编[66]成为可能，也体现了作品强大的生命力。《厄舍古屋的倒塌》激发了克劳德·德彪西（Claude Debussy）和让·爱泼斯坦（Jean Epstein）在音乐创作上、阿尔弗雷德·希区柯克（Alfred Hitchcock）和菲利普·格拉斯（Philip Glass）在电影创作上的灵感。

爱伦·坡也把自己在写作技巧上获得的经验融入用他自己的方法写出的一篇讽刺文章中。在《如何写一篇布莱克伍德式的文章》（How to Write a Blackwood Article）[67]中，他以女作家普绪喀·泽诺比娅夫人（Signora Psyche Zenobia）那充满抱负的口吻，向《布莱克伍德杂志》的传奇编辑请教应该如何撰写一篇类似他的那种活泼、博学的小说。问及的这些小说充满了轰动效果，主人公经常与死亡擦肩而过。它们为《布莱克伍德杂志》赢得了名声，也启发了爱伦·坡，使他写下了情节紧张、激烈的第一人称小说。布莱克伍德先生的方法是按数字顺序描绘的。他告诉爱伦·坡，首先，"让你自己陷入过去从未有人陷入过的困境"：比如从气球上掉了下去，或者掉进了火山口，或者在烟囱里被卡住了；其次，选择一种语气：比如说教的、热情的、自然的、简明的、高尚的、元物理学的，或者超然的；最后，让它充满"博学的气氛"：不时抛出几个来自拉丁语、古希腊语或者德语名著的比喻。

普绪喀·泽诺比娅夫人依照以上公式，写了她攀登钟楼而且（实实在在地）昏了头的经历。结果完全是另一个故事，《时间的镰刀》（The Scythe of Time）——一部哥特式的闹剧，奚落爱伦·坡典型小说中的内容和题材，将阿拉伯式小说推进了怪诞小说的范畴，批评爱伦·坡把方法和按照公式进行的工作推离了正轨，变成了愚蠢的行为。

在人群中消失

在《伯顿绅士杂志》工作了一年多之后，爱伦·坡终于开启了另一个"连载故事"。这是一部以18世纪为背景的小说,其中有许多对美国西部壮丽景色的描写。他把《朱利叶斯·罗德曼的日记》(*The Journal of Julius Rodman*)表现为"第一个横跨密西西比河(Mississippi River)的白人"[68]的日记。和在《阿瑟·戈登·皮姆:楠塔基特岛旅行叙事》中一样,爱伦·坡再次利用了探险带来的兴奋感。他从刘易斯和克拉克的航行(由尼古拉斯·比德尔书写)和华盛顿·欧文的《阿斯托里亚,或者,落基山脉外的企业逸事》(*Astoria*;*or*,*Anecdotes of an Enterprise Beyond the Rocky Mountains*)中得到了灵感,后者是一本由皮毛商人、房地产投机家和鸦片走私商约翰·雅各布·阿斯特(John Jacob Astor)委托撰写的传记。[69]爱伦·坡的头几章就是写对罗德曼及其一队"游客、旅行者"的足迹的追踪。他们沿着密苏里河(Missouri River)溯流而上,走向落基山脉,走进了令人震撼的美景和致命的困境。[70]

罗德曼的"帝国建造计划"在1840年6月第6次亮相后却戛然而止。因为伯顿决定用他的钱投资建造一个剧场,这样身为舞台演员的他就可以在剧场里出演明星角色了。他谨慎地做了一则广告,鼓吹他多年提供的"对于出版方式的最佳投资"[71],表示它"对有文学气质的绅士们有特别的好处"。

在没有预先告知他的任何读者或者雇员的情况下,伯顿就开始为他的杂志社寻找买主了。

在意识到自己的工作随时可能有所变动后,爱伦·坡也相应地采取了决定性的行动。他制订了自己开办文学杂志的计划:这将是一家与《伯顿绅士杂志》非常相像的高端出版物,但其运作完全由爱伦·坡本人掌控。他印制了杂志简章,并在当地报纸上征求订户。

伯顿大发雷霆——这样一份竞争杂志会让《伯顿绅士杂志》身价大跌。于是他解雇了爱伦·坡,并要求他归还预付的工资。如同彼得·彭杜拉姆一样,爱伦·坡冷静地做出了愤慨的回答:他详细地列举了他为杂志做的工作,那些他未得到报酬的写作,以及伯顿的不义之举,包括

"一言不发地"出售杂志社。[72] 爱伦·坡傲然离开,"砰"的一声摔门而去。

那年夏季,失业了的爱伦·坡写了《人群中的人》(*The Man of the Crowd*),讲述这座城市中一种噩梦般的景象。故事的叙述者一直在观察从他的咖啡厅窗前经过的人群,根据他们的衣着、表情和动作习惯为每个人分类,从体面的公司的上层职员和端庄的年轻姑娘,到衣衫褴褛的工匠和疲惫不堪的工人:城里的妇女、运煤工人、清洁工、手风琴演奏者、耍猴的和沿街卖唱的人。[73] 爱伦·坡像在他的贝壳学中对待贝壳和软体动物那样,对所有人进行分类与描述。只有一个人无法被收入爱伦·坡的分类系统:一个老年男子,他的脸上带着一种绝望的、"气质绝对独特的"深受困扰的表情。

叙述者于是冲动地从他的临时观测站里跳了出来,跟在老人后面,走过城市黑暗的迷宫,经过酒馆和罪恶的巢穴。黎明时刻,他与他追踪的对象面对面站立,后者的目光透过了他的身体,没有看他。"'这个老人,'我最后说,'是深层次犯罪的天才。他不肯让自己独自一人。他是人群中的人。'"

这个异常的标本既是普通的"典型",也是独一无二的"天才",超越了社会分类。绝对孤独但同时也被人四面环绕,他有一颗"不让他人解读"的心。[74]

这时的爱伦·坡 31 岁,他已经成为一个工作极为努力的编辑、思想深刻的批评家、非同寻常的诗人和小说家,以及一名博闻强识的科学作家。现在,在这个充斥着交易、发明、宣传和向西扩张计划的城市中,他没有固定的工作,只能随波逐流。他确信,这个国家需要他的服务(他独具特色的声音和独一无二的批评家的眼睛)来发展真正的文学,镇压那些冒充者。如果没有哪家杂志肯雇用他,他只好创办自己的杂志。

9
高处不胜寒

文学帝国的普遍兴趣

在与《伯顿绅士杂志》断绝关系后,爱伦·坡便开始构思他自己理想的出版物风格。经过深思熟虑,他得出的计划是创立一个与费城当前的启蒙理想一致的杂志,它要传递理性、普遍性和不牵涉个人思想的理念,同时要与塑造新的民族文化的驱动力一致。他将在美国文学战线上做出与贝奇和亨利希望为美国科学所做的同样的事情:运用严格的标准,加强活跃在不同地区的文学家之间的纽带,并且努力专注于创作与欧洲作品同样优秀的作品。

爱伦·坡决定将他计划中的杂志命名为《宾夕法尼亚》(*The Penn*),用来向宾夕法尼亚州宽容的创建者致敬。他给杂志写了一页简章——一份文学独立的宣言。[1]

《宾夕法尼亚》将坚持并保卫"一个绝对独立的批评界"的"权利"。它将终结对英国模式和当地偏见的盲目服从。它将不受鼓吹系统操作的影响,永远不向"作家的虚荣与过时的偏见"或者"杂志中错综复杂而又匿名的伪善言辞"让步。它将打击"那些有组织的文学派系的傲慢,这些派系在一些主流书商的支持下,如同制造噩梦一般炮制着对美国文学界和制造业的一揽子伪舆论宣传"。这份以费城为基地的杂志承诺,它的"机械执行力"将超越纽约的《纽约人》和波士顿的《北美评论》。

爱伦·坡认为,《宾夕法尼亚》应该成为一个无所畏惧的独立讲坛,支持统一的、真正的美国文学,为这一文学帝国不偏重于任何特定区域的普遍兴趣而"服务","将整个世界视为自己真正的读者群",从而登上全球的舞台。

爱伦·坡随后把这份简章印了一叠,给他在纽约、马萨诸塞州、俄亥俄州、密苏里州、马里兰州、乔治亚州和弗吉尼亚州的朋友和支持者们都寄了过去。《费城公报》(The Philadelphia Gazette)的威利斯·盖洛德·克拉克很高兴地看到爱伦·坡"统治了他自己的领域,在那里,他的才华和真正高雅的品位不会受到卑贱而麻痹的联盟的束缚,必将完全发挥作用"。[2]年轻的费城出版商乔治·雷克斯·格雷厄姆(George Rex Graham)赞扬爱伦·坡"作为一位极有能力、精力充沛、公正无私的批评家,具有令人嫉妒的卓越才华"(虽然"多少有些过分尖刻")[3],并希望他能成功地"出版自己的刊物"。

与他为自己在西点军校取得学员资格时一样,爱伦·坡这次也亲自前往各处游说。约瑟夫·霍普金森法官(Judge Joseph Hopkinson)认可《宾夕法尼亚》"尽可能在费城集合文学人才,并以科学和天才的作品名震遐迩"[4]的雄心壮志。费城的《每日纪事报》(Daily Chronicle)连续36天刊登这份简章,并在9月指出了订阅名单上"持续增加的名字"。[5]

当时包括雕刻师约翰·萨廷和画家托马斯·萨利在内的作家、艺术家、演员和工匠们,经常在板栗街附近的第六街(Sixth Street)上的福斯塔夫酒店(Falstaff Hotel)[6]聚会。一时间,《宾夕法尼亚》的创立成了他们广受关注的事件。爱伦·坡的圈子里包括两位新近移居费城的人物:过去曾是海军军官的记者杰西·厄斯金·道(Jesse Erskine Dow),他写过一篇海上生活的回忆录,爱伦·坡将其发表在《伯顿绅士杂志》

上；小说家F. W. 托马斯（F. W. Thomas）则是爱伦·坡挚爱的哥哥亨利的朋友，他以忠诚、机敏和睿智，弥补了爱伦·坡的自负和在重大机遇面前缺乏眼光的不足。

他们也加入了在国会大厅酒店（Congress Hall Hotel）和丰饶角餐厅（Cornucopia Restaurant）的聚会。这是一群吵吵闹闹的人，但爱伦·坡并不太在意伯顿散布的有关他酗酒的谣言。

他在给一位朋友的信中声称自己"从来没有喝醉酒的习惯"，尽管在里士满，他曾在"南方的欢乐宴饮精神的诱惑下"败下阵来。[7]而从1837年起，他在4年间"不再饮用任何形式的酒精饮料"，尽管只有"一次例外"，那就是当他离开伯顿之后不久，当时他喝了点儿"苹果酒，希望以此缓解紧张的情绪"。

F. W. 托马斯和杰西·厄斯金·道当时都来到了费城，为辉格党工作。1840年是总统选举年，由杰克逊的继任者马丁·范布伦和辉格党候选人威廉·亨利·哈里森（William Henry Harrison）竞争，后者是1812年战争中蒂珀卡努战役（Battle of Tippecanoe）的老英雄。尽管哈里森是一个受过教育的地主，但他能跟杰克逊一样，扮演人群中那个淳朴热情的人。与他不同，范布伦在面对持续的经济不景气时显得冷漠、淡然处之。哈里森的竞选伙伴约翰·泰勒（John Tyler）是一位来自弗吉尼亚的联邦主义者，对他的任命增加了辉格党在南方的得票率。

随着"分赃制"的实施，总统候选人的竞选伙伴可以在该候选人赢得大选后得到一份令人垂涎的政府职务。尽管爱伦·坡通常避免参与政治，但他还是在1840年5月与F. W. 托马斯和杰西·厄斯金·道一起参加了一次哈里森的选举集会，结果是他们在这次集会上遭到了"一些范布伦支持者"[8]的石头和砖块袭击。哈里森和泰勒最终在政治角逐中获胜，而爱伦·坡也牵涉其中，这就让他为《宾夕法尼亚》开展的活动不可避免地带上了辉格党的色彩，具有用理性、程序化的权威来克服地方差异的目的。

到了那年年底,他几乎已经有了1000个订阅者。他特别看重尼古拉斯·比德尔的支持。比德尔也是亚历山大·达拉斯·贝奇的关键赞助人,他在科学和治国方面的工作体现了辉格党的愿景:一个由明智的精英领导的强大、巩固的美国。比德尔的住所叫安达卢西亚(Andalusia),是部分由威廉·拉特罗布(William Latrobe)设计装修的豪宅。爱伦·坡曾带着一份简章和一本他的故事集前往比德尔家中拜访过他。这处府邸位于特拉华河畔的一座巨大的风景园林中,是比德尔在银行战争之后退休的养老地。爱伦·坡邀请比德尔为《宾夕法尼亚》的第一期写一篇文章:"(这样一来)我就会立即受到人们的尊重,我指的是在人们心中最关注的领域中有了社会地位。这样人们就会知道,你对我的成功并不是漠不关心。"[9]爱伦·坡的魅力和学识赢得了这位年迈的银行家、科学热爱者和美国的尊贵保卫者的心——比德尔答应了,并订阅了4年的杂志。[10]

尽管爱伦·坡的杂志与广泛强调民主的美国持有相同立场,但大家还是经常看到它满不在乎地声称它是精英人士所特有的。它将提出"一种自行制定的批评原则,只用艺术的、最纯洁的规则指导自己,并且分析与敦促这些规则的应用,不受任何个人偏见的影响"。[11]在看到了爱伦·坡创办一份文学刊物的计划之后,他的一位支持者热情地说:"我们的国家将变得非常强大;但如果它的机构会永久长存……许多人的思想必须在某种程度上得到启蒙。"[12]《宾夕法尼亚》是一个与亨利和贝奇进行的"镇压江湖骗子行为"非常类似的计划。这位支持者还说:"我很高兴地得知,你想要掀翻那伙骗子!"

救生圈

12月,爱伦·坡因为"重病"[13]而行动不便,《宾夕法尼亚》的创刊势头有所放缓。1841年1月,他重新开始了努力,他告诉托马斯·怀亚特，他与一位经纪人和出版商谈妥了"一项极为有利的安排"[14]，现在一切准备就绪，只等着新刊物于3月1日印出来了。

但就在2月4日，费城银行停止了纸币与白银、黄金之间的兑换，冻结了这个城市的货币供应。这是另一次恐慌。南方银行也照此办理，让费城的商业活动几乎完全停止。"即使溢价很高，也很难拿到钱。"[15]另一家杂志的拥有者说。《宾夕法尼亚》拥有很少有人拥有的前景："非常优秀的订阅者名单"和"公众普遍的良好祝愿"。[16]然而，鉴于"当前一切与货币相关事物的混乱状态"，只有"疯子"才会在此时创刊。因为没有资金租用印刷机和雇用印刷工人，爱伦·坡只好暂时停止他独立管理自己的杂志的美梦。

然而，此时在他工作过的上一家杂志社，出现了一个新的编辑职位。《伯顿绅士杂志》找到了买家——乔治·雷克斯·格雷厄姆，尽管他还不到30岁，但他已经拥有了《星期六晚邮报》和《首饰盒》。他看上去和蔼、聪明与精明，此前当过律师。他斥资3500美元，从伯顿手中买下了《伯顿绅士杂志》及其3500名订阅者的订阅名单。1841年1月，他将《伯顿绅士杂志》与《首饰盒》合并，并给新杂志起了个新名字:《格雷厄姆的女士与绅士杂志》(*Graham's Lady's and Gentleman's Magazine*)。[17]它将以"这个国家前所未有的风格"，配以"最优秀的雕刻家"约翰·萨廷的铜板雕刻，以及乐谱和"颜色精美的"时装图样。[18]

格雷厄姆雇用爱伦·坡来担任评论编辑，允诺给他一份体面的工资：年薪800美元。尽管伯顿曾经看轻他的价值，对他多有挑剔，但格拉厄姆清楚地知道爱伦·坡的能力："作为一个严格、公正、没有偏见的批评家，爱伦·坡先生的笔力在美国无人能及。"[19]

威廉·亨利·哈里森竞选总统获胜，随之而来的是新一轮的政府任命。不幸的是，哈里森在他冗长的就职演说期间感染了风寒，于就任后一个月左右便去世了。他的竞选伙伴，弗吉尼亚人约翰·泰勒就这样突如其来地被推上了总统的宝座。爱伦·坡的朋友F. W. 托马斯和杰西·厄斯金·道选择在华盛顿安家,参与"政治分赃"。与此同时,爱伦·坡则将他自己的公民抱负从《宾夕法尼亚》转移到了《格雷厄姆的女士与绅士杂志》上面:有了他"作为评论编辑的进一步加持",《格雷厄姆的女士与绅士杂志》就可以得到"值得国家文学界赞誉的工作支持,跻身美国人民与作家为之骄傲的出版物之列"。[20]

这样一个职位就像是抛给爱伦·坡的救生圈。爱伦·坡在这个新杂志上发表的第一批小说之一《大旋涡历险记》(*A Descent into the Maelstrom*)是对《人群中的人》展现的绝望的回答。[21] 这篇小说也以一位观察者突然闯入一种危险的旋涡式的现象作为开端。但这一次,观察与理性带来的是安全与保证。

站立在一座高踞于挪威海湾之上的绝壁上,一位白发渔民回顾了一次命定的航行。在这次航行中,他误读了潮汐信号,结果发现自己的船陷入了一个大旋涡:流向外海的潮流与流向内陆的海潮相遇时产生的毁灭性旋涡。

当他的船在旋涡的外缘旋转时,船的速度加快了。爱伦·坡当时通过流体力学知道,这种现象一般出现于两股方向相反的水流相遇时。若按照数学方式叙述,这一现象表示每一点与中心之间的距离反比于它的旋转速度。换言之,当旋转中的船靠近中心时,它的速度接近于无限。这在实际上是不可能的,但在数学上是必然的。[22] 凝视着旋涡的中心,这位水手"对于上帝神力的神奇展示"感到无比敬畏。他想象着,"以这种方式死去是何等壮丽的一件事啊"。爱伦·坡详细地叙述了这个渔民对这种无限力量的施展的种种反应,记录了他的各种极端情绪的反复变换,这正是埃德蒙·伯克(Edmund Burke)描述的那种天威作用造成的"敬畏、恐惧与赞美"。[23]

当冉冉升起的明月将它的光芒洒进深渊时,随着奔放的激情和雷鸣般的声响,这个渔民达到了一种超然的精神状态,他的心灵被一种"最深切的好奇心占据"。就在一道月光切开了如暴风雨噩梦般的黑暗的那一刻,他看见了"一道瑰丽的彩虹,如同伊斯兰教徒所说的那座狭窄而又摇晃的桥,它是时间与永恒之间的唯一通道"。

他努力鼓起勇气和力量,做出了一系列"重要观察":比较大的物体向旋涡的漏斗口落入的速度最快;圆柱体比同样大小的其他物体下落得要慢。

他把自己捆绑到一个大桶上,然后以违反常识也违反求生本能的"理性",跳进了大海。

他的小船一头"扎进了海水下面泡沫翻滚的混乱之中",他则一直在旋涡边缘旋转,直到大旋涡慢慢平静下来。他沿着圆形轨道前进,终于从对这一切感到恐怖又赞叹的状态中脱离出来,变成一个抱着求生欲望的观察者。当他的同伴终于把他拉上岸时,他变得如同一个"灵魂来自神秘异国的旅行者"。他"乌黑的"头发也变白了。

过去,科学方法从来没有得到这样一种戏剧性的、令人崩溃的认同。在混乱之中,那位渔民采取了一种充满激情却坚忍克己的超然做法,而这正侧面反映了在爱伦·坡那个时代,科学作为最高成就之一所推崇的"客观性"。这种客观性让他能观察重要的事实,而且能像培根一样,发现建立在事实背后的定律并接着采取行动。在这里,超然没有像在《人群中的人》那样带来可怕的孤独,它带来的是救赎。[24]

如同那位渔民的大桶一样,《格雷厄姆的女士与绅士杂志》让爱伦·坡走过暴风雨。这个职位不但为他、弗吉尼亚和马蒂带来了物质方面的稳定,而且给他的虚构作品和文学批评计划提供了一个拥有广大读者的平台。他可以安慰自己:《宾夕法尼亚》的发行只不过是被推迟了而已。格雷厄姆甚至答应支持他的这个探险。当然,是在《格雷厄姆的女士与绅士杂志》顺利发行之后。

第三章　费城

批评的科学（我们要说这是"科学"吗？）

在《格雷厄姆的女士与绅士杂志》上，爱伦·坡一篇接一篇地发表他的小说、诗歌，以及对时下出版的文字时而强烈赞同、时而无情批判的评论。他在评论一篇当时大受美国作家欢迎的讽刺文章《赫利孔山的江湖骗子》(*The Quacks of Helicon*)时宣告，"作为文学家，我们是一群数量庞大、不停游荡的骗子"[25]；他给出了自己公正的判断，作为在"吹捧系统"之外的人与圈内人展开"对抗"。他也将自己的判断应用在通俗科学文字上。他把那个时代最有影响力的科普作家布鲁厄姆勋爵（Lord Brougham）比作柯尔律治，认为他如果"满足于少做些尝试，则或许能做到很多事情"；布鲁厄姆的文章[26]"不成体系"，有些像"江湖骗子"；如果这些文字由"健在的众多学者中的某一个来操刀，它们定会好得多"——这些学者中应该也包括爱伦·坡本人。

他认为，可以给大众带来更多实用价值的作品，应该是诸如西点军校毕业生、大学教授罗斯威尔·帕克（Roswell Park）写的《人类知识全论》(*Pantology*)这类作品。这一有关人类知识的系统巡礼是一本"有关一切事物的科学"[27]，是对急速增加的各科学分支的综述[28]，而且可以随身携带。回想起他自己与贝壳学"无穷无尽的、不稳定的，因此让人烦恼的分类"所进行的苦战时，爱伦·坡非常赞赏《人类知识全论》，说它是一部探索者的指南，能指导人们穿越闪电般快速变化的科学。"对于人类的一般知识，它的作用相当于世界地图对地理的作用。"

1841年11月，爱伦·坡更新了他曾在《南方文学信使》开始的"亲笔签名"（*Autography*）专栏，由此大大改善了他作为美国文学批评家的形象。文章中嵌入了带有作者签名的木版画，用以分析他们的性格和作品。文风通常是幽默的，有的是对作者的赏识，有的是尖锐的批评。他利用了正在兴起的名人崇拜热，以及随之而来的对颅相学和其他性格分析方法的狂热（爱伦·坡告诉一位朋友，当他让颅相学家检查他的头颅时，"他们说我属于一个言行特别狂妄的物种，具体的话语我羞于重复"）。[29]这一系列文章引起了轰动，纽约《新世界》(New World)的编辑甚至从爱伦·坡那里借来了原版木刻，以便转载。[30]

然而，波士顿人对爱伦·坡对美国文学肆无忌惮的评论颇有不平之意。爱伦·坡曾经批判过前一神论牧师、先验论派领袖拉尔夫·沃尔多·爱默生。爱默生试图唤醒听众意识到他们独立的个性及其在"灵魂世界"中的重要性。爱伦·坡认为，爱默生"是一群绅士中的一个"，但对这样的绅士，爱伦·坡"完全无法忍耐，因为他们完全是为了神秘主义而成为神秘主义者"。[31]关于另一位先验论者奥雷斯特斯·布朗森（Orestes Brownson），爱伦·坡说："他在作品中如此一心一意地向他的读者灌输那些重要的真理，但他未能完全成功地说服自己相信这些真理。"[32]然而，爱伦·坡对波士顿犯下的最严重的"罪行"，是他谴责亨利·华兹华斯·朗费罗剽窃。朗费罗是人们热爱的诗人，也是哈佛大学的教授。爱伦·坡说："他的优良品质都是最高档的，他的罪则主要是那些矫揉造作和模仿，这种模仿有时几乎相当于偷窃。"[33]

作为回应，《波士顿每日时报》(Boston Daily Times)批判了爱伦·坡的"教条主义、个人主义和其他同样咄咄逼人的主义"[34]；说他是"文坛独裁者"，一个自封的"美国作家的审查总长"。批评家埃德温·惠普尔（Edwin Whipple）也批判了爱伦·坡的"文学批评家"形象："我们与其说爱伦·坡先生的批评是正确的，还不如去向新西兰人请教基督教的正确观点。"

不知怎么回事，爱伦·坡逐渐对波士顿，这座他出生的城市出现了奇怪的"过敏反应"。这是由朗费罗、《北美评论》、爱默生和先验论触发的，源于他遭受的严厉评论：《波士顿理念》(Boston Notion)曾经嘲笑他的故事集是一锅"胡言乱语的大杂烩"，其水平"跌到了报纸上那堆垃圾货的平均水准之下"。[35]而或许更加深刻的原因是，他第一次逃离约翰·爱伦的家时因没有在波士顿受到欢迎而导致的自尊心受伤。

然而，尽管爱伦·坡曾批评过朗费罗，但他对这位比自己年长些的诗人的赞美也绝不含糊。类似地，在对先验论的嘲讽下也隐藏着爱伦·坡与其非常亲密的关系。与爱默生、亨利·戴维·梭罗（Henry David Thoreau）、玛格利特·富勒（Margaret Fuller）和其他当代作家一样，爱伦·坡也对个人与大众的紧张关系、民主和工业之间的矛盾影响，以及后康德理想主义的泛神论颇为不满。爱伦·坡的宇宙学作品《尤里卡》，与爱默生的《论自然》（*Nature*）、《圈子》（*Circles*）有许多共通之处，如都论及自然和人类的神性、感觉的创造性，以及自我超越，爱默生称之为"永远无法满足的……欲望"。[36]但爱伦·坡对爱默生暗示式的说教风格颇不耐烦，对他坚信广阔的个人有能力拥抱并更新宇宙这一观点有所怀疑。贫穷与不幸再次让爱伦·坡的乐观主义受挫。他开创了美国浪漫主义的一个更加黑暗的潮流，像纳撒尼尔·霍桑一样，确信人类具有难以悔改的堕落倾向。[37]

1842年4月和5月，爱伦·坡用整整几页纸的篇幅表达了对霍桑的短篇小说集《重讲一遍的故事》（*Twice-Told Tales*）的欣赏，但他赞扬的不是书中的道德说教，而是它的美学力量。他将这部作品置于"艺术的最高点"，认为它是"具有非常高尚的层次的天才的艺术"。霍桑认可爱伦·坡的观点，即短篇小说是表现一位作家能力的最佳领域：在它狭窄的空间、语调、事件和风格之内，只能通过作者的安排得到"某种独一无二或者单一的效果"。霍桑在其中使用了一种纯粹的、有力的风格，它使故事的"每一页都闪耀着高超的想象力"。凭借平静、忧郁的语调和"具有暗示性的强有力暗流"，这些小说获得了爱伦·坡可谓最高的褒奖："作为美国人，我们为这本书感到骄傲。"[38]

1842年年初，他以一篇《绪论》（*Exordium*）开创了《格雷厄姆的女士与绅士杂志》的评论版块，文中详细地给出了他为美国批评界做出的规划。他评论道：期刊出版社终于"开始承认批评科学（我们要说这是'科学'吗?)的重要性。[39]一个基础扎实、受到广泛接受的批评界可以如同任何其他科学一样,取代那些轻率意见的地位,这些意见其实早已开始制造它的代替者了"。

长期以来,美国评论家都在"屈从的完美闹剧"中追随英国人的判断。最近,他们已经开始倡导一种"国家文学",它表现的是美国的背景、人物和风景,就好像"整个世界并不是唯一适合文学历史的舞台"。评论家们现在发现,他们自己"更加喜欢,或者假装更加喜欢一本愚蠢的书,因为(当然如此)它的愚蠢是我们自己的成长过程造就的"。但是爱伦·坡在调查"批评界的人员和领域时"看到了一种更为严格、更有原则的方法的迹象,它的基础是自然原理,而不"仅仅是一个波动的、传统的教条体系"。

他担心这一批评界的新浪潮可能仅仅释放了一个"普遍化的疯狂精神"。[40]这是他对爱默生提出的模糊的"综合科学"[41]的看法,爱伦·坡说,它"当前的角色似乎是没有卡莱尔的卡莱尔"。在爱默生的帮助下,托马斯·卡莱尔于1836年首先在波士顿发表了他的小说《衣裳哲学》(*Sartor Resartus*)。这部作品是对一位虚构的德国学者迪奥赫内斯·托伊费尔斯德罗克(Diogenes Teufelsdröckh)的思想及其穿衣哲学的笨拙的、支离破碎的、不很认真的复述。爱伦·坡1840年的文章《家具哲学》(*The Philosophy of Furniture*)是有关室内设计的一篇颇有闪光点的论文,其中引用了《衣裳哲学》中的不少内容。但他认为,卡莱尔令人费解的说教风格是对文学批评的一种不良影响。

爱伦·坡寻求将"文学批评仅局限于对艺术的评论"。[42]他宣称,批评应该从一部作品本身的价值出发,根据它作为"艺术品"的"性质"加以判定。爱伦·坡认为,评论者应该把作品可能鼓吹的任何道德、作者的生活或者性格、它对"整个世界"的影响抛到一边,而仅仅关注其形式性质:韵律、节奏、色彩、形式、和谐、想要达到的效果和为此采取的手段。

一方面,爱伦·坡运用了维克多·库赞、杰曼·德·斯达尔和本杰明·康斯坦特(Benjamin Constant)那些来自康德、席勒和施莱格尔"为了艺术而艺术"[43]的理想主义理念。另一方面,他正在为一个"客观的"甚至是"科学的"("我们要说这是'科学'吗?")艺术分析建立根据。例如,作为诗歌分析的指南,爱伦·坡写了一篇技术性极强的文章——后来扩充为《诗律阐释》(*The Rationale of Verse*),通过对"长短格""扬抑抑格"和"六音步"的详细剖析,解释了诗歌节奏的"法则"或者说韵律学。他宣称,对于诗歌韵律的欣赏是普遍的,它不属于任何区域、种族或者时代[44];我们有和古希腊人同样的耳朵,"而且,雅典的钟摆将与宾夕法尼亚州的城市的钟摆以同样的方式振荡"。

在文章中,爱伦·坡将文学批评的任务定性为对作品的中性分析,要将它们视为纯粹的"艺术品",反对一些人对批评的中心任务可能有的其他想法:他们觉得,文学作品应该在真理、争议和公共利益的问题上表明立场。爱伦·坡的原则是禁止任何将"纯粹的诗歌"与道德或者政治混淆在一起的做法。与当代科学改革者非常相似的是,爱伦·坡将政治放到一边(无论是对改革,还是对地区冲突,甚至是对废奴这样的全国性事件),而只是提出批评意见——不偏不倚的、普遍的,并声称自己不参与任何派系纷争。

观察的必要性

爱伦·坡也在他最有影响力的小说《莫格街谋杀案》中展示了非凡的分析能力,这是他在《格雷厄姆的女士与绅士杂志》上发表的第一篇小说,也是第一部现代侦探小说。他引入了C.奥古斯特·迪潘这个人物,一位气质特异的神秘天才,是夏洛克·福尔摩斯(Sherlock Holmes)和其他理智且古怪侦探的原型。

这篇小说援引了一段托马斯·布朗爵士(一位17世纪的古怪学者)

有关神话的解读①作为引言[45]，随后从颅相学知识的角度切入，开启了整个故事[46]。他假设存在着一种器官，它的功能是分析，即把"思维分解成要素"。这种精神能力与有些人所相信的不同，它并不反对想象或者理想的构建能力。他认为，分析和创造涉及同样的精神过程。如同在一面镜子里，它们只是简单地朝相反的方向运动：从一个复杂的构成体分解成元素，或者由元素形成一个复杂的构成体。然而，分析的特点只能通过行动显示；人们"只能通过它们的效果"加以评价。

叙事人的朋友 C. 奥古斯特·迪潘来自一个在艰难时代没落了的贵族家族，他的工作就是向读者诠释分析的方方面面。叙事人是在巴黎的一家书店第一次遇到迪潘的，当时两人正在努力寻找同一本罕见的图书。出于对晦涩的学识与难解之谜的共同热爱，他们一起搬进了一所"年久失修的怪诞豪宅"。白天，他们拉上百叶窗，一起阅读与谈话。晚上，当"真正的黑暗"降临时，他们在外面长时间地漫步，"在这座人口众多的城市的狂乱灯光和阴影中，寻找沉静的观察所能给予的无限的精神兴奋"。

在一次这样的探险中，迪潘说出了一个词组，打破了长时间的静默。让他的朋友觉得有趣的是，这个词组竟也完美地表达了他在那个时刻的思想。迪潘解释道：

> 近来，观察已经成了我必须做的一件事情。你带着任性的表情，眼睛一直看着地面，扫视着人行道上的孔洞和车辙（所以我注意到你一直在想着那些石头），一直到我们走进那条用重叠的铆接石块铺成的拉马廷小巷。在这里，你的表情变得明媚喜人。而且我看到你的嘴唇在嚅动，而且毫不怀疑你低声说出了"切石术"（stereotomy）这个非常做作

---

① 托马斯·布朗爵士的这段解读大致内容为："塞壬唱的是什么歌，阿喀琉斯又是如何混在姑娘堆中？虽然这些都是未解之谜，但也并不是完全无法推测。"本书作者或许是在效仿爱伦·坡的做法，同样在本书献词中引用了托马斯·布朗爵士的作品。——编者注

第三章 费城

地用于这种路面的术语。我知道,当你对自己说到"切石术"时肯定会想到骨骼,也一定会想到伊壁鸠鲁(Epicurus)的理论,因为不久前我们刚讨论过这个题材。当时我对你说到了这位尊贵的希腊人模糊的猜想在后来的星云宇宙起源论中得到了多么异乎寻常的证实,但没有受到多少注意。我也知道,你无法避免让你的目光上移,遥望猎户座(Orion)的庞大星云。你确实向上看了;而且我现在肯定,你的所思所想皆在我的掌握中。

迪潘这一番令人惊讶的基于"明显的直觉"的推理,通过他的朋友的表情与行为得到了证实。这也恰巧触及了当代技术、实验科学和古代哲学交汇的关键点。通过他有关"猎户座的庞大星云"[47](星云是一种天体,人们认为是星云假说的有力支撑)的说法,爱伦·坡也提出了他的宇宙学理论,该理论追踪了一系列事件,在这些事件中,可以看到恒星和行星的相关论述。通过苏格兰天文学家约翰·普林格尔·尼科尔1873年的科普著作,将星云假说与唯物主义理论联系起来,该理论认为,生命与思想,包括迪潘在小说中展示的典型理性,都是从更早、更原始的形式发展而来的。[48]

某天,一条惊人的消息吸引了迪潘的注意。人们发现了两具被肢解的女尸:一位老妇人被人用刮胡须的剃刀割去了头颅,她的女儿则被头朝下地塞进了一间上了锁的房间的烟囱里。几位证人表示,他们听到了两个人的声音,一个粗哑,说着法语,另一个尖锐,说的是一种无法确认的语言。

迪潘和叙事人去看了现场。随后迪潘在法国的《世界报》(Le Monde)上刊登了一条分类通告。让叙事人大为吃惊的是,第二天,一名水手就出现在他们门前,证实了迪潘有关这一罪案的一切结论,包括凶手的身份。

迪潘的冷静、令人震撼的推理与分析能力,让故事的戏剧化达到了高潮。爱伦·坡反复比较着迪潘快速的分析和警察长官的混乱行为:"他们的行动都毫无章法,除了最直接的临时处理之外没有别的方法。"警方采取了"大批措施",但"与他们想要达到的目标关系不大"。

为了说明迪潘的分析,爱伦·坡比较了参与特定的棋类游戏时头脑的思维方式:"轻松"的国际象棋给你的挑战少于跳棋这种"接受度更高的棋类",而惠斯特牌(桥牌的前身)的要求最高。它不仅要求对出牌的关注,而且要求对对手出牌行为每个方面的关注:表情、声调高低,"耍花招的方式"。迪潘也采取了这些高速的逻辑跳跃,将他对窗框的细致观察、一位受害者脖颈上留下的手指状淤青、被人偷听到的说话声音,与博物学家乔治·居维叶在《动物王国》(The Animal Kingdom)中的描述联系在一起,从而确定了罪犯。[49]

无论这一解决方法何等奇异,《莫格街谋杀案》通过对迪潘"多种形式"的逻辑思维进行描写[50],为读者提供了工作中的迪潘如此富有魅力的形象,并通过排除其他可能性和检测猜想的情节,分享了他在让周围的人大吃一惊时的欣喜。哪些线索是隐藏的,哪些线索是何时以及如何披露的;追缉凶犯的难度是难以想象的,发现真相的手段是令人吃惊的,迪潘从线索到答案的推理链是独具魅力的。爱伦·坡使用巧妙的交叉结构叙述故事,在后半部逆向重复前半部的元素,以窗框上的钉子形象为中心,即解决办法依赖的"线索"。社会改革家霍勒斯·格里利(Horace Greeley)在《纽约客》(The New Yorker)上发表文章,说这部小说有让人感到"深刻但令人恶心的兴趣"。[51]

爱伦·坡也在《格雷厄姆的女士与绅士杂志》上更新了他的密码学系列,把它升级为一种政治上很重要的古代艺术,并援引了著名的业界先驱,如约翰·威尔金斯(John Wilkins)和吉亚姆巴蒂斯塔·戴拉·波尔塔(Giambattista della Porta)的著作。他宣称,"人类的智慧,永远无法编织出以他们的聪明才智无法破解的密码"。[52]在回忆迪潘关于其分析讨论的文字中,密码学证明,"一种严格的方法"可以有效地应用于一切思维形式,包括"人们认为纯粹属于幻想操作的形式";他暗示,或许存在着抒写诗歌的某种算法。杰西·厄斯金·道现在是华盛顿《索引》(*Index*)的编辑,他把爱伦·坡比作商博良:"他能阅读法老的象形文字,并告诉你,当他在你身边行走的时候你在想些什么。"[53]

袖珍宇宙

迪潘那"特别的分析能力"让叙事人想到了"一个双重迪潘"的形象,他"既能创造问题,也能解决问题"。具有诗人与数学家双重身份的迪潘,在解决或者策划阴谋方面似乎都能轻松胜任。《莫格街谋杀案》将严肃的分析学戏剧化了,而《格雷厄姆的女士与绅士杂志》的其他小说让读者看到了一个自洽的优美世界:袖珍宇宙。在这个时期,爱伦·坡的许多充满想象力的作品将机械装置置于创造的中心,并认为存在着一种活着的力量,其中仅有物质和力学。它们有意识地模糊了精神和物质、梦境和真实的分界线,用语言编织着世界。

《埃莉奥诺拉》(*Eleonora*)在开头声称,"那些做白日梦的人意识到了许多只在夜里做梦的人无法意识到的事情"。[54] "做白日梦的人"在不用船舵或者指南针的情况下"航行,他们很容易进入无法形容的光明的浩瀚大海,就像"进入"宇宙学家托勒密(Ptolemy)所说的'黑暗之海'(*Mare Tenebrarum*)[55] 那样简单"。

一个做白日梦的人与他的姑妈和美丽的表妹埃莉奥诺拉一起生活(这种情况与爱伦·坡当时家里的情况很相似)。在他的白日梦中,他们身处一片绿茵"环绕的领地",草地上点缀着"黄色的毛茛、白色的雏菊和紫色的紫罗兰"。当这对表兄妹坠入爱河的时候,"奇特、瑰丽的星形花朵在树上怒放";"宝石红色的水仙花代替了雏菊",而"绿色地毯的色彩加深了";火烈鸟出现了,它们"深红色的羽毛"与山谷上空悬挂着的金色与绛红色的云朵交相辉映,这一切将他们环绕在"一座富丽堂皇的魔法监狱之中"。而当埃莉奥诺拉生病时,这些花朵也随之变黑了。

《埃莉奥诺拉》的明丽意象是新的视觉享受在文学上的对应,它深入读者的心,至少有另外5家杂志在同一年内做了转载。1840年年初,皮尔的费城博物馆举办了《溶解的画面,或者溶解的场景》(*Dissolving Tableaux, or Dissoluble Scenes*)展览。[56]该馆从英格兰进口的魔灯效果装置上使用了两台投影仪,它们都对准同一个表面。当来自第一个投影仪的图像淡去时,来自第二个投影仪的图像覆盖于其上,从而给观者一种图像在逐步转换或者生长的幻觉。其中一幅广告描述了山谷与河流色彩鲜艳的夏日景色,但"如同魔法一样,这些瑰丽的风景突然间开始溶解,最后固定在压抑而又凋零的冬日景色上""之后场景又突然变化""自然再次披上了它绿色的制服:丰富的嫩绿色枝叶爬上了树木",接着出现的是"玫瑰花丛,它从小小的嫩芽开始""无声无息地生长",最后突然"震惊观者的眼睛"——绽放了!那大片的红艳与美丽!

《埃莉奥诺拉》就是用文字模仿魔灯对时间逝去的展示。它描写的那些色彩多样、如万花筒般变换的景象就是魔灯展示的不同的"渐逝画面"。这就是爱伦·坡将技术融入文学的伟大创举,与雪莱等奇特浪漫诗人和浪漫科学家的做法相同。

《仙女岛》(*The Island of the Fay*)也是一篇描写光彩夺目风景的小说,爱伦·坡把他的新版本《十四行诗——致科学》附在《仙女岛》中。在对它10年前的原有版本略加改动之后,这首十四行诗的最后几行现在是对科学的提问:

难道你不曾破坏每一颗星辰的故事?
难道你没有从水泽中驱逐温柔的神女?
没有把小精灵逼出了绿茵?——精致的小仙女、
女巫、调皮鬼、小妖精,它们都在哪里?①

---

① 此段译文运用了熊荣斌、彭贵菊的译本,本书译者进行了部分修改。——译者注

然而，那个核心问题依然难以回答：一个诗人如何能够热爱科学并认为它睿智？

《仙女岛》实际上是使用了多种表达方式的艺术品。[57]除了这首诗，这篇小说在《格雷厄姆的女士与绅士杂志》上发表时还配有约翰·萨廷的一幅镂刻凹版画，表现的是河流中一座树木繁茂的岛屿。如同柯尔律治在他的诗作《风瑟》(The Eolian Harp)中沉思泛神论一样，爱伦·坡也对自然科学和自然神学的语言加以利用，批判了关于物质、生命和上帝的元物理学理论。如果物质是有生命的，或者是神圣的，则人类从属于这一神圣物质，但不会比"他耕种并蔑视的'山谷土块'"更为重要。

在做白日梦的时候，爱伦·坡进入了萨廷版画里的画面。岛屿的西侧被阳光"丰富的金色与红色瀑布"照亮，东侧"被淹没在最黑的阴影之中"。阴影从树上落到了水面，如同抛撒在坟墓中的泥土。

他自言自语："如果岛中了魔法，情况就是如此。"

他想象着，地球上仍然存在的少数精灵已经被驱赶到岛上等死，"把她们的存在一点点地交给上帝，就像这些树给出了一道又一道阴影一样。"他的想象变成了书中的现实：他刚好瞥到"其中一个小仙女"站在一个"奇特的脆弱独木舟"上，从岛西侧推开波浪驶去——在阳光的照耀下，她显得很高兴，但在阴影下时则变了形。每当小船绕岛一周重新出现时，那个小仙女都变得更憔悴，"更加丧失活泼的灵气"。日落时，她在黑暗中淡去。爱伦·坡的沉思就如同萨廷的版画中的树叶般落下，而他诗中的逃亡仙女、精灵和小妖怪则进入了他的白日梦。

这个故事绝不是对科学被毁灭的简单哀悼。这是在想象中对物质科学和机械科学的支持。当"小仙女"围绕这座岛巡游时，它那童话愿景般的生命被剥离了——一道阴影接着一道阴影，象征着行星和彗星的轨道逐步蜕化的天文学理论人格化，这是对上帝制定了稳定与完美世界这一假设的讽刺。[58]通过向物质的"单纯主体"赋予思想、生命与

"活泼的灵气",爱伦·坡也思考了自然科学中"活力论"的含义。然而,这种物质内部具有生命力的想法被一种不可避免的反作用力牵引,被一道穿过事物的裂缝、一种在"有活力的庞大整体内部"的极性遮蔽。他暗示,自然的不和谐与和谐一样具有强大力量。

"创造与毁灭"这一对宇宙力量及其微妙的相互作用也贯穿了爱伦·坡的《精神对话录》(Spirit Colloquies)。[59]其中第一个对话,《埃洛斯和查米恩的对话》(The Conversation of Eiros and Charmion),描述了当一颗死亡彗星接近地球但尚未让这个行星起火之前,"植物的疯狂生长"。《莫诺斯和尤娜的对话》(The Colloquy of Monos and Una)是两个"一"之间的对话①,其中也描述了地球的毁灭,这次则是毁于人类之手。爱伦·坡是第一批意识到用碳做燃料将造成生态灾难的人之一。他描述了一个又一个接近灭绝的场景,其中"绿叶在熔炉火热的呼吸面前收缩"。然而,在遥远的未来,当"伤疤累累的地球表面"终于躲过人类的"大面积破坏"时,这颗行星将会披上由"山坡上的翠绿草木和乐园中潺潺欢笑的流水"织成的新装。故事以一个灵魂对他自己身体死亡时的描述结束:呼吸和血液流动慢慢停止,感官退化,似乎有一种"不朽"感和"虚无"感,最终,"尘归尘,土归土"。

爱伦·坡的袖珍宇宙并不是当时唯一想把"宇宙装进口袋"的文学创作,其他类似的还有:洪堡发表有关生态系统的概要观点、罗斯威尔·帕克出版的口袋版《人类知识全论》,还有通俗的天文学演讲,以及福音派、震教派、摩门教和傅立叶主义等流派的观点。

在《大旋涡历险记》的一个再版版本中,爱伦·坡加上了一段哲学家约瑟夫·格兰维尔(Joseph Ganville)的警句:"与上帝在天意中的行为方式一样,他在自然中的行为方式与我们不同;我们构建的模型也根本无法与他作品的浩瀚、深邃与不可测度相比。"[60]爱伦·坡确信,我

---

① Mono(单)和 Una(一)都带有"一"的意思,故有此言。——译者注

们不可能按自己的理解衡量宇宙。尽管如此,他还是不断地建立模型。他时而会在自己的模型之内测试其局限性——用文学创建思维的大厦,不断用事实逼近大厦中的想象,来揭示文学的局限性,并应用到整个外部真实世界中。除了它们令人兴奋的有趣之处,这样的作品还能提供一种令人陶醉的可能性:创造与策划一个微型宇宙,就是宇宙本身创造性的一部分。

在餐桌上与博兹谈话

1842年3月7日,在费城的美国酒店(U.S. Hotel)里正在上演一场热烈的讨论。其中一方是美国最著名、阅读者最多的杂志之一——《格雷厄姆的女士与绅士杂志》的评论编辑兼小说作家爱伦·坡;另一方是30岁的查尔斯·狄更斯[Charles Dickens,笔名"博兹"(Boz)],当时世界上最著名的人物之一。

狄更斯在一次对美国旋风式的旅行中停留3天。爱伦·坡的朋友,小说家乔治·利帕德(George Lippard)隆重宣布了这位伟大作家即将到来的消息:"安静、稳定的费城终于要醒来了!波士顿要发疯了,纽约将陷入癫狂!是的,费城很有可能即将成为一座庞大的医院,住满因博兹而疯狂的人!"原因不言自明:"我们知道,查尔斯·狄更斯是这个时代的伟人!"[61]

博兹参观了宾夕法尼亚州立医院(Pennsylvania Hospital)、费尔蒙特自来水厂(Fairmount Water Works)和"宏伟但尚未完成的吉拉德学院的大理石建筑"。在费尔蒙特山下,他在东州教养所(Eastern State Penitentiary)驻足,该教养所的外观是为了恐吓未来的犯罪分子,与它的先进监禁方式(单独拘禁)恰成对照。尽管它在监狱管理员的介绍中充满人道主义精神,但狄更斯认为,这种对待囚犯的方式是对大脑奥秘的一种缓慢的每日干预,并对它强加的"极其严重的折磨与痛苦"[62]

感到厌恶。他写道，被完全隔离的一个个囚犯"是一个个被埋葬的活死人"。狄更斯当时没有公开他对这座监狱的这些观察评论，只是到后来才发表在他的小说《马丁·朱舒尔维特》(Martin Chuzzlewit)和《美国杂记》(American Notes)中，并在他回到英格兰后才出版，此事让美国人大为愤慨。

爱伦·坡就文学相关议题与狄更斯有过深入交流。爱伦·坡曾把他的一本故事集与他赞扬狄更斯最近著作《巴纳比·卢杰》(Barnaby Rudge)的评论一起寄给了狄更斯。《巴纳比·卢杰》刻画了一只能说话的乌鸦，原型是狄更斯自己的宠物鸟格里普(Grip)。[63]狄更斯在回信中则写到了有关威廉·戈德温的《凯莱布·威廉斯》(Caleb Williams，爱伦·坡曾将这本书与他自己的书做过比较)背后的故事："你知道吗？戈德温的这部书是倒着写的，最先写的最后一部，"而在写完了结尾之后，"他等了好几个月，想找个办法来解释他为什么要这么做。"[64]

在"两次很长的交流"中，这两位文学巨匠三句话不离文学本行。爱伦·坡分享了他对英国与美国文学趋势的看法，给狄更斯读了爱默生的诗《卑微的蜜蜂》(The Humble-Bee)。狄更斯答应爱伦·坡，在英格兰为他的故事集找一家出版社。[65]3天的时间转瞬即逝，当狄更斯准备离开时，他受到了数以百计的崇拜者的包围。酒店老板肯定地告诉他：拒绝与粉丝见面，否则"无疑会造成骚乱"。[66]结果他不得不花了几个小时与他的崇拜者握手。

爱伦·坡极为赞赏狄更斯在其文学作品中的情节安排和人物塑造，以及他对现代城市的街道、商店和工坊的生动描写。他当时作为作家的名声远远逊于狄更斯，但他个人的声誉和作为批评家的权威正在上升。

爱伦·坡此时是美国最豪华的杂志社的编辑和引人注目的作者，而且这份杂志的销售量很快就会荣登全世界榜首，所以爱伦·坡是一位值得追随的作者、令人惧怕的批评家。他现在已经是格雷厄姆在位于桑塞姆街(Sansom Street)的家中举办优雅晚会的常客。因为能再次在《格雷厄姆的女士与绅士杂志》发表作品，就连他早期的诗歌在当时也获得了不错的反响。

作为当时的现代文学家，爱伦·坡正在攀登一座座文学高峰，在美国全国，甚至国际上都开始闻名遐迩。而由于他的科学写作，包括他对当前科学研究的评论、他的密码学、他的现实主义小说如《大旋涡历险记》和他具有标志性的发明——算无遗策的推理家迪潘，他在文学界的地位还在进一步提升。爱伦·坡与他的时代一同向前进步，但他也时常回顾更早时期的科学装置，这时候的他正在把自己打造成一个普适思想家和自然哲学家：一位文艺复兴的斗士，可以将想象、观察、逻辑和最新的技术编织到一起，能测度自然、嘲笑人类的愚蠢，并像艺术家那样畅想世界。

10
潮流转向

在希望与绝望之间

现在，爱伦·坡的经济能力可以让弗吉尼亚和她的母亲在一所小房子里过着相对舒适的生活，还可以有一些奢侈品，如一块来自法国的金怀表。[1]在经历了如此之多的怀疑、恐惧和饥饿之后，爱伦·坡的内心境界抵达了"平静的大海"。格雷厄姆赞扬爱伦·坡对"妻子和岳母的幸福的关心"[2]："除了因还无法实现拥有一家他自己的杂志的自然野心而偶尔低落之外，我从来没有听到过他因为缺乏财富而哭泣。"

然而，他与格雷厄姆之间开始出现摩擦。[3]格雷厄姆曾经让他相信，格雷厄姆会在开办《宾夕法尼亚》这件事情上提供帮助，但他现在没有表现出想要这样做的欲望。

为什么要放走会下金蛋的母鸡？《格雷厄姆的女士与绅士杂志》发行的时候就有5000订户，而到了1842年1月，据爱伦·坡估计已有25000订户。"这种事闻所未闻。"[4]他夸耀道。到了1843年春，他预计该杂志每期会印行"50000册"[5]，从而成为世界上发行量最大的杂志，这也是"任何钢版"在重新铸版前能印刷的最大数量。

毫无疑问，爱伦·坡当时证明了他有能力掌管一家成功的杂志。然而他对实现自己的愿景还是一如既往地绝望："只要老板一点头，我就得把自己脑子里的想法变成金钱。我认为这是世界上最艰难的事情。"[6]这件事很快就会变得更加艰难。

1842年年初,弗吉尼亚在家里唱歌的时候崩裂了一根血管。她开始咳血,这是罹患肺结核的确证。肺结核当时是绝症,情况实在严重,足足两个星期,爱伦·坡都觉得她可能再也无法痊愈了。2月3日,他告诉F. W. 托马斯:"直到昨天,医师们才让我有了一点希望。"[7]据邻居说,这所房子对她养病很不合适:"她完全无法来到户外,她需要最体贴入微的照顾……然而在她躺了几个星期的房间里,如果没有人用扇子为她扇风,她就几乎无法呼吸。而且房间太小,太低的天花板就在她狭窄的床上方,几乎能碰到她的头。"[8]

医生们谁也不敢说出任何"预后不好"的诊断。"谁也不敢说。爱伦·坡先生非常敏感,非常容易动怒;'像在钢块上用燧石打火星'。""他根本不想听到任何人说到弗吉尼亚快要死了这样的话",一听到这种话他就会发狂。"他当时告诉F. W. 托马斯:'我亲爱的妻子病得很危险。'"

爱伦·坡的精神状态也影响了他的工作。在弗吉尼亚咳出血的第二天,他曾去见格雷厄姆,要求预支两个月的工资。格雷厄姆"不仅断然拒绝,而且说话很粗鲁"。[9]爱伦·坡过去几个月的工作让杂志的财富倍增。"如果格雷厄姆给我的不仅是那点工资,而是他的杂志销量的十分之一,我今天就会觉得自己是个富人。"

后来,爱伦·坡因为格雷厄姆干涉他的批评独立性而进一步发怒了。他承认,他的表现过于软弱,同意让格雷厄姆在几篇评论中修改他的观点(或者至少是它们的表达方式)。"好像要补回"他的评论似的,爱伦·坡在2月份匆匆写下了对纽约作家和批评家科尼利厄斯·马修斯(Cornelius Mathews)的《瓦肯达》(*Wakondah*)特别严厉的批评。

在周期性危机之后,弗吉尼亚的身体恢复了一些。在第一次发作和康复之后,她的生活就进入了"一个在希望与绝望之间无休止振荡的可怕循环"。[10]根据格雷厄姆的回忆,爱伦·坡"对他的妻子的爱是一种对于美丽精灵的狂喜似的崇拜",而这种美丽正在他的眼前凋零:"我曾见过,当她生病时,他在她周围徘徊彷徨,带着所有的恐惧和温柔的担心,与一个母亲对她子女的关心毫无二致,她的每一声最轻微的咳嗽都会让他颤抖。"[11]与此同时,爱伦·坡对自己在《格雷厄姆的女士与绅士杂志》的境地(他与日俱增的名声与他迫不得已的谄媚)的不耐烦也终于达到了沸点。

终于,他在1842年4月辞职了。当时的经济形势依然严峻,失业率居高不下,信贷过低,此时辞职实在是自我毁灭的鲁莽行为。爱伦·坡责备格雷厄姆坚持要把昂贵的非文学材料塞满页面:"我辞职的原因,是对这份杂志软弱的性格的反感",还有它"令人鄙视的图画、时装图样、音乐和爱情小说。而且,我的工资也配不上我在这里被迫做出的工作。格雷厄姆确实是一位真正的绅士,尽管他也是一个极为软弱的人,我与他之间并没有误会。"[12]与爱伦·坡离开养父约翰·爱伦的家的时候不同,这次离职没有严厉的话语、紧张的场面或者相互责备。

由于格雷厄姆没有支持《宾夕法尼亚》,爱伦·坡对此感到伤痛。他终于发现他们的兴趣点之间有冲突,可惜为时过晚。"我一直在尽力工作甚至压抑我自己。我自己的每一个让《格雷厄姆的女士与绅士杂志》得益的努力,都让这份杂志成为它的主人更大的利润源泉,而与此同时却也让他更不愿意履行对我的承诺。"[13]

尽管有这些合理之处,但爱伦·坡的离开依然是一次不顾一切的行动。弗吉尼亚的状况时好时坏,令人无法忍受,格雷厄姆不肯妥协——在这些噩梦般的压抑与困惑下,爱伦·坡想把这一切都烧毁。不过后来格雷厄姆在谈到爱伦·坡的时候很温和,甚至有点谦逊的味道。在格雷厄姆的笔下,爱伦·坡"确实思路敏捷,能一眼看穿那些文学上的江湖骗子"[14],但他偶尔会严厉得像是为更崇高的事业服务一样:"对于他,文学是一个宗教,而他就是其中的大祭司。"

仍然有人支持《宾夕法尼亚》。爱伦·坡认为，在他早先获得的将近一千名订户中，还会有"三四百人"[15]打算为杂志的创刊出钱。他依然赢得了人们广泛的良好祝愿。他离开《格雷厄姆的女士与绅士》的消息传了出去，《新世界》称他为"如今健在的最杰出的英语作家之一"[16]，尽管"爱伦·坡先生离开了格雷厄姆先生的杂志……但无论走到哪里，他都肯定会在那里出类拔萃"。

格雷厄姆随后用前《波士顿理念》编辑鲁弗斯·格里斯沃尔德牧师（Reverend Rufus Griswold）代替爱伦·坡。一年前，当格里斯沃尔德汇编一份美国诗歌集时，爱伦·坡曾与这位留着胡须、油腔滑调的牧师会过面。爱伦·坡想把自己的诗放进这部诗歌集，而格里斯沃尔德却拒绝宣传。在他们的交易中，对彼此的憎恶在发酵。格里斯沃尔德最后发表了爱伦·坡的三首短诗和一部平平无奇的传记，而爱伦·坡的评论却用淡淡的赞扬语调诅咒了这本诗集："对这本书的彻底分析或许会让许多头脑不全面的人认为它不好，但它实际上是本好书。"[17]私下里，爱伦·坡则认为这部百科全书式的大部头作品是粗劣的文学作品，其中充斥着对有影响力的诗人虚情假意的称赞。他告诉约瑟夫·斯诺德格拉斯，这本书"是最明目张胆的行骗"——"我真切地希望你能'把它读完'"。[18]

尽管如此，这部于1842年出版的《美国诗人与诗歌：一种讽刺》还是让格里斯沃尔德能摆出一点儿批评界权威的架势。格雷厄姆给了他正式编辑的职位[19]和1000美元的年薪[20]，比爱伦·坡的年薪还要高200美元。

不久后，爱伦·坡在华盛顿的朋友杰西·厄斯金·道指出了《格雷厄姆的女士与绅士杂志》的迅速衰败："我们认为，就连埃德加·爱伦·坡一个脚指甲的价值，都超过了格里斯沃尔德的灵魂。"[21]而格里斯沃尔德则对任何愿意听他说话的人大肆传播对爱伦·坡性格的"恶毒的、不公正的无耻攻击"。[22]爱伦·坡离职仅仅几个月，格雷厄姆便给了他一个"很好的报价"[23]，希望他回归《格雷厄姆的女士与绅士杂志》，因为他"不怎么喜欢格里斯沃尔德，而且，除了这位牧师大人本人之外，谁也不喜欢他"。然而，爱伦·坡很有礼貌地拒绝了。

断断续续

自从离开里士满，爱伦·坡在大多数情况下都是清醒的，但随着弗吉尼亚生病和他离开《格雷厄姆的女士与绅士杂志》，他又有些不受控制了。他在6月前往纽约，为一个他取名为《幻影片段》(*Phantasy Pieces*)[24]的新小说集寻找出版社。此时，他碰见一位薄荷朱利酒的狂热爱好者，青年诗人威廉·华莱士（William Wallace）。然后爱伦·坡去了《民主评论》(*Demaratic Review*)和威廉·斯诺登（William Snowden）的《妇女之友》(*Ladies' Companion*)的办公室。这时他的状况就已经很不对劲了。[25]一天后他出现在泽西城，寻找一位老友："但他当时行为狂放，而且在渡河前忘了地址。他在渡船上来回坐了好几趟。"[26]到达之后喝了杯茶就走了。玛丽亚·克莱姆跟着他，"很担心亲爱的'埃迪'"。最后，人们在泽西城郊的树林里找到了他，"他在那里像个疯子一样胡乱游荡"。克莱姆把他带回了家。

爱伦·坡后来写信给《民主评论》道歉，并附上了一篇小说："你们肯定对我有一些奇怪的想法，但简单的事实是，华莱士坚持要来上几杯朱利酒，然后我就既不知道我做了什么，也不知道我说了什么了。"[27]但他们拒绝刊登他题为《风景园》(*The Landscape Garden*)的小说。这部小说写了一名巨富计划重塑地球的故事。这种对艺术无所不能的幻想，将为在今后艰难岁月中求生的爱伦·坡提供养分。

他急急忙忙地想在任何能出版的地方出版作品以活下去，随后又拼凑了一篇新的迪潘式故事。《玛丽·罗热疑案》(*The Mystery of Marie Rogêt*)[28]改编自当时媒体报道的一件可怕的谋杀案：人们发现，"美丽的雪茄女郎"玛丽·塞西莉亚·罗热（Mary Cecilia Rogers）的尸体漂浮

第三章 费城

在哈德孙河上。爱伦·坡在作品中把曼哈顿换成了巴黎,哈德孙河也换成了塞纳河。因为当爱伦·坡对这篇连载故事的第二和第三部分做调整时不断有新的案件事实被披露,结果这篇故事的情节杂乱得令人失望。但《玛丽·罗热疑案》毕竟是以真实作案作为基础的第一篇侦探小说。

与《风景园》一样,这个系列也在斯诺登的《妇女之友》杂志上发表了,该杂志的产品价值与《格雷厄姆的女士与绅士杂志》相比远远不如。爱伦·坡面对该杂志的布局大感难堪,他写信给其编辑:"哦,朱庇特(Jupiter)!这么多的印刷错误!你病了吗,或者是出了什么别的问题?"[29]

到了1842年夏天,房租和医生那里累计的账单堆积了起来。爱伦·坡一家搬到了科茨街(Coates Street)——现在的费尔蒙特大道(Fairmount Avenue)上一所靠近树林的房子里,那里能让弗吉尼亚呼吸到更新鲜的空气,而且房租更低。根据房东的儿子回忆,爱伦·坡当时喜欢"在乡间漫步"。[30]爱伦·坡对一位诗人同行解释道:"在某些时候,任何使用大脑的活动都是折磨,那时只有与'山峦与森林'共享孤独,才能给我带来乐趣……就这样,我在好几个月的时间内都在漫步与梦想,而在最后因为创作的狂热而苏醒。然后,只要我的病情许可,我整天都在潦草地书写,整夜都在阅读。"[31]这个地方给了他创作《维萨西孔河之晨》(Morning on the Wissahiccon)[32]的灵感——"这是对一个苍翠繁茂的森林地区的描写,故事的叙事人与一头壮观的麋鹿穿过小径,想象自己穿越到了伊甸园的时代",当时是在白人和被他们奴役的黑人仆人来到之前,"只有红种人在独自行走",但这时白人的一个黑人奴隶出现了,说那头麋鹿是他们的宠物。

1842年5月,居住在华盛顿的 F. W. 托马斯建议他追求一个新目标:在费城海关(Philadelphia Custom House)谋求一个职位,在那里,总统约翰·泰勒的一名支持者将会取代现在的关长。由于托马斯忠于辉格党,所以他在财政部任职。他勾画了一幅诱人的日常之景:"在早上9点刚过的时候，你可以悠闲地走进办公室，下午两点你又可以悠闲地走回家吃饭……当然，如果你选择勤奋，在灯光下笔耕不辍，你也可以这样做。"[33]他现在收入可观，年薪1000美元。

爱伦·坡回信祝贺他："我希望你能享受生活。你现在可以悠闲地进一步笔耕不辍了。"[34]

爱伦·坡在里士满时就是约翰·泰勒的旧识，而且他也可以经过一番努力把自己装扮成辉格党人："我是一位弗吉尼亚人，至少我认为自己是，因为我一生的大部分时间一直住在里士满，直到几年前才离开。我的政治原则始终与现政府基本一致，而且我曾怀着正确的善意为哈里森而战。"[35]此外，他的文学与密码学天分可以证明他可堪大用；约翰·泰勒的儿子罗伯特·泰勒是一个诗人[36]，也是托马斯在华盛顿的朋友之一。爱伦·坡随即发表了一封来自某位名叫W. B. 泰勒（W.B. Tyler）[37]的加密信件，希望能得到总统的欢心。

到海关上班可能给了他"新的生命"[38]，这将让他"实施一切雄心勃勃的计划"。一旦有了一个政府的职务和一个投资人，他就可以立即创办《宾夕法尼亚》。[39]

8月，政府任命了新的海关关长。那时出现了"1124名申请者"[40]，但只有30个职位。爱伦·坡此时仍然坚持不懈，但那位关长"非常轻蔑地"对待他[41]："几乎没说话，只是喃喃地说了几个字：'我会派人去叫你的，爱伦·坡先生。'然后就结束了。"

托马斯很同情他，到他的"乡间房舍"看望他，那里的房间"看上去整齐有序"，但"令人觉得主人的生活不宽裕"。[42]弗吉尼亚和他打招呼，他后来形容道：她有"一双我见过的最富于表情、最睿智的眼睛"，尽管她"苍白的脸色、脸上深深的皱纹和典型肺结核的咳嗽让我觉得她随时会去世"。

托马斯看到，他的朋友身上背负着重重困难："他黑色的头发随意地披散在高高的前额上，而且有些衣冠不整。他和我见面时很诚恳，但说话不多,并抱怨自己感觉不舒服。"爱伦·坡"对他的妻子深情款款与爱恋的举动"让托马斯非常感动,但他"深深惋惜地"看到,"爱伦·坡又一次陷入了酗酒的习惯"。爱伦·坡错过了他们第二天在独立大厅会面的安排,而海关的申请也终于无疾而终。11月,查尔斯·狄更斯给爱伦·坡写来了信,其中说到了他想让英格兰的出版社发表爱伦·坡的小说集的尝试:"他们全都不肯承担这样的风险。"[43]实际上,狄更斯仅仅是漫不经心地问过一次。

1842年12月,爱伦·坡终于利用国会的一项新法案,自愿宣告破产。法律申请书上罗列了45位债权人,款额自4美元至169美元不等,其中包括多个项目,从房租、医生出诊和出版费用到租借钢琴等。他欠探索活动的发起人J. N.雷诺兹10美元,欠尼古拉斯·比德尔20美元,大概是在他经济状况乐观的时期投入《宾夕法尼亚》的。这份文件直白地罗列了爱伦·坡仅有的财产:"他穿的衣服和几百张纸,对其他人毫无用处,也毫无价值。"[44]

有关罪责和折磨的小说

在经历了弗吉尼亚的第一次健康危机之后,爱伦·坡的小说呈现出了更大胆、更阴郁的基调。新的小说系列表现了绝妙的焦点和形式上的准确性,还添加了一种对绝望心理的高强度表现。这些小说探讨头脑中那些隐藏的、令人忧虑的、破坏性的想法,在现代文学和它们的读者中留下了深刻的、持续的痕迹。

他在1842年写的第一篇小说是《椭圆形画像》(*The Oval Portrait*),这是一篇令人难以忘怀的寓言:只有在坐着充当绘画模特的女子死去的时候,一位画家的艺术品方才达到了最高境界的"栩栩如生"。真的存在某种不可避免的能量平衡表,它拷问人们:走向艺术完美的每一步,都必须付出痛苦与悲伤吗?在《陷阱与钟摆》中,爱伦·坡刻画了一名宗教裁判所的囚徒的形象,他不得不直面一个又一个精心设计的恐怖景象:一个形状未知的房间,中央有可怕的陷阱;加热到发白的金属墙不断向他靠近;一个前端呈锋利刀锋的振荡摆锤慢慢地向他的身体落了下来。

《黑猫》则展现了爱伦·坡对精神病理学的传奇研究,其中的痛苦来自身体与精神内部。这是有关成瘾、被奴役和内部隐藏着怪物的灵魂的一个摧残神经的寓言,叙事者详细地叙说了他的转变过程:他是怎样在"放纵的恶魔"的控制下,从一个富有同情心的动物热爱者,变成一个不停地折磨他曾经照顾的动物的虐待者的。他莫名其妙地针对他特别喜欢的猫,挖掉了它的眼睛之后把它吊死了。另一只与原来的那只猫很像的猫进入了他的生活,并引导他犯下了谋杀罪。他的罪恶被人以可怕的形式揭露了,就像银版照相一样,通过逐步展开的化学过程和那只猫如同地狱中传来的尖叫,那个受他残害的人的轮廓一点点清晰。叙事人说:"这些事件吓坏了我,折磨着我,摧毁了我。"[45]

在《红死魔的假面具》背后,隐藏着不久前关于霍乱大流行的新鲜回忆。这篇小说的背景是中世纪后期,但急切地叙说的是现代的恐惧与不义。当红色瘟疫在乡村肆虐,以"痛彻心扉的剧痛和突如其来的昏厥"[46],还有随之而来的"透过毛孔的大出血"杀死它的受害者时,普洛斯彼罗王子(Prince Prospero)却在他的宫殿壁垒之后与他的富人朋友们聚会。他们全身心地投入游戏与狂欢,完全漠视了宫墙之外的百姓疾苦。于是在一次假面舞会上,每一个房间都装饰着不同颜色的镜子,这时,一个新客人到来。他装扮成一个用裹尸布包裹着的尸体,大摇大摆地穿过一个又一个房间,并在最后与王子面对面地相遇。他揭示了自己的身份。狂欢者们的财富、权势和自我隔离都无法拯救他们自己:"红死魔对一切享有无上权威。"

1842 年的秋天见证了爱伦·坡对他的病态悬疑杰作《泄密的心》(*The Tell-Tale Heart*)的创作。这篇小说再次展现了《大旋涡历险记》中

第三章 费城

出现的观察戏剧,但带有可怕的、恶毒的扭曲。尽管动用了来自科学的语言和意象,爱伦·坡这次给予读者的经历却并非确定与宽慰,而是迷失和恐惧。

它著名的第一段文字召唤的是真相、神经战栗、疾病、地狱和故事叙述者的能力。故事的开始像是一次谈话,或是对一间疯人院的探访,或是发生在一次审判的过程中,一位叙事者夸耀着他的感官的敏锐:

> 真的!——强健有力——我的感官一直非常非常强健有力,而且现在仍然如此!但为什么你们要说我是个疯子?这个疾病让我的感官更加敏锐,它没有摧毁它们,没有钝化它们,最重要的是让我的听觉变得更加强健。我能听见天空与地面的一切事物发出的声音。我能听见地狱中的许多事物发出的声音。那为什么我就是疯子?仔细听着!看看我能多么正常地、多么冷静地告诉你这个完整的故事。[47]

这个无名叙事者变得执着于向那个与他住处相邻的瞽目老人发出独白:"我觉得这是他的眼睛!是的,是这个原因!他的一只眼睛像秃鹰的眼睛,是一只淡蓝色的眼睛,上面覆盖着一层薄膜。无论他的目光什么时候落到我的身上,我的血液都会凝固;而且就这样慢慢地,非常缓慢地……这让我下定决心杀了那个老头,这样我就能永远摆脱那只眼睛。"在既非贪婪也非复仇的驱动下,叙事者以淡漠的、客观的超然态度走向这个非理性的目标,半夜,他依赖灯笼的照明去窥视老人的房间,并且只在灯笼上留了"一个小缝,只让一条狭窄的光束照在那只秃鹰的眼睛上"。

在这种死亡观察的第 7 个夜晚,那个老人醒了,感觉到了这个入侵者。他隐秘地拉开灯笼,"直到最后,一道如同蜘蛛的蛛丝一样的昏暗光线从裂缝中射出,完整地落在那只'秃鹰的眼睛'上"。

他立刻听到了"一个低沉、单调、急促的声音,就好像一块表包裹在棉花里时发出的那种声音"——是那个感到惊恐的老人心脏的跳动声,如此响亮,他担心邻近的人会听见。

在他详细而又有条理的叙述中,他的描述惟妙惟肖,如同一份精心策划的科学实验报告。长期以来,光都是知识和理性的象征,在这里却与疯狂相联系。爱伦·坡的叙事者的视野中满是那只被薄膜覆盖的眼睛,而不是在威廉·佩利的自然神学中被认为是上帝智慧的象征的视觉器官。他闯入的那间黑暗的房间让人想起照相机暗箱,银版照相的技术核心[48]:一个封闭的空间,外界的形象通过光的投射进入其中。这个叙述者是在夜间行动的,穿透房间的光是也人为的,被投射的形象不是上帝创造的外部世界,而是让自己的猎物陷入困境的"蜘蛛的蛛丝"。

这个故事让现代科学的一个原始场景再次上演:艾萨克·牛顿在《光学》(*Opticks*)中叙述的棱镜实验。在这部著作中,牛顿一步步地详细叙述了他是如何仔细地打开快门,让单一的光进入了一个暗室并受到分解,从而揭示了光谱的颜色。爱伦·坡的叙述逆转了牛顿的实验,让视觉和条理分明的推理变成了变态致死的手段。他将新式精密仪器中人们称道的灵敏度转变为一种精神异常,让他的叙事者可以感受"地狱中的许多事物",它们或许是用"以太"作为振动介质的。

爱伦·坡的叙事人谋杀了那位老人。他一如既往地条理分明,不但肢解了尸体,而且将碎片埋藏在地板下面。警方听到了尖叫声,介入了案件调查;他则冷静地招待他们,给他们吃茶点,甚至把他们的椅子直接放在掩埋了罪证的地板正上方。

然后他又一次听到了持续的心跳声,"如同包裹在棉花中的表"的嘀嗒声——是死去了的受害者的心脏,而且心跳声变得越来越响,好似在嘲讽他的心跳声和警察那漠不关心的唠叨,最后他终于发狂了,在恐惧和痛苦中高声大叫,坦白了他的罪行。

正如他渴望证明自己理性的冷静但最终还是让人发现了这桩谋杀一样,他的感官灵敏度增加了,让他可以听到各种声音,无论是想象的还是真实的，它们带着他超越了冷静的实验的极限。

爱伦·坡以科学的语言详细叙述了一次暴力的非理性行为，以戏剧化的方式表现了启蒙运动的阴暗面。这一面对陷于"理性的"经济与政治秩序中的美国人来说是一处不怎么熟悉的景色，因为这样的秩序是由无情的竞争、奴隶制和暴力殖民确定的。尽管通常政府反馈给他们的是平等、自由和进步的抚慰腔调，但在平静的理性表象之下跳动着的是恐怖、困扰和残忍的脉搏。

爱伦·坡的故事将这颗螺丝钉又上紧了一圈。尽管在地板下面隐藏着的心脏或许象征着叙事者罪恶的疯狂，这种庞大的罪责是他那些精于算计的理性和能言善辩的唠叨所无法掩盖的，它也回响着方法与理性的终极符号的声音：一块机械表，既是牛顿"发条宇宙"的化身，也是佩利有关设计的自然神学符号。

这个故事剥掉了一层理性的表面，揭示了无法言喻而又非理性的力。当另一层表面被揭开时，这些力就会被解释为更深层次的机械装置的工具，带有完全属于它自己的理性。

这篇小说的可读性也很强。自发表以来，这个故事让无数学童恐惧，让成人喜悦。

铁笔

《泄密的心》发表在詹姆斯·拉塞尔·洛威尔主编的《先锋》(*The Pioneer*)杂志的第一期上。洛威尔是一名出身高贵的马萨诸塞州青年诗人，爱伦·坡觉得他们之间有着"某些共同的看法与品位"。[49]爱伦·坡吹捧这家杂志，称其诞生是美国文学界的新曙光。"在这些自我鼓吹与自卖自夸的杂志生涯里"，他欢呼道，《先锋》杂志是改革的第一份伟大成果。"他在给洛威尔的信中建议他们成立一个作家"联盟"[50]：一个秘密的辛迪加、协会或者作家联合会，将文学事业放在其创造者自己手中,而不是握在杂志老板和出版社的手中。

《先锋》的第二期发表了爱伦·坡的《丽诺尔》(Lenore),一首哀悼一个年轻新娘的诗。这一期的另一个特色是发表了纳撒尼尔·霍桑的讽刺文章《梦幻大厅》(The Hall of Fantasy)。爱伦·坡也得到了霍桑的伟大文学家们的想象俱乐部中的一个位置,"这是因为他的想象力,但由于他属于批评家的讨厌集团,因此也有被踢出俱乐部的可能"。[51]

托马斯·C.克拉克(Thomas C. Clarke)是一名富有的戒酒倡导者,也是一家家庭周刊《费城星期六博物馆》(Philadelphia Saturday Museum)的主编。爱伦·坡曾在评论中赞赏他的著作《美国实用知识袖珍博物馆》(American Pocket Library of Useful Knowledge)。[52] 1843年年初,爱伦·坡创办自己的杂志的梦想因为克拉克而突然间再次复活。克拉克委托他的朋友亨利·赫斯特撰写了一部爱伦·坡的传记,爱伦坡本人提供了事实素材,其中有许多夸张成分,有些纯粹是瞎扯。赫斯特完成了写作,还附上了一幅很糟糕的版画肖像。爱伦·坡对此发出了妙语:"上帝哦,我确实挺丑的,但还没丑到这种程度。"[53] 这部传记将爱伦·坡的种种成就,包括他的诗歌,带到了公众面前。

爱伦·坡想办法让克拉克相信,一份有权威作者加持的月刊具有持久的生命力。《宾夕法尼亚》似乎是一个过分局限于当地的刊名,现在则蒙上了失败的阴影。新的杂志将被命名为《铁笔》,其他的一切都和《宾夕法尼亚》一样,但"现在,它的创办得到了最好的资助,除了刊名之外没别的变化"。[54] 他们计划于1843年7月创刊。

有了克拉克这个合伙人,而且他妻子的健康状况也好转了("我确实可以说:弗吉尼亚已经差不多康复了,只剩下轻微的咳嗽")[55],爱伦·坡重新干劲十足。他将《铁笔》的简章寄给了在华盛顿的F. W. 托马斯,向他吐露了自己的欣喜,因为他可以保证这一"伟大目标"的实现:"一个拥有大量资本的合伙人在文学上对自己如此缺乏自信,如此一来,我就可以完全主导这本杂志的编辑方式了。"[56]

克拉克给了他一半的利润和运营资金；作为回报，爱伦·坡将在第一年为其提供"文学作品"。这是一个很高的要求。他将"以自己的名字和其他笔名尽可能多写，而且寄希望于朋友们偶尔的帮助，直到安然度过杂志初期的第一个阶段"。然而，如果他能控制内容，得到一部分利润，而且他的名字还能出现在发行人栏上，他愿意承受繁重无比的文学劳动。

波托马克河喷发

3月6日，爱伦·坡有关《铁笔》的兴奋已经上升到了近乎危险的水平，这时一个公告出现在公众面前：费城海关换了一位新关长——开尔文·布莱斯法官（Judge Calvin Blythe）。新的一轮职务任命即将到来。

拿到了别人欠他的几美元之后，爱伦·坡立即前往华盛顿。[57] F. W. 托马斯为他安排介绍，他会去寻求辉格党官员以及《铁笔》订户们的认可，甚至还想得到联邦政府的支持。他在位于宾夕法尼亚大道（Pennsylvania Avenue）上富勒的城市酒店开了一个房间，并发现托马斯得了充血性热病，躺在酒店房间里，"全身上下都是拔火罐的痕迹和起的泡"。[58] 托马斯给了他一封信，介绍他去见罗伯特·泰勒。

随后发生的具体情况并不完全清楚，但爱伦·坡确实曾在某个时候敲响了白宫的大门。

在富勒的酒店里，爱伦·坡还见到了包括杰西·厄斯金·道在内的老朋友。道发现爱伦·坡"在人们的强烈劝说下喝了点儿波尔图葡萄酒，结果显得有些兴奋"。[59] 第二天，爱伦·坡给了自然历史学家约翰·柯克·汤森（John Kirk Townsend）一封信和一支气枪。他或许也去见过银版摄影师马修·布雷迪（Mathew Brady），走访过一位对密码学有兴趣的宾夕法尼亚州议员，并说服泰勒总统的儿子罗伯特以及新任海军部长亚伯·厄阿普舒尔（Abel Upshur）为《铁笔》写文章。

在爱伦·坡这一连串兴冲冲的活动中,他写信告诉克拉克,说杂志的订单"从政府各部"[60]如雪片般飞来,可能还包括杰西·艾略特海军准将(Commodore Jesse Elliott)。他的疯狂活动正在促进这一事业:"我相信我正在造成一种轰动,它将对杂志有利。"他将会是赢家。"见信后请立即寄给我10美元。尽管我很不愿意以这种方式向你要钱,但你会发现你会赚回来的,会翻一番。"

据人说:"第二天他一直很沉稳,但从那之后,他有时候会变得很不可靠。"[61]来自费城的医师兼作家托马斯·邓恩·英格利希当时也在,还新留了胡须,爱伦·坡称他为"唐先生"。爱伦·坡曾在宾夕法尼亚大道向一位新闻工作者借钱,英格利希发现他"外表邋遢,形容憔悴"。[62]还有一次,爱伦·坡的身体挺不住了,不得不躺在床上休息。英格利希叫来了医师,但痛苦不仅仅来自他的身体,"他(还)因为自己有失检点而难过"。[63]

道请求克拉克带他回家:"他在这里,会让那些想利用总统来沉重打击他的人有机可乘,因此,如果他在费城,我们就可以为他做一些事情,如果他在这里我们就做不到。因为他不明白政治家们的行事方式,也不知道怎样和他们打交道才最有效。他怎么可能知道呢?"[64]结果克拉克无法过来,只得想办法找人把他送上火车,但他们"担心他可能被留在巴尔的摩,在那里他还是无法逃脱伤害"。

爱伦·坡终于还是设法回到了费城。在刮了胡子并且"洗了热水澡、吃了晚饭"[65]之后,他去见了克拉克。"在我的一生中,我从来没有见过当一个人见到另一个人的时候会如此吃惊。因为道的来信,他一定认为我不仅死了,而且已经被埋葬了。我看他那个样子,大概他见到了他的曾曾曾祖母也不会这么吃惊。"弗吉尼亚"心中的忧虑甚至比我预想中的还要严重,"他对道和托马斯承认,"她向你们两人致以最诚挚的问候,克莱姆夫人附笔问安。"

他在对自己的醉酒行为开的玩笑中带着羞愧的意味。他对道的"仁慈和宽容感激不尽,也为他只字不提他反穿斗篷和其他类似的小过失感激不尽"。

他对F. W.托马斯敞开了胸怀:"亲爱的朋友。请原谅我的任性,不要相信我当时说过的一切。相信我,我非常感谢你对我的诸多照顾。"他请托马斯转达自己对房东的歉意:"因为我在他的房子里胡闹,请对他说(如果你认为有必要),如果不是被逼着喝了拉米咖啡,他那极好的波尔图葡萄酒根本不会让我醉成那样。"他还请托马斯给罗伯特·泰勒带了另一句话:"如果他能考虑一下并任命我为检察官,我将加入"华盛顿人"(Washingtonians)——一个军队的戒酒协会。把一个全世界都认为他是个好人、而且他也认为自己特别好的年轻人从薄荷朱利酒,以及波尔图葡萄酒中解救出来,这将是值得泰勒先生骄傲的一件事。"尽管爱伦·坡试图轻描淡写地重温那些噩梦般的回忆,但他还是感受得到屈辱。

那个月月底,托马斯告诉爱伦·坡:"总统昨天问了我好些关于你的问题,而且说到你的时候很和善。"[66]此外,托马斯还说:"泰勒的儿子罗伯特曾经听一个你在玩闹时在场的人说到你当时的情况,但我把事情淡化了。"泰勒甚至给布莱斯法官写了一封私人信件来推荐爱伦·坡。[67]

但海关关长当时被"成千上万做好了准备并急切地打算谋求一个公职的人包围,尽管他们平时情愿依靠自己的独立努力"。[68]于是爱伦·坡一直没有得到任命。

世界的毁灭

对纽约上州的许多威廉·米勒(William Miller)的追随者来说,1843年在天空中出现了燃烧的彗星,这预示着基督的回归和世界的末日。4月1日,爱伦·坡重新发表了他过去有关肆虐地球的彗星的对话,标题是《世界的毁灭》(The Destruction of the World)。他的新序言只能稍微减少人们的忧虑:"当然,对于来自天空的访客,我们现在没有什么可怕的。"[69]但是,"明天可能会有与它差不多的东西,或者更令人吃惊的新奇事物出现"。

他们一家人又一次搬家,现在到了城北的春园(Spring Garden),住进了一个"有3个房间的披屋"。①[70]他仍然计划在7月份推出《铁笔》,并且继续为他未来的杂志征求订户,而且还要争取洛威尔和霍桑为未来的杂志做委托工作。[71]克拉克仍然欢迎他与赫斯特和托马斯·邓恩·英格利希前来做客,后者却没有忘记爱伦·坡有关他的胡须的羞辱之词。根据克拉克的女儿的回忆,过去的这"几位好友"现在有些不和:"一天晚上,他们三人很早就都来了,但都相隔很远,避免发生致命的冲突:英格利希在客厅,赫斯特在图书馆,而爱伦·坡和平时一样进了餐厅。"[72]

英格利希随后在一篇题为《酒鬼的末日》(The Doom of the Drinker)的连载小说中发泄了他的怨气。小说将爱伦·坡表现为一个"看上去像个绅士的名士"[73]:"他精湛的分析能力,以及尖锐而表面诚挚的风格,让他成为傻瓜们眼中的厉害人物,但他是在盗用他人的想法,总之,他是背叛和谎言的转世灵童。"格里斯沃尔德牧师也在传播有关爱伦·坡酒瘾发作的流言蜚语,甚至谎称事情发生在当他在《伯顿绅士杂志》工作的时候。谣言甚至传到了巴尔的摩,兰伯特·威尔默悄悄地对一位朋友说:"我注意到他最近的行为很不稳定,这让我感到难以表达的痛苦。"[74]

5月,克拉克很遗憾地告诉爱伦·坡,他现在决定放弃《铁笔》。爱伦·坡一直希望得到的救赎也消失了。

爱伦·坡曾对他的堂兄威廉·坡(William Poe)描述过自己"最近

---

① 披屋,指正屋旁依墙所搭的小屋。——编者注

的多次反复"[75]以及他的"疾病和意志消沉",现在威廉则提醒他注意:"饮酒过度"是他们家族的"大敌"。插图画家菲利克斯·达利(Felix Darley)是被放弃的《铁笔》计划中的合伙人之一,他在回忆爱伦·坡的坚忍风格时说,他"是一位非常优雅、非常有绅士派头的人",他"总是很有趣,但我觉得,他的思维性格中带有伤感的色彩"。[76]小说家梅恩·里德(Mayne Reid)回忆道,他曾在春园与爱伦·坡和弗吉尼亚"共同度过一些生活中最高兴的时光,那当然也是其中最富于智慧的时光",尽管"她面颊上的玫瑰色实在太鲜艳、太纯净,似乎不应该属于这个世界"。[77]

里德也说到了工作中的玛丽亚·克莱姆。"她是这所房子中永远保持警惕的卫士,总是专注于那些静悄悄但持续存在的需要。"克莱姆夫人"是唯一的信使,她在那位诗人和出版商之间跑腿,经常带回来一些令人齿冷的回应,诸如'文章未被接受'或者'支票要到某某日才能发出',而这个日子经常来得太晚了"。在爱伦·坡失业而且前景堪忧的时刻,马蒂的勤俭持家是让这个家庭尚能维持的唯一原因。

萤火虫的闪光

1843年3月,传来了一个大受欢迎的消息。《美元报》(*The Dollar Newspaper*)主办了一项短篇小说竞赛,优胜者将获得100美元的奖金,"奖金优厚,绝无虚假"。[78]爱伦·坡之前已经把他最新的小说《金甲虫》卖给了格雷厄姆,那是一篇混合了密码学戏剧、昆虫学误导、吟游诗人表演和海盗传说的史无前例的故事。爱伦·坡又把它买了回来,参加了竞赛。

《美元报》于6月14日宣布:100美元的头奖花落《金甲虫》,并称这是"一部巅峰之作"——美元、黄金和巅峰都是在人们心中萦绕的东西①；第二名是《银行家的女儿》(*The Banker's Daughter*)；季军是《为钱结婚》(*Marrying for Money*)。

《金甲虫》的主角是罗格朗（Legrand）——一名没落贵族，自愿在南加州海岸线以外的苏利文岛（爱伦·坡在陆军服役时曾在该岛驻扎）上离群索居。他在海滨发现了一只奇怪的昆虫，一只金龟子，外壳看上去就像金属，上面还有骷髅头的图案。他用附近的一块羊皮纸碎片把它包了起来。但当他将羊皮纸丢进火里时，纸上出现了字迹：是火焰让隐形墨水显出了真迹。罗格朗赶紧把纸抢救了出来，阅读了这份文件，结果发现了一份加密信息。他有条不紊地破解了这份文件。它引导着他，加上他滑稽可笑的仆人（从前的奴隶朱庇特）的帮助，找到了一份海盗埋葬的旷世珍宝，其中的黄金和宝石价值数百万美元。

《金甲虫》是标志着爱伦·坡的小说背景向美国转变的一个重大转折点。这是一个利用自己的智慧，将原本毫无价值的纸张上毫无意义的文字转变为黄金，从而实现了愿望的故事。那张纸本来就像州银行里贬值了的纸币，或者像爱伦·坡的破产宣告书中草草写成的那些"对任何人都没有价值"的东西一样。[79]罗伯特·路易斯·斯蒂文森（Robert Louis Stevenson）将在他的《金银岛》(*Treasure Island*)中密切地追踪这一足迹。

克拉克提醒《费城星期六博物馆》的读者注意"这份独一无二的作品，它具有异乎寻常的结构，但无疑是以非凡的智慧创作的"。[80]无数人冲向《美元报》哄抢报纸，原版和再版纷纷售罄。它很快就被改编为话剧。在费城的《每日论坛》(*Daily Forum*)上，一名年轻的新闻记者攻击这篇小说和奖项是"一个预先决定好了的骗局"，并毫无根据地谴责爱伦·坡剽窃。[81]爱伦·坡准备以诽谤罪起诉此人，但以双方握手

---

① 对《金甲虫》的赞誉（"一部巅峰之作"）的英文原文是"a capital story"，但 capital 的另一个意思是"资本"，因此这一句的实际意思是"美元、黄金和资本都是在人们心中萦绕的东西"。——译者注

言和撤回起诉而告终。

爱伦·坡新近的这次名气大爆发让他得以发表了一系列新的小说，再加上一项新的探险：巡回演讲。演讲的题目是"美国诗歌"。

演讲的宣传工作由一位长头发、专门揭露黑幕的小说家，乔治·利帕德负责。

利帕德的《贵格城》(*Quaker City*)描写的是费城精英阶层的邪恶欲望和他们对付普通劳动人民的奸计。像许多人一样，他意识到了爱伦·坡对文学的不懈努力，同时憎恶格里斯沃尔德牧师。[82]利帕德称爱伦·坡为天生的诗人，而且他的头脑中"刻着天才的烙印"，很可能是"美国有史以来最富首创精神的作家。他喜欢奔放与幻想，他的思想能穿透人类灵魂最深刻的角落，创造庞大、宏伟的梦境，展现犹如身临其境的幻想和非凡的奥秘"。[83]

爱伦·坡在一座人满为患的大厅中发表了他的演讲，另外有数以百计的人"无法入场"。[84]一批"高智商的听众"[85]因为他"强大的分析能力"和"对语言的驾驭"而听得如醉如痴。他在各地巡回演讲：在威尔明顿，特拉华州的戒酒大厅（Temperance Hall），在雷丁的力学大厅（Mechanics Hall），在巴尔的摩的怪事大厅（Odd Fellows Hall），在费城的富兰克林学会（Franklin Lyceum）和费城博物馆（Philadephia Museum），后者是这座城市的通俗科学与娱乐的最著名的舞台，也是乔治·库姆曾发表了他的颅相学演讲以及魔灯"叠化画面"第一次亮相的地方。爱伦·坡的演讲是走向"一份成功的杂志"的踏脚石，这份杂志"将倾情讨论美国文学的一切高级对象，将由爱伦·坡先生主编、拥有与控制"。[86]

爱伦·坡寻想在波士顿学会（Boston Lyceum）举行一次演讲，但该厅的秘书预测他的"成功概率"[87]很低而不肯答应。爱伦·坡对一些波士顿名人，如爱默生、格里斯沃尔德和朗费罗的攻击，也没有让他在费城得到加分。格雷厄姆委托他对朗费罗的《西班牙大学生》(*Spanish Student*)发表评论。但后来格雷厄姆告诉朗费罗，因为爱伦·坡的文章实在太严厉了,编辑不得不付钱给他让他不要发表。他在提及爱伦·坡写给他的一张欠条时说:"我认为这份欠条永远不会兑现,而且我怀疑写这张欠条的人是否真的会得到救赎。"这份评判确实是对爱伦·坡的一种谴责。

尽管托马斯·C.克拉克放弃了《铁笔》计划,但他在《费城星期六博物馆》杂志上仍然非常和善地对待爱伦·坡。不过,克拉克于1844年1月不再从事出版业。利帕德试图解释明白爱伦·坡对这座城市文坛的贡献:"正是爱伦·坡先生让格雷厄姆的杂志变成了它于一年前的样子;正是他的智慧让现在这家孱弱、浅薄的出版物在当时具有精致的笔调和思想上的活力。"[88]

《金甲虫》激发了一波认可爱伦·坡的浪潮,但它来得太晚了——费城的门一扇接一扇地在他面前关闭。

11
科学与江湖骗子的征程

前进中的科学

爱伦·坡的梦想是领导一份由并非人格化的普遍标准引导的全国性文学杂志,这个梦想虽然还没有在他的心底死亡,但现在已经被埋葬了。与此同时,其他人为提升这个国家的知识生活的计划正不断前进——那些在国家层次上促进、传播与组织研究的计划,其中取得的一些重大进步,得到了响亮的喝彩,其他的则隐藏在幕后,但将具有重要得多的影响。

1844年4月1日,科学家和政府官员们在华盛顿的宾夕法尼亚大道上排起了队。[1]美国国家科学促进研究所(The National Institute for the Promotion of Science)以一次游行开始了它的第一次公众大会。

约翰·泰勒总统和他的内阁部长们从财政部大厦(Treasury Building)走到了长老会教堂(Presbyterian church)。当他们在长板凳上就座时,海军陆战队(Marine Corps)的军乐队的演奏营造了"庄严的气氛"。乔治城的克莱门特·摩尔·巴特勒牧师(Reverend Clement Moore Butler of Georgetown)做了"切题的祈祷",此后,"一种结合了风琴与钢琴的新发明的乐器"发出了"美妙的和谐音乐"。

泰勒总统欢迎大家到来。随后讲话的是约翰·W.德雷珀，他报告了由银版照相揭示的太阳光线的作用。天文学家埃利亚斯·卢米斯接着报告了他对1843年的彗星所做的分析。

在音乐表演的点缀下，各个领域的专家登台做了演讲[2]：马修·方丹·莫里中尉论及墨西哥湾暖流（Gulf Stream），弗吉尼亚的乔治·塔克（George Tucker）说的是"美国的未来发展"，还有关于昆虫学、石化的森林、星云假说、法国与德国的历史流派、"一种电流体"的理论——由总统的儿子小约翰·泰勒（John Tyler Jr.）发表、由"暴风雨之王"詹姆斯·埃斯皮所做的气象学报告，以及曾设计了燃煤炉灶和其他几个不那么有名的发明的联合学院（Union College）院长伊利法莱特·诺特牧师（Reverend Eliphalet Nott）的演讲，题目为《试论世界之起源、延续时间与终结》（*On the Origin, Duration, and End of the World*）。

这一活动持续了10天。参加者有"国会议员、陌生人和公民"，其中包括在顶层楼座上就座的"大批女士"。[3] 组织这次聚会的政府官员将其宣传为一次"具有最广泛的公众性质"的"智力盛宴"。

正是由于它"广泛与深受欢迎的性质"，许多美国最有成就的科学人当时选择留在家里。[4] 40多位科学家与学科带头人，包括约瑟夫·亨利、本杰明·皮尔斯和耶鲁大学教授、《美国科学与艺术杂志》编辑本杰明·西利曼都拒绝了国家科学促进研究所的邀请。

当读到活动计划时，亨利写信给化学家约翰·托里："你觉得我以'泡沫'为题为华盛顿研究所准备一篇在这次庞大会议上发表的论文怎么样？人们会不会认为，这个标题与诺特博士即将发表的有关世界起源与毁灭的夸大其词的报告有关，是在反对他的论调？"[5]

创建这个研究所是美国走向对科学的全国性支持的一个大胆举措。但亨利、贝奇和其他科学家们认为，这只是一团泡沫，一场流行一时的狂热，而且方向错误。

第三章 费城

酷酷的 50 万美元

这个研究所回答了一个人人都想被问的问题：有了 11 筐黄金该干什么？1829 年，诺森伯兰公爵（Duke of Northumberland）的私生子、业余地质学家詹姆斯·史密森（James Smithson）去世，他把 50 万美元留给美国政府，让他们"以史密森学会（Smithsonian Institution）的名义，在华盛顿资助建立一座旨在增加与传播知识的机构"。[6] 1838 年，理查德·拉什（Richard Rush）漂洋过海前往英国，去领取史密森的遗赠。

人们根本无法就如何使用这些黄金取得一致意见。一种可能性是实现约翰·昆西·亚当森在就职演说中的那个未能实现的诺言：建立一座全国天文台，一个天空中的灯塔。另一个是建立全国科学大学，这个计划得到了国会以及《南方文学信使》的支持。[7] 1840 年，爱伦·坡也附和了这个建议，并在《伯顿绅士杂志》上发表观点，称史密森的"整个一生"是对他想做的事情的一个"清楚的说明"：他想要资助的不是一所普通的综合性大学或者博物馆，而是"一个为了科学进步的学院"。[8]

英国科学促进协会的成功启发了美国的研究人员，让他们考虑另一种可能性：一个全国科学促进组织。[9] 托克维尔（Tocqueville）认为，围绕着共同兴趣的各个群体的自愿组织"协会的精神"[10] 是 19 世纪 30 年代美国民主的最关键性质。1838 年，创办一个美国科学人的协会的尝试曾被费城的美国哲学学会的成员们阻止了，因为他们对自己作为这个国家最老的科学社会成员之一的地位感到满意，哪怕他们的协会正逐渐走向衰败。在纽约学会，约翰·托里同意"费城人"[11] 的意见，即当时时机不对："在这个国家中确实有许多诈骗行为，足以压倒我们这些谦虚的人。"

尽管有各种不同意见，但用史密森的遗赠资助一个全科学机构的计划依然在范布伦内阁中成形了。计划的领导人是国防部部长乔尔·波因塞特,一位来自南卡罗来纳州的世界旅行家、种植园主。与同时代的其他奴隶主一样,他对自己的利益毫不相让,并预期美国拥有的种植园的规模将不断扩大[12],会进入墨西哥、加勒比海地区和南美,这个计划后来由海洋学家马修·方丹·莫里大力推动。

波因塞特是美国南太平洋探索远征队的主要政府支持者。该计划由 J. N. 雷诺兹发起,得到了爱伦·坡在《南方文学信使》的推动。远征队的 7 艘船于 1838 年在查尔斯·威尔克斯的指挥下启航,并在波因塞特的坚持下,有一队科学家和学者参与,包括植物学家詹姆斯·达纳(James Dana)、画家提香·皮尔(Titian Peale)和动物学家兼民族学家查尔斯·皮克林,纳撒尼尔·霍桑提出为这支远征队记录旅行经历的申请遭拒。[13]

1840 年,当来自远征队的早期标本开始运抵华盛顿时,波因塞特建议将史密森的礼物用于资助一座国家博物馆。这样一座"国家陈列室"可以存放与展示远征队的标本,以及来自国家调查和地方收集者的岩石、植物和动物。而它将被置于国家科学促进研究所的控制之下。

包括国务院官员和财政部长在内的政府官员起草了拟议中的国家科学促进研究所的宪章。波因塞特担任所长,另一位所长是詹姆斯·柯克·波尔丁,他也是爱伦·坡的早期支持者之一,现在是范布伦的海军部长。总统和副总统也在其中有正式职衔。

尽管有这样一个通过政治任命的委员会,正在到来的 1840 年大选清楚地说明了这个研究所的理念的脆弱性。[14]这批政治家(许多带有强烈支持南方与杰克逊的标志)会不会以政治忠诚为基础奖励或者拒绝研究人员?新一届政府也会支持这个研究所吗?

事实证明,对这个研究所卷入政治因素的担心是不无道理的:随着范布伦于 1840 年被辉格党人哈里森击败,波因塞特退休返回了他在南卡罗来纳州的种植园。当探险远征队的船只于 1842 年返回纽约港口时,研究所的秘书,国务院的职员弗朗西斯·马科(Francis Markoe)接管了研究所。他开始在华盛顿的专利局大厅（Great Hall of Washington's Patent Office）——现在的美国国家肖像美术馆（National Portrait Gallery），随意安排放置探险队带回来的丰富多彩的鸟类、植物、石头标本和民族学物品。马科也开始为研究所计划一次全国大会，希望能让该所更容易获得史密森的黄金。

研究所的组织者放弃了任何与欧洲的类似组织如BAAS在"广度与深度"[15]方面展开竞争的希望。取而代之的是，他们的目标仅仅在于"搜集"与"传播""美国人在美国各地的智慧、科学成果和实用观察"。加入研究所的门槛放得很低，任何"有意"贡献或者得到有用的信息"的人都可以加入。尽管这个研究所很受公众欢迎，但马科认为，该所的成功取决于那些声名卓著、有所建树的研究人员的支持。他邀请了几十位这样的研究者参加大会。他特别呼吁美国地质学家和博物学家协会（The Association of American Geologists and Naturalists，简称AAGN）[16]的成员与会。AAGN由各州地质调查的资深人员组成，于1840年在费城的富兰克林学院召开了第一次集体会议。

马科知道，AAGN计划于1844年5月再次在华盛顿集会。他希望能说服他们放弃这次集会，或者在4月与国家科学促进研究所联合集会。然而他心中显然想要做点儿比AAGN通常的工作"更受欢迎的事情"。[17]探险远征队的植物学家詹姆斯·达纳感到，AAGN应该在"没有乐队的支持下，以更科学的方式"[18]集会并分享他们的发现。有些研究人员也担心，国家科学促进研究所更关心的是宣传科学，而不是从事科学工作；贝奇认为，在美国人中，"鼓吹科学的人有从事科研的人的50倍之多"[19]。

约瑟夫·亨利认为，这个研究所不适于"决定具有严格科学性质的问题"，因为它"主要是由业余人士和政治家控制的"。[20]达纳认为，即将召开的AAGN会议的谦虚让研究所的浮夸相形见绌："如果我们有正常的出席人数、安静务实的会议风格，并讨论真正有价值的主题，则由此而来的具有独创性的问题将让所有其他的一切,例如低音鼓什么的,全都成为背景板。"[21]

亨利当时很气恼地在想,"一旦伪科学发生了雪崩","研究所在自己身上堆积的那些大量洪积物"会出现什么情况。[22]国家科学促进研究所大批量网罗人才的演讲、豪华的仪式、由政治家确定的工作方向,所有这一切都带有江湖骗子的意味,与他心目中认真计划、自我导向、清醒严格的研究所风格完全不同。

行骗流行病

尽管贝奇心中同意亨利的看法,但他也是一个比较精明的政治家,不会去斥责这个可能会赢得史密森的遗赠的组织。反之,他利用大会给他的机会,发表了一篇题为《科学在美国的缺失》(The Wants of Science in the United States)的纲领性演讲,其中直言不讳地反对该研究所目前的方向。他告诫人们,如果一个科学协会未能清楚地认清美国需要的是科学"工作者"而不是科学"鼓吹者",则不要"贸然"跟随这样的组织"大步向前"。[23]"我们需要更多的行动,而不是每年通过那些激动人心的手段煽惑人心。"他坚持认为,"除了一个能镇压江湖骗子行为,而不是对待我们如同猎获物一样束缚着手脚的协会",这个国家不需要任何其他科学协会。

亨利和贝奇谨慎提防任何对公众开放的科学娱乐,担心人们会用壮观的场面牺牲科学的严格。他们也坚持认为,在美国,任何类似英国协会的组织都绝不应该是一个任何人都可以加入的民主化团体。BAAS会议是对公众开放的活动,在整个英国吸收成员。参与度较高有利于得到资金,但亨利指出,当"人人都可以自由地交流"[24]的时候,业余爱好者、一知半解之人和"目光深邃的专家事实上都被拉到了同一水平"。然而,BAAS自行选择的领袖能持续把握它的总体方向;"成员们组成的庞大整体在管理这个机构方面没有任何选择,而在这方面,这个团体与国家的政府一样,是贵族的。"

尽管亨利坚信美国的共和党理想,而且也坚信,科学的倾向是"正确意义上的共和主义"[25],但他认为,任何美国的科学组织也需要"贵族化",实行从上至下的监督,不然它们遭到江湖骗子和科学平庸分子接管的风险比在其他国家要大得多。他对本杰明·西利曼的《美国科学与艺术杂志》感到很恼火,因为它发表了许多牵强附会的电学和生理学理论。[26]当塞缪尔·莫尔斯就有关电报的一些问题联系他时,亨利警告道:"许多人认为,电磁电报只是与持续地被带到公众面前的许多荒诞计划相关的。"[27]亨利认为,一个美国协会必须只接受那些"曾经在实验工作中学习过的人",就像他曾经艰辛地在金属加工行业做过学徒一样[28];否则,"三四流人物很快就会掌控大权,让整个事业流产,从而贻笑大方"[29]。

亨利和贝奇认为,江湖骗子们不仅隐藏在演讲厅和通俗报章中,而且也在他们的同事中间。当时,通过有关气象学的通俗演讲和一本题为《暴风雨的哲学》(*The Philosophy of Storms*)的著作,詹姆斯·埃斯皮为自己赢得了"暴风雨之王"的称号,而他正是亨利和贝奇在富兰克林学院的朋友。埃斯皮认为,暴风雨是由于靠近地面的热产生的,它迫使水上升并形成云;然后,水汽遇冷凝结并落下,这就是雨。这是他用自己的"成云器"(nephelescope)证明了的理论,成云器是一种能在茶壶中形成暴风雨的装置。他提出了一种能解决折磨着西部定居点的干旱的方法:他相信,只要在阿巴拉契亚山脉(Appalachians)以外放火,就可以在西部降雨。这是人为改变气候的第一批计划之一[30];幸运的是,从来没有人做过这种尝试。

贝奇表达了他对埃斯皮为解决西部干旱采取的"奇怪途径"的保留意见,亨利则担心埃斯皮"不够谨慎"。[31]本杰明·皮尔斯对埃斯皮"洋洋自得的态度"甚为惋惜,并认为,"哪怕是'暴风雨之王',美国也不会容忍他们"。前总统约翰·昆西·亚当斯将埃斯皮诊断为"有条理的狂热症患者",还说,根据颅相学,"他那象征自尊的器官的大小已经膨胀到了甲状腺肿大的程度了"。(爱伦·坡则质疑这位气象学家的首创性:"罗杰·培根已经预言了埃斯皮教授的理论的首要部分。"[32] 他在1846年写道。)在美国吵吵闹闹的公众圈子内,有利可图的题材和在有争议的题材上"招摇的表现"[33] 可以激发轻率的赞美、危险的热情和嫉妒。埃斯皮的朋友们对他的否定说明,尽管有一个建立在坚实的科学上的背景,而且处身贝奇、亨利和皮尔斯等人的封闭科学小圈子内,一个人的自负完全可以带领他在远离科学的道路上越走越远。

亨利特别痛恨一个人,这个人在19世纪40年代将成为任何人都比不上的美国头号科学演讲大师。他就是狄奥尼修斯·拉德纳。正是这个家伙,在1837年的利物浦BAAS会议上挑战了亨利。[34] 生于都柏林的拉德纳是英国国教的信徒,但致力于传播力学和自然科学。他在伦敦创建了一家成功的科学出版公司,由此成了演讲圈子中的常客,并通过对计算机器大唱赞歌来讨好查尔斯·巴贝奇。在布鲁厄姆勋爵的支持下,他被任命为伦敦大学学院(University College London)的教授。

作为一个颇有诱惑力的演讲者[35] 和目标广泛的花花公子,拉德纳与一名已婚女性生了一个私生子。他的另一个情妇玛丽·希维赛德(Mary Heaviside)的丈夫是一名龙骑兵上尉,曾在巴黎痛打了拉德纳一顿。拉德纳与希维赛德于是跑到美国定居。在费城遭受冷遇之后,他们搬到了纽约。1841年,拉德纳开始在克林顿大厅(Clinton Hall)和尼布洛花园(Niblo's Garden)就天文学、电磁学、蒸汽机和地外生命发表演讲。

拉德纳在演讲时也"广泛"地使用了"华丽的图解"[36]、魔灯、"氢氧"灯的显微镜和实景模型——由达盖尔发明的一种颜色生动、背光照明的显示方法,能产生有深度、运动和变化的图像。当他逃往美国的原因被披露以后,新英格兰地区的报纸一片哗然:拉德纳曾经"摧毁了一个幸福家庭的平静"[37]，但"那个恶棍不但没有被整个体面社会驱除，反而能接到邀请，发表一系列演讲"。亨利在给托里的信中说："我在报纸上看到，'同性恋色魔'狄奥尼修斯·拉德纳博士在纽约事业有成。我想现在是你离开的时候了。费城人有理由发出吼声，他们没有给他好脸色看。"[38]

尽管美国的科学带头人们对拉德纳很不齿，但他营造的大场面能刺激多重感官，也非常容易消化，极受大众欢迎。他从克林顿大厅出发，一路到波士顿、新奥尔良、圣路易斯和辛辛那提的学会发表演讲。在费城，他让一千多名听众大为欣喜。喜欢炫耀自己法学博士称号的拉德纳出现在爱伦·坡的一篇幽默小说《一周三个星期日》（*Three Sundays in a Week*）里，"正是杜博·L.迪博士（Doctor Dubble L. Dee），骗子物理学的演讲大师"[39]，他发表的看法是愚蠢人物的福音。在约瑟夫·亨利看来，拉德纳是一个双重威胁：他不但是一个道德上的恶棍，也是一个使科学简单化的江湖骗子。

然而，拉德纳豪华的大场面证明了美国听众对了解科学是何等饥渴。如果真正的科学家无法满足他们的胃口，擅长戏剧性表演的人就会趁机蜂拥而入。

纽约医师戴维·梅雷迪斯·里斯（David Meredith Reese）具有与贝奇和亨利类似的精神，在他出版于1838年的《纽约的欺骗》（*Humbugs of New-York*）一书中，他把江湖骗子行为确定为一种政治与道德危机。他叹息道：纽约人"吞吃了成千上万名国内外庸医让他们与半边莲、辣椒一起服用的假药……而现在又同样急急忙忙地拜倒在颅相学和动物磁学的脚下"。[40] 江湖骗子们"装出一副知识渊博的样子"，他们只需要"责难现存的一切体系"或"批判学校教授的一切知识"，就能找到"一大堆弟子"。尽管纽约是疾病的发源地，但这种疾病其实是全国性的。因为新的科学计划经常与激进的政治和道德改革结盟，里斯的慷慨陈词针对的是政治和宗教运动，以及"伪科学"体系。他宣称，"无论支持罗马教皇派还是反对罗马教皇派，他们都在欺骗公众"[41]，而一旦"极端禁酒派"企图禁止一切酒精饮料，他们就反而成了公众的祸害。

只是在后来占据了全书四分之一篇幅，题为"极端废奴主义"（Ultra-Abolitionism）的一章中，里斯论证的全部内容才清楚地得到了表达。这位医生宣称，反奴隶制运动已经超出了"老学派的杰斐逊、富兰克林、拉什和约翰·杰伊（John Jay）"[42]信奉的那种逐步废除奴隶制的模糊的希望。里斯认为，那些谴责奴隶制，认为它在"任何情况下"都是罪恶并对其采取极端行动的废奴主义者，全都违反了"圣经"（其中包括可以接受的奴隶制的例子）和"公民权利"（因为奴隶是公民的财产）。这些人中的一个代表是密苏里州的伊利亚·洛夫乔伊（Elijah Lovejoy），他曾在支持奴隶制的一群暴民面前挥舞一支步枪，结果被杀。里斯声称，反奴隶制社团（Anti-Slavery Society）是"困扰教会或者国家的最大欺诈团体"。里斯认为，这个时代的最大骗局，同时也是对共同福祉的最大危险，并非颅相学、水疗、专利药物，甚至也不是天主教，而是废奴运动。

面对美国政治的不稳定状态，贝奇和亨利确信，科学的存活依赖于尽可能远离奴隶制这类有争议的问题。他们表达的对江湖骗子的敌意，有一部分是对那些可能燃起激情的"公众"问题的敌意。除了认可新教与自然神学的共同背景[43]外，他们在其科学中基本排除了明显的宗教主张和争议。在19世纪40年代，他们温和、谦虚的立场也意味着科学试图远离对工人与妇女权益的改革，以及会越来越造成分裂的奴隶制问题和为了支持奴隶制而组织起来的种族科学。[44]出于对可能令公众不安和在脆弱的研究人员社团中引起分歧的恐惧，贝奇和亨利基本上不涉足奴隶制相关课题。

这种谨慎完全不是因为他们反对奴隶制。黑人与白人或许有一天会通婚，或者会共享同样的政治权利，亨利对这种想法是感到困惑的。他们的亲密同盟，哈佛大学数学家兼天文学家本杰明·皮尔斯更是明确、公开地支持奴隶制。[45]无论贝奇对这个问题的观点如何，它都没有影响他与未来的联邦党总统杰斐逊·戴维斯之间几十年的友谊,他与种族科学的顽固支持者路易斯·阿加西斯[46]之间的情况也是如此。

贝奇和亨利推崇科学与道德理想的"谦虚"与"严格",这让他们避开了可能激起区域敌对,以及干扰他们联合这个国家"真正的科学家"的话题。贝奇、亨利和他们的大多数同盟认为,科学的非人性和客观性与默许现状(包括白人至上主义)和奴隶制之间并无矛盾,这是对这个时代最紧急的道德和政治问题"礼貌地"保持沉默的态度。[47]令人吃惊的是,爱伦·坡在他关于文学批评的"科学"方法中也不考虑道德和政治,而将文学作为纯粹的"艺术品"予以评价,这说明他不但与贝奇和亨利的美国知识改革计划一致,而且也与他们在美国前内战时代与"平均种族主义"的共谋一致。

贝奇的"伟大科学工作"

贝奇相信(有些自相矛盾的)保护科学不受政治干预的另一种方法,是将科学非常牢固地固定在政府机构之内,使之可以承受变化莫测的党派冲突和公众的奇异猜测。在费城,他因为杰克逊派政客的逼迫而退出了吉拉德学院和中央高中。在经历这一挫折之后,他在寻找一个稳定且不引人注目的机构,他可以以这一机构为基地悄悄地建立这个国家的科学基础设施。

1843年,在斐迪南·哈斯勒(Ferdinand Hassler)去世后,贝奇的机会来了。哈斯勒是当时美国海岸调查局(U.S. Coast Survey,简称USCS)年迈的主管。USCS从1807年就开始为国防工事建设和商务绘制海岸线地图,但近年来该机构缺少员工、设备和指导方向。在哈斯勒死后,这一被人忽视的联邦机构恰巧出现在贝奇面前。如亨利所说,海岸调查"与这个国家的科学性质紧密相关:是一项伟大的科学工作,应该交付给一个具有确定科学声誉的人负责"。[48]这简直就是为贝奇量身定制的工作。

贝奇还发动了他的家人和有影响的朋友为他游说以获得这个职位。本杰明·皮尔斯宣布"我将不遗余力地为达到这一目的而奋斗"[49]，而且他在波士顿的精英中为贝奇摇鼓助威，得到了约翰·昆西·亚当斯、辉格党参议员鲁弗斯·乔特（Rufus Choate）、历史学家乔治·班克罗夫特（George Bancroft）——作为费城的海关关长，班克罗夫特曾任命奥雷斯特斯·布朗森和纳撒尼尔·霍桑在海关任职，以及几位有名望的商人的支持。约瑟夫·亨利也动员了他在纽约和新泽西的关系，尽管这意味着放弃他和贝奇曾计划共同编写的自然哲学教科书。

这一活动最终成功了。泰勒总统于1843年任命贝奇为海岸调查局的局长。据亨利说，贝奇"获得了这个国家所有最著名的科学家的支持，内阁因此别无选择"。[50]于是贝奇带着妻子南希在首都华盛顿落户。他从那里着手，将一个昏昏欲睡的政府机构改造为一个强大的全国科研动力源。

贝奇在调查局享有独一无二的权威。他远离公共演讲厅、记者和学院管理者，专注于派遣探测队绘制这个国家的海岸线与港口的地图。他一年中有半年时间在现场工作。沿着地势，他和他的探测队不断地扩大仔细测量的三角形网格；他们也做水文数据调查，沿着船舷丢下铅坠线，测量水深和海岸水域下的海床轮廓。[51]

为了使测绘更精确，"他找来了这个国家真正的专业人才"。[52]海岸调查局的工作人员是从陆军和海军中招募的，许多来自西点军校，包括他的朋友们推荐的学生。本杰明·皮尔斯持续为他提供遵守纪律的哈佛大学毕业生，还有他任性的儿子查尔斯——一位未来的哲学家。"首领"耐心地将科学方法传授给这些青年男子和极少数青年女子，其中天文学家玛丽亚·米切尔（Maria Mitchell）是贝奇的一个远亲，她也在一个夏天参与了测绘，她后来在1847年发现了一颗彗星。这些调查让人们得到了严格的、先进的科学训练和经验，这些都是在美国其他地方找不到的。[53]由此产生了忠于贝奇及其朋友们的一代研究工作者，他们按照自己的严格标准训练这一代人。

在另外的半年时间里，贝奇则在华盛顿特区离国会山不远的办公室工作：计算，监督地图制作，书写年度报告。协助他的是仪器奇才约瑟夫·萨克斯顿[54]，他是贝奇从费城铸币厂带过来的，担任美国度量衡管理局（Office of Weights and Measures）的负责人，他修理测绘仪器，改进各种洪堡测量手段（气压、磁倾角、距离和时间）的精度。尽管贝奇面对着来自国会许多人明目张胆的敌意（他们认为联邦政府对科学的拨款是一种精英式的浪费行为），但他的家族关系和政治悟性帮助他培养了不少同盟军，与敌人和解。开始时，他预期需要耗时10—12年来完成整个美国海岸线的工作，但他设法扩大了这一任务和年度拨款。到了1848年，美国海岸调查局是美国政府中资金最多的机构，年度预算为40万美元，而且看不到任何资金减少的迹象。

贝奇把美国海岸调查变成了一个"国家科研项目"。[55]在他的指引下，调查局逐步变成了"政府的综合科学机构"，一个研究与训练的稳固基地，一个得到联邦资助但政治上独立的专业部门的典范。[56]

然而，"美国需要的其他科学"仍然暂付阙如。贝奇和亨利认为，取悦大众的全国研究所不是一个交换科研信息、协调各地区工作，或者让真正的美国科学工作者畅所欲言的地方，他们要组建的不是为了取悦大众的科学机构，而是为科学家们服务的基地。史密森的50万美元还没有找到自己的归宿。

公平的奖励

1843年年底，爱伦·坡在整个宾夕法尼亚州、特拉华州和马里兰州进行巡回演讲，采用了与其他巡回演讲者相同的路线。他给自己的演讲命名为"美国诗歌"，这是在蔑视在《格雷厄姆的女士与绅士杂志》中取代他的鲁弗斯·格里斯沃尔德，因为该题目和被爱伦·坡认定为"骗子"的后者编纂的诗集同名。然而，在学会圈子里，爱伦·坡还有其他竞争者。

最令人恼火的是，12月，在爱伦·坡的《杜博·L.迪博士》中讽刺骗子物理学的演讲大师的原型——狄奥尼修斯·拉德纳正好也回到费城来参加一系列圣诞节活动。这位"同性恋色魔"通过在他的表演中加入宗教狂热（和音乐）的方式，压下了有关他的不道德行径的传言。

拉德纳还进一步增加了他的特技效果。他增加了"天象仪"（Planetrarium）——一个由来自俄亥俄州的工匠设计的房间大小的太阳系机械模型，并在演示这一道具时配上了音乐，用管风琴演奏了汉德尔（Handel）的《弥赛亚》（Messiah）。他的"太空望远镜全景"是由一个庞大的魔灯演示的，带有太阳系和1843年的彗星的活动幻灯片，背景音是海顿（Haydn）的关于宇宙的交响乐《创世》（The Creation）。在莫扎特（Mozart）的弥撒曲（Masses）声中，一个庞大的图像卷轴缓缓地展开，描绘了圣彼得大教堂（St. Peter's）和耶路撒冷的"运动全景"。

拉德纳称这些小花样使《布里奇沃特演讲》[57]的节目更加丰富多彩——"不用宗教教义"就能展现"自然神学观点"。他提出要"演示天文学和自然科学的现代发现，证明宇宙的神圣造物主的存在，并表明其属性"。拉德纳其实没有得到使用"布里奇沃特"这个名字的授权，他却顶着这个名、背靠那些受人尊重的自然神学理论招摇撞骗。与此类似的是，他过去在伦敦的赞助人查尔斯·巴贝奇在其尚有争议的《第九篇布里奇沃特论文》（Ninth Bridgewater Treatise）中也有非常类似的行为。拉德纳设计了这些被修饰得非常绚丽的产品，为的是吸引那些美国家庭，让他们眼花缭乱，从而产生一种已经理解了宇宙的满意而又证明了自身虔诚的感觉，且不必过分开动脑筋，或者听取任何危险的想法。

1841—1845年间，拉德纳的演讲和出版物为他赚取了20万美元——这在当时可谓天文数字，差不多相当于今天的600万美元。[58]尽

第三章　费城

管爱伦·坡鄙视这些表演的低品位和"江湖骗子"的性质，但一贫如洗的他还是对这样大规模成功捞钱的行为艳羡不已。音乐和机械效果可以遮掩许多演讲者智慧上的不足之处。爱伦·坡认为，《格雷厄姆的女士与绅士杂志》矫揉造作的装饰降低了杂志的档次，而这些噱头的效果与之类似。只能说，通过噪声、兴奋之情、明亮的灯光和感情丰富的宽慰来迷住群众是何等容易。正如爱伦·坡对此写的那样："群众的鼻子就是他们的想象力，而这一点，无论任何时候都很容易被暗中加以引导。"[59]

尽管让大众满意并不容易，但这对爱伦·坡而言是一个非常简单的游戏。许多年来他都在同时为两类读者写作。[60]一篇小说可以用悬念、幽默和震撼让一部分通俗读者高兴，但他同时希望，小说的哲学共鸣和文学技巧最终会被那些好学的少数人承认。他的批评文字能为未来研究他的作品提供地图和钥匙；在他的小说中，他悄悄地把隐秘的寓意、密集的潜台词和自我暗示的笑话藏了起来，以供后来的读者发现与解码。正如他写的那样："解开一个你自己（作者）为解开这一明确目标编织的网的独创性何在？"[61]

孤独的探索者

那年秋天，爱伦·坡评论了西利曼的《美国科学与艺术杂志》叙述探险远征队情况的一期特刊。这次远征是爱伦·坡在《南方文学信使》上支持的一项国家项目，《阿瑟·戈登·皮姆：楠塔基特岛旅行叙事》的创作灵感正是来源于此。[62]除了其中的植物、动物、地质和民族志方面的标本之外，远征队还带回了一位不情愿地跟随而来的斐济酋长，名叫维多维（Veidovi）。[63]在一次炫耀武力的野蛮行动中，两名美国人和几十名斐济人丧生，威尔克斯船长劫持了这位酋长。被劫持的酋长在旅行的最后阶段生了病，并在纽约港去世。船上的博物学家查尔斯·皮克林将维多维的颅骨包装起来，运到了费城，塞缪尔·莫顿把它收藏在了他的"美国各各他山"颅骨库。

在 4 年的航行期间，威尔克斯遭到了大多数船员的憎恨，而其中的"科学人员"尤其憎恨他，因为他经常阻止他们的研究。返回后，威尔克斯即被送交军事法庭接受审判，罪名是暴虐的指挥与过分使用武力。洗脱罪名之后，他前往华盛顿工作，帮助整理了专利局中的临时样品展示长廊。[64]

1843 年 7 月，威尔克斯按照自己的习惯自封为领导。他增加了展品的解释性说明，重新安排了展品，增加了灯光，禁止吸烟，并用金色字母在长廊入口上方写下了"探险远征队搜集物品专展"的字样。这一展览改造大获成功。[65] 参观者排着队，目瞪口呆地看着色彩鲜艳的热带鸟类和花朵，"来自巴西的宝石和黄金与铁矿石；来自秘鲁和智利的铜和银矿石；庞大的贝壳与珊瑚收藏"[66]；还有民族学物品，包括服装、武器和来自太平洋诸岛岛民的颅骨。

对美国海军缴获物的这次壮观的展出证明，这次远征的巨大花费和复杂工作物有所值。它让大众对其中搜集的物品进行排名，以此迎合这个国家认为自己的技术在快速发展与超人一等的感觉："走过国家展览长廊，我们以超过火车的速度跨越了太平洋，并检查了它们的各种产品，以及野蛮人的相对智力。与更先进但同样野蛮的斐济人相比，新荷兰人的落魄更为突出。"[67] 在以后的 10 年间，每年来参观这一展出的人数都多于 10 万。它变成了证明政府未来在科学研究与殖民扩张方面开支合理的凭证。[68]

随着公众对这次探险的赞赏不断高涨，爱伦·坡为他的朋友 J. N. 雷诺兹寻求公正，后者一直梦想着这次远征，却因为威尔克斯的行为而被剥夺了上船的资格。爱伦·坡在自己的作品中感谢"许多有能力而且值得尊敬的绅士"[69] 加入探险队的科学家队伍，但他因为"一次可耻的欺骗"而震怒，因为它让"最初设想了这次探险并使之登峰造极的人完全无法参与这一事业"。他将雷诺兹描绘为一个有远见的人，但悲剧性地走在时代的前面。尽管自吹自擂的威尔克斯试图占据这一荣誉,"但这次胜利的远征"应该作为"雷诺兹先生的远征"而被世人永远铭记。

爱伦·坡觉得雷诺兹是一个与自己有着类似精神的人,一个大胆的、富于想象力的探险者,但他的勇气和辛苦未曾得到奖励。在费城,爱伦·坡的文学努力既未能让他摆脱贫困,也未能让他创办全国性杂志的计划成功,即使是一个他曾向洛威尔建议的、由一个"联合小组"[70]领导的杂志也没有成功。上述这样的一个组合或者说阴谋集团与此时这个国家最活跃、最有雄心壮志的研究人员的组织非常相像,后者为保证联邦政府支持全国性科研机构的计划已经开始取得成功。贝奇现在在华盛顿特区,执掌海岸调查局,这是实现他和亨利的从上至下、中央协调的全国科学机构愿景的重要一环。国会已经批准为塞缪尔·莫尔斯拨款3万美元,并在华盛顿和巴尔的摩之间敷设一根实验性电报线。[71]尽管那些学科带头人对国家科学促进研究所不感兴趣,但该研究所在公众中间的努力还是让他们深切地感到,需要建立一个由科学精英塑造与领导的美国科学协会。

爱伦·坡不断进行极有独创性的文学实验,不知疲倦地报告和分析,为发展和壮大美国文学界不遗余力地参与各种活动……所有这些辛苦与发明证明了些什么呢?会有人铭记其中的任何东西吗?他创办全国性杂志的计划撞了南墙,他在华盛顿和费城海关的竞争惨遭失败,他甚至几乎无法维持他的姑妈和疾病缠身的妻子的生活。

一个在爱伦·坡位于春园的家附近长大的女孩回忆,她曾见到他穿着一件西班牙斗篷,带着"严肃而若有所思的表情"沿着第七街(Seventh Street)走进城市。尽管"只有30岁出头,但他看上去像个中年人。[72]对邻居们来说,他的名字几乎毫无意义"。

1844年4月,他不得不离开费城,离开这个曾经把如此撩人的可能性展现在他面前的城市。他将带着弗吉尼亚离开费城,前往纽约。尽管他的家庭当时很贫穷,甚至达到了挨饿的程度,但这个国家正在进入扩张阶段。约翰·泰勒正在准备竞选总统连任，他认为这个国家的进军方向是：吞并得克萨斯和俄勒冈，边界直抵北纬54°。

现在爱伦·坡必须重新考虑他曾在费城抱有的希望，即获得一个安全的、有权威的地位，并影响那些在文学、哲学和科学领域举足轻重的人对重要问题的态度。他已经无法复制一条贝奇式的成功之路。在前往纽约时，他的人生之路正在靠近另一个对美国科学的贡献相当不同的人的轨道——P. T. 巴纳姆。

爱伦·坡此时准备用新的方式让人们注意到他的写作和想法，即使这意味着走出讽刺的"怪诞"，进入直截了当的恶作剧。他将继续认真地追求他的小说、诗歌和批评方面的高目标，并进一步推动他研究的哲学和科学的理论化。但没有哪一座城市能像纽约那样，为获取名声提供更多的机会。

1846年前后的爱伦·坡（微型素描）
根据约翰·A.麦克杜格尔摄像所绘

拉塞尔广场和贝德福德广场
爱德华·沃尔福德绘

插图（前言—第一章）

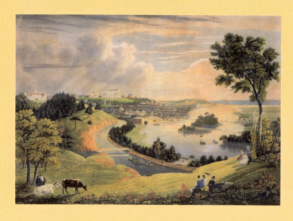

从自来水厂上方的山顶俯瞰里士满之景,W.J.班尼特根据 G.库克 1843 年的油画镌刻

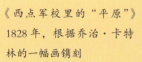

《西点军校里的"平原"》1828 年,根据乔治·卡特林的一幅画镌刻

巴尔的摩景色,威廉·H.巴特利特绘,约 1830 年,局部

插图(第一章—第二章)

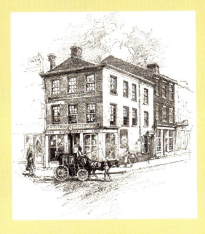

在里士满的《南方文学信使》编辑部办公室

《瓶中手稿》的第一栏，《巴尔的摩星期六游客报》1833 年 10 月 19 日的颁奖公告

女孩的肖像（弗吉尼亚·坡）托马斯·萨利绘，约 1836 年①

---

① 对于这幅肖像，人们有些争议。画家迈克尔·迪斯认为这并非托马斯·萨利的作品，画上的女孩也不是弗吉尼亚·坡［见 Michael Deas. *The Portraits and Daguerreotypes of Edgar Allan Poe*（Charlottesville: University of Virginia Press, 1989), 70］；辛西娅·西里尔认为上述两点都是真实的，并承诺要在以后的一本书中详细讨论这个问题（见其网站"Virginia Clemm Poe: The Myth of Sissy"）；这幅画的主人马里恩·伦德尔博士则已经令人信服地将该画作鉴定为托马斯·萨利的真迹。考虑到它与弗吉尼亚临终肖像的相像程度、萨利与爱伦·坡一家同在里士满的时间巧合，以及认定情况属实的有关证实文件（见 Deas, *Portraits and Daguerreotypes*, 88），我认为这幅肖像的画中人是弗吉尼亚·坡的可信度非常高。——作者注

插图（第二章）

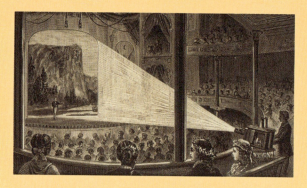

带有"氢氧"灯照明的魔灯演讲

梅尔策尔让观众看到的下国际象棋机器人"土耳其人"

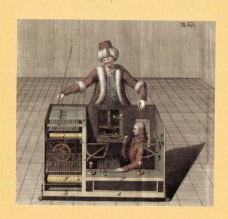

梅尔策尔的下国际象棋机器人"土耳其人"的真面目

插图（第二章）

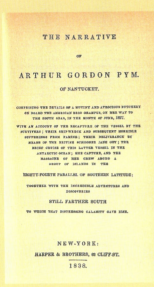

《阿瑟·戈登·皮姆:楠塔基特岛旅行叙事》的首版扉页 1838 年

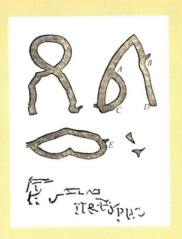

《阿瑟·戈登·皮姆:楠塔基特岛旅行叙事》里刻在峡谷上的图像

(图中 A 和 C 处形成了一个字母"D";图中 D 处则像一个指路的人)

(a)

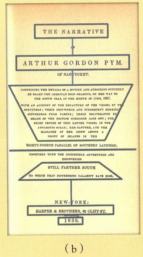

(b)

《阿瑟·戈登·皮姆:楠塔基特岛旅行叙事》首版扉页的分割与解读:

(a) 一个被平分的球体,其中的文字越往下越小;(b) 一条在它的"鬼魂分身"之上航行的船

插图(第二章)

排字工的反转排版,根据约翰·索斯沃德的《实用印刷术:印刷格式艺术的手册》所修改

手握处的文字为"实用印刷术",分别为倒置的从左至右与从右至左
文字说明为"使用排字棒的方法",分别按从左至右与从右至左排列

《费城鸟瞰图》,J. 巴赫曼绘,约 1843 年

插图(第二章—第三章)

青年约瑟夫·亨利的肖像
约 1829 年

凯瑞和利书店
图内文字：板栗街和第四街的角落（上），费城的凯瑞和利书店老店（下）

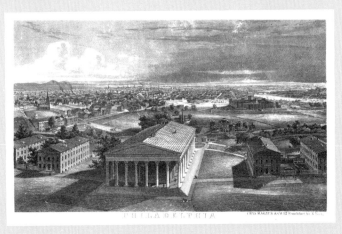

从吉拉德学院看面向南方的费城；东部州立监狱和费尔蒙特在中央右侧，1850 年

插图（第三章）

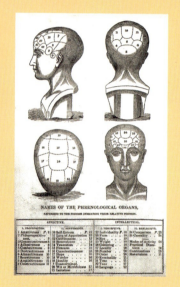

颅相器官,摘自乔治·库姆的《颅相学精要》,1836年第6版

《贝壳学家的第一本书》,埃德加·爱伦·坡著,1839年,从左至右分别为封面、扉页和插图 12

插图(第三章)

罗伯特·科尼利厄斯的银版自拍照,摄于费城,1839 年

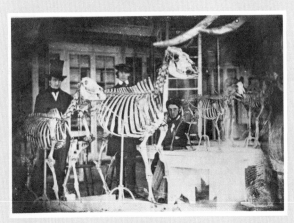

银版照片,摄于费城自然科学院,约 1840 年

插图(第三章)

月球,约翰·W.德雷珀摄,很可能摄于1840年3月26日,第6版银版照相

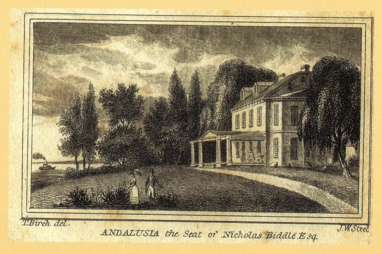

安达卢西亚,尼古拉斯·比德尔的豪宅花园

插图(第三章)

《格雷厄姆的女士与绅士杂志》,1841年5月号,该期包括《大旋涡历险记》

魔灯显示的景观(手绘)

插图(第三章)

《仙女岛》,约翰·萨廷创作的铜板雕刻板画,与爱伦·坡的同名小说和《十四行诗——致科学》一起发表在《格雷厄姆的女士与绅士杂志》上,1841年6月

亚历山大·弗朗西斯在波士顿为查尔斯·狄更斯画的肖像,1842年

插图(第三章)

马修·布莱迪于1843年拍摄的华盛顿宾夕法尼亚大道的银版照片,那年爱伦·坡曾在这条街上住宿;大都会酒店和白宫的位置标注在照片顶部

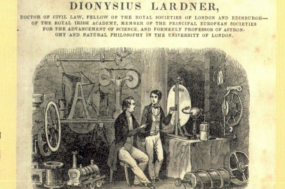

狄奥尼修斯·拉德纳正在讲课,两人的周围是他在演讲时使用的设备

插图(第三章)

担任海岸调查局负责人时的亚历山大·达拉斯·贝奇

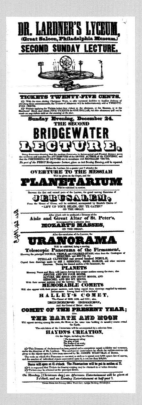

狄奥尼修斯·拉德纳在费城博物馆的《布里奇沃特演讲》的节目单，1843年12月

美国专利局博物馆，正在展出美国探险远征队的藏品

插图（第三章）

P. T. 巴纳姆和查尔斯·斯达通("拇指将军汤姆"),银版照片,塞缪尔·鲁特摄影;巴纳姆的美国博物馆的节目单,1845年1月

巴纳姆位于百老汇南街的美国博物馆的导游手册,1850年

插图(第四章)

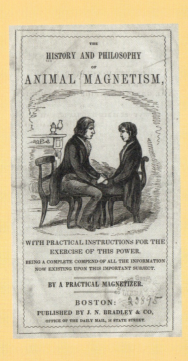

《动物磁学的历史与哲学》的封面,J. N. 布拉德利,波士顿,1843 年

在《格雷厄姆的女士与绅士杂志》上发表的爱伦·坡木版肖像画,1845 年 2 月

插图(第四章)

弗朗西丝·萨贡特·奥斯古德的肖像,也是卡罗琳·梅主编的《美国女性诗人》卷首像,约1848年

弗朗西丝·萨贡特·奥斯古德的《花之诗与诗之花》的卷头插画纽约赖克出版社,1841年

插图(第四章)

詹姆斯·拉塞尔·洛威尔,银版照片,摄于费城,1841年

"尤里卡",诗歌机器,《伦敦新闻画报》,1845年7月

以罗斯伯爵的图像为基础画出的旋涡星云,其中黑白颜色互换,约翰·普林格尔·尼科尔的《星辰宇宙:有关它的安排、运动和进化的观点》的卷头插画,1848年

插图(第四章)

《生命的旅程:青年》,托马斯·科尔,1842年

《尤里卡》中的循环图(从最左边居中位置开始,沿顺时针方向运动):原始粒子—发光—扩散物质—引力(吸引)和电(排斥)之间的交锋—聚合形成星云—形成星系—崩溃成巨型恒星—不再是物质—原始粒子……

插图(第五章)

  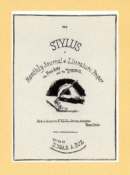

莎拉·海伦·惠特曼,银版照片,J. 怀特摄,1856年;爱伦·坡,"终极"银版照片,摄于普罗维登斯,1848年

《铁笔》的封面设计,埃德加·爱伦·坡亲笔所绘,1849年

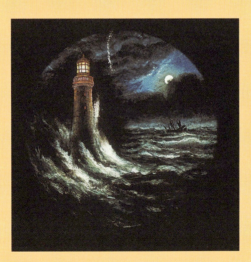

涡石灯塔,手绘的彩色魔灯幻灯片,19世纪

插图(第五章)

第四章

纽约

> 我只是刚刚到达这些国度
> 从一个最终朦胧的极北之地——
> 从一个离奇的荒野之地,它崇高地位于
> 　　太空之外——时间之外。
> ——爱伦·坡,《梦境》(*Dream-Land*)[1]

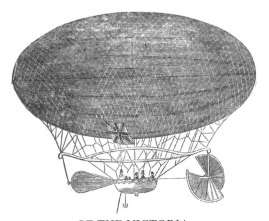

纽约《太阳报》，1844 年 4 月 13 日；文章标题与配图为"'维多利亚'热气球"

12

新奇事物的市场

被科学征服

1844年4月13日,美国国家科学促进研究所在华盛顿的盛大活动闭幕两天之后,纽约《太阳报》头版高声叫道:

爆炸性新闻!从诺福克乘坐快车到来!3天横跨大西洋!蒙克·梅森(Monck Mason)的飞行机器的惊天胜利![1]

大字标题下面的文章惊呼:"一个重大问题终获解决!天空也和大地与海洋一样,被科学征服。"报纸的各栏也夹杂着一片惊呼:"赞美上帝!在此之后,谁还会说有任何事情是不可能的呢?"

这是一桩令人震惊的新闻:横跨大西洋的热气球第一次成功飞行。首席飞行员是蒙克·梅森,一名爱尔兰探险者与科学作家,曾于1836年乘坐热气球从威尔士飞到德国。

这次从英格兰到达南卡罗来纳州的查尔斯顿的飞行全靠梅森做的技术改进[2]:用了一个能控制气球高度的装置,包括一根能起到调节压舱物作用的导向绳,还有由藤条和丝绸打造的舵。《太阳报》还登载了另一个著名的科学人哈里森·安斯沃斯（Harrison Ainsworth）的热气球日记，其中详细叙述了这次"令人神往的"旅行面对的技术挑战。这台引人注目的机器被人详细地刻在一幅木刻画上。《太阳报》能对这次飞行进行独家报道，多亏了"在查尔斯顿的一个代理"。这里指的是迅速获取新闻的特殊手段[3]，包括特快列车、信鸽和摩尔斯的电报。

这篇文章以一个让人敬畏的预言结束："以后可能发生什么样的重大事件，现在就想确定是没有用的。"不需要想了，只要阅读与吃惊就行了，而且别忘了给你的朋友们各买一份报纸！

真实的情况是，真正经历了旅行的人只有那些《太阳报》的读者：他们被人带着经历了这段飞行。[4]这整个故事是由爱伦·坡写的一出恶作剧，他在一周前来到了这座城市。但他本人后来说："在热气球故事中放入的任何元素，都没有与任何航空经验不一致的地方。"[5]他坚持说，其中的任何细节都可能"真实发生"。

一个月后，他在披露这个恶作剧的一篇文章中写道，公众的反应"是一次强烈的轰动，远远超过了自从洛克的'月球故事'以来任何这类事情造成的程度"。[6]从恶作剧发表那天的日出时分直至当天下午2时，"围绕着《太阳报》编辑部建筑的广场真的被围得水泄不通"。他还援引了一位当时等待"号外"的纽约人的话："当第一批报纸刚刚进入街道，它们就被一抢而空，让那些报童大赚了一笔。"有些人付出了50美分一份的价格。这个故事被印成单张宽幅的"号外"再次发表。《纽约先驱报》的一位记者对这一"恶作剧尝试"[7]的"轻浮"感到愤慨。而据《星期六信使报》报道，此次《太阳报》大约"卖出了5万份'号外'"。[8]

对爱伦·坡而言，公众对这一恶作剧的接受让他得到了一些有趣的思考："更有知识的人愿意相信其真实性，而绝大多数平民阶层反而对整个故事不屑一顾。"[9]他认为这种现象表现了人类发展的一个历史性转变："20年前，轻信是下层群众的特点，而怀疑是富有哲理的人们的突出特点",但现在的情况完全颠倒了,"智者不愿意怀疑——而且他们有理由这样做"。尽管确实有骗局与虚假的说法,但在这个时代,惊人的发现与发明如此之多,最聪明的方式是先去相信,然后再提出问题。

爱伦·坡的热气球恶作剧是宣告他来到纽约的一张完美名片。当时用来发表惊人新发现的表演与各界对其的争议,正在被整合为一门精美的艺术,也是那虽然混乱却强有力的"宣传、怀疑和相信三部曲"机制的一部分。

当博士们意见不一致时

当爱伦·坡 4 月 6 日到达纽约时,运气站在了他这一边。码头下着雨,上岸后,他急忙找了一家公寓,然后回来,为弗吉尼亚打上伞。她上岸的时候"一点儿都不咳嗽"。[10] 在他们位于格林尼治街(Greenwich Street)的住所里,有一张像是来自童话中的桌子,他写信告诉玛丽亚·克莱姆,他们晚餐吃的是"你能喝到的最好的茶,又浓又热,小麦面包和黑麦面包、奶酪,精致的茶点,一大盘考究的火腿、两块冷小牛肉,堆起来像山那么高,还有三盘蛋糕……每种东西都多极了。在这里用不着担心挨饿"。

尽管如此,弗吉尼亚那天"夜里还是大哭了一场",因为想念妈妈和他们家养的玳瑁猫卡特丽娜(Catterina)。他向很快就会来与他们会合的马蒂保证:"我感觉精神好极了,一滴酒也没喝,所以我希望我很快就能摆脱麻烦。"

纽约当时是美国最大的城市。它的码头吞吐着用来出售的货物和将从伊利运河进军西部的人群。四面八方都是广告牌和卖主的叫卖声,还有运煤车与鹅卵石撞击时发出的喧闹声。这样的噪声让爱伦·坡很吃惊。"就在两个人正在进行极为重要的交易的地方,就在命运依赖于每一个音节、每一个时刻的时候,一切谈话竟然如此频繁地被打断,一次能持续 5 分钟甚至 10 分钟",直到"叫卖蛤蜊和猫鱼的小贩的喉咙被叫喊声、尖叫声、吼叫声压制得暂时沙哑和静止为止"。[11] 玛丽亚·克莱姆随后来到公寓和他们会合,这里离安街(Ann Street)的书店、杂志编辑部和印刷厂都不远,看上去远远比最近沿着第十四街(Fourteenth Street)拔地而起的豪宅矮得多,但只要几步路就能到百老汇、市政厅以及"五点"(Five Point)街区附近凄惨的贫民窟。

公寓附近有许多阅览室和图书馆。这座城市的杂志和出版社比美国其他任何城市的都多。除了吵吵闹闹的声响,纽约还有许多值得尊重的科学事业。纽约自然历史学会[12]创建于 1817 年,其中有许多值得夸耀的、保存极好的动物、植物和岩石的标本收藏。它于 1836 年收购了距离王子街(Prince Street)不远的百老汇上的一座大厦,并出租给颅相学和园艺学学会(Phrenological and Horticultural Societies)。它以本杰明·西利曼的一次地质学演讲来庆祝自己的创建。该学会的主要导师包括约翰·托里及其助手、植物学家亚萨·格雷(Asa Gray),风暴理论家兼工程师威廉·雷德菲尔德(William Redfield),还有约翰·W. 德雷珀[13],他同时在继续他那有关化学、物理学和银版照相方面的工作。1843 年,该学会的大厦被收回,但在德雷珀的帮助下,重新在纽约大学的医学院大楼中安家。

然而,呼吁事实和实用性的声音可能会被这座城市的娱乐、轰动新闻和激进科学的噪声淹没。在王子街与百老汇相交的尼布洛花园,人们可以边享用美味边欣赏戏剧、音乐、全景图、科学演讲和著名舞台魔术师安东尼奥·布利茨(Antonio Blitz,即西格诺尔·布利茨)[14]的魔术表演。百老汇的社会图书馆内悬挂着托马斯·科尔的大型寓言油画《生命的旅程》,那里还经常举办关于哲学、文学和艺术的演讲。

华盛顿广场(Washington Square)向东几个街区,就是宏伟的克林顿大厅,狄奥尼修斯·拉德纳就是在那里开始他在美国的职业生涯的。这座大厅是一个素食者协会、一个女权主义者团体和堪称这个国家最大的智力公司之一的颅相学学会的总部所在地。颅相学学会由奥尔森·富勒（Orson Fowler）和洛伦佐·富勒（Lorenzo Fowler）管理，有许多头骨与半身骨骼的藏品、一个演讲厅、印刷办公室和阅览室。在这里，人们可以学习有关头部隆起、器官和社会改革的知识。在克林顿大厅，业已证实和确立的科学及巩固这些知识的演讲正在与新的理论和体系竞争，后者中有些是不着边际的猜测，另一些是直截了当的欺骗，还有一些则是半真半假的有关末日临近的煽动性说辞。

《纽约的欺骗》的作者声称，这个城市是"江湖骗子们选择的竞技场"。[15]在一场争夺底层大众的竞赛中，"无论他们扮演哲学、慈善事业还是宗教方面的角色，这些江湖骗子越是声称自己无知、无耻甚至邪恶，他们就越能得到更大的权力和资助"。有几家杂志为大众说话，代表他们的利益。霍勒斯·格里利的《纽约每日论坛报》(*New-York Daily Tribune*)曾发表了西点军校数学家、贝奇的同事、创办了辛辛那提天文台的奥姆斯比·米切尔[16]的通俗天文学演讲稿。《纽约每日论坛报》也发表了法国乌托邦社会主义者夏尔·傅立叶（Charles Fourier）的著作的译本。傅立叶寻求在更合理、更有人情味的劳动分配的基础上改革社会（尽管由于美国人对社会问题的敏感，他倡导的各种匪夷所思的改革措施的原文遭到了删减）。

最早的日报是作为宣布商品价格和船只到达的商业公告出现的。[17]爱伦·坡在上面发表了他的热气球文章的《太阳报》则是第一份大版宽幅报纸，阅读它的是那些无力订阅6美分日报的人。自从在1833年创刊，它通过"报童系统"[18]和理查德·洛克的"月亮恶作剧"发展了起来。

另一位恶作剧欺骗者是菲尼亚斯·泰勒·巴纳姆（Phineas Taylor Barnum，即P. T. 巴纳姆），他刚成为美国博物馆的拥有者，该博物馆就位于市政厅公园的后面。这座建筑物装饰着旗帜、灯塔用灯，还有一个用于远眺和放飞热气球的屋顶花园。巴纳姆是一个商店老板的儿子，来自康涅狄格州的布里奇波特,他长着一头乱蓬蓬的黑色卷发,大眼睛,大嗓门,喜欢滔滔不绝地胡乱说话。在投身公众娱乐之前,他做过房地产投机生意,并创办了一个彩票网络。

1837年(当时爱伦·坡还正在考虑《阿瑟·戈登·皮姆:楠塔基特岛旅行叙事》中的神秘情节),巴纳姆遇见了他在波士顿音乐厅的偶像之一——约翰·内波穆克·梅尔策尔,当时后者正带着他的下国际象棋机器人巡回表演。巴纳姆此时正在宣传他的第一个成功的热点,上面谦虚地标以"世界上最伟大的自然奇景与民族奇景"——这就是乔伊斯·希斯(Joice Heth),一个干瘪的妇人,巴纳姆说她过去是黑奴,曾是乔治·华盛顿的保姆,所以已经不止150岁了。希斯抽雪茄,用她口中"我们的国父"的儿时古董来取悦观众。面对怀疑者,巴纳姆拿出了购货发票和一份经过宣誓签发的书面陈述,上面说,全国多位"著名的医师和智者"[19]"检查了这个"活骨架和她随身携带的文件,他们全都一致宣布,她已经161岁了!"而梅尔策尔"这位操办愉悦公众活动的伟大先驱[20],"则完全赞同巴纳姆丧失人性的奇观,并保证他未来一定会获得成功":他用断断续续的英语说,"我看出来了,你明白报章的价值,而那是一件伟大的事物。没有什么比白纸黑字的印刷文字更能帮助表演者了"。

巴纳姆不断地让他那些引人入胜的热点登上报纸。他的新奇的热点名单包括巨人、白化病患者、美洲原住民舞者、杂耍演员、魔术师、机器人、填充动物标本、化石和奇形怪状的生物。就像他对乔伊斯·希斯所做的那样,他的着眼点是观众对看到与众不同的人类的热切希望,尤其是那些与他们自己有极大不同的人类。他最著名的表演者之一是查尔斯·斯达通(Charles Stratton),别号"拇指将军汤姆"(General Tom Thumb)、"有史以来最小的能自行走路的人类"。他实际上是一个侏儒症儿童,但巴纳姆把他的年龄夸大了几十岁,并在他5岁时就让他喝酒、抽雪茄,训练他像成年人一样说话和行动。这里面有些奇人是真的,但

第四章 纽约

更多的是被剥削和被包装成奇怪人类的可怜人。

在经历了 4 年的环球航行后，美国的探险远征队最终于 1842 年返回，在纽约港靠岸停泊。让巴纳姆的"科学与音乐宏伟剧场"在征途上取得突破的，是一次深受探险远征队启发的展览。[21] 在新闻中，人们对被俘的斐济酋长维多维在远征队船上去世一事有诸多讨论。与此有关的一项可怕计划的消息传出，说人们想要保存他的头颅，供莫顿进行头骨检查。这让巴纳姆在他的博物馆的广告单上添上了一个新奇观，"食人族酋长的首级"。在付过了钱之后，参观者们却发现他们看到的不过是那名酋长的头颅的一个石膏模型。

为了让"斐济热"经久不息，巴纳姆从波士顿的一个演出者摩西·金伯尔（Moses Kimball）那里借来了一个日本新奇物。在把它重新命名为"斐济美人鱼"之后，巴纳姆宣布一位英国科学家即将到来，他就是格里芬博士（Dr Griffin）[22]，伦敦自然历史学会（the Lyceum of Natural History in London）的代理人，最近刚从巴西的伯南布哥州过来。这个著名的博士实际上是巴纳姆的副手利瓦伊·莱曼（Levi Lyman），他在百老汇的纽约音乐厅（New York Concert Hall）出现，展示了那条美人鱼，但没有提到巴纳姆，后者在那时宣布，他买到了"新奇的生物"，且将在他的美国博物馆里展出。

在"斐济美人鱼"到来之后的那个月，博物馆的门票收入从之前的每周大约 1000 美元飙升了两倍，达到每周 3000 多美元。对这位虚假的"格里芬博士"和那条美人鱼的怀疑也确实有，但考虑到科学界存在着如此之大的争论[23]，所以它们本身也变成了吸引公众的一部分。有人说那个生物是活着的时候在斐济群岛被抓的，其他人则声称这是"一个人造产品，而且根据权威论证，美人鱼是根本不可能在自然界存在的"。

巴纳姆摆出了一个任由大家评判的中性姿态。他"只能说"，那条美人鱼"与任何鱼一样，看上去如此真实"。但当他问道："当博士们意见不一致的时候，该由谁来拍板定论呢？"当然，下面拿了钱的"托儿"

就会说:"由你决定。"无论它是"自然形成的还是艺术品",这个东西都是"这个世界最伟大的奇观"。巴纳姆带着美人鱼在全国巡回展出。在南卡罗来纳州,争论甚至引发了一场决斗,他们一个是牧师兼博物学家,另一个是报纸编辑。查尔斯顿的居民担心因此出现"大规模暴力"事件。[24]

这丑陋的喧闹和巴纳姆不菲的利润只是因为一条"美人鱼"引起的,但只要仔细检查就会发现,"美人鱼"的上半截身体属于一只猴子,有人把它人为地缝到了一条腌制过的鱼尾巴上。然而,这并非纯粹是一个展览者在试图让人们认为某个造假产品是真迹。巴纳姆推出的不仅仅是标本,而且还有争议。牵扯的人越多、时间拖得越长就越好。在查尔斯·威尔森·皮尔在费城的博物馆里,展示着乳齿象的骨骼这类自然奇观。遵从其父亲的教导,皮尔的儿子们也展示了一个类似于"斐济美人鱼"的样品[25],但他们指出了样品上的针脚,准确地解释了它是怎样制造的。而巴纳姆的展出则不同,它让观众自己做出判断。[26]

当时,巴纳姆的展览对工人阶级的观众来说,是学习有关自然历史和通俗力学知识的最重要的途径之一。[27]除了赝品和过于轰动的展品之外,这些展览确有奇观和事实:罕见的地质标本,稀有的动植物,化石,天才的发明,有关自然历史、化学和天文学的演示等。人们可以花一张门票的代价,在这一前内战时期科学特殊的表现形式中,通过眼睛以最直接的方式获取知识。在这些展览上,不同意见、争论、推测或者咧着嘴嘲笑都是允许的。

巴纳姆正在发展一种极端形式的"江湖骗术",贝奇和亨利将其视为他们的科学目标之敌。巴纳姆在广大听众中散布不确定性和不一致性,而贝奇和亨利的目标是专注于科学确定性和只掌握在几个人手中的权威。贝奇和亨利认为,任何在公众中的科学演示都有被拉低档次,成为狂欢、庆祝、欢呼耶稣再生或者发展成市政大厅集会的风险。按照他们的观点,最糟糕的是:巴纳姆鼓励观看他表演的低薪人群认为,他们的意见在有关科学真理的问题上举足轻重。

通过商业文化的扩展、高强度的福音传道和政治运动的频繁争斗,在美国让人相信某种信念的条件正在变化。对信念的许多检测发生在面对面的公众会议上:政治演讲、宗教复兴、科学讲座、舞台魔术灯等。报业是不可或缺的加速器,在纽约让社会潮流的发展达到了无可匹敌的速度。贝奇与亨利寻求如同建筑般坚固的堡垒来对抗这一上升的潮流,而巴纳姆正在愉快地加速这一潮流的发展,并顺流划船前行。爱伦·坡的策略则时而与贝奇相同、时而与巴纳姆相同。由于受到贫穷的推动和饥饿的威胁,他对自己的定位一直飘忽不定——他在写作上对真理的追求一直伴随着闪光和阴影。

机械短评记者

爱伦·坡在纽约的第一份稳定工作,是为宾夕法尼亚州的一家报纸"哥伦比亚谍报"系列(*The Columbia Spy*)书写"高谭市纪实"系列评论(*Doings of Gotham*),负责报道这个城市中的种种八卦、政治事件、商务活动和新奇事物。他看到了一个"充斥着陌生人、一切都被紧张的生活笼罩"的城市。[28]街道"肮脏得令人无法忍受",而出租马车、公共交通和尖叫着的猫都在折磨着行人。他在整个曼哈顿岛(Manhattan Island)上四处游荡,"为什么?"他问,"我们非要去掉真实名字中的某个音节吗?"①[29]这个岛上无论是有些地方那"如同岩石般贫瘠的空气",还是爱尔兰棚户区居民建造的棚屋,都让他感到震撼。乘坐一叶小艇围绕布莱克威尔岛(Blackwell Island)②的一次"发现与探险之旅"让他目睹了纽约东区"壮观的绝壁和威严的古树"。他预言:"20年后,或者最多30年后,此时这里的浪漫将不复存在,一切将被船运、仓库和

---

① 从前当地人称这座岛为曼纳哈塔(Mannahatta)。——编者注
② 现称为罗斯福岛(Roosevelt Island)。——编者注

码头取代。"他说对了。

他已经看到，人们正在准备 1844 年的总统大选。[30]作为总统，约翰·泰勒已经把奴隶制方面的进步作为自己的主要事业，逐步改变辉格党之前小心翼翼地在北方与南方支持者之间保持平衡的做法。得克萨斯州的定居者早在 1836 年便宣布从墨西哥独立。为了寻求连任之路，泰勒于 1844 年与那里的定居者签署了一项兼并条约。他向国会提交了这一条约。开始未能通过，但增加了对墨西哥开战并增加一个奴隶州的可能性。紧张的局势愈演愈烈，支持奴隶制的议员们试图阻止在国会辩论奴隶制问题，但约翰·昆西·亚当斯找到了一些绕过他们的"禁口令"的方法，并在众议院中当众宣读了反对奴隶制的请愿书。

废奴主义者和奴隶制的其他敌人都被泰勒有关得克萨斯州的计划激怒了。泰勒以独立候选人的身份参选，而不冷不热地反对得克萨斯州兼并的亨利·克莱成为辉格党的候选人。克莱的提名利用第一封通过跨州线路传送的电报宣布，这条线路以闪电般的速度接通了辉格党在巴尔的摩的全国代表大会和华盛顿特区之间的联系。在得到了安德鲁·杰克逊的祝福之后，田纳西州的詹姆斯·波尔克（James Polk）成了民主党（Democratic Party）的候选人，而亚历山大·达拉斯·贝奇的叔叔乔治·达拉斯是他的竞选搭档。波尔克拼命支持兼并得克萨斯州。他也承诺要拿下当时还是英国领土和加拿大的一部分的俄勒冈州，以安抚奴隶制的反对者，维持自由州与蓄奴州之间的平衡。泰勒后来退出了总统竞争，转而支持波尔克。

到了 5 月，爱伦·坡在纽约看到了"'波尔克屋'、波尔克鲜蚝酒窖"，还有"波尔克帽子、手套和手杖"，"它们"已经在对付那些支持克莱的竞争对手们。当竞选活动进一步展开时，爱伦·坡担心"最近扰乱了费城的暴徒混乱"[31]也会在这里爆发——由"当地美国人"（英国裔盎格鲁定居者的自称）发起的、反对自由非洲人和爱尔兰人的种族暴乱。

爱伦·坡追踪了纽约期刊的共性，也注意到了小说家纳撒尼尔·威利斯创办的《新镜报》（*The New Mirror*）[32]。夏末的一天，玛丽亚·克莱姆出现在《新镜报》的办公室，"说到爱伦·坡生了病，她的女儿则是一个确诊的残疾者，他们的处境如此艰难，于是她只好"自己揽下了家庭的重任。[33]

她的时机选择得刚刚好，因为刚创办的《晚镜报》（*Evening Mirror*）急需编辑，以扩大两份日报的编辑阵容。爱伦·坡再次接受了15美元的周薪，担任"机械短评记者"，负责"发布新闻、凝聚陈述、回答读者来信、关注趣闻"。正如在里士满和费城一样，在他关注的众多领域中，都少不了科学发展：他曾写文章为约翰·W. 德雷珀的一项利用照相技术研究植物特点的工作辩护，[34]他也叙述了提供给奥姆斯比·米切尔主管的辛辛那提天文台的大型望远镜的制造进度。正如"罗斯伯爵威廉·帕森斯（Earl of Rosse，William Parsons）即将完工的庞大仪器一样"（指那台正在爱尔兰建造的一台54英尺长的望远镜，用于观察星云）[35]，利用它得到的观察将带来"一些非常激动人心的时刻，人类或许因此会认为自己看到了一个天使"。

尽管这是一项稳定的工作，但对于"曾经担任几份月刊首席编辑"的爱伦·坡来说，"坐在编辑室一角的一张桌子旁边，只能随时准备接受任何形式各异的工作，这无异于一次降职"。但爱伦·坡"夹起尾巴"努力工作，威利斯看到了爱伦·坡是"如何决绝地、非常愉快地做好了接受任何建议的准备，如何准时、勤奋、可靠"，而且"高高兴兴、全心全意地工作"，这一切都给他留下了深刻的印象。[36]

爱伦·坡白天在纽约的出版中心勤奋工作，晚上则在家里热情洋溢地创作新小说，他让自己的神经中枢适应了一个超负荷运转的媒体环境。与费城相比，纽约的报纸生产周期更短、更吵闹、更有致命的紧迫感。廉价报纸要想活下去，就得每天大量出售，而要保证这样的销售量，就必须时时追踪具有轰动性的新奇事件。这无疑像在其他出版物的座位下面点了一把火。

围绕文学界的世仇、名人和人身攻击的恶劣文化,也在纽约的文学圈子里扎下了根,部分原因是受到了爱伦·坡本人在里士满和费城搅起的冲突的影响。[37]声誉不仅可以通过鼓吹和转载暴涨,也可以通过侮辱与抨击暴涨。有一次,威利斯拒绝对一位批评家对爱伦·坡的抨击做出回应。"我对查尔斯·布里格斯先生(Charles Briggs)作答将会成就此人,"他说,"在我们这个不完善的国家的转型时期,声名狼藉也是一种光荣"。[38]

在《新镜报》,爱伦·坡还受到了一个自称"青年美国人"[39]的雄心勃勃的作家集团的注意,他们紧紧追随当代欧洲的政治与文化民族主义运动。埃弗特·戴金克是一个思想崇高的记者,生着一头纤细的金发,留着范戴克(Vandyke)绘画中的人物式的胡须。在他的领导下,"青年美国人"这一作家集团将他们的愤怒向模仿英国的"新潮"小说(也叫"银叉子"小说)的那些作家倾泻,尤其是向《纽约人》杂志及其编辑刘易斯·盖洛德·克拉克,他好用奢侈的宴席招待他的作者们。当克拉克和《纽约人》模仿欧洲时尚时,"青年美国人"呼吁正经的美国题材:"乡村生活的图像,城市中男人的图像。"[40]科尼利厄斯·马修斯的诗《瓦肯达》以印度传说为基础,哈里·佛朗哥(Harry Franco,查尔斯·布里格斯的笔名)的《大和小》(*Big and Little*)描写纽约市各色人等的生死,都是对这种呼吁的回应。

最初,这一作家集团与杰克逊派在北方的分支结成了同盟,戴金克是《民主评论》的文学编辑,该杂志是由约翰·奥苏利文(John O'Sullivan)主持的,正是他创造了"天定命运"(Manifest Destiny)这一口号(爱伦·坡称他是一头"蠢驴"[41])。然而波尔克1844年反知识性的运动,以及对美国文学需要联邦支持的承认都把他们推向了辉格党。

正如同辉格党支持保护美国制造业的关税政策一样,"青年美国人"赞成用国际版权保护美国文学,这也和约瑟夫·亨利为美国科学寻求保

第四章 纽约

护一样。美国法律没有涵盖外国作者的作品。因为没有义务对来自国外的作家付费，所以印刷商不受法律惩罚地出版了狄更斯、斯科特或者爱德华·鲍沃尔-利顿著作的盗版（同样也有那些科学著作），大量印行这些价格极低的图书。美国本土作家的作品却印刷量比较小，因此必须定价很高才能获得利润。读者们面临着选择：阅读著名的英国作家的廉价盗版书，还是昂贵的不知名美国作家的作品。[42]那些廉价的外国著名作家的作品，却让本国不知名作家的昂贵的书籍面临灭顶之灾。

杂志生产中的"剪切-粘贴"习惯也让美国作者们难以建立被世人承认的身份。科尼利厄斯·马修斯为人诚恳、友善，看起来书生气十足，戴着眼镜，人们普遍认为他有一点愚笨，但他对这种"虚假、无法无天的状态"[43]感到很痛苦。"剪切-粘贴"则"往往会搅乱国与国之间的界限，泯灭那些使我们之为我们的特质和特性"。一项国际版权将让作者能更有效地控制他们自己的作品和职业生涯。马修斯是戴金克喜欢的那种人。当时计划在1月创办一份新周刊《百老汇杂志》(*The Broadway Journal*)的哈里·佛朗哥也加入了他们的队伍；詹姆斯·拉塞尔·洛威尔也是他们的战友。

当爱伦·坡刚来到纽约时，"青年美国人"重视他过去在批评界中具有的地位（反对文学帮派和鼓吹），想立即拉他入伙。当时爱伦·坡对此也一拍即合：他曾帮忙为《费城星期六博物馆》撰写过自传，现在那篇自传经过洛威尔改头换面，成了他的作品的一份新前言，又加上了新的板画肖像和对他的诗歌、小说与批评文章的评价。他已经摆出姿势照了一张银版照片（而且至少还会再摆5次）——他是最早用照片塑造自己的公众身份的作家之一。[44]

然而，就在爱伦·坡步入纽约的宣传机器之际，他在《南方文学信使》上发表了一篇未署名的小说，《辛格姆·鲍勃先生的文学生涯》(*The Literary Life of Thingum Bob, Esq*)，无情地讽刺了这台机器。辛格姆·鲍勃（Thingum Bob）是由斯慕格市一位理发师养大的，这位理发师经常为编辑和诗人刮脸。鲍勃写了一个对句，赞扬他父亲那可申请专利的理发方法，即有助于恢复精力的"鲍勃神油"，结果因此一跃登顶文坛巅峰。作为他所获成功的加冕礼，他成为一份相当于"由整个国家的文学整合而来"的期刊的总编和拥有者。

爱伦·坡的小说狠狠地抨击了获取文学声誉的诡计：巧妙的剽窃、相互吹捧、高调攻击、有意激起争议、政治机会主义，同时也嘲讽了爱伦·坡自己曾最珍视的雄心。辛格姆·鲍勃散布了自己的小说将要引起轰动的无根据的流言蜚语，为人们接受他的小说铺平了道路："这些询问是特别针对我们的[45]，在这里，在北方——'谁写的？'谁干的？有谁能说说吗？"一个如此"辛格姆·鲍勃"式的宣传策略。

在《新镜报》，爱伦·坡写了一篇揭露P.T.巴纳姆带到美国的一种新娱乐"瑞士敲钟人"（实际上来自英格兰的兰开斯特郡，他们曾在尼布洛花园和协会图书馆表演）的滑稽文章。[46]利用"许多大小各异的钟"，这7个留着胡须的男人演奏了"最甜美的音乐"。爱伦·坡的文章揭露，他们是"由精巧的机械装置"[47]驱动的，使用的是"与操纵电磁电报相同的能量"。他解释道，"通过隐藏的导线，一个放在舞台下面的电池可以与他们中的每一个交流""由控制整个装置的技艺精湛的音乐家兼机械师发送引导与指引他们"的脉冲。这也是解释梅尔策尔怎样控制他的下国际象棋机器人的主要理论。

尽管爱伦·坡在《新镜报》地位依然低下，但他因此可以置身于纽约文学时尚气氛的中心。他能指出控制纽约媒体的混乱喧闹的隐藏的暗线，尽管他也开始为自己的作品使用它们。

我们生活在一个神奇的时代

爱伦·坡在1844年的创作效率是无与伦比的：总共发表了12篇小说。[48]尽管他过去的小说背景经常是伦敦、巴黎、威尼斯、哥廷根或者地图上找不到的模糊区域，但他现在更喜欢以美国为背景。新的小说记录了在波尔克-克莱的大选期间的冲突，特别是在其中表现刺耳的沙文主义和对扩张的渴望。它们也是对那个时代的工业和国家的老一套歌颂的回应：

> 穿过沉重的织机，梭子在高速飞行，
> 织就一张多色的大网，色彩旖旎。
> 这里，滑行的盒子如同流星般狂奔，
> 有力的运动将各州结成一体。[49]

在这个时期，爱伦·坡的许多小说讽刺了对美国的独创性和发展的这种狂喜。《山鲁佐德的第一千零二个故事》（*The Thousand-and-Second Tale of Scheherazade*）是一篇新的《一千零一夜》，它将现代技术的壮举夸大为令人难以置信的奇迹。在故事中，美国被表现为"一个最强大的魔法师们的国度"[50]，他们能把自己的声音从地球的一端送到另一端（电报），能引导太阳制造图画（银版照相），能降伏"一头庞大的马，它的骨头是铁，它的血是沸腾的水"（蒸汽火车）。

爱伦·坡在《与木乃伊的对话》（*Some Words with a Mummy*）中同样逆转了时代的局势。[51] 这篇小说书写了一些他在费城认识的人物：盗墓的"埃及古物学者"乔治·格里登，还有种族科学家兼颅骨搜集者塞缪尔·莫顿，爱伦·坡嘲讽地将莫顿刻画为"波诺纳博士"（Doctor Ponnonner，他习惯说"以名誉担保"来为自己的古怪理论辩护）。在他的房间里，波诺纳把一个伏打电池与格里登提供的一具木乃伊相连。他们由此复活了法老"阿拉米斯塔吉欧"（Allamistakeo）——不难理解，法老因为死后受到骚扰而很烦恼。

格里登和波诺纳只好屈尊，向这位非洲国王解释了"古埃及人在科学的一切特定方面相对现代人，尤其是美国人的明显落后"。法老则以埃及在化学、天文学、自流井、蒸汽能和建筑学方面的知识为证据，驳斥了他们的夸口。看起来，埃及人所缺少的仅有的"现代发明"是民主和庸医，故事中的法老把这两项创新置于同等地位。美国式实验或许会被证明是一个幻想，或者是"全然的错误"。[52]

爱伦·坡于1844年创作的小说发掘出了美国在"伟大时代的进展"中的矛盾与伪善。在《你就是凶手》(Thou Art the Man)[53]中，英雄查理·古德费罗（Charley Goodfellow）看上去"开诚布公、富于男子汉气概、诚恳、性格温和而且心怀坦荡"[54]，这些都是当时先驱的美德，他却可以在杀人之后扬长而去。《塔尔博士和费瑟尔教授的疗法》(The System of Doctor Tarr and Professor Fether)叙述了对一个疯人院的探访，那里引入了一种新的、人道的、仁慈的"抚慰疗法"[55]，结果却发现，住院的病人正在按照非常混乱的《扬基之歌》(Yankee Doodle)旋律控制那个地方。这个小说系列经常突出描写这类令人吃惊的扭曲。

读者们要求看到（而且，有些矛盾地期待着）新奇与令人吃惊之处，推动虚构作品进入一个充斥着惊悸感的文学世界。[56]《离奇天使》(The Angel of the Odd)是爱伦·坡在1844年创作的又一篇奇妙之作：在"这个时代的过度轻信"之严重影响下，人们很容易相信那些发明和稀奇古怪的事情。"最近，这些'古怪事件'的迅速增加远远超过了其他所有极为离奇的自然事件。"[57]叙事人这样说。在从萧条到繁荣的纽约，规律是例外，唯一能肯定的是"古怪事件"带给人们的惊讶。

混乱中的推理

在这些充满了反转、双关、愁苦的幽默和偶尔有些恐怖难懂的滑稽小说中，爱伦·坡探讨了一些重要的哲学问题。自然是可以预测的、有序的吗？有没有可靠的方法弄清这一点？或者说，是机会在统治着宇宙？他随后以C.奥古斯特·迪潘为主角的侦探小说与这样的问题狭路相逢。

在 1844 年的年终选集《礼物》(*The Gift*)中,爱伦·坡发表了他的第三篇迪潘式推理小说,《失窃的信》(*The Purloined Letter*)。与头两篇一样,它也反映了很多古怪事件背后的隐秘设计。他的《莫格街谋杀案》强调的是在表面看起来毫不相关的现象背后有条不紊的逻辑,尽管它们是"多种多样""变化百出"的;而《玛丽·罗热疑案》则专注于概率推理。它以迪潘的观察结束:没有理由假定两个类似的事件必然有相同的原因。"事实中最细微的不同"也可能让两个看上去完全一样的事件的走向彼此相背。[58]

"机遇论"或者"概率论"开始改变其意义和含义。最初,基于机遇论或概率论的调查形式被用于补偿知识的有限性及不确定性,并降低天文学观察的误差。在这期间,爱伦·坡提出了一个将在今后几十年间在自然科学中广泛传播的理念,即机会或许不仅能解释人类错误,而且也是自然本身结构的一部分。在《玛丽·罗热疑案》中,爱伦·坡在讨论"概率论"的同时指出:"根据现有的事实,得出对于发生的事件的想法,已经不再是哲学了。人们已经承认,偶然事件是自然基础构造的一部分。"[59]

这种认为机会是自然基础结构的一部分的想法,可以一直追溯到伊壁鸠鲁和卢克莱修的古代唯物主义哲学。他们认为,一切自然现象都是微小粒子之间偶然的相互作用的结果,这些相互作用是因为偶然发生的"突然变化"而让原子按照新的路径运动触发的。卢克莱修的《事物的本质》[*De rerum natura*(*The Nature of Things*)]用罗马读者可以读得懂的韵文说明了他的宇宙学;伊拉斯谟斯·达尔文的《植物园》和《自然之庙》则为 18 世纪的自由思想家更新了这种理念。19 世纪初,达尔文的唯物主义宇宙学在美国有广大的热情读者,尽管有些人担心其中带有的无神论或者泛神论内容。"我们看不出……达尔文元物理学的那位学者怎样才能阻止斯宾诺莎(Spinoza)的信条的传播。"[60]一名神学家对人们警告道。化学家约翰·道尔顿（John Dalton）[61]于1844年逝世，人们对他的"原子论"做出了新的赞扬，而卢克莱修的诗的4个新的翻译版本出现在1799年之后，其中最有影响力的一个译本出自约翰·梅森·古德牧师（Reverend John Mason Good）[62]的手笔，它启发了爱伦·坡，让他与珀西·雪莱、玛丽·雪莱、霍桑和梅尔维尔一样，将生命与思维的含义理解为机会相互作用的副产品。

伊壁鸠鲁关于宇宙受到机会控制的唯物主义观点，是与自然神学教徒的观点格格不入的，后者确信，自然是遵照一个仁慈的神明维持的可以预见的定律运行的。然而，在纽约的简陋办公室和小巷里，一次微不足道的邂逅便有可能带来辉煌或者毁灭，出现在那里的爱伦·坡有理由认为，区分胜利者与失败者的仅仅是运气而已。1844年，美国各州正在引进以或然性推理为基础的统计科学，用来追踪人口并制定决策。最初，统计学是在纽约有许多读者的《亨特商人杂志》（Hunt's Merchants' Magazine）中，作为商人们使用的工具被提出，爱伦·坡称其为"商业问题的绝对权威"。[63]统计学能帮助身处不断扩大的经济市场中的人们掌握各种手段。而在《玛丽·罗热疑案》中，迪潘则运用了或然性推理，发现了一次残酷罪行的起因。[64]

在爱伦·坡1844年发表的《失窃的信》中，迪潘再次现身，并在断案时采取了一种更具心理学特色的方法。为了挫败一个淘气的牧师用一封有失体面的信件讹诈女王的阴谋，迪潘进入了他的对手的思维。他为此还叙述了一个男孩的故事：男孩总是会在猜测游戏中取胜，原因是他能做出和他的对手一样的面部表情，然后等着看，在他自己的头脑中会出现"什么样的想法或者感情"。[65]与此类似，为了预测（或者重建）那个牧师的行动，迪潘必须与他共情，与他一起思考和感觉。

爱伦·坡鲜明地将这种直觉方法与警察狭隘的经验方法进行了对比。那位警长知道信件在牧师的房间里，他检查了每一个可能的角落，翻遍了一个又一个抽屉，用"最强大的显微镜"一一放大查看了房子里所有的连接处和裂缝。他的手下甚至在整座房子的外表面上画出了网格,检查了"每一平方英寸"。但他们什么也没发现。

迪潘认为,这种"检查、探测、用显微镜搜寻、把建筑物表面分成网格"的做法,只不过就是在运用"人的智慧所能提供的一套狭窄的理念,那位警长在执行公务的长期经历中已经对此习以为常了"。警长假定,那个牧师会像大部分人那样,把那封信藏在哪个人们通常不会注意的地方。但迪潘知道,这个牧师同时是一位数学家和诗人,这与迪潘本人以及爱伦·坡很相像。通过调整自己的思想,使之适应这位与众不同的牧师的思维方式,迪潘就知道,要到明显的地方寻找这份折叠起来的信件。

"进入"对方的思维和情感,将自己代换为对方,迪潘的这种共情方法[66]很难与当时的知名科学人倡导的客观性,或者说超然的、与人性无关的观察一致。对一个严格划定界线的空间进行测量、分解、计算与绘图,这是爱伦·坡在西点军校学习的方法,也是贝奇此时在海岸调查局使用的方法。[67]

迪潘认为,这样的方法只能发现由世俗的智慧隐藏的简单事实。他抱怨道:"那些数学家争论时从其有限的知识出发,通过习惯式的论证,就好像它们可以放之四海而皆准,就像这个世界就应该如此一样。"

爱伦·坡让迪潘担任他自己的代言人,抨击正在兴起的经验科学与数学科学。它们并非错误,只是过于狭窄,侮辱性地将造物主的智慧与一个笨拙的官僚的智慧混为一谈。

催眠启示录

据一项人们当时正在纽约狂热讨论的新科学(催眠术或者"动物磁学")的支持者所说,知识的边界每天都在拓宽。

大厅里的灯光暗淡了,一个穿着医生或者传教士服装的男人走上舞台并开始演说。[68]他以对这项新科学的一个常见的讨论作为开始:关于它的已知事实,与最近医学、电学和生理学的发现相一致的是什么,以及仍然存在的神秘之处。

然后他让他的"实验对象"——一个妇女上台,据说她对催眠术特别敏感。他们面对面地坐在椅子上。他让自己的思维充满了"强大的意志决断力,并使之与仁慈的情感结合"。他目不转睛地盯着她,逐步加大他的手对她的手的压力,直到她闭上眼睛。然后他开始"传递",小心地将手抬起,转移到她的头顶,到她的指尖,到她的腹部和脚。

他用一系列问题检测她入睡的深度:"你睡着了吗?""是的,不过,我想睡得更深沉一些。"很快她就进入了"磁状态"。

磁状态下的这个实验对象可以回答问题,服从命令;即使蒙着眼罩,她也能"阅读"书籍或者确定在一间相隔很远的房间里的东西。接着,观众们也被带到舞台上,他们同样也进入了磁状态:有些人平时难以应付的疼痛得到了缓解,有些人看到了远处发生的事情,有些人则在惊醒后完全不记得他们在施术者的影响下做了些什么。

这样的"实验"是在和库姆、埃斯皮、拉德纳做演讲的同一演讲厅中进行的,它们造成的神秘效果可以与带有魔术元素和仪式感的神灯表演相比。尽管要比福音教的复活更受控制,但它们暗示存在着超越普通意义的世界的奥秘。纳撒尼尔·霍桑的《福谷传奇》(*Blithedale Romance*)以19世纪40年代令人陶醉的乌托邦哲学潮流为背景,其中一个人物曾出席了一次乡村演讲厅中的催眠术表演,看到了这一新科学成为"神秘主义,或者不如说是这个独特的时代的神秘敏感性"[69]的缩影。拉尔夫·沃尔多·爱默生一开始认为,催眠术只是在轰动性媒体的宣传下,有些病态思想的一次短暂狂热:"我觉得,当市场和大街小巷需要一次谋杀中的头颅和血淋淋的骨头,或者这种血腥场面的木刻盗版来刺激时,我们聪明的同代人会很容易因为一些让他们感觉非常神奇的东西而惊叹不已。"[70]后来,当回顾这些表演的全盛期时,他发现催眠术确定了"彼此相距遥远的各点之间的统一和联系"[71],因此是历史上的"新鲜空气"的一部分。

弗朗茨·安东·梅斯梅尔（Franz Anton Mesmer）是一名德国医生，他曾经在欧洲巡回表演——如何让慢性疾病和疼痛"手到病除"。梅斯梅尔与共济会（Masonic lodges）有联系，他声称自己正在发展一种关于吸引与宇宙平衡的牛顿式科学，探讨一种与电类似的看不见的物质，它是由以太携带的，并且在物体中循环。对当时的许多人来说，梅斯梅尔的"治愈法"能包治百病，但其他人则认为这是一种荒唐放肆的欺骗。1784年，巴黎科学院组织了一个催眠术委员会（Commission on Mesmerism），其成员包括皮埃尔-西蒙·拉普拉斯和本杰明·富兰克林，他们得出的结论是：梅斯梅尔"治愈法"的疗效（尽管经常是真实的）完全是他的病人的想象。

19世纪20年代，巴黎出现了一个新群体——"磁化者"（magnétiseurs）[72]，他们与"预知未来者"和"梦游者"合作，后者声称能看到遥远的未来事件、阅读那些以他们不懂的语言书写的书籍，而且有时能与死者交流。这股新浪潮不久到达伦敦，那里的医师约翰·埃利奥特森（John Elliotson）利用催眠术降低手术病人对疼痛的感知。[73]催眠术于1829年出现在纽约，最初由西点军校的一位法国教官约瑟夫·迪·科曼（Joseph Du Commun）表演，后来因为脱离了其在加勒比地区的家庭种植园的法国人查尔斯·普瓦恩（Charles Poyen）的表演而开始火爆。[74] 1836年，普瓦恩在马萨诸塞州的洛厄尔表演催眠术，并提出将催眠术用作维持工厂女工车间纪律的一种方法。自然历史学家兼神秘主义者斯韦登伯格则认为，催眠术是搭在自然世界和精灵与天使的隐藏王国之间的桥梁，他的追随者因此热烈吹捧催眠术。

与此同时，催眠术的施术者们热衷于使用科学的方法和语言。西利曼的《美国科学与艺术杂志》曾报道了这个题材；受人尊重的研究人员[75]，如化学家罗伯特·赫尔和约翰·基尔斯利·米切尔（John Kearsley Mitchell）也在进行这方面的研究。米切尔是费城的一名医师，曾为弗吉尼亚·坡治疗，而且曾短暂地拥有过梅尔策尔的下国际象棋机器人。催眠术为同时具有精神与物质特征的现象指出了一个理性的经验研究方向，持续激发了物理学新概念的产生，如电磁现象和光的介质以太。[76]然而，它似乎能证实相距遥远的物体之间具有看不见的通感，因此向空间、时间和物质的不变性提出了挑战，而当时科学的共识正是在这些概念上建立起来的。

磁性表演经常看上去如同磁化者、实验对象和其怀疑者之间的一场意念与理性的搏斗，非常具有娱乐性。即使那些未能达到预期的表演也让这种"科学"看上去具有真实性；那些成功的表演会带来更加强烈与奇特的经历，甚至让那些怀疑者承认，确实发生了某种变化。[77]一份来自1843年波士顿的手册提到了显赫一时的博兹先生的观点转变："在给一个朋友的信中，狄更斯先生说他在伦敦目睹了艾里奥特森博士的实验，还说如果他对宣称他相信这项科学，而且强烈反对他过去的一切先入为主的看法再有所迟疑，那就是对那位绅士和他自己的不忠。"[78]

在美国，围绕催眠现象的新的理论框架随处可见：约翰·博韦·多茨（John Bovee Dods）提出了一个"电心理学"体系；菲尼亚斯·昆比（Phineas Quimby）的"精神治疗"将一切疾病的来源归结于精神；而促进了新科学和新疗法（包括八边形房屋的治愈作用）发展的纽约颅相学家奥尔森·富勒和洛伦佐·富勒则确信，颅相学和催眠术是"自然的双生兄弟"。[79]类似地，斯坦利·格兰姆斯（Stanley Grimes）在《动物行为学》（*Etherology*）中说："催眠术和'颅磁现象'的事实与大众所承认的电学与磁学现象相互协调。"爱伦·坡赞扬了这一努力的"首创精神和合理性"。

与爱伦·坡一样，催眠术者同样痴迷于经验科学的局限性，以及物质与精神之间、观察与想象之间的朦胧关系。爱伦·坡1844年发表的读起来令人眩晕的《凹凸山的故事》（*Tale of the Ragged Mountains*），其背景就是夏洛茨维尔周围的乡村。书中创造了一个跨越几十年、将多个大洲联系在一起的催眠活动，主要人物贝德罗（Bedloe）喜欢在上午服用了鸦片酊后在树林中远足。"在美国叫作'印第安夏天'"（Indian Summer）的这种奇怪的季节交替时期"①——他在散步时进入了一个景象，并且体验了一段在加尔各答叛乱中被杀的英国士兵的生活经历。[80] 在一次"蓄电池的电击"下，他的意识离开了身体，回到了"原来的自己"的身上。利用互为镜像的交叉结构，这篇小说表现了跨越时间和空间的心灵交流，在美洲和亚洲几乎没有被压抑的"印第安人"殖民镇压记忆正努力再次苏醒。

来自远方的哲学

爱伦·坡1844年8月在《哥伦比亚杂志》（The Columbian Magazine）上发表了《催眠启示录》（Mesmeric Revelation）。他在其中更深入地探讨这些奥秘。这篇小说采用了医学文章的形式，与在《纽约解剖报》（The New York Dissector）和富勒的《美国颅相学杂志》（American Phrenological Journal）上发表的病例报告相呼应。但在爱伦·坡的笔下，催眠术还揭示了有关上帝、宇宙和人类痛苦的奇怪真相。

"即使仍然有围绕着催眠术基本原理的疑虑，"他这样开始，"它令人吃惊的事实现在已经几乎得到了普遍承认。"只有"职业怀疑者"才会否认，一名熟练的催眠术者可以将一个实验对象传送到"一种不正常的状态中"，它类似于死亡，病人在这种状态下能感受到"超越人体器官感知范围的事情"。

爱伦·坡本人以P的身份出现，是一位"磁化者"，当时正在照顾一个名叫万克尔克先生（Mr. Vankirk）的病人。一天，万克尔克先生感到自己被对"灵魂的永生状态"的忧虑压倒了，就把P找来。在接受催眠的过程中，万克尔克先生阅读了唯心主义哲学家维克多·库赞和先验论者奥雷斯特斯·布朗森[81]的著作，追寻着一条引人注目的思维脉络，

---

① 可以对应中文的"秋老虎""小阳春"，指秋冬一段反常的高温干燥天气。——编者注

其间他的"推理及其结论"表达得十分明确。但醒来时他忘掉了一切。

他们一致同意再进行一次实验：P将在万克尔克先生处于"半睡半醒"状态的时候问他问题。病人梦幻般地清楚地说出了"一连串很有说服力的推理"，以上帝的性质为开始：他既不是人们通常理解的精神，也不是人们通常理解的物质。物质具有层次，从极大到极小。在极小的极限状态下，物质是一种由原子构成的极为微妙的流体。原子极为微小，达到了"没有粒子的状态，是不可分割的一体"。这种无重量的以太式物质"不仅弥漫在一切事物的周围，而且推动一切事物，因此一切事物都在自己内部。这个物质就是上帝"。[82]这确实是"催眠启示录"。

万克尔克先生解释道：这种"罕见的物质"实在太小，我们的感觉器官无法感知，除非它们形成了"星云、行星、恒星和其他天体"；只有那些（没有普通器官存在的）天使，才能感知它最精细的状态。我们的感官是通过接触宏观物质感觉的，它们适应了地球的大气和实体，但是——

地球上还有许多事物，它们对金星上的居民来说是虚无，而对金星上的许多看得见摸得着的事物，我们也完全无法感知其存在。

但对没有器官的存在，即对那些天使来说，一切不是由粒子组成的物质也是物质；也就是说，对他们，我们所说的整个"空间"都是再真实不过的实体。

他声称，与我们地球人享有适应了我们周围环境的器官一样，金星人也享有适应了他们周围环境的器官。只有天使能感觉到最微妙的物质，也就是我们所说的空间。

死亡改变了一切。"存在着两个肉体，基本的和完整的；分别对应于幼虫和蝴蝶两种状态。我们所说的'死亡'只不过是一种痛苦的变形"，通过这种变形，我们实现了我们这种存在的"完备设计"，这时我们就不受普通物质的限制了。

P 问道：那么为什么必须体验这种不完美的、痛苦的基本生命呢？

万克尔克喃喃地答道："在没有感官的生命中不可能有痛苦，痛苦是只在有器官的生命中存在的。"

P：但是，遭受这样的痛苦会有什么好处呢？

万克尔克先生：一切事物或者是好的或者是坏的，这些都是通过比较来确定的。在任何情况下，进行足够的分析便能说明，欢欣只是相对痛苦而言的。绝对的欢欣只是一个想法……地球上的原始生命的痛苦，是天堂里最终生命的极乐的唯一基础。

爱伦·坡的对话是从催眠术方面对"神意论"（theodicy）所做的解读——这个术语是由哲学家莱布尼茨（Leibniz）杜撰的，用以说明为什么一个仁慈而且无所不能的上帝会允许邪恶和痛苦存在。在爱伦·坡的小说中，受到催眠的病人论证了欢欣和痛苦的"相对的"性质：要得到永恒的极乐，我们就必须首先知道拥有身体的痛苦。

爱伦·坡简单勾画了一个新的自然哲学：对创世、元物理学和生命的系统性解释。他宣称：一切事物都是物质，但物质可以达到如此精细的程度，使它与电、磁或精神无法区分。这是一种阐述了什么是灵魂、精神和思想的力量的唯物主义。上帝本身是与这种包罗万象的微妙的以太无法区分的。受斯韦登伯格关于感官的著作的启示，爱伦·坡认为天意设计的要求是：持续地创造一个其感觉器官适应了周围环境的有器官存在。他们的痛苦，象征对类似毛毛虫羽化成蝶这一变形的祝福。

正如他在到达纽约时撰写的热气球故事一样，《催眠启示录》也是一篇伪装成事实报道的想象作品。但这并非恶作剧，而是爱伦·坡在证明他关于真实的本质的严肃命题。如果他的结论挑战了科学与神学的基本方法和假定，那在这种情况下，神学和科学就必须发生改变。

声名狼藉的"科学浪漫"

也是在 1844 年，一个对既有科学与宗教而言十分重大的挑战登上了爱丁堡报章：匿名发表的《遗迹》。[83] 此后 3 年这本书再版了 7 次，如同风暴般席卷了美国和英国的读者。

《遗迹》被称为一种"科学浪漫"。它利用引人入胜的语言和栩栩如生的意象，叙述了太阳系和生命起源的统一历史，将一切科学的当前发现编织在一起。它用一个持续发展的宇宙，取代了本质上静止的基督教宇宙，后者在创世与灭世之间只有微小的调整。书里的这个"进化"是按照最初设定的统一的力学规律展开的。

这一浪漫（或者说小说）开始于星云假说：太阳系是由弥散物质的云凝结成的。[84] 这是关于宇宙历史的主要"发展定律"，它认为，"当前太空中天体的形成仍在进行中"，其中在地球的夜空中可以看到的星星正是由星云不断运动凝结而成。[85] 这本书进一步详细叙述了地球的历史，从极小的"纤毛虫类"和"微生物"，到越来越复杂的生命形式，地球走过了出现植物、哺乳动物和灵长目的历程，一直到出现人类的"众多国家"。

按照目前依然在发展的物理学与生物学知识，从一个单一生命体的发展过程可以看出，其所属的"生机勃勃的部落"在整个行星上进化的历程。这本书宣布："低等动物的思维和人的思维之间的差别只有程度的不同，而并非根本性质的不同。"[86] 书的作者解释道："生命在任何地方都是同一的。低等动物只不过是我们人类这种完美形式的某些不够高级的类型。"[87]

《遗迹》将星云假说置于中心地位，这让该理论受到了大众新一轮的仔细检查。尽管这一理论的初创者之一拉普拉斯被怀疑为无神论者，但威廉·休厄尔认为这一假说是神圣创世的一个证据：太阳系或许是星

第四章 纽约

云气体形成的,但休尼尔问道,"除了某种设计与智慧",什么能具备这一过程呢?[88] 1837年,格拉斯哥天文学家约翰·普林格尔·尼科尔的《天堂建筑观》(Views of the Architecture of the Heavens)进一步普及了这一假说。他赞扬拉普拉斯,说他揭示了"这一最初的创世思想,创立了我们的社会体系,并规划与限定了它的命运"。[89]尼科尔用这一理论支持一项有些含蓄地带有唯物主义色彩的激进计划。约瑟夫·亨利对它"准确地叙述了太阳系的构成现象"[90]而欣喜,并认为这一假说是"对于神明在构建宇宙时采用的过程宏伟但方法简单的描述"。就连神学杂志《普林斯顿评论》(Princeton Review)也大胆地说:星云假说可能是"宇宙的正确理论"。[91]

然而,《遗迹》这本新书也把星云假说带到了危险的边缘。因为它直接将这一理论与唯物主义的转化理论联系了起来,认为生命是自发地通过普通物质和电的相互作用出现的。至于证据,它提到了安德鲁·克罗斯(Andrew Crosse)的实验[92],其中,微生物似乎是通过在硅酸钾和硝酸铜上通电产生的。在更新18世纪的自然神论时,这本书强调,创世是一个遵守有关发展的统一定律的"持续过程",迄今仍未结束。作者大胆地"推测",当前存在的人类正在为"向更高级的人类发展"[93]做准备,那将是一个在组织上优于我们的物种,其感觉更灵敏,在使用装置创造和艺术创作上更强大[94]。

《遗迹》将分散与专科化的各门科学汇集在一起,重写了宇宙的故事。上帝不再积极参与创世的每一个直接时刻;取而代之的是,很久以前便已经设定的定律随着时间逐步展开,按照一个分阶段揭示的复杂程序展开每一个新篇章。在地球上,个体灵魂为求得救赎的斗争不再作为主要剧情,取代它的是作为一个整体的不同"物种"与"生命"为实现进步的目标进行的努力。

即使自然中最突如其来的变化也服从"统一定律",这一理念是由颅相学家乔治·库姆、地质学家查尔斯·莱伊尔极力推动的。而更为激进的是数学家兼发明家查尔斯·巴贝奇,他在未经邀请的情况下,在《布里奇沃特论文集》系列中自行添加了有关自然神学广大领域的《第九篇布里奇沃特论文》。为了解释自然中规律性变化的出现,巴贝奇利用了他自己的计算机器(正是爱伦·坡拿来与"梅尔策尔的下国际象棋机器人棋手"相比的那台令人吃惊的机器,尽管他自己认为它不如下国际象棋机器人)的例子。巴贝奇能为他的机器设定程序,让它在一系列印刷的数字中做出人意料的跳跃。他认为,利用同样的方式,对于自然界中某个看上去是"奇迹"且令人吃惊的新颖现象,可以将其理解为我们尚未掌握的一条宇宙自行预先设定的力学定律。

《遗迹》赞赏性地引用了巴贝奇的书中的内容。[95]一位美国批评家认为,《遗迹》是"为建立宇宙的力学理论而在现代做出的最了不起的尝试"。[96]但因为这样的论证将创造物种的能力置于宇宙本身的定律之内,它们或许很难与无神论相区别。耶鲁大学化学家、优秀编辑本杰明·西利曼抱怨说:在英格兰,书中所有的错误都被"上层阶级全盘接受了,他们认为,一切做出了大胆的宣告而且具有迷人风格的事物都是福音"。[97]他发现这本书"在宗教和哲学方面"传播了"虚假"信息。

对《遗迹》在美国的第二版,出版商威利和普特南(Wiley and Putnam)做出了不同寻常的决定,在其中新加入了一篇由公理会牧师乔治·奇弗(George Cheever,爱伦·坡曾评价他的诗歌是"无法否认的平庸之作"[98])撰写的前言。实际上,奇弗在"前言"中奉劝读者漠视那些他们要付出高价去阅读的论证,让读者预先认定该书为"显然是要用定律将上帝从他自己的世界中排除"的一个"精心策划的尝试"。[99]波士顿的《北美评论》的编辑弗朗西斯·鲍恩(Francis Bowen)将该书的"真正性质和倾向"[100]视为德谟克里特(Democritus)、伊壁鸠鲁和卢克莱修的唯物主义原子论的重现。纽约大学的希腊语教授泰勒·刘易斯(Tayler Lewis)将它总结为"彻底的无神论,而且是冷漠无情、麻木不仁的无神论"。[101]

第四章　纽约

这本书也让那些著名的科学家争先恐后地做出了回应。查尔斯·莱伊尔谴责它；约翰·赫歇尔将他1845年在BAAS上的讲话用于对它的批判；地质学家亚当·塞奇威克（Adam Sedgwick）警告道："如果这本书是正确的，那些清醒的归纳法将会徒劳无益；宗教将是个谎言；人类的定律将是愚蠢的一团混乱，也将是不公平的基础；道德将是废话。"[102]

在美国，纽约大学的医师兼地质学家詹姆斯·达文波特·惠尔普利（James Davenport Whelpley）拒绝接受这本书的"虚假结论"，并嘲笑它："人是慢慢地从猴子演变而来的……在星云假说的后面加上了一大堆类似的荒谬绝伦的东西，最终仅仅以水蒸气作为结尾？"[103]

《遗迹》作者一直处于匿名状态，这也使其得到了保护，同时也增加了围绕这本书的诸多讨论。读者从各个方面猜测它的书写背景，探讨如何解释它的目标。《遗迹》的作者到底是一个江湖骗子、一个业余爱好者、一个煽动分子，还是一个想通过匿名来自由自在地发表他或者她的真实观点的正牌科学家？

正如爱伦·坡曾经询问过有关"辛格姆·鲍勃"的种种情况一样，大西洋两岸的读者们也在热切地追问："谁写的？谁能说出来？"他们不断跑去抢购重印本。查尔斯·布里格斯的文学新周刊《百老汇杂志》评论道："多么令人佩服的计算；数以百万计的廉价书……必定很快就被一抢而空。"[104] 就连巴纳姆也很难做得更好。

对于这一"科学浪漫"，美国给出的最早的评价之一出现在1845年2月的《美国评论：辉格党政治、文学、艺术与科学杂志》（*The American Review*：*A Whig Journal of Politics*，*Literature*，*Art*，*and Science*）上。

同期发表的还有一首令人吃惊的新诗，它也在探讨生命与死亡的奥秘。它的作者也是匿名的，签署的是一个假名。与《遗迹》一样，这首诗在当时立即造成了轰动。谁写的？谁能说出来？

《乌鸦》让爱伦·坡成了一个家喻户晓的名字。

13
神奇之人

不再默默无闻

1844年的后几个月,爱伦·坡是与弗吉尼亚和马蒂一起在曼哈顿西侧靠近第八十四街(Eighty-Fourth Street)的一座农家房屋中度过的。当时他正全神贯注于一首他在费城与狄更斯(他最近的一本书也以一只训练有素的乌鸦为主角)会面之后,就开始创作的诗歌的复杂韵律的构建。他或许也曾在图书馆和公司思考过这个主题,那里有一座庞大的雅典娜胸像,俯视着学者们和他们的书籍。在1844年年底,他向诗人威廉·华莱士宣布:"我刚刚写下了有史以来最伟大的诗篇。"[1]

"真的?"华莱士说,"那成就可不小。"

"想不想听听?"爱伦·坡问。

"那还用问。"华莱士说。

于是,爱伦·坡以他的最佳状态,读起了那首很快就会闻名一时的韵文……读完以后,他转向华莱士,等着他的赞赏。

这时华莱士说:"爱伦·坡,这诗真好,不同寻常。"

"好?"爱伦·坡不屑地说,"听了这首诗,你就只能说这么一个字？我跟你说，这是有史以来最伟大的诗篇。"

在乔治·雷克斯·格雷厄姆不肯买这首诗之后，爱伦·坡以 10 美元的价格，把它卖给了新近创办的《辉格党杂志》(Whig Journal)。辉格党这次做了个好买卖。在这家杂志"摇摇欲坠"的纳苏街（Nassau Street）办公室[2]里，长头发的编辑乔治·科尔顿（George Colton）在"付印之前"把它读给一组见证人听，而且——"当他以雄辩式的效果结束了最后的叠句之后，他以撼动了他满头淡黄色的头发的强音宣告：'这太惊人了，实在太惊人了！'"

很快，《乌鸦》也让其他人叹服。它发表于 1845 年 1 月底，首先于 1 月 29 日出现在《晚镜报》上，不久以后出现在《辉格党杂志》的 2 月刊上。[3]它在《辉格党杂志》上位于两篇文章之间，一篇是催促成立科学专家技术委员会来评估专利申请的文章，另一篇是戴金克有关 1845 年的文学形势论述的文章，其中特别提到了爱伦·坡过去的作品和即将出版的作品。

从头几行起，这首诗错综复杂又引人入胜的诗节就显示了它的魅力：

从前一个阴郁的子夜，我独自沉思，慵懒疲竭，
沉思许多古怪而离奇、早已被人遗忘的传闻——
当我开始打盹，几乎入睡，突然传来一阵轻擂，
仿佛有人在轻轻叩击，轻轻叩击我的房门。
"有人来了，"我轻声嘟喃，"正在叩击我的房门——
唯此而已，别无他般。"

哦，我清楚地记得那是在萧瑟的 12 月；
每一团奄奄一息的余烬都形成阴影伏在地板。
我当时真盼望翌日；——因为我已经枉费心机

> 想用书来消除悲哀——消除因失去丽诺尔的悲叹——
> 因那被天使叫作丽诺尔（Lenore）的少女，她美丽娇艳——
> 在这儿却默默无闻，直至永远。①[4]

《乌鸦》之所以吸引人在于它将复杂的韵律感与鲜明的、神秘的戏剧性结合。一位孤独的、失去了亲人的学者有了一位来访者：一只受过训练，能重复单词"永不复还"的黑色鸟儿。它用沙哑的声音反复说出这个显得有些病态的词，回应那位学者越来越激烈的质问：这只鸟儿是来自精灵世界的一个信使吗？它带来了诗人死去的情人、失去了的丽诺尔的信息吗？或者说，它只是一只没有思想的野禽，重复它受训说出的词语，却根本不知道其中的意义？

在所有18个诗节中，这首诗以半机械式的相同节律令人迷醉——每当出现一个新的转折时都给出更狂野的诉求和更大胆的韵律。那只鸟儿一直都在，它刺穿了诗人的心，拒绝离开。在书房中摇曳的灯光下，随着紫色的窗帘在香料的熏烤下发出的清香，那只鸟儿没有给诗人任何东西，只有一个令人疯狂的叠句："永不复还。"它扭曲着成为一种拒绝，一个预言，一种折磨：某种痛苦和没有回答的喊叫的永恒的影子。

> 那乌鸦并没飞去，它仍然栖息，仍然栖息
> 在房门上方那苍白的帕拉斯半身雕像上面；
> 而它的眼光与正在做梦的魔鬼的眼光一模一样，
> 照在它身上的灯光把它的阴影投射在地板上；
> 而我的灵魂，会从那团在地板上漂浮的阴暗
> 被攫升么——永不复还！

---

① 此段译文选用了曹明伦的译本。——译者注

第四章　纽约

《乌鸦》的作者一栏所署的名字是一个笔名夸尔斯（QUARLES），一位17世纪英格兰诗人[5]的名字，他凭借神秘的象征性诗歌闻名。

在《每周镜报》（Weekly Mirror）中，伴随着《乌鸦》发表的还有威利斯的崇高赞美："这是这个国家有史以来发表过的'逃亡诗歌'中最特别的例子。它微妙的构思、大师级的独具匠心的诗律，以及始终如一的想象力和'诡异性'，都是在英语诗歌中无与伦比的。""诡异"是当人们阅读这首诗时能抓住的一种打赌般的感觉，是一直维持着的一种大胆的恫吓。而这首诗通过满足复杂的节奏和韵律计划来提高赌注——部分以伊丽莎白·巴莱特（Elizabeth Barrett）的《杰拉尔丁夫人的求婚》（Lady Geraldine's Courtship）为模型[6]，尽管"提高赌注"这一点正变得越来越困难。

每个诗节都加上了细微的差别，以增加叙事者的问题的强度。那只黑色的鸟儿从"夜色中的冥王星的岸边"归来，不祥地驻足在一座全白的雅典娜——被广泛用作基督教的象征的希腊智慧女神的胸像上；它黯然比对着启示的希望与只有"透过玻璃"看到的事物。文学学者贝琪·厄吉拉（Betsy Erkkila）[7]曾经提出，这首诗也在挖掘一个种族意象：纯白的女性的气质和理性遭受了黑色的兽性入侵者的威胁。这只乌鸦或许也体现了无论个体或者民族，对于被压制者归来时的某种惭愧与羞耻感。

这首诗将知识（以雅典娜、学者的书籍体现）与未知及无法知晓的事物并列。这只奇怪的生物想要对来世、对自然和本能的极限、对训练它的人披露些什么知识？这只鸟儿是否有思想？或者说，它根本没有思想，只不过是机械物质？"永不复还"意味着难道说话者再也见不到恋人丽诺尔了吗？或者说，这只是一个没有意义的词？人类是否有一天能解开这些奥秘？

最重要的是，这首诗的旋律抓住了读者的心，让他们沉迷在它魔咒般的罗网与似乎有什么启示在一点点显现的期待之中。在《百老汇杂志》的办公室中，演员詹姆斯·E. 默多克（James E. Murdoch）即席朗诵了这首诗，一位在场者认为：这是"我生命中最值得珍爱的记忆，我听到了如同银钟轰鸣般的嗓音朗诵的这首不朽诗篇"。[8]

它很快就给纽约各大报纸带来了一片震撼：2月3日，霍勒斯·格里利的《纽约每日论坛报》赞扬它是"一首可以丰富《布莱克伍德杂志》的诗歌"[9];《纽约清晨快报》说它"可能在当代诗人圈的竞争中无可抵挡，除了阿尔弗雷德·丁尼生（Alfred Tennyson）的诗作可与之在大奖上一较高下"[10]。它不仅是技巧上的壮举，也是一种奇观："作为一首诗歌，它的新奇程度已然如此，而从心理学的角度上看，它是一个奇迹。"

爱伦·坡的名字很快便家喻户晓。《乌鸦》不仅让他早期的诗歌重见天日，而且证明了他当前给出的那些批评多么有价值。《百老汇杂志》的编辑查尔斯·布里格斯在给洛威尔的信中写道："你将在本周的杂志中看到爱伦·坡写的一首辉煌的诗篇，我认为你会喜欢这首诗。你将看到，它是按照他心目中的诗歌的理念构建的。这是纯粹的美好，完全不受说教和感情的影响。"[11]

它在全国范围内被几十次转载。无数模仿它的作品证明了它的影响力。[12]《猫头鹰》(*The Owls*) 警告饮酒的危害：

但那头看上去如此孤独的猫头鹰说出了那个词语，而且仅此而已，
我很快就将一口威士忌倒进
桌上的茶杯里，这也是我之力所能及，
我邀请他前来痛饮，说美酒在等待知己——
但那头猫头鹰摇晃着脑袋，看向地板上的那杯威士忌，
　　　　　　显然是在说："后会无期！"

《新世界》刊登了《一个愿景》(*A Vision*)，其中说纽约的杂志

"被人格化了"。按照爱伦·坡的《乌鸦》的方式撰写的《瞪羚》(*The Gazelle*)的作者是一个"15 岁的新晋少年诗人"。《火鸡》(*The Turkey*)模仿的是《北美夜鹰》(*The Whippoorwill*)的风格。"一位家住伊利诺伊州昆西市的律师将《极地之猫》(*The Pole-cat*)转发给他的同事亚伯拉罕·林肯,后者生硬但倔强地评论道:"我从未读过爱伦·坡的《乌鸦》,但我清楚地知道,读者对于模仿作品的兴趣几乎完全取决于他们对原作的熟悉程度。喜欢自我思考的那只极地之猫却认为自己有几分姿色,这能令人开怀大笑几次。"[13]

人们以"极大的好奇心,希望看到这首美妙诗篇的作者"。爱伦·坡戏剧性地进入了纽约的沙龙。在卡洛琳·柯克兰夫人(Ms. Caroline Kirkland)的家中,他遇见了"纽约的文人,他们过去谁也没见过爱伦·坡",他威严的举止给人留下了"极好的印象"。[14]当爱伦·坡步入医师约翰·弗朗西斯(John Francis)家中的聚会场所时,他"面色苍白、身材消瘦,看上去是一个极为严肃的人。他黑色的服装和庄重的气质,加上弗朗西斯医生隆重庄严的神情,令人不安,随即全场静默,而在一瞬之前,那里还是一片谈笑风生"。[15]弗朗西斯宣布了大家眼前站立的这位陌生人的身份:"《乌鸦》!"话音刚落,爱伦·坡"缓缓地微微躬身,带着僵硬的、看上去几乎是不祥的表情,又好像在得意扬扬地接受这个突然抛到他身上的荣誉"。

诗人伊丽莎白·奥克斯·史密斯(Elizabeth Oakes Smith)是在《乌鸦》作者的身份揭晓之前,聆听查尔斯·芬诺·霍夫曼(Charles Fenno Hoffman)朗诵这首诗的。它给她的触动实在太大,以至于她"站起身来,边走边对霍夫曼说:'这就是埃德加·爱伦·坡本人。'"霍夫曼总结了这首"天才之作"的内在:"这是绝望中忧思的智慧。"

这首诗也渗入公众的头脑中。据史密斯说,爱伦·坡告诉她:"人们真的对我的《乌鸦》议论纷纷。我昨晚去了剧院,那位演员也引用了'永不复还'这个词,它确实增添了那部剧的感情力量,而观众也立即（在这样说的时候，他看上去实在非常高兴）非常明显地接受了暗示。"[16]

到了1845年3月，爱伦·坡和他的"乌鸦"已经像辛格姆·鲍勃和他的头发药膏"鲍勃神油"一样被歌颂和吹捧了。这就像一首非常有诱惑力的被反复重复的歌曲，甚至还可以模仿它来写药皂的广告语，就像《懦夫，爱伦·坡著》（The Craven：BY POH）中所说的那样：

从前一个阴郁的子夜，当被耕耘和照看弄得精疲力竭时，
我思索着人往往会进行的欺骗和诡计，
很快我就落入了一个似乎在清醒与幻梦之间的状态，
这时我的心灵之目看见一个鬼鬼祟祟的人在伪造肥皂——
是的！伪造古尔戈（GOURAUD）举世无匹的药皂；

"……懦夫，你现在放弃吧，
永远不要再伪造我的肥皂或者药粉！"
懦夫说——"再也不了！"

那位喜欢夸大其词的"F. 菲力克斯·古尔戈医生"（Dr.F.Felix Gouraud）就在爱伦·坡家附近出售他"无与伦比的精制药粉和神奇的古希腊染发剂"。[17]为了提醒顾客们不要上假冒伪劣产品的当，古尔戈改写了爱伦·坡的诗，用来推销一种专利药物，这是19世纪的典型销售小花招。

尽管爱伦·坡出售这首诗只得到了10美元，但它实际上是一份无价的名片。在给他的老朋友F. W. 托马斯的一封信中，爱伦·坡雀跃地说："《乌鸦》的反响真不错，托马斯。我写它只是为了表达大干一场的目的，就像我写《金甲虫》一样，你知道。但这只鸟儿居然赢了甲虫。"[18]

第四章 纽约

他就是"青年美国人"

纽约的宣传系统对《乌鸦》的精彩亮相进行了充分准备。在它发表的仅仅两周前,洛威尔在《格雷厄姆的女士与绅士杂志》上发表了爱伦·坡的一份光彩夺目的传记。他认为,爱伦·坡是解决"青年美国人"最关心的问题的关键人物,这个问题就是:缺少真正的民族文学。

洛威尔说,像他所有的同代人一样,爱伦·坡深受当时各种"不正常状况"之害:美国文学界是毫无规矩的一盘散沙;波士顿、纽约或者费城的文学作品要比"用德国的不同地区方言写成的作品区别更大"。[19]作为有可能是"对想象力丰富的美国作品最具鉴赏力、最有哲学家特点、最无畏的批评家",爱伦·坡有能力铸就真正的民族批评,并为真正的美国文学之路奠定基础。他需要的只不过是"一份他自己的杂志,可以在其中展示他的批评能力"。当前,"他已经切削了足够的石块,可以用于建设一座永世长存的金字塔,但只能随意地把它们丢得到处都是而无法认领",只能让它们散于全国的各家期刊中。

在洛威尔的文章中,爱伦·坡在过去发表的零散作品看上去有很完整的归类[20],爱伦·坡是一位有地位的作家,还附上了爱伦·坡的一幅令人印象深刻的肖像。爱伦·坡的朋友斯诺德格拉斯认为肖像与他本人相似程度颇高,但"缺乏爱伦·坡先生那特有的紧张表情"。[21]特别地,洛威尔对爱伦·坡的诗歌进行了大篇幅解读,并指出他独特的分析技巧不仅是他的文学批评作品的突出特点,在他的小说和诗歌中也同样如此。

洛威尔写的传记吸引了其他批评家的注意。玛格丽特·富勒过去是爱默生的《日晷》(The Dial)杂志的编辑,此时在纽约,她注意到了洛威尔"坦率、诚恳"的文章[22],并赞扬了爱伦·坡的两首诗,《闹鬼的宫殿》(The Haunted Palace)和《致海伦》,因为其中带有"如此不同凡俗的思维之美和感情，让我们或许应该期待这样一个蓓蕾将会绽放出带有甜美温柔光彩的玫瑰"。戴金克提醒《清晨新闻》(Morning News)的读者们注意这个美国文学界新近发现的新星："无论他的名字什么时候被提及，总会伴随着'他是个非凡人物，是个天才人物'这类评论。"[23]戴金克认为：尽管很少有人"真正知道他到底写了些什么，但人们能在他默默无闻的时候就感觉到他的影响"。

《乌鸦》拉开了纽约文学的幕布，爱伦·坡登台了。戴金克欢迎他[24]，认为他是一个能区分真正的新颖独创作品与"平庸"文学作品的文学批评家；认为读者们应该注意爱伦·坡对杂志上猖獗的剽窃行为做出的调查行动——"美国克里比奇"(American Cribbage)。"青年美国人"认为，人们对"国外的"作品评价更高；而波士顿的一家杂志却只是在《钱伯斯的爱丁堡杂志》(Chambers' Edinburgh Journal)转载了《失窃的信》之后才予以转载。戴金克给出的事实——这一篇由美国人创造的小说"在美国吸引的注意远远低于在国外"[25]，更是证实了青年美国人的观点。

爱伦·坡也参与了"青年美国人"的事业。[26]在《杂志监狱的一些秘密》(Some Secrets of the Magazine Prison-House)中，他揭露了"可怜虫作者"面对的剥削[27]：低得可怜的薪酬，对出版缺少发言权，过高的利润被装进了出版商的腰包，仅仅因为他们拥有一家出版社。由于没有国际版权法，美国"最优秀的作家不得不为杂志和评论社服务"，它们的拥有者一直在转载作品而不说明出处，最多会给原作者少量施舍——也只是为了表面上过得去而已。"因为让我们这些像可怜虫一样的作者完全挨饿是行不通的（或许他们确实想这么做）。"美国文学要想蓬勃发展，需要联邦政府的有力支持，这与任何成长中的产业情况相同，与新生的科学相同，与正因为政府的专利法而获益的技术发明相同。

第四章 纽约

封为狮王！

爱伦·坡与"青年美国人"这一文学组织结成了同盟，这使他不得不调整了某些立场。他曾在《格雷厄姆的女士与绅士杂志》上严厉批评了科尼利厄斯·马修斯的"散文风格"及其长诗《瓦肯达》，但现在他收回了对科尼利厄斯·马修斯"放肆与轻浮的批判"[28]，称这只不过是个"笑话"。此外，他以赞扬的口吻评论了科尼利厄斯·马修斯在伦敦的朋友理查德·霍恩（Richard Horne）的长诗《猎户座》（Orion）[29]，因为霍恩是丁尼生的圈子中的成员之一；他也对科尼利厄斯·马修斯的另一位英国盟友伊丽莎白·巴莱特大加赞赏。霍恩沉重的道德说教让爱伦·坡有训人上瘾的负罪感，而爱伦·坡对巴莱特时而热情洋溢，时而苛刻要求，这种变幻莫测的态度不禁让她感到困惑。

无论这些妥协有什么样的代价，1845 年，"青年美国人"以令人惊讶的速度，让爱伦·坡的职业之路向前发展。戴金克邀请他为威利和普特南的美国书籍图书馆（Library of American Books）出版一部新的短篇小说集。[30] 更让他兴奋的是，作为《百老汇杂志》的共同编辑和"第三位次的财务拥有者"，爱伦·坡加入了布里格斯和他沉默的合伙人约翰·比斯科（John Bisco）的组合。至此，爱伦·坡终于重新坐上了编辑的宝座，成了一个很有发展前景的新杂志的大股东。

他受邀在社会图书馆[31]做了一次演讲，题目是"小说，独创性和消除寂寞的良药"[32]。威利斯承诺这将是一次文学解剖课："爱伦·坡先生的批评利刃"已经让许多作者面对一种命运，"就如同被斩首的罪犯——直到脑袋落到手上，他才知道自己的头已经掉下来了"。[33]

爱伦·坡的演讲抨击了"圈内人的有害影响"[34]，波士顿尤其是包括格里斯沃尔德和朗费罗在内的文学商贩和思想传播者在这个国家的主要活动区域。戴金克在爱伦·坡的"诗人创作"原理与黑兹利特（Hazlitt）和柯尔律治的那些原理之间进行了比较，说爱伦·坡的做法与"一个老练而坚决的人用锋利而且实用的尖刀对付可怕的伤口时相同"。[35]《纽约每日论坛报》的评论员（或许是霍勒斯·格里利）称赞爱伦·坡的"批评锋锐无畏"。[36]

波士顿人当时就没那么高兴了。《阿特拉斯》（The Atlas）认为，"看狗跳舞或者猴子翻跟斗"也强于去听如此鲁莽的批评。[37]他们奚落爱伦·坡，说如果"把他这样的货色摆到波士顿听众面前，他们会立刻对他喝倒彩"。《波士顿晚报》（Evening Transcript）的编辑柯妮莉亚·威尔斯·沃特（Cornelia Wells Walter）为这位"所谓的批评家"雕刻了一块墓志铭："他的名字是爱伦·坡 / 他的生命是灾难 / ……回音，回答，说吧——'呸！'"[38]

在《百老汇杂志》，爱伦·坡重新出版了他过去的那些小说和诗歌，把他过去的作品这些散落的"石块"筑成辉煌的文学"金字塔"。它将成为一座不朽的丰碑，又或者只是一座纸牌屋？

在文章中，他对朗费罗发起了一轮新的攻击。作者之间的辩论是一个久经考验的宣传噱头，经常以同事之间的比武，或者像默默无闻的大卫（David）为了出名挑战膨胀的哥利亚（Goliath）这样的形式开始。但这种比武很容易走向失控：感情受伤、清誉受损，随之而来的是法律诉讼与决斗。[39]当爱伦·坡还在《南方文学信使》工作时，他便是这样做的第一批美国新闻工作者之一，策划了如同爱丁堡的《布莱克伍德杂志》在发展时期的那种文学争斗。《新世界》的帕克·本杰明（Park Benjamin）在纽约选择了这种行为[40]，结果争斗很快便扩散了。由于作者人数众多，相互之间的各种关系十分复杂，星星之火便可能造成燎原之势。现在，爱伦·坡亲手把这火焰拨弄得更大，更旺。

在《格雷厄姆的女士与绅士杂志》时，爱伦·坡便指出了朗费罗和丁尼生的诗歌之间模糊的相似之处。1845年1月，朗费罗出版了由不甚知名的一些诗人的作品组成的一部诗集——《漂泊者》（The Waif），其中许多作品未署名。爱伦·坡怀疑其中一些诗作是朗费罗本人水平较差的作品,并质问朗费罗为什么没有加入洛威尔的任何诗歌(这是一个很古怪的质疑,因为洛威尔已经出名了)。[41] 作为回答,《晚镜报》发表了一封信,署名"乌提斯"(Outis),为那位更年长的诗人辩护,反对爱伦·坡提出的指责,同时争辩说,一些模仿,是想象力自然工作的一部分。

战火在爱伦·坡和"乌提斯"之间爆发,后者可能就是爱伦·坡自己。正如巴纳姆在报章上发明了代言人来攻击他的"斐济美人鱼"一样,或许爱伦·坡分饰争议双方,引起了一场混战,而这只是为了提出那个从来没有人想到要问(除了他)的问题:谁是美国诗歌的最佳代言人,是著名的哈佛大学教授朗费罗,还是后来者爱伦·坡?爱伦·坡的编辑威利斯将这样的争议视为一个对提升名声有促进作用的工具,而且确信,这样一场在爱伦·坡与朗费罗的保卫者之间的"马上对决"将"最终让朗费罗得利"。[42]

4月,"朗费罗之战"在《亚里斯蒂安杂志》(*The Aristidean*)上持续,因为这家杂志就朗费罗的新文集发表了一篇出言不逊的评论。这篇冗长的文章没有署名,可能是托马斯·邓恩·英格利希与爱伦·坡商议之后撰写的。[43] 文章以人身攻击开头,认为朗费罗的名声来自他"作为哈佛大学"教授而有的"社会地位的影响,以及与女性的财富继承人结婚而有的影响";文章嘲笑他的波士顿支持者,即所谓"朗费罗帮派",说他们总的来说是一个"废奴主义者、先验论者和狂热分子的大杂烩",并奚落朗费罗的"奴隶制诗歌"是"蛊惑人心的胡说八道"。

在他发表在另一份杂志的书评[44]中,爱伦·坡试图与这篇"粗鲁"的评论撇清关系:"文章中一些看法与我们的看法多少有些相同,但并不完全一致。"无论文章是谁写的,但当爱伦·坡已经因为他对朗费罗的攻击而开始受到新英格兰文人的普遍反对时,布里格斯和洛威尔退缩了。

这一争议并没有让他的名声在纽约受损:"人人都想结识他,但似乎只有很少的几个人真正和他熟识。"[45]他成了在诗人安妮·林奇(Anne Lynch)位于韦弗利广场的市区宅邸聚会的必到客人:"爱伦·坡一向具有绅士的举止风度,他喜欢谈话,但并不是垄断谈话;有礼貌,很迷人"[46];"总是风度翩翩",然而"举止自然,不矫揉造作"。在林奇的客人中还有诗人菲茨-格林·哈勒克(Fitz-Greene Halleck,交际场的活跃分子、约翰·雅各布·阿斯特的顾问)、于肯塔基出生的废奴主义者卡修斯·克莱(Cassius Clay)和"月球故事炮制者"、富于改革精神的新闻工作者理查德·洛克。[47]

林奇家的常客还包括有权势的女人,如玛格丽特·富勒。她是精于探索的评论家、哲学家,曾因担任爱默生的《日晷》的编辑成名,后来写了《湖上的夏天》(Summer on the Lakes),讲述她在西部的一次旅行中遭遇预言者与印第安人的经历。在纽约,她成了霍勒斯·格里利的《纽约每日论坛报》的特约编辑。加入林奇和富勒的圈子的还有诗人玛丽·休伊特(Mary Hewitt)、埃斯特尔·刘易斯(Estelle Lewis)和伊丽莎白·埃利特(Elizabeth Ellet)。爱伦·坡曾在许多年前评论过埃利特的诗,但态度不如她本人想要的那么热情。这群人都喜欢催眠术,在一起讨论的还有伊曼努尔·斯韦登伯格,他很神秘,并热衷于探讨天使的哲学。林奇沙龙中的其他常客有医师兼慈善家约翰·弗朗西斯,他曾在纽约自然历史学会的重新开办揭幕礼上发表过演讲;还有乔治·布什(George Bush),当时纽约大学的希伯来语教授、斯韦登伯格的热心信徒,也是美国后来两名总统的祖先。

爱伦·坡此时进入了一个迷人的狂乱场面。19世纪的美国妇女基本上被排除于商业与政治之外,一旦结了婚,她们对于自己的财产只有有限的权利。如果她们尝试取得作为艺术家或者思想家的独立地位,她们就会面对微妙的反对与公开的轻视。"妇女问题"是包括富勒在内的改革家们讨论的一个关键问题,富勒的《19世纪的女性》(*Woman in the*

第四章 纽约

Nineteenth Century）是在美国相对平等的观念下对性别政治的一个开创性研究。作为沙龙的参与者与组织者，这些受过教育的白人女性也发挥了可观的影响。

在爱伦·坡在纽约的圈子里，妇女受到了应有的尊重，她们作为成功的诗人、作家和编辑在改革运动中十分活跃。她们反对奴隶制，支持更平等的劳工和财产系统、医学教育和妇女权利。在这些有影响力的女性中，有些再次被人给予"蓝袜女"这一侮辱性称号，但她们组织了当时很大一部分文化活动，尽管报章经常不会报道她们的作用。[48]爱伦·坡愿意发表称赞她们的作品和评论，指出其中待改进的方面以及成就。甚至在诗歌、哲学和社会实际知识方面，她们教他的东西多于他愿意承认的那些。

爱伦·坡对《女性解剖学与生理学讲座》（*Lectures to Women on Anatomy and Physiology*）的作者玛丽·戈夫（Mary Gove）就表现得很友好。戈夫认为，造成妇女遭受"许多虐待的不是道德的偏颇，而是信息的缺乏"。[49]她在演讲中公开谈及性、避孕、分娩，以及妇女对她们自己的身体的不可剥夺的权利，即使这意味着（如同她本人那样）选择离婚而不是维持没有激情的婚姻。对于从消化不良到癌症的疾病，她劝说人们采用素食法和"水疗"，即大量饮水，并用打湿的毛巾覆盖身体、发汗、在身体"外部和内部"进行冲洗。这种养生法也得到了另一位与爱伦·坡和弗吉尼亚友好的诗人——玛丽·路易斯·休（Marie Louise Shew）的推荐。[50]

戈夫的哲学借鉴了西尔维斯特·格雷厄姆（Sylvester Graham）的营养学、斯韦登伯格的神秘主义和法国改革家夏尔·傅立叶有关激情的吸引力的教义，这一教义是阿尔伯特·布里斯班（Albert Brisbane）讲解的，布里斯班是在布鲁克农场（Brook Farm）开展的乌托邦社会实验背后的支持者之一，而据戈夫说，他是"完全以傅立叶的精神为准则"的人。[51]戈夫批评了"公民社会"的不人道，而且她认为应该更好地理解

269

身体和心灵的需要,这引导着她与多个乌托邦和改革派的圈子都有所接触,尤其是在她与一名有原则的浪子托马斯·洛·尼科尔斯(Thomas Low Nichols)结婚之后。

处在这些热情的思想家的包围中,爱伦·坡和一位让他十分赞赏的诗人——弗朗西丝·萨贡特·奥斯古德之间越来越相互痴迷。当威利斯给了奥斯古德一份《乌鸦》时,她说,这首诗对自己的影响"如此异乎寻常,如此像'古怪的、非人间的音乐',它带有一种几乎像恐惧的感觉",让她听出他渴望与她相识。[52]

他们在优雅的阿斯特豪斯酒店(Astor House hotel)见面。奥斯古德后来回忆道:"他的表情与举止显示着特有的、无法模仿的甜美与傲慢的混合。"爱伦·坡"冷静、严肃、几乎是冷冷地招呼她,但显露着一种真情",让她"情不自禁地感到了深深的触动"。托马斯·邓恩·英格利希当时也搬到了纽约,他回忆了一次由林奇主办的社交聚会:"身材矮小的奥斯古德夫人像个婴儿一样坐在我脚边的脚凳上,昂头望着爱伦·坡,就像以前对富勒小姐和我一样。圈子中心站着的是爱伦·坡,他以一种权威的口气发表意见,偶尔会背诵他所引用的段落,让人印象极深。"[53]

诙谐而活跃的奥斯古德与她的丈夫——画家塞缪尔·奥斯古德(现存于美国国家肖像美术馆的爱伦·坡肖像就是他的手笔)逐渐疏远。他们夫妇曾经住在伦敦,她在那里出版了两部诗集。1841年,她在纽约编纂《花之诗与诗之花》(*The Poetry of Flowers and Flowers of Poetry*)[54],其中荟萃了千百年来以吟咏花卉为题材的诗篇,并把她自己的诗与卢坎(Lucan)、伊拉斯谟斯·达尔文、拜伦和拜伦的朋友托马斯·穆尔(Thomas Moore)的诗放在一起,还加上了对花卉的外观、意义和用途的评论。书中包括了全彩色版画、花卉辞典,并以一篇由林奈(Linnaeus)的文章浓缩而成的"植物学简单论文"作为结尾。这是一份古典意义的自然历史作品,与伊拉斯谟斯·达尔文的《植物之爱》(*The Loves of the*

Plants)类似,后者就从各种可能的角度讲述了花卉的故事:既做了描述,又说明了它们的象征性、科学和情感意义。

爱伦·坡此前曾在题为"美国诗歌"的演讲中单单挑出了奥斯古德的作品。他在被印行的讲稿中赞扬了她的"歌"的乐感与甜蜜。其中一些说的是儿童和家,另一些则以令人吃惊的坦率笔触描写被禁止的激情和对婚姻的不满:

> 哦!求你,快些来到我身边!
> 我惧怕孤单!
> 你诱人的微笑
> 当你不在时更让人浮想联翩。
> 最经常迷住我的耳朵的
> 它的腔调如此动人、缠绵,
> 我担心,它会窃取我的灵魂,
> 啊!别让我一人空自嗟叹![55]

奥斯古德的诗带有一种简朴的、似乎全无艺术感的清晰或者优雅。爱伦·坡曾写道:"'绝望'这个词用于形容那类既无法分析也无法理解的凄美。"[56]许多人都想要吸引她的注意,包括鲁弗斯·格里斯沃尔德。就连爱伦·坡的妻子弗吉尼亚也支持奥斯古德与爱伦·坡之间的友谊(至少奥斯古德自己这样说)。爱伦·坡和奥斯古德用离合诗①的形式,互相书写在字里行间隐藏着隐秘信息的调情诗,来表达他们越来越浓的依恋。[57]

安妮·林奇圈子的一个成员在给住在普罗维登斯的朋友——诗人莎拉·海伦·惠特曼(Sarah Helen Whitman)写的信中说到了他们的沙

---

① 一种暗中隐藏深意的诗歌形式,如藏头诗。——译者注

龙新成员:"人们似乎认为他身上有些神秘的地方,而且,其中最离奇的故事是,相信他有催眠术经历。而在旁人说到这些时,他总是一笑置之。"[58]爱伦·坡类似斯芬克斯(Sphinx)式的反应,暗示着深深的悲伤,而且它们因他对自己挚爱的身患结核病的妻子能立马恢复健康这一不切实际的幻想、对博大知识的憧憬,以及对动物磁学这一离奇的新科学的好奇而进一步加深。他完全放任那些令人兴奋的谣言流传——实际上,他甚至鼓励这些谣言的传播。

案件真相

1845年6月底,爱伦·坡的第二部短篇小说集大受赞扬。《辉格党杂志》发表的一篇精彩的4页评论特别关注了《催眠启示录》,让许多杂志蜂拥转载。颅相学家奥尔森·富勒强调了"故事主题"的重要性,但对其既没有"赞成"也没有"否定":他把小说放在读者面前,让他们"认真考虑,自己下结论"。[59]令人吃惊的是,爱伦·坡作为小说作家日益显赫的名声让富勒相信:因为这是由"埃德加·爱伦·坡写的,他是文学界炙手可热的人物,所以我们或许可以认为是真的"。然而,《布鲁克农场》杂志(傅立叶主义者们的公社,霍桑曾把它的发展经历浓缩为《福谷传奇》的意见则不同。它对爱伦·坡的这些小说不屑一顾,认为它们的"构思牵强、不自然,所用方法的品位都很低";"阅读它们无法让我们更加健康,因为它们就像鸦片服食者的奇思怪想"。[60]

以《梦游者的最后谈话》(*The Last Conversation of a Somnambule*)为题,伦敦的《现代科学通俗记录》(*The Popular Record of Modern Science*)转载了《催眠启示录》,指出它曾在"美国受人尊敬、有影响力"的杂志上发表,以及它"内在的真实性的证据"。[61]爱伦·坡愉快地告诉读者们,"万克尔克先生的教义"是否能站得住脚的问题[62],已经通过催眠杂志和斯韦登伯格派人士得到了清晰说明,而且他们都支持爱伦·坡本人,因为"尽管他们开始时强烈地倾向于怀疑,但现在认为它是绝对真实的"[63]。乔治·布什教授相信爱伦·坡的作品的原创性[64],而《新世界》则警告爱伦·坡:不可怠慢"如此严肃的一个课题",并且该报主张让读者"得出他们自己的结论"[65]。

在《乌鸦》首次亮相之后的几个月,《催眠启示录》在爱伦·坡周围创造了一个充满神秘力量的气压。它揭示了爱伦·坡曾以哲学与科学调查者的身份与令人担心的神秘力量格斗,并用他作家的笔触写出了它们摄人心扉的形态。为了巩固他作为催眠大师的说法,爱伦·坡 1845 年 4 月评论了 W. 纽汉姆(W. Newnham)的著作《人类磁现象》(Human Magnetism)。他指出了其中大量存在的虚假的磁现象报告[66],但他认为,在一切相关理论中,英格兰催眠者昌西·赫尔·汤曾德(Chauncy Hare Townshend)的理论是"当今最真实、最深刻的有哲学意义的作品"。

就像他在被问及他的"催眠术经验"时带着的模棱两可的微笑一样,爱伦·坡一直让他的《催眠启示录》的状态"闪烁不定":它是纯粹想象力的创作吗?是对虚假的哲学的真实报道吗?是通过虚构得到的真实哲学吗?

继《催眠启示录》之后,爱伦·坡于 1845 年 12 月发表了一篇新的催眠术小说《瓦尔德马尔先生病情真相》(The Facts in the Case of M. Valdemar)。[67] 他在这篇小说中编织了一个更缜密、更大胆的网:故事成分更多,猜测成分更少,而且有一个性格刚强的病人瓦尔德马尔先生作为故事的中心,他是一个"著名的威严人物,白胡须、黑头发"。[68]

瓦尔德马尔因罹患肺结核而即将死去,就在垂死挣扎的时刻,P 来到了他的身边,将他带入了催眠状态。病人在几个月间都处于死亡的边缘,他的肉体的崩溃因为他的精神的集中而被推迟了。

7 个星期后,瓦尔德马尔请求允许他死去。当 P 结束了他的入定状态之后,瓦尔德马尔的舌头颤抖着,说出了一句与事实相矛盾的、可怕的话:"我死了。"他的身体随即化作一团"令人作呕的腐烂液体"。

在爱伦·坡的笔下,这个故事本身通过节奏分明的魔咒般的步骤逐层推进,从熟悉走向怪异,变成了一个催眠术的护身符,拉着读者开始了一次精力高度集中的旅途,最后走向一个震撼而又出人意料、由模糊转变成的清晰的结尾。[69]当思想和精神在飞翔的时刻,患病的身体上恶心的东西诡异地冲到了台面上。

人们也都相信《瓦尔德马尔先生病情真相》说的是真事。格里利注意到,"几位实事求是的好市民"认真地对待了这个故事,尽管只有那些"真正有信心的人"才完全接受。[70]伊丽莎白·巴莱特从伦敦写信给爱伦·坡,告诉他"各家报纸都在转载"《瓦尔德马尔先生病情真相》,但人们对其真实性有"可怕的怀疑"。[71]读者们在《泰晤士报》(The Times)上如饥似渴地阅读这篇小说,但这份报纸换了个标题:《催眠术在美国:令人震撼的可怕叙述》(Mesmerism in America: Astounding and Horrifying Narrative)。[72]《现代科学通俗记录》认为,它在纽约激起的"愤怒反应和各种谣言"足以说明,必定发生了"某种不同寻常的事情"。[73]

波士顿的催眠术带头人罗伯特·克利尔(Robert Collyer)在写给爱伦·坡的信中告诉他:"人们在波士顿广泛抄袭瓦尔德马尔先生的案例,并造成了非常大的轰动。"[74]他本人肯定其中的事实是可信的,但恳求爱伦·坡"不要再让人们相信那种日益加强的印象",意思是爱伦·坡的叙述只不过是经由自己的头脑创作的一部杰出的作品。爱伦·坡在《百老汇杂志》中刊登了克利尔的这封信,但不肯对他的叙述的真伪"做出任何陈述"。[75]

正是由于人们的这种兴趣,爱伦·坡的催眠术故事是极为有效的媒体噱头。他在《催眠启示录》中检验了一门新哲学,而在《瓦尔德马尔先生病情真相》中则抛出了一个以熟悉的理论和经验为基础的蓄意的恶作剧。

第四章 纽约

爱伦·坡对催眠术这种实用神秘主义的兴趣是他与许多文学家的共同点。这也让他接近了新的通俗宗教运动。波基普西市的预言家安德鲁·杰克逊·戴维斯(Andrew Jackson Davis),在颅相学催眠术者斯坦利·格兰姆斯的帮助下进入了能看到未来的入定状态。在纽约市,他在1845—1846年频繁接受催眠。由于发表了誊写记录《自然的原理,她的神圣启示和传递给人类的声音》(The Principles of Nature, Her Divine Revelations, and a Voice to Mankind),他成了唯灵论的创始人之一。但当爱伦·坡前去访问他时,戴维斯告诉他,尽管《催眠启示录》是用"诗的语言进行想象的",但它"有关终极"的主要想法是"严格的,在哲学上是正确的"。[76]

催眠术实践与斯韦登伯格派的预见在爱伦·坡的《催眠启示录》中得到了结合,这种结合与戴维斯的哲学也有共鸣。他们激动人心的宇宙学理论也与《创世的自然历史的遗迹》有着明显的相似之处。与一个一旦造就便静止不变的宇宙不同,这些激进的哲学预见了一个生命与思维随着时间逐步展开的过程。

语言的力量

甚至在围绕《遗迹》的喧嚣出现之前,爱伦·坡便已经对宇宙学很入迷。他在自己的精神对话和他称之为"旁注"(Marginalia)的系列文章(其中第一篇出现在《民主评论》上)中思考着这个主题,其中精辟的警句和思想得益于他对多种题材的广泛阅读。在第一篇文章中,爱伦·坡在字面上接受了最先由斯多葛学派提出的"世界主义"。他宣称:"一个无穷大的误差进入了我们的哲学,因为人类认为,只有他们自己才是一颗单独的行星的公民,而没有哪怕偶尔认真地考虑过他们作为世界公民,作为宇宙居民的地位。"[77]

这种真正的"世界主义"不仅意味着承认"某个人的城市、国家或者部落不同于其他城市、国家或者部落"这种论调的荒谬性,而且蕴含着尝试理解宇宙的设计和它的创造者的思想。在"旁注"的另一篇文章中,他提到对《布里奇沃特论文集》提出的自然神学愿景的基本反对意见。通过用单一的必要性揭示每一种自然事物,《布里奇沃特论文集》的作者们忽略了上帝造物的根本特征。人类的理解很简单:"特定的原因有特定的结果——特定的动机带来了特定的目标。"[78] 然而他宣称"神圣的适应系统的伟大特质"是每一个结果也是一个原因:"目标既是目标,也可以是动机,视我们的选择而定。"换言之,创世的每一个要素可以看作在为整个创世服务,同时整个创世也在为这个要素服务。没有任何单一的原因可以解释这种"互惠作用"或者"相互适应"。

他也认为,自然神学论者们坚持的创世与上帝的仁慈保持和谐是错误的,因为这种假定让自然神学无法解释邪恶、痛苦和不完美。围绕在他周围和在他身体内部存在的凄凉事实足以对此证明。他已经在《黑猫》中提出,道德哲学家未能考虑"倔强",即那种反对某人自身利益的倾向。[79]"谁没有成百次地发现,自己之所以犯有一些过失或者做出愚蠢的举动,只是因为知道自己不应该这样做?我们有一种对抗我们的最佳判断、违反规矩的永久倾向,难道这不正是因为我们明白规矩就是这样的吗?"他认为,倔强是"人心最原始的冲动之一,是与我们不可分割的主要能力之一"。在这里,爱伦·坡提出了一个推动人类违反自我保护的自然法则的似乎自我矛盾的自然法制。他是在描述一种对造物主来说可被仁慈原谅的违背,一种在道德和自我利益之间反复撕扯的伊壁鸠鲁式哲学。

即使出于美学方面的原因,爱伦·坡也反感过于完美的秩序。他在后来的一篇"旁注"文章中仔细推敲了弗朗西斯·培根的格言:"没有比例上的某些奇特,就不会有精致的美。"[80]

去掉这一奇特元素,去掉这一关于意想不到的情况的、关于新奇的、关于独创的——无论你想叫它什么的奇特元素,这样一来,所有那些可爱的缥缈意象就会立即消失。这是我们的损失。我们怀念那些未知的东西、模糊的东西、不可理解的东西，因为它们是在我们有时间检查与理解之前，我们所看到的。简言之，我们失去了一切与我们梦想中的天堂之美与大地之美融合的东西。

这种对奇特的、出人意料的、新奇的或者似乎不和谐的东西的偏爱，将是爱伦·坡对于现代主义美学的决定性贡献之一。[81]

爱伦·坡对自然设计的本质的质疑，与他对文字的伟力的思考交织在一起。他描述了自己在清醒意识的极限状态下进行的"实验"，并提到了"一类幻想，精细的微妙幻想，它们并不是思维"，但爱伦·坡发现，"它们无法用语言形容"。[82] 这些精神现象只能当灵魂处于"最强的宁静"时才会出现，那些"时间点是清醒世界与梦境世界混合的分界线"，那时候的他处于"即将进入睡眠的状态"。他描述了自己从这个边界地区带回清晰的体验和感受的尝试："现在，我对语言的力量具有完全的信任，结果，我有时相信，甚至有可能用语言来完全表现那些我曾只能尝试描述的转瞬即逝的幻灭。"

他对语言的信念甚至走得更远。查尔斯·巴贝奇在他那充满挑衅的《第九篇布里奇沃特论文》中发展了现代物理学中如下说法的含义：每一个行为和运动都会通过它对以太的冲击造成一个"永久的印象"[83]；空气变成一台记录装置，是"一座庞大的图书馆，在其中的书页里将永远写下那个人说过的一切，甚至包括他的耳语"。作为一名废奴主义者，巴贝奇用从一个奴隶贩子的法庭报告中引用的可怕故事来说明这一理念——这个奴隶贩子强迫他的人类"货物"跳进大海。在巴贝奇的想象中，那些受害者的喊叫声将作为记录铭刻在以太上，成为这个奴隶贩子的罪恶的永久见证。[84]

在一篇题为《语言的力量》(The Power of Words)的精神对话文章中，爱伦·坡支持巴贝奇的那种崇高想法。在这篇文章中，两位天使在讨论以太——"创世的伟大介质"；像巴贝奇一样，它们认为，来自每个行为和每个声音的振动都会留下实在的痕迹。作为证据,其中的一个天使指向一颗"狂野的星辰",一颗刚刚由天使的眼泪形成的行星:它"璀璨的花朵对一切未曾实现的梦想都是极为可亲的",而它"暴怒的火山是心底最湍急、最不虔诚的激情"。[85]通过语言和泪水,将思维和感情真正烙刻在物质上。它们改变了自然发展的过程,再次创造了世界。

正如在《催眠启示录》中草草描绘的元物理学和《瓦尔德马尔先生病情真相》中的实验一样,爱伦·坡在扩展事实上存在的物质过程,让它们达到某种程度,从而可以进入推测的、超凡的、精神的、揶揄的生活与思维之中。在挑战对设计的简单化理解时,他正在追逐创世的边缘,在那里,"不像思想的思想"和不稳定的、无形态的存在,或许会被转化为可以被感觉和表达的事物。[86]

14
倔强之魔

爱伦·坡在《百老汇杂志》的工作量足以将人压垮。新的压力使他开始犯错，其中他对朗费罗的攻击是最大的判断失误。他在1845年5月写道："在最近三四个月间，我每天工作十四五个小时，一直都在努力。"[1]尽管他的名声越来越响亮，他还是和他"一生其他时候一样贫穷"，"无法用它在银行换钞票"。那位蓄着胡须的与他亦敌亦友的托马斯·邓恩·英格利希在提到爱伦·坡时说："他从来不休息。在他的头脑中像是有一台小型蒸汽机，它不仅让大脑运动，还让它的主人一直留在热水中。"[2]

这正是文学创作所要求的高速运转。1825年的美国大约只有100份期刊，到了1850年已经有600份。爱伦·坡认为，"在几年内，文学杂志"的这种突然增加是时代的品位与习惯改变的一个迹象："我们现在需要有智慧的轻型火炮；我们需要简捷的、浓缩的、尖锐的、易于传播的东西，来取代那些冗长的、详细的、连篇累牍的、难以接近的东西。"[3]

爱伦·坡敏锐地感知到，在造纸、蒸汽动力印刷机和火车运输等新技术的驱动下，他正在经历一场媒体革命。电报和莫尔斯电码将加速这场革命的发展。爱伦·坡认为："现在的人的思考要比50年前更加深刻，但除此之外，他们的思考还更加快捷，有更多的技巧，更机敏。"这种新的速度、凝聚力和信息量满足了人们对新奇事物永无休止的渴望，把他自称"杂志人"的工作变成了魔法师学徒式的忙乱。他必须冲刺般工作,才能与正在发生的事件保持同步,才能迎合公众的品位,也才能领先债权人一步。

1845—1846年,人们越来越承认爱伦·坡是美国最杰出的小说作家、诗人和批评家之一。作为编辑和出版人,爱伦·坡如同旋风一样四处奔忙,除了为《百老汇杂志》的专栏写稿、向其他杂志出售作品,他还写一些透露出对技术十分精通,刊出后能引发各种讨论的批评。

在爱伦·坡的生命中极具讽刺意义的事情之一是:就在他声望日隆的时期,就在当他逐步成为一个完全掌握了创作要领的几乎无所不能的理想中的作家的时刻,他的生活分崩离析,他的职业、他的家庭和他的理智都成了厄运、酒精和自我颠覆的牺牲品。就在他的生活走向最大的混乱、他的清醒理智几乎受到质疑的那几个月里,他反而正在认真地思索如何完美地掌握关于理性的艺术的理论。

机器的脉动

整个1845年夏季,对于他的《故事集》热情洋溢的评论雪片般飞来。它们赞赏他的"推理小说"中的分析力、他的想象力和描写,以及《大旋涡历险记》和《催眠启示录》这类小说的科学与哲学敏锐性。

在准备创作一部新的诗集的时候,他兴致勃勃地重新拿起了批评理论。不顾他的许多朋友的改革热情,爱伦·坡批判了那些"说教异端"。[4] 认为诗歌不应该好为人师,尤其不应该"侈谈他们称之为进步的教条或者教义"。反之,诗歌"唯一的正统目标"是优美,或者更准确地说,是"对超过地球能给我们的,更野性的美丽的渴望"。这种对超凡的优美的追求激发了"神圣的第六感,对此我们的理解仍然非常浅薄"。颅相学家们把它描述为"理想境界的器官",也就是唯灵论哲学家"维克多·库赞追求的那种需要尽一切努力加以理解的上帝的最纯粹的一面"。

第四章 纽约

尽管对优美的理想接近于圣洁，但爱伦·坡多年来也一直在发展一种世俗的精于计算、理性与物质的艺术观点。对柯尔律治对幻想和想象所作的区分（柯尔律治认为，幻想仅仅是结合，而想象是创造），爱伦·坡认为二者"连程度上的差别都没有"[5]，因为他相信，不存在无中生有的人类创造："一切小说理念只不过是某种不同寻常的结合。人无法想象确实不存在的事物。"即使一个像长着翅膀的狮鹫格里芬（Griffin）一样的幻想生物，"也只不过是已知的肢体的组合体，具有已知的特性"。一切"看上去似乎是新颖的东西，似乎是智慧创造的东西"，最后都会"分解为旧的东西"。

就在《乌鸦》即将发表之前，爱伦·坡曾提出过类似的观点，即文学的原创性不"仅仅是一个"受到一个神一样的诗人启发的问题，而是工匠的一种工艺。如果人类的头脑能无中生有地创造某种新东西，"它不仅将创造理想，而且将创造物质，就像上帝的思想做的那样。"[6] 与此不同，人类想象力的最高作用是以"智慧的化学方法"结合元素，而"两种元素化合后的结果将与它们中的任何一种都不同"。

他否定了"计算能力与理想相左的陈旧教条"。[7] 正如他在《莫格街谋杀案》中提出的那样，物质的、理性的谜团的解开和创造美的新颖形式是同时进行的："想象性智力的最高档次永远是高超的数学能力或者分析能力，其逆命题也同样成立。"

爱伦·坡坚持认为想象力等同于分析力的观点，而且二者都涉及与实践结合的物质过程，这或许是在将艺术降低到使用蛮力劳动的水平。但劳动的地位在这一期间有所上升。劳动曾被视为低下的诅咒，为贵族所不齿，但它现在越来越被视为一种正面的美德。在欧洲，工人运动提高了劳动的尊严[8]，而在美国，正如托克维尔观察到的那样，人们认为一切男人都应该有职业。与"青年美国人"一样，爱伦·坡认为，文学工作者这批"可怜虫作家"有资格与当时要求自己的权利的其他工匠们一样，凭借自己的工作得到人们的关注和政府的保护。然而，爱伦·坡提到的化学和数学是独特的,因此,他对这一观点进行了论证——艺术家的工作需要耐心的劳动,而且像科学一样,它需要的是最高级的思维分析能力。

并非人人都同意他的观点。一些爱伦·坡最为尊重的批评家谴责他过分强调推理在诗歌中的作用,并暗示他自己的作品有很多"仅仅是机械式推理的成分"。詹姆斯·拉塞尔·洛威尔就爱伦·坡所写的传记文章指出,爱伦·坡面对的是生命与死亡的奥秘,而当一位"生活在神秘事件中的"神秘主义者被"包围在内部时"[9],爱伦·坡却如同一个旁观者一样站在外面:

——以他清澈的眼睛

他分析,他解剖,他观察的

正是,这台机器的脉动。

因此,实际上对他来说,推理这台机器所有的轮子、齿轮和活塞杆都在为了某个目的而工作。

上面引用的摘自华兹华斯的《她是一个快乐的幻影》(She Was a Phantom of Delight)的对句意义重大:华兹华斯和柯尔律治曾在《抒情诗集》(Lyrical Ballads)中将诗歌定义为"强有力的情感的自发涌动"[10]——洛威尔认为,在爱伦·坡严格斟酌的诗歌中没有使用这种方法。

类似地,在洛威尔1845年的批评著作《关于一些古代诗人的谈话》(Conversations on Some of the Old Poets)中,他提到,"一个学者兼艺术家,他清楚地知道每个伟大作家是怎样创造每一种效果的"。[11]但这个人的计划的实施效果并不如意:"人心会躲过他的花招、陷阱和精心策划的圈套",但更容易"被另一些家伙们的简单创作俘获,被谁的作品俘虏对读者而言都一样,但差不多没有作家会想到有这种事情"。

在爱伦·坡对《关于一些古代诗人的谈话》的一个评论中,他反对洛威尔所认为的,预先设计的诗歌效果会不可避免地失败的看法。或许是察觉到洛威尔不满这种针对,爱伦·坡辩解道,有意识的思考是艺术的内在本质,强有力的效果不是偶然得到的:"如果这种做法失败了,只是因为理论不完美。如果洛威尔先生的心没有被花招或者陷阱捕获,只是因为陷阱隐藏得不好,圈套的诱饵不对或者设置得不对头。"[12]几天后,《纽约先驱论坛》(New York Herald Tribune)跳了出来,以一篇可能是玛格丽特·富勒写的文章为洛威尔和诗歌中的"自然"辩护:"任何陷阱,无论你能如何在其中设置诱饵,我们不相信它能取得预期成功,或者能对读者的心施加影响。"[13]

爱伦·坡立马在《晚镜报》上以一篇题为《自然与艺术》(Nature and Art)的文章做出回应。他不赞成洛威尔和《纽约先驱论坛》坚持认为艺术与自然二者存在的不同的观点:艺术"只不过是对容易得到的素材简单地做出安排、整理和渲染",以便能成功地应用"自然界"的建议、规则和普遍目的。[14]"艺术和自然并不是两个对立的术语,艺术模型本身基于自然、取材于自然,表现自然的暗示和倾向。"[15]爱伦·坡认为,艺术充其量不过是自然通过其他手段的延续。

捉住小恶魔

有人曾安排爱伦·坡于1845年4月18日在社会图书馆再次进行有关美国诗歌的演讲。结果因为天气不好,"夹杂着冰雹和冻雨",这一活动取消了。[16]《百老汇杂志》的一名办公室工作人员说:"确实,这只是一件小事,但他是一个很容易因为这种小事而不安的人。"第二天,爱伦·坡是"在一个朋友的搀扶下来上班的,他因为喝了酒而醉醺醺的"。

在纽约度过了几个月的清醒与令人吃惊的高效率工作之后,爱伦·坡又喝酒了。每次狂欢喝醉后都有一段折磨人且满怀内疚的恢复期[17]——他会满心后悔地准备戒酒,但随后又会开始饮酒。

到了19世纪初,美国人每年甚至每天消耗的酒精量或许都可以获得威廉·福克纳(William Faulkner)或者查尔斯·布科夫斯基(Charles Bukowski)的赞美。[18]饮酒在杂志工作者的生活中扮演着尤其重要的角色:酒吧和俱乐部是交换闲言碎语、新闻、走私品和机会的场所。爱伦·坡对酒精的病理性敏感却让这些地方对他而言变得很危险。他曾多次长时期几乎完全戒酒,包括在费城极为多产的4年。但《乌鸦》带来的新压力和社交成功,让"不节制的恶魔"再次获得了力量。

与此同时,弗吉尼亚的健康状况也开始恶化。爱伦·坡的朋友托马斯·霍利·奇弗斯(Thomas Holley Chivers)曾见到弗吉尼亚"遭受过一阵可怕的咳嗽",玛丽亚·克莱姆不吉利地说这"并非只是感冒"。[19]安妮·林奇也提醒爱伦·坡:"生命过于短促,要做的事情太多,这让人们没有时间感到绝望。驱除那个魔鬼,求你了。"[20]1845年夏天,在没完没了的工作和弗吉尼亚一直存在的病痛,以及他在文学事业上看到的令人陶醉而又迷惘的前景的影响下,爱伦·坡的精神开始变得十分不稳定。他脆弱的清醒被易让人迷失的狂饮打乱,这削弱了他的体质,侵蚀了他的判断力。

饮酒开始让他失去朋友。当洛威尔来到纽约见他的笔友时,他发现爱伦·坡"有一点醉意",带有"喝醉了的人想要说服你承认他没醉的那种过分的认真"[21]:"我还清楚地记得他的妻子担心的表情,这让我感到很痛心。"玛丽亚·克莱姆想要去掉洛威尔"对于她亲爱的埃迪的错误印象",她对洛威尔说:"你在纽约看到他的那天,他的情况不正常。"[22]爱伦·坡本人却激烈地为自己辩护,反击洛威尔。他告诉奇弗斯,洛威尔"远远不是我曾期待见到的那个看上去非常高尚的人"。[23]

第四章 纽约

后来，洛威尔在《写给批评家的寓言》(A Fable for Critics)中开始讽刺爱伦·坡的"诗歌的科学"：

> 爱伦·坡带着他的《乌鸦》来了，如同《巴纳比·卢杰》一样——五分之三堪称天才，五分之二纯属瞎扯。[24]

到了那时候，在妻子的信念的鼓动下，洛威尔已经成了一家废奴主义杂志的编辑。爱伦·坡在给《写给批评家的寓言》写的评论中谴责洛威尔有地域偏见，带有"盲目与失聪者最顽固的偏执"，并把他描述为"最偏激的废奴主义狂徒之一"，因为他只赞扬了波士顿诗人，而漠视了美国南方作家。[25]正如戴维·里斯在《纽约的欺骗》中说的，爱伦·坡在这里将洛威尔的废奴主义说成是一种对奴隶主……的思想狭隘化、好战和丧失仁慈。

《百老汇杂志》的共同拥有者查尔斯·布里格斯曾对洛威尔说过爱伦·坡越来越离奇的表现。布里格斯曾想要"诋毁爱伦·坡的名声，此时正好抓住机会"。[26]爱伦·坡有阵子"感觉非常不好"，好像坠入了绝望的深渊，于是他告诉戴金克自己的决定："放弃《百老汇杂志》，隐退乡村6个月或1年的时间来恢复健康和精神。"[27]

当接到前往纽约大学朗读一首新诗的邀请时，爱伦·坡惊呆了。无论这时他是受到启示还是想要逃避，他"在那个星期一直是醉醺醺的"。[28]"到了约定的那天，奇弗斯发现他躺在床上假装生病"，以此"逃避上台朗诵"雄辩家麦考利（Macaulay）的作品。[29]同一周，奇弗斯在纳苏街碰到了爱伦·坡，他正"摇摇晃晃地走着"，这时另一个烂醉如泥的人叫住了他，赞扬他是"美国的莎士比亚"。奇弗斯打算带他回家，但这时又碰上了刘易斯·盖洛德·克拉克，后者最近在《纽约人》上嘲讽爱伦·坡的一篇文章。爱伦·坡试图挣脱奇弗斯冲上去，咬牙切齿地说："我要去痛揍克拉克一顿。"

爱伦·坡向奇弗斯交心，说自己对弗朗西丝·奥斯古德的"爱恋"愈演愈烈。《百老汇杂志》发表了奥斯古德的诗《那就随它去吧》(So Let It Be)[30]，描述了爱伦·坡和他的年轻妻子之间的爱恋之情："那个美丽的深情女孩在你身边 / 在你的灵魂深处，亲爱的光永远存在。"弗吉尼亚肯定没有"那种心情"，她反而很可能因为"友谊会发出的光线"而去"责骂"爱伦·坡或奥斯古德。

弗朗西丝·奥斯古德现在想要爱伦·坡在普罗维登斯与她见面，讨论她的一个追求者散布的一个恶毒的谣言，说爱伦·坡使用了一张伪造的支票。这是毫无根据的诽谤，最终爱伦·坡迫使对方道了歉。[31] 但奇弗斯在 7 月 2 日发现，爱伦·坡"穿着他最好的衣服"走在前往普罗维登斯的路上，"前面是《百老汇杂志》的办公室，他手上却一美元也没有，而是从我那里借了 10 美元"。

与此同时，布里格斯正在尝试通过买下第三位所有者约翰·比斯科的股权来控制《百老汇杂志》。由于爱伦·坡此时正在普罗维登斯瞎混，本应该在 7 月 5 日出版的一期《百老汇杂志》未能发行。[32]

这份杂志于 7 月 12 日才接着出刊，"如同一个重振军威的巨人"。[33] 布里格斯放弃了他的股份，而爱伦·坡则与比斯科签订了一份新合同，让自己成为杂志的"唯一编辑"[34]，并将得到"全部利润的一半"。随着布里格斯离去，爱伦·坡本就已经非常大的工作量又增加了一倍，他的行为也变得更加无法预测了。就连他的忠诚拥护者戴金克也受其放纵行为的困扰。戴金克在自己的日记中写道："爱伦·坡原本非常冷静，他对个人卫生一丝不苟，甚至是个有些神经过敏的绅士，但因为在道德、精神和肉体上的醉酒，现在他将自己放到了无赖的层次。"[35]

那个月，爱伦·坡在《格雷厄姆的女士与绅士杂志》发表了一篇题为《反常之魔》(The Imp of the Perverse) 的小说，对他自己自我毁灭的行为做了辛辣的诊断。正如在《黑猫》中一样，在小说的开头，他叙述了颅相学家们的失败，因为他们无法确定，主管人类倾向于做那些与自己的利益最不相容的事情（例如在绝壁之顶赞美无限风光时有纵身一跃的冲动）的器官在哪里。

他坚持认为，这种自我毁灭的驱动是一个道德事实，就像好好努力地活下去的愿望同样强烈，有时候甚至比那种愿望更加强烈。尽管爱伦·坡很少公开宣布自己对基督教的态度，但他关于那种"倔强"的作品透露了一种加尔文主义[36]，即认为上天即使没有诅咒全体人类，也至少诅咒了其中的大多数。他觉得社会改革者和改良者的乐观主义非常天真，最近几十年来技术与科学的进步，永远无法改变人类思想中根深蒂固地想要走向残酷与自我毁灭的倾向。

在《反常之魔》中，通过详细地描述一次带有美学完美性的谋杀，爱伦·坡说明了他的观点。在爱伦·坡的非凡谋杀者因为无法抑制的冲动而大肆吹嘘他的计划之前，这篇小说类似于德·昆西1827年曾在《布莱克伍德杂志》上发表的文章《试论将谋杀视为一种艺术》（*On Murder Considered as One of the Fine Arts*）。倔强总会出笼。

无论这是充满幻想的解释，还是一个道歉，或者是一次创造极致冲突的真诚尝试，《反常之魔》说明，爱伦·坡在运用哲学和色彩斑斓、想象力丰富的故事叙述，试图解释他为什么要采取一种非理性的、似乎无法制止的方式来毁灭自己的生命。[37]

诗人们的表现很糟糕

夏末，爱伦·坡告诉他的堂兄尼尔森，弗吉尼亚的"健康状况一直非常糟糕，现在仍然如此"。[38]在此期间，他单枪匹马地撑起了《百老汇杂志》的编辑工作，并撰写了其中的大部分文章，还借钱维持杂志运转。当他检查他即将问世的诗集的清样时，他仍然在与弗朗西丝·奥斯古德通过诗歌应答调情。他也把自己的家从百老汇东街（East Broadway）搬到了邻近华盛顿广场的阿米蒂街（Amity Street）。他接受了一个邀请，前往波士顿学会[39]发表一次演讲,赚取50美元。他当时兼顾的事情太多,结果到最后发现自己写不出一首新诗。

他发表演讲的那天晚上,波士顿学会人满为患。"人们,至少是学院里的大学生们,一直在热切地阅读"爱伦·坡的"散文,而他的诗歌正在引起更大的关注"。[40]那天晚上第一个演讲的是政治家凯莱布·顾盛(Caleb Cushing),他做了两个半小时的历史演讲。最后,爱伦·坡走上了讲台,以一段反对说教式诗歌的"冗长、乏味的前言"开始,这是他对波士顿诗人的主要抱怨。然后他朗诵了一首"相当令人困惑的"诗歌。他称这首诗歌为《信使星》(The Messenger Star)——其实是《阿尔阿拉夫》,一首他青年时代关于天使天文学的诗歌,最初由《十四行诗——致科学》为序诗。

有些观众被它晦涩的诗节和仿佛来自异世的声音弄糊涂了,觉得自己"今晚受够了诗歌的罪",所以提前退场了。[41]然而,在返回剑桥的路上,一群哈佛大学生觉得他们"受到了某个巫师的魔咒的影响"。[42]第二天,一篇文章赞扬这首诗是"以正确的原理为基础的优雅、古典的作品,包含着真正的诗歌的精髓,非凡的想象力处处可见"。[43]

演讲结束后,爱伦·坡在东道主的"劝说下"喝了几杯香槟酒。他接下来承认那首诗是他17岁那年便已经发表过的。这话传了出去。《波士顿晚报》的编辑柯妮莉亚·威尔斯·沃尔特是朗费罗的朋友,她随即吹毛求疵地说:"想想吧,一个小男孩的诗歌放到一个成人的文学协会面前显摆?呸!呸!"[44]

他本可以就此作罢,让这个没有什么收获的演讲之夜就此留在记忆中就行了。然而,可能由于恶魔作祟,他重写了那晚的演讲稿,把它作为一个有意的挑衅或恶作剧再次抛出。他在回到纽约后奚落道:"我们一直在挖苦波士顿的那帮家伙,结果他们中间最为愚蠢的那一两个男女编辑因此大发雷霆。"[45]沃尔特对此断然回击,称他写诗歌的能力一定自10岁起便每况愈下,"他最好的诗歌写在那个时期之前"。[46]

爱伦·坡反唇相讥，说沃尔特是一个"可爱的生物"和"相当漂亮的小女巫"，"因为我们对朗费罗先生做的一点事情"在"想法复仇"。他接着放手攻击"蛙鸣人"（来自波士顿公地的呱呱乱叫声）："波士顿人的生活方式挺不错。他们的酒店却不怎么样。他们的南瓜馅饼味道鲜美。他们的诗歌却不怎么好。"[47] 从纽约到查尔斯顿的报纸都被迫各自选边参战，在互相进行了几轮恶毒的攻击之后，几个波士顿人联手对戴金克施压，要他让爱伦·坡停止针对"波士顿最受人尊重的青年女士之一"进行的"令人感到极度厌恶"的攻击。[48] 尽管之后爱伦·坡仍然公开挖苦"蛙鸣人"和他认为是由他们造成的先验论迷雾，但他不再攻击沃尔特了。

在纽约还有一个新的困境等着他：比斯科放弃出版业了。他提出把自己在《百老汇杂志》的股份卖给爱伦·坡，索价 150 美元。爱伦·坡想尽办法，终于凑齐了这笔钱——他不顾尊严地向英格利希、戴金克、格里利、约翰·彭德尔顿·肯尼迪、奇弗斯，甚至敌对的鲁弗斯·格里斯沃尔德求助。

《百老汇杂志》的新刊印行于那年的 10 月 25 日，将爱伦·坡标注为"编辑兼业主"。

爱伦·坡此时梦想成真——他终于有了自己的杂志。

这次胜利既苦涩又短暂。当时还十分年轻的沃尔特·惠特曼（Walt Whitman）在百老汇 304 号的办公室里见到了爱伦·坡，发现他"非常和蔼、非常有人情味，但情绪低落，或许还有点疲倦"。[49] 爱伦·坡告诉奇弗斯："这次我应付得很不容易，还托了很多人，经过了多方的运作。"[50] 他觉得有些被压垮了："现在样样事情都得我干，编辑报纸，弄好了拿去付印，还要处理各种各样的事务……哪怕我现在给你写信所用的时间都像金子一样宝贵。"

到了 12 月初，爱伦·坡被迫找了一个新的财务支持者，并抱怨道："人人都在找我们的麻烦，他们都是各色各样的小人。"[51] 爱伦·坡所说的这些找他麻烦的人中，包括一位普林斯顿大学的神学学者，他将《反常之魔》评论为"哲学的欺骗"，他从颅相学到先验论，甚至到元物理学领域，一一对这部作品进行批判。而"恶魔"也于12月末再次出笼——他又一次酗酒[52]，导致他在新一期杂志上足足留下了一个半栏目的空白。

他的财政支持者托马斯·莱恩（Thomas Lane）决定"彻底关闭刊物"。[53]最后一期《百老汇杂志》于1846年1月3日面世。柯妮莉亚·威尔斯·沃尔特听到这个消息后翩翩起舞："信赖朋友只不过仅此而已/尤其当金钱不趁手之时/事实证明百老汇杂志'命定如此'——/朋友们再也不会付钱购买爱伦·坡的文字了。"[54]

很快，他又陷入了一个更为私人的、充满了"嫉妒与心头之火"的困境。[55]在一次聚会中，伊丽莎白·埃利特偷听到弗朗西丝·奥斯古德和弗吉尼亚在一起笑——笑她寄给爱伦·坡的一封热情洋溢的信。埃利特感觉受到了奇耻大辱，接着便散布了有关奥斯古德给爱伦·坡写暧昧信件的流言蜚语。她满怀嫉妒、含沙射影地讽刺"成了街谈巷议的主题，至少在文学圈子内如此"。

埃利特还劝说玛格丽特·富勒和安妮·林奇和她一起来对抗爱伦·坡。她们出现在他的门前，要求他把奥斯古德给他的所有信件退回去，表面上的说辞是要保护她的名声。爱伦·坡随后退回了那些信，但他愤怒地警告埃利特"最好还是管好自己的信"，其中有些信会"让她自己陷入尴尬"。

再次感觉受辱的埃利特叫来她的上校兄弟，要求他主持公道。爱伦·坡知道这个消息后急急忙忙地跑到托马斯·邓恩·英格利希的房间，要求借给他一支手枪用来自卫。英格利希不但不肯出借，还否认爱伦·坡曾经收到过任何来自埃利特的信件的事实。面对名誉受损的可能，爱伦·坡当时火冒三丈，他冲向英格利希，后者"在他脸上重重地打了几下子"。[56]那名上校对此目瞪口呆，而爱伦·坡和英格利希从此

第四章 纽约

便成了死敌。尽管爱伦·坡和弗朗西丝·奥斯古德仍然在出版物中交换诗作,但他们此生再也没有见过面。

在所有这些乱七八糟的事件中,爱伦·坡在为自己进行激烈的辩护时做出了许多错误的考虑,走错了许多步,并且贸然增加了赌注,直到他戏剧性地越过了一条道德底线。酒精、忧虑和脆弱的自大性格都在其中起了作用,如同他在某次醉酒后恢复清醒时所说的:"正是强烈的自我感觉让我们节节败退,而且一直在让我们败退。"[57]美国文学界的重大公众事件正在纽约这个鱼缸中得到加速发酵与放大,爱伦·坡正在从中学习拜伦和其他著名人物的危险教训。没有什么成功会像失败那样,让人们愿意付出代价(无论是欢呼、嘲笑或者哭泣)来观看一位艺术家的自我毁灭。

1846年的情人节,弗吉尼亚给她的丈夫写了一首甜蜜的藏头情诗,希望能得到解脱:

我希望能永远与你一起漫游——
我最珍贵的生命属于你。
给我一所小房子作为家园
还有一丛茂盛的莴萝老藤,
远离满是罪恶与关切的尘世
和许多搬弄是非的舌头,
只有爱才能指引我们到达那里——
爱将治愈我虚弱的双肺;
而且哦,我们将度过宁静的时光,
永不希望其他人看见!
我们将享受完美的舒适,用不着想着将我们
借给世界和它的欢欣——
完美将永远平静并受到祝福。

为了强调他是她的挚爱,弗吉尼亚用每一行的首字母串成了"EDGAR ALLAN POE"——爱伦·坡的名字。爱伦·坡读懂了其中的暗示,他把家从阿米蒂街搬到了东河(East River)边的海龟湾(Turtle Bay);到了5月,他们向北迁居12英里,搬到了福德姆(现在的布朗克斯)乡下。

他们以一年100美元的房租,租住在一座"山顶的小房子"[58]里,那里的乡村空气有益于弗吉尼亚正日渐恶化的健康。"房子周围有一两英亩的绿色草地,光滑得好像天鹅绒,干净得好像打扫得最好的地毯。院子里还有几棵巨大的老樱桃树,它们向周围洒下了巨大的阴影。房子里有3个房间,还有一个'厅',是适合夏天长时间待着的可爱地方。"让弗吉尼亚和克莱姆夫人都能感到宽慰的是,这个新住处让爱伦·坡脱离了文学圈子及其带来的闲言碎语。

然而,麻烦还是找上了他:那年春天前往巴尔的摩的一次旅行以醉酒作为结束,随之而来的是又一次疾病。玛丽·休伊特写信给他,祝他早日恢复健康:"我们迷人的朋友奥斯古德夫人和我本人最近经常沉湎于谈论你和你亲爱的妻子……整个蓝色王国(Bluedom)①都在它迷人的圈子里想念你,我们经常问,爱伦·坡先生什么时候才能回到我们中间。"[59]

一个沉闷的秋日下午,一名青年诗人看到爱伦·坡正在等一辆返回福特姆的火车。"一场阵雨突然来临,他却只能正站在遮阳棚下躲雨,我有一把雨伞,我有一种想和他一起打伞回家的冲动,但我想到了一件事情(当然不是什么不仁慈的事情)从而打消了这个念头。我继续往前走,把他丢在雨中,他面色苍白、发着抖,如此境遇凄惨……我还能看到在那里的他,而且永远都看得见他:贫穷、一文不名,但依旧骄傲。"[60]

---

① 此处的"蓝色王国"或与前文中的"蓝长袜们"相对应。——编者注

第四章 纽约

星云的分辨与反驳

就在爱伦·坡突然声名鹊起,以及文学界随之出现混乱的那几个月里,报章上充斥着有关《遗迹》的争议和探寻它的匿名作者的消息。仅仅《百老汇杂志》便在1845年至少5次提到过这部著作。4月,爱伦·坡力排众议,为这部书进行了辩护,并批判一位抱有敌意的评论者:"例如,我们应该倾向于对《遗迹》做出比他更高的评价。即使它不是由尼科尔先生撰写的,这部作品也配得上这位伟人。"[61] 除了那名热烈支持星云假说的天文学家约翰·普林格尔·尼科尔,人们还怀疑另外几位著名人物是这部书的作者,包括颅相学家乔治·库姆、出版商罗伯特·钱伯斯(Robert Chambers)、地质学家查尔斯·莱伊尔、哲学家哈里特·马蒂诺(Harriet Martineau)、查尔斯·达尔文和数学家埃达·勒芙雷斯(Ada Lovelace)。12月,爱伦·坡注意到一部新出版的书——《试论可理解的世界之和谐》(On the Harmony of the Comprehensible World),作者是《遗迹》的另一位疑似作者,一位名叫理查德·维维安(Richard Vyvyan)的保守党政治家。《遗迹》此时是百老汇的热门话题。

1846年,继续保持匿名状态的《遗迹》作者以题为《解释》(Explanations)的连载文章回答了其批评者。对《遗迹》中有关太阳系演变的一个反对意见来自当时最新的天文学证据。1845年,爱尔兰天文学家、罗斯伯爵威廉·帕森斯[62],用他自制的54英尺长、带有直径6英尺的反射透镜的望远镜"帕森镇的利维坦"(Leviathan of Parsonstown)观察天空。为了证明这台望远镜的精度,罗斯伯爵在1845年的BAAS集会上发布了一幅令人震惊的螺旋形星云的观察图片。这个星云后来叫作旋涡星云(Whirlpool nebula),赫歇尔在南非用观察精度较差的望远镜对其观察到的结果,只显示为两团不连续的星云。

猎户座星云(Orion nebula)是星云假说的支持者们经常拿出来论

证其假说例子之一,但罗斯伯爵声称,当他将自己庞大的仪器指向猎户座星云时,看见的是"一组组"恒星组成的"簇",而不是曾预想的气体云。他宣布,对星云的可分辨性,几乎不存在任何疑团。"[63]许多人认为,罗斯对"从星云中可以辨认出"恒星的信心,是对星云假说的否定,这一假说也是支持《遗迹》的演变性宇宙的最重要依据。

作为回应,《解释》争辩道:罗斯确实能分辨某些星云并看出其中的恒星,但这根本无法说明一切星云都可以分辨。现在能动摇这一假说的或许只有对那些"相对较近的星云"[64]的观察,然而,"现在望远镜的放大倍数的提高"还没有达到能将它们分辨并确定为恒星的程度。《解释》却进一步发起了对那些已经确立了地位的"科学家"的攻势。作者宣称:的确,"几乎所有科学家"都反对《遗迹》的理论[65],但那又怎么样?"当前,这些人对这样一个课题做出正确反应的能力是令人极其怀疑的。"过分专科化已经让科学家们无法对任何着眼于总体的理论做出判断:他们"从事的只是他们自己非常狭窄的科学分支,对整个科学庞大领域的其他部分给予的关注极为有限"。因此,"作为科学家的整个行业阶层对此事并不具备发言权"。取而代之的是,作者越过了科学家,向公众舆论这个"另外的法庭"提出诉求。

对于《解释》中的论述,整个科学家这一行业阶层甚至比过去更为愤慨。在英国,戴维·布鲁斯特对作者"心胸狭窄的不明智表达"大为恼火。[66]前纽约学会负责人、自1842年以来担任哈佛大学自然历史学教授一职、植物学家亚萨·格雷为"科学家整体"辩护,谴责《遗迹》中关于人类是从电活力论中的淤泥进化而来的观点。[67]"非专业读者"应该信任那些既有的专业人士"基于事实"得出的结论,因为"他们是对于这些事实的最有力的证人,而且有根据这些事实做出判断的最佳手段。"他呼吁欧洲的权威专家[其中罗列了居维叶、休厄尔、莱伊尔和默奇森(Murchison)],联合反对那些没有资格证书、机构,甚至没有名字的所谓科学人。

第四章 纽约

约瑟夫·亨利为他的学生们对阅读《遗迹》的入迷感到烦恼。他本人坚持认为,一个如同机器那样的宇宙,仍然且必须是"某个智慧生物的产品"。[68]当一个年轻的、上帝一位论派的教徒赞扬《遗迹》的观点,并认为星云假说是一个"意义重大的宇宙进化论"[69]时,他提醒人们反对科学中的"精细化唯物主义",因为它将持续降低上帝和精神的作用。

波士顿的《北美评论》总结了争论的中心问题:"我们只需要确定,我们正在其中生活的事物的复杂体系,是否可能在生物界与无生物界之间形成优美和谐,从而让这两界都得到完美的安排和奇特的适应……它的建立与直到今天的维持是由一位全知全能的存在实施的呢,还是通过纯粹物质的粒子彼此之间的相互作用而在不受干预或控制的情况下形成的呢?"[70]

许多人认为,《遗迹》只是以宗教的语言作为一层外壳来掩盖它的真正目的:破坏宗教,支持唯物主义。迪金森学院(Dickinson College)的一位教授就认为,作者对上帝的暗指是"通往它的读者的信仰城堡的一条地下通道",是一种"自从伊壁鸠鲁就开始使用的"典型的"无神论策略"。[71]如果《遗迹》中的宇宙不需要一个活跃的管理者和保护者,它或许可以完全不需要上帝。"那么为什么要有一个上帝存在?除了形成像他这样本身就可以永远维持的存在之外,上帝的存在没有别的目的。也就是说没有上帝,或者说,物质就是上帝。"

当时任何一种可能性,无论是无神论的唯物主义,还是泛神论,都是令人憎恶的。信仰新教的科学家和神学家们认为,宇宙是通过造物主的仁爱精神推动的,造物主小心翼翼地管理与维持宇宙,时时刻刻调整它向好的方面发展,用以实现他的目的。但是,难道宇宙真的会像《遗迹》提出的那样,只是一个冷冰冰的物质机器,在被设计与创建之后便被丢在那里无人理睬了吗?或者说,上帝和宇宙就是同一个事物?

一直持续的有关《遗迹》的争议,还衍生了一些有关科学的地位和政治未能解答的问题。应该允许谁尝试回答这样基本的问题,或者由谁来决定它们的答案?应该用什么方法,用什么作为证据的标准,通过哪些论坛?并应该面对什么样的陪审团或者法官?

打开诗歌的黑匣子

现在,爱伦·坡与玛丽亚·克莱姆和弗吉尼亚一起处于半流放状态。他远离了编辑部办公室、沙龙和出版社的圈子。他可以尽情回顾过去几个月的迷惘与恐惧。

他试图掌控整个文学宣传系统和纽约文学界的尝试失去了控制,自己还遭到了反噬。他最终失去了对《百老汇杂志》的编辑资格与拥有权,这也让他失去了时间、健康和尊严。他酗酒的发作和随之而来的可憎表现将过去的朋友变为敌人。"蓝色王国"的国民对他的爱慕也烟消云散了,取而代之的是侮辱和怨恨的喧闹。

然而,他不会轻易接受失败。他仍在写作并发表作品。他以一种他非常内行的方式保卫并扩大他的知识领域:诗歌批评。

在他的第二部短篇小说集发表的5个月后,爱伦·坡十余年来的第一部诗集,《乌鸦和其他诗歌》(The Raven, and Other Poems)于1845年11月出版。业界对此的反应十分强烈、积极。然而,批评家们反复提出了一项指责:在他的诗歌中,灵感和感情从属于理性与技巧。洛威尔模棱两可地将爱伦·坡的诗歌描述为"轮子、齿轮与活塞杆全都在一起只为某种目的来工作"。《先驱者》(The Harbinger)则认为,《乌鸦和其他诗歌》中的"技巧多于表达",并且虽然"在艺术上取得了成功,但以牺牲情感的表达为代价"。[72]托马斯·邓恩·英格利希在他们斗殴之前还写过一篇文章,其中说爱伦·坡"通过诗文的机械性手段,把优美置于简单的叙述中"[73],而"许多表达效果取决于作品的构造模式"。一位批评家觉得,《乌鸦》的"结构比它表现出来的精神更加引人注目"[74]。

这一分析认为灵感、机械取代了文学印象的灵魂，因为戴金克为爱伦·坡最新的小说集出版时所做的选择而得到了加强；爱伦·坡则对此抱怨道："对于推理"，这位编辑"有他自认为高明的品位，并以此为根据选择了以分析小说为主"[75]。他认为，一个更有代表性的选择应该呈现出他的作品"广泛的多样性和变化"。与《乌鸦和其他诗歌》有关的批判则更让他厌倦，其中说爱伦·坡的诗歌中技巧多于感情，机械设置多于自然流露。

1846年4月，爱伦·坡在《格雷厄姆的女士与绅士杂志》上以一篇题为《写作的哲学》(*The Philosophy of Composition*) 的批判宣言回应了这些指责。他在其中表现得似乎不仅同意那些对他的批评，而且甚至比他们走得更远。正如他在《如何写一篇布莱克伍德式的文章》中开玩笑式地说明了应该如何撰写短篇小说一样，他把自己化身为一名诗歌创作工程师，甚至一台诗歌创作机器人。这篇文章成了传奇：一个令人困惑的迷人对象，让一些人嘲笑，也让另一些人崇敬。

爱伦·坡在文中以邀请读者"窥视场景后面"的诗人工作室为开篇。[76]他承诺将解释他是如何创作他最著名的作品《乌鸦》的。他反对那些"更愿意让人们知道他们是通过美妙的狂热的方法写作"的诗人们，他提出了一种诗歌机器的"轮子与齿轮"的观点。[77]他将在作品中展示他的批评原则：诗歌的每个部分都应该为一个单一的、强有力的效果做出贡献；不应该通过诗歌内部的信息断章取义地评判诗歌，而应该将其整体作为一种美学对象。

文章从开始就认为，导致他创作出这首脍炙人口的诗歌的环境（比如悲伤、渴望和贫穷）"与诗歌本身无关"。然后他给出了他在每一个关键点上的考虑和他解决遇到的每一个挑战时的手段：诗歌绝对不可超过100行；它将显示理想式的"优美"；它应该有一段适应于"产生持续的新奇效果"的叠句，集中在一个单一悦耳的中心词上。因此他得到了"永不复还"(Nevermore)，其中有一个很长的"O"作为最响亮的元音，与它连接的"R"作为最容易发音的辅音。它的音调应该使人忧郁,是"一切诗歌音调中最正统的"。心中要牢记"这个目标的至高无上,或者想办法完善这个目标"。他问道:"按照人类的普遍理解,什么是最令人悲伤的?"回答"显然"是死亡,而效果更好的则是一位美丽的女子的死亡:"毫无疑问,这是世界上最富诗意的题材。"就在这一最佳公式展开时,作为机械师的作者为每个步骤选择了能完美适应这个效果的元素,直至《乌鸦》获得了生命。

通过《写作的哲学》,爱伦·坡给《乌鸦》注入了新颖感,很像在一个成功的影片放映之后给出的幕后的制作特点。通过坚持他在创作中遵循规则的机械感,爱伦·坡否定了由华兹华斯和柯尔律治提出的关于诗歌浪漫的定义,以及由洛威尔和福勒定义的"强有力的情感的自发涌动"的诗歌创作模式。

然而,通过带领读者徜徉于他的作品中,爱伦·坡其实也采取了与他曾经在里士满揭露过的下国际象棋机器人的表演者梅尔策尔类似的做法。[78]梅尔策尔让他的观众观看了这一所谓自动装置内部的旋转齿轮,又费尽心机地让他的机器看上去比它本身更具力学性能,以此分散观众对于其中隐藏了一个人的注意。

那么,爱伦·坡的文章是一个与梅尔策尔的下国际象棋机器人类似的恶作剧吗?他真的是在夸大他的创作过程中的机械与刻意的方面,从而给它一种"方法的气氛",以此转移人们对作品背后那易犯错误、即兴创作、感情丰富且有灵感的创作者的注意吗?[79]许多人就是按作者这样的设定理解的。哪怕是爱伦·坡的法国支持者波德莱尔也认为,爱伦·坡让自己看上去"比他本来具有的灵感少很多",但"天才总是多少有一点在江湖上行骗的资格的"。[80]我们或许可以认为,爱伦·坡在用一种"诡异的"形式回击批评他的人们的讽刺:"你们认为我的诗歌听上去机械感十足?那你们就听听看我是怎么创造它们的再说吧!"

然而,与此同时,爱伦·坡依然在对外表达他有关诗歌写作的观点，他无疑曾已认真表达过这一观点，只是现在的表达远比当时更为强烈：为了产生统一的效果，选择方法、分析和从一个选定的结尾"倒叙"十分必要。

爱伦·坡当时似乎非常认真，但同时也完全意识到，他正在表达的这种说法，即所谓"这是一首事先完全计划好的、遵循规则的、自我书写的诗歌，如同由一台机器创作的诗歌一样"是荒谬的，是几乎无法想象的。

好像有一种关于爱伦·坡的文章何时发布的神秘的预告。1845年7月，《伦敦新闻画报》（Illustrated London News）刊登了一篇对"拉丁六步诗歌创作机器"的介绍，同时这一机器在伦敦的埃及馆（London's Egyptian Hall）展出。[81]它是由克拉克鞋业公司（Clark's shoe）庞大资产的继承人在布里奇沃特建造的，形如一个小书柜。在一根操纵杆的拉动下，气缸在机器里转动，字母落下成行，组成拉丁文诗文，还可以在《上帝保佑国王》（God Save the King）①的曲调中，透过中央的一个窗口进行阅读。在计算机还未出现的年代，我们在这里看到的当然是一台诗歌创作机器。

它的发明者坚持强调这台机器的哲学意义。在关于《遗迹》的争议中，约翰·克拉克（John Clark）认为，他的发明是"对进化定律的一个实用说明"。对数目有限的元素，如词和字母等，它将其组合成各种可能的"和谐搭配"，再根据固定的机械定律挑选并组成诗文，就像它们是依据一般的有机形式进化的一样。克拉克称他的原理为"万花筒进化"，名字取自戴维·布鲁斯特发明的光学玩具——它也是对有限的元素进行组合，形成各种排序方式的无限变化。克拉克这一机器的正面有一个"大万花筒，它不断地形成辉煌的几何图形，一种新的图形"刚好在一行诗文构思的时候出现，在它的机械创作之前"。这也是这台诗歌机器的创作过程的视觉类比，无论在其随机性，还是法则限制方面。

---

① 英国国歌，当君主为女性时则为《上帝保佑女王》（God Save the Queen），译者比较欣赏的另一种译法是《天佑吾王》，这就同时涵盖了君主为男性或者女性的情况。——译者注

爱伦·坡当时是否在撰写《写作的哲学》之前便读过这篇文章？它发表在很受欢迎的《伦敦新闻画报》上，与它在同一版上出现的还有关于宾夕法尼亚美术学院发生火灾的带插图的报道。这样一个与他过去住处毗邻的地方发生的悲剧显然会引起他的注意。更让人浮想联翩的是，这台诗歌机器的名字和"进化定律"的插图名都是"尤里卡"。3年后，爱伦·坡也将为他自己的进化宇宙学著作取同一个名字。

在《写作的哲学》中，爱伦·坡触及了围绕《布里奇沃特论文集》和《遗迹》展开的宇宙学辩论，他写道："这就是我的设计，它表明，创作文学作品的任何地方都与偶然或者直觉无关。"[82]就像《遗迹》的作者在说到宇宙时那样，也像查尔斯·巴贝奇在提到他的计算机器的事前编程的奇迹时那样，爱伦·坡坚持认为，他的艺术作品完全是一个逐步发展的统一定律的产物。它"以数学问题般的准确性和严格次序一步一步地"展开，"直至完成"。

读者们或许会认为，这是对诗人在诗歌创作中的角色的极大贬低。就像批评家们看到《遗迹》对宇宙做的那样，它似乎完全没有提及浪漫对上帝的创造灵感所起的作用，而只是宣扬一个神性被榨干了的物质的、机械式的世界的"可怕图像"。

但人们或许也可以用与解读《遗迹》一致的方式来解读《写作的哲学》，认为它提供了对造物主更加虔诚的看法。就像巴贝奇的《第九篇布里奇沃特论文》一样，《遗迹》认为，与主流自然神学家们塑造的一个不得不在创造过程中调整、改变与修改自己的作品的造物主相比，一个能提前构思其作品每一步发展的造物主，显然更加值得赞美。[83]

一开始，《写作的哲学》似乎是对诗歌创作者受到启发的浪漫理念和自发的创造性的激烈否定。换一个角度，如果我们一开始把它作为一个恶作剧来解读，它就变成了一个让生活的每个方面机械化的奇特的夸大性讽刺，而且可以看出，这种讽刺是浪漫的。但还有另外一种可能性，当我们考虑到它对宇宙学发展的贡献（它与《遗迹》、想要说明进化遵守的定律的诗歌机器人"尤里卡"引发的效果极为相像)时,便可在其中看到这样的暗示:创造者是全知者的主张其实更为神奇。

或者,从不同的角度和主场来解读,这也可能同时表明所有相互矛盾的真相会让它有更多的含义——由你决定。

文人之战

在福德姆,爱伦·坡极为关怀弗吉尼亚。他也照顾他们的玳瑁猫卡特丽娜、苹果树、向日葵、大丽花和宠物鸟。这段时间,爱伦·坡本人也时常病得很厉害,约翰·弗朗西斯医生诊断他得了心脏病,但他还在坚持写作。[84]

他发表了一篇复仇幻想作品《一桶阿蒙蒂亚度酒》(*The Cask of Amontillado*):在答应让敌人福尔图纳托(Fortunato)品尝罕见的雪莉酒之后,饱受侮辱的蒙特利索尔(Montresor)让他饱尝了活埋的痛苦。爱伦·坡也如他的作品一般直截了当地向他的敌人发起进攻。他一直计划出版一本书名为《美国诗人》(*American Parnassus*)的有关美国诗歌的书,但他现在专注于写作《纽约市的文人》(*The Literati of New York City*),里面是他自1846年5月起发表在费城杂志《戈迪女士》(*Godey's*)上的系列文章。

他依旧赞扬他的朋友们,比如,认识到了玛格丽特·富勒的"很高的天赋"[85],尽管他担心她的书《19世纪的女性》未能考虑神明为什么会让性别存在差异。他也公开挑衅他的敌人们,向他过去的合伙人查尔斯·布里格斯开火,说他没有独创性、自负,而且"基本上没有受过教育";他把海勒姆·富勒(Hiram Fuller)的《纽约镜报》描绘为"愚蠢的沙漠";抨击刘易斯·盖洛德·克拉克为人毫无同情心而且毫无特色:"他滑得像油",而且,"从颅相学的观点来说,他的前额很糟糕,因为它很圆,学术术语叫作'子弹式'。"

他更是对托马斯·邓恩·英格利希表达出极度的不满:"一个没有受过最普通的学校教育的人,却忙忙碌碌地在雅文学课题上指导人类,再也找不到比这更壮观的可怜场面了。"他"体贴"地建议:"英格利希先生还很年轻,当然还没超过35岁,而且,凭借他的天分,或许能很容易地在他最为欠缺的地方做出改进。只要略有气度的人都不会因为他寻求私人教师课程而认为有何不妥。"他还"严肃"地表示自己的判断是公平的:"我与英格利希先生并无任何私交。"

布里格斯在《纽约镜报》上发表了一幅爱伦·坡身处北部疯人院的漫画作为回应:他把爱伦·坡的身高缩减了5英寸,把他的眼睛描绘为"灰色的、带着泪水的、无精打采的样子"。[86]英格利希则在《晨递报》(*The Morning Telegraph*)上详细公布了爱伦·坡的罪行:因为伊丽莎白·埃利特的信引起的争斗、欠《百老汇杂志》未还的借贷,以及上一年的伪造支票指控(虽然已经被证明为假)。他说爱伦·坡是"一个道德杀手""文学骗子"。[87]海勒姆·富勒在《纽约镜报》上将爱伦·坡草草地画得"状态非常凄惨:他因为自己的愚蠢行为而遭遇不幸,他虚弱的身体中残留着邪恶生活的证据"。[88]他还在漫画中将玛丽亚·克莱姆表现为"一个年长的女性亲戚,在炎热的街道上郁悒而行,追随着他的脚步,防止他沉湎于他热爱的酒醉之中"。"爱伦·坡显然正在身体上尝试自杀,因为他早已经杀死了自己的人格。可怜人!"

爱伦·坡在《时代的精神》(*The Spirit of the Times*)杂志上发表文章,回应这些攻击。[89]他承认自己有酗酒的"弱点",但引用了弗朗西斯医生的定论,说他的酗酒行为是"可怕的邪恶的结果,而不是他本人的原因"。如果不是因为英格利希的"犯罪"指控涉及以伪造手段获取钱财,他本来可以漠视这些指控。因此,对于这些诽谤,他将"诉诸法庭",以证明自己无罪。他于1846年7月份向法庭申诉,控告海勒姆·富勒。[90]庭审一再推迟,耗尽了他的资金,但他最终胜诉,赢得了200美元的赔偿和诉讼费。

第四章　纽约

弗吉尼亚的健康状况同时也一直在变坏；爱伦·坡筋疲力尽，也患了病。他一直凭写作《纽约市的文人》取得稿酬，但它也让他得到的敌人多于朋友。到了夏天，残酷的流言蜚语传遍了全国。《圣路易斯日报》（St.Louis Daily Reveille）发布了一条道听途说的消息："诗人、作家埃德加·爱伦·坡先生已经神经错乱了，他的朋友们将请尤蒂卡精神病疗养院（Insane Retreat at Utica）的布里格姆医生（Dr. Brigham）负责监管他。我们真诚地希望情况并非如此。"[91]就连他的老朋友，在巴尔的摩的斯诺德格拉斯也信了这个谣言。[92]

托马斯·邓恩·英格利希的讽刺文学作品《1844》[93]发表在富勒的《纽约镜报》上，其中描述了一位写了《行骗和其他故事》（The Humbug and Other Tales）的作家在一家疯人院中行乞，并以"唱歌似的嗓音"阅读一篇文章，其中用"概率计算"来证明"卡莱尔先生（Mr. Carlyle）是一头蠢驴"。对爱伦·坡的攻击还在继续：克拉克的《纽约人》发表了一篇题为《一位现代"批评家"的墓志铭》（Epitaph on a Modern "Critic"）的文章[94]，其中爱伦·坡躺在一座坟墓里，"或者被他过分的天才或者是被他过分的杜松子酒杀死"，"像他的缪斯一样冰冷，比他的文学风格更僵硬！"

"青年美国人"的一名成员威廉·吉尔摩·希姆斯（William Gilmore Simms）提醒爱伦·坡："你现在或许正处于职业生涯中最艰险的时期，就是在这种地位、就是在生活的这个阶段，走错一步就会酿成大错，一个重大错误造成的后果就会致命。"[95]文学上的争吵"让你发火，摧毁了你心灵中的平静，损害了你的名誉，"他劝爱伦·坡，"改变你的写作策略，开始一个新系列。"

爱伦·坡的名誉被损坏了，它或许可以恢复，然而，尽管有着福德姆的树木、河流和有利于健康的空气，以及母亲、丈夫的照料，弗吉尼亚的健康仍无法恢复。

第五章

前往冥界的彼岸

这就是那不幸的根源,很久以前
在这个滨海的国度里,
夜里一阵寒风从白云端吹起,冻僵了
我美丽的安娜贝尔·李;
于是她那些高贵的亲戚来到凡间
把她从我的身边夺去,
将她关进一座坟墓
在这个滨海的国度里。
——爱伦·坡,《安娜贝尔·李》(*Annabel Lee*)[1]

海克拉火山，冰岛
手绘彩色魔灯幻灯片，19世纪

15

天使的奇观

在痛苦的床上

在19世纪30年代致命的霍乱流行期间,一个思想迷信的男子逃到了纽约市北部一个亲戚家中躲避瘟疫。透过一扇窗户,他看到了一幅可怕的景象:在哈德孙河的彼岸站着一个"相貌可怖的怪物,体积比一条船还大,有着金属鳞片覆盖着的庞大翅膀,60英尺长的长鼻子前端长着一张嘴,鼻子根部有毛发,鼻子两边各有一个水晶棱镜"。[1]

他被吓坏了:"我怀疑自己是否清醒,或者至少——我自己的眼睛看到的是不是真的。过了好几分钟,我才确信我既没有发疯,也不是在做梦。"他颤抖着把这个怪物指给户主看,确信这是即将来临的死亡的预兆。他那微笑着的亲戚(也就是屋主),此时漫不经心地思索着:"人类一切调查错误的主要来源是,在理解事物的时候,他们往往错误地估计了物体与其他物体的距离,并低估或者高估了这种类似状况的重要性。"屋主拿起一本自然历史书,读到了"一个学校男童对于卷蛾科、昆虫纲、鳞翅目、斯芬克斯属的叙述"。屋主坐到了这个男子看到那头"怪物"时所坐的地方,指着一只带翅膀的小昆虫:这就是他刚才描述的那只长着死神式脑袋的斯芬克斯蛾子。原来,他之前看到的那个可怕的景象只不过是对真实的扭曲，是因为受到恐惧的作用，对距离和比例估计错误而产生的幻觉。

恐惧会强化人的感官并放飞想象，从而将小昆虫变成大怪物。不过，人类可以通过对事实及知识的学习，将比例调整到正确值来消除这一幻觉。在于1846年首次发表的《斯芬克斯》（*The Sphinx*）中，爱伦·坡给出了这一具有启发意义的神话，它带给人的思考不亚于具有科学性质的魔灯表演中通过"氢氧"显微镜放大的"微生物"所带来的震撼。

另一次霍乱流行将于1847年再次祸乱人间[2]，但在爱伦·坡发表《斯芬克斯》（这是个有关传染病、恐惧和哈德孙河上空笼罩着的不祥征兆的故事）的那一年，他亲身经历的真实事件同样可怕。在福德姆，可怕的威胁正在向他和弗吉尼亚逼近。

1846年11月，玛丽亚·克莱姆告诉健康改革家玛丽·戈夫，说弗吉尼亚"病得很重"，而且因为"物资缺乏，马上就要饿死了"。[3]戈夫于是乘坐北上的火车赶了过去，一进门就看到一幅凄惨的景象："什么都缺，家中一贫如洗"，"床上甚至连床单都没有"。[4]

弗吉尼亚"因为伴随着肺结核的潮热而感觉到可怕的寒冷"；她那"苍白的脸，闪光的眼睛和乌黑的头发，让她看上去似乎是异世界的来客"。当她咳嗽的时候，她显然"正在一点点离开这个世界"。她躺在一张麦秸床上，"裹着她的丈夫的大外套，胸前是一只大玳瑁猫"。这些都是"让这位病人感觉温暖的仅有的手段，就是她的丈夫握着她的手，她的母亲焐着她的脚。"

在纽约，戈夫联系了心地善良的护士兼医学作家玛丽·路易丝·休。[5]休发起了一次募捐活动。几天后，她给爱伦·坡一家带来了价值60美元的礼物。之后几周，休定期前来探访，"安慰垂死的人和活着的人"。

到了12月，爱伦·坡状态悲惨的消息传了出去。《纽约清晨快报》刊登了一份题为《埃德加·爱伦·坡罹患重病》（*ILLNESS OF EDGAR*

A.POE)的启事,将爱伦·坡和他的妻子都描绘为"身染肺结核的危重病人",他们"几乎无法得到生活必需品"。[6]就连海勒姆·富勒也说:"他的朋友们不该坐等出版商为此发起行动,如果他们不这样做,那就让我们这些跟他吵过架的人出面去做吧。"[7]当时尚年轻的沃尔特·惠特曼〔爱伦·坡曾在《百老汇杂志》上发表过惠特曼的《艺术歌唱和心儿歌唱》(*Art-Singing and Heart-Singing*)〕在《布鲁克林鹰报》(*Brooklyn Daily Eagle*)上写到了爱伦·坡的"脑膜炎"及其他状况:"没有金钱,没有朋友,实际上正在因为疾病和贫穷受苦。"[8]

纳撒尼尔·威利斯负责牵头,他发表了一篇文章请求大家帮助"最富独创精神的天才人物之一,我们国家最勤奋的文学职业者之一"。[9]他将转交任何赠送给爱伦·坡的"慷慨礼物",甚至力劝那些热衷于改革事业的人们出资创建一所"为无法工作的脑力劳动者服务的医院"。海勒姆·富勒则建议将其改为设立一座"因为文学事业而惨遭不幸的人们的收容所"。[10]来自马萨诸塞州洛厄尔的简·洛克(Jane Locke),给威利斯发来了一篇受到爱伦·坡的状态启发写成的文章,题为《为苦难中的天才祈祷》(*An Invocation for Suffering Genius*)[11],而爱伦·坡的波士顿对手柯妮莉亚·威尔斯·沃尔特则报告说:"爱伦·坡和他的妻子都被困于床上遭受着痛苦……而在一个基督教的国度中,数以百万计美元的金钱被毫无意义的战争、购买朗姆酒和胡吃海喝的骗子们浪费。"[12]她充满诚意地写道,"任何人都不应该因为饥饿而丧生",劝说爱伦·坡"改变生活习惯",并以帮助式的口吻提醒他,他"有多少经济困难是因为放纵自己的弱点而造成的"。[13]

爱伦·坡因为他这些朋友、敌人的慷慨而感动,也因为自己被置于"公众慈善关注的普通人物的水平"而感到羞愧,他写了一篇通告,陈述"哪些是真实的、哪些搞错了"[14]:"我的妻子病重,这一点是真实的";他承认自己也"长期身患危险的重病",但他计划,一旦恢复健康,他将立即回应"最近遭受的那些对个人和有关文学的无数辱骂";

他经常因为病痛而缺少金钱,但从未达到"无法忍受的程度";他也不是"没有朋友",这是"一个严重的中伤"。

"如果我允许自己无声无息、不做抵抗地死去,一千名高尚的人都有很好的理由永远不原谅我,"他向他的朋友们保证,"真实情况是,我还有很多事情要做;而我已经下定决心,在完成这些事情之前不会死。"

一个中间状态的自然或者次级自然

在弗吉尼亚弥留之际,爱伦·坡修改了他早期的文章《风景园》,把它扩充为一个令人难忘的美学证词,也就是后来的《阿恩海姆乐园》。

故事主角的名字就是简简单单的埃利森(Ellison),他是改善与进步哲学的拥护者[15],也是一笔庞大财富的继承人。他尝试学习多种艺术,但最终意识到,要想实现"神明让人类具有诗一般的情感的庄严目的"以及"他自己作为一个诗人的命运"[16],最好的办法是成为一位风景艺术家,也就是做一个使用石头、泥土、树木、花卉和水来创作作品的园艺家、工匠。

为了定义他的美学,他思索着他在自然界看到的不正规之处:"在自然中,在地球的宽广表面上的任何地方,只要用艺术的眼睛持续观察,都能找到一些不符合风景'构成'要求的地方。"如果像自然神学家们争辩的那样,地球表面是已经安排好了的,"任何地方都"满足"人类的感官对美好、崇高或者瑰丽风景的完美标准",那么为什么还会存在这些"地质干扰",让这些"形式和颜色"不和谐的组合存在,从而污损了完美的美学享受呢?

埃利森怀疑,从表面上看去具有明显缺陷的这些自然图像虽然也是神的设计,却是为了给除我们之外别的存在的眼睛观看的。我们的眼睛看到的"风景不够优美"之处,或许能完美地适应天使们的眼睛,对他们来说,"我们的无序或许就是有序"。在他的想象中,上帝给地球安排了庞大的表面,即"两个半球上广袤的风景花园",其中明显的不规整之处适合于不受肉体限制的那种存在所具有的更加完美、更加包罗万象的感官。[17]

这一理念重新燃起了他的艺术家抱负。他放弃了仅仅按照人类的审美观(诸如"大小、比例和颜色的美好关系"——它们只不过是将神明创造降低为人类的标准的模糊概念[18])设计风景的想法。他也不会简单地重新创造一个荒野,那种过分分散、庞大、不规则的状态无法让人感动。

在避免使用人类艺术典型地强加给自然的过于规整的秩序,和荒野的那种隐藏的、让人无法察觉的秩序之后,埃利森想象了一个介于二者之间的秩序,一种允许"把万能的主的设计压缩一步的艺术,也就是把它变成一种与人类的艺术感官和谐共存或者相容的东西"[19]。这条在纯粹人类艺术和无法理解的神圣艺术之间的"中间道路"将充满用物质打造的风景,它将允许人类感觉与领会自己从普通的肉体审美经验的边界离开,走向天使享受的那种类似超脱凡俗的感觉。

那些看到了这样的风景的人会感到有一种设计在起作用,但无法触及这种设计,这种设计没有"艺术的严酷性和技巧"。人们可以感觉到在这种构成后面的规则和理由。然而不知怎的,它很超然,让人觉得是一种"精神上的干预";物质的形式将提供一座精神桥梁,引导人们经历超越肉体限制的感觉。这样一种"结合了美感和庄严、奇特感觉"的风景,将创造"一个中间状态的自然或者次级自然"的压倒性印象,就好像"介于人和上帝之间飞翔的天使的手工艺品"。

埃利森开始寻找一个地方来实现他的愿景。太平洋岛屿实在太远,而在埃特纳火山(Mount Etna)有一处景色接近他的要求,但那里又太过暴露……最后,他找到了阿恩海姆乐园。这个地方笼罩着一种神秘的、压抑的氛围(或许还带着一点庄重)。

埃利森起的这个名字让人想起了催眠术者约翰·埃利奥特森。如同一场催眠术演讲,爱伦·坡的小说以解释一些原理开始,然后引导它的观众进入逼真的梦境：一个用词语搭建的催眠的、渗入式的风景。[20]故事的后一半描述了对阿恩海姆乐园的一次探访，它就像一场魔灯表演，描述了创造性精神在物质中的实现，将人类感官的互动提升到了天使般不可企及的高度。

离奇的对称

从距离最近的城市到阿恩海姆也有几小时的路程。这次探访从天亮开始，那位孤独的旅行者先乘坐一条小船渡河，小船由看不见的力拉动，后来他穿过点缀着绵羊的绿色草地，获得了一种"仅仅是田园式的关怀"。[21]经历了"一千次转弯"之后，这条小船似乎"被固定在一个中了魔法的圆圈之内"，旅行者被"一种奇特而精致的感觉包裹"，接着进入了一条湍急的峡谷，里面有"一种殡葬的阴郁气氛"。自然的习惯思维仍然保留，但它的特性似乎经历了变化。风景再次改变了，呈现出"令人毛骨悚然的均匀"和"奇异对称"的古怪比例。

小船进入一个周围环绕着鲜花的山峰的内湾，一个"气味芬芳、色彩斑斓的海洋"，散发着"奇迹般浓郁的文化气息"。这些花卉似乎是由"掌管新颖品种的仙女侍弄的，她们勤勉、极有品位、高尚、一丝不苟"。覆盖着鲜花的山峰就像一道道镶嵌着珠宝的瀑布，"一片由红宝石、蓝宝石、蛋白石和金色玛瑙组成的瀑布，静悄悄地从天穹间奔流而下"。

当夕阳出现在山峰之间时，这位乘客换船了，这次坐上了一条弯月形的象牙独木舟，船上"安置着带有蔓藤花纹的装备"，播放着"令人平静但忧郁的音乐"。天鹅绒般的绿色高原与峡谷、森林交替出现。在"以温和但逐渐增加的速度"绕行了多次之后，独木舟接近了一个用锃亮的黄金打造的巨大的门，它"反射着现在正在快速下沉的太阳的直射光芒"，让森林染上了火红的光。大门慢慢地打开，独木舟进入了一个"四面八方都被紫色的群山环绕着的圆形剧场"。叙述故事的动词时态从

第五章　前往冥界的彼岸

过去时变为现在时，故事以一长一短两个句子结束：

就在这时候，整个阿恩海姆乐园突然出现在眼前。迷人的旋律在流淌；让人感到奇特的芬芳形成了摄人心魄的压力；一眼望去，有高大修长的东方树木，茂密的灌木丛，一群群金色、绛红色的鸟儿，百合花环绕的湖泊，铺满紫罗兰、郁金香、罂粟、风信子和晚香玉的草地，交织在一起的一股股长长的银色溪流……而且，令人一头雾水的是，一大批半哥特式、半撒拉逊式的建筑物奇迹般地突然出现在半空，足足一百座壁外窗、尖塔和小尖顶在红色的日光下闪耀；看上去如同精灵、仙女、魔怪和地精的幻影般的手工艺品联结在一起。

小说以这样一个由仙女和精灵侍弄着的自然全景结束，那些自然神灵的消失就是爱伦·坡在《十四行诗——致科学》中的悲叹。

爱伦·坡告诉人们，在真正的诗意情感的指引下，写作可以创造多么可爱、多么让人惊叹的另一个世界：一个超越人类文化的自然，五彩缤纷的如魔灯中的场景在思维空间之中绽放，这是一个人类得调动多种感官才能全面品尝的、超凡脱俗的乐园。《阿恩海姆乐园》比爱伦·坡的任何其他作品都更多地体现了他的超然性的美学：他的观点是，最精美的艺术是通过其他手段延续的自然。艺术是自然的镜子，甚至是自然更高或者更完美的体现，这一理念曾在文艺复兴运动中繁荣，但到了18世纪，"自然"和"艺术"（特别是"机械艺术"）经常被人视为是根本对立的。爱伦·坡进入了自然的创造性洪流并带着它继续向前，又一次将自然和艺术交织在一起。[22] 然而，在一个机械工业盛行的时代，自然与艺术对立的观念仍然徘徊不去，这带来的结果依然美丽却神秘，既令人振奋，也令人迷惘。

爱伦·坡的幻想也与作为西方殖民国家的美国的核心愿景中"第二自然"（second nature）[23] 的理想存在共通之处，这就是充满牧师关怀、工业和劳动培育与改进的"中间风景"。这里的所谓"劳动"是雇用工人或者奴隶的劳动,而爱伦·坡暗指的"掌管新颖品种的仙女"的工作,则也和当时对"天佑扩张"的祈祷一样,似乎是对于这个国家在修建运河、铁路和新经典大厦时,经常出现的残酷安排的某种一厢情愿的逃避。

然而,在爱伦·坡的愿景中仍然保留着一种刻意的野性:地球和自然的放纵与任性没有被驯服和控制,但它也折服于人类的智慧与良善。后来爱伦·坡又写了一篇题为《兰多的小屋》(*Landor's Cottage*)[24]的小说,它是《阿恩海姆乐园》的姊妹篇。看上去纯然朴实却优雅自如的艺术往往需要大量的努力与知识。与实用主义的美国运河系统相比,《阿恩海姆乐园》的瀑布更让人震惊、更有特色、更吸引人,而且要在现实中实现也更加困难得多。与其说《阿恩海姆乐园》是对某种力量的愿景,倒不如说它是一首对构建愿景的力量的颂歌,一种高度个人化的美学与精湛的技巧结合的幻想,一种将自然转变为优雅,并延伸为深思熟虑的非凡陌生感的幻想。[25]

在这篇小说逐步向超凡王国接近的过程中,它与《阿瑟·戈登·皮姆:楠塔基特岛旅行叙事》结尾启示性的独木舟航行遥相呼应。它也与托马斯·科尔在纽约的社会图书馆展出的著名系列画《生命的旅程》[26]相似,后者描写生命从孩提时代到老年的经历,如同一艘小船的旅程。前往阿恩海姆的旅程让其中的旅行者逆行走过了人类发展的各个阶段:从一个相邻的城市,前往农耕与乡村的景色,穿过黑暗的、殡葬的通道,走向"半哥特式、半撒拉逊"风格的建筑物——一个漂浮着的"半空中的奇迹",类似于柯尔律治迷幻的《忽必烈汗》(*Kubla Khan*)中富丽堂皇的圆形屋顶。

爱伦·坡千变万化的幻境启发了从夏尔·波德莱尔、J. K. 休斯曼(J. K. Huysmans)和奥斯卡·王尔德(Oscar Wilde)到勒内·玛格利特和约翰·列侬(John Lennon)等艺术家。列侬便曾把它改写为《在镶嵌着钻石的天空中的露西》(*Lucy in the Sky with Diamonds*)。将它放在更长的历史长河中，它似乎还引领着其他从技术上放大、从感官上沉浸的梦幻世界：19世纪的宏大展览会、20世纪的主题公园、21世纪的增强现实和虚拟现实的数字幻想。作为寓言解读，它描述了思想家、调查者、预言家或者艺术家走过的旅程，他们带着珍宝，从普通经历的另一面返回；它将艺术品表现为通过重组物质、感知和思维转变显示出来的技术。[27]

它或许也可以表现为一个警示。正如在许多爱伦·坡的最值得铭记的作品中一样，这篇小说的美好中带有一种可以感觉得到的、令人毛骨悚然的氛围。它以一种催眠的、诱惑的、可能带有恶意的动机吸引读者——那位旅行者是被"看不见的警卫"引导到一个四面被包围的合成的王国中的，就好像被魔咒的力量诱进了一个外星人的监狱中一样。[28]

正如批评家琼·(柯林)·达扬［Joan（Colin）Dayan］指出的那样，爱伦·坡在这篇文章最后的愿景描述中的语言与弥尔顿在《失乐园》中的语言有异曲同工之妙，后者描述了走向地狱的情景。[29]阿恩海姆诱人的天堂或许是一个恶魔的伪作，或许是艺术家引以为傲的一个陷阱：自行设置罗网的艺术家和启发了他的那些进步哲学家，这伙人漠视了人类所能达到的限度，具有取代上帝的庞大野心。

这一愿景的矛盾性在救赎和诅咒之间，在创造、死亡和再生之间，在自然和人造之间都显得摇摆不定。这一矛盾性是其神秘效果所固有的。作为爱伦·坡的"自然的神秘哲学"[30]的结晶，《阿恩海姆乐园》为他的宇宙学之作《尤里卡》开辟了一直追踪到宇宙终点的道路。

来自一片云的风

在世俗的真实世界中，弗吉尼亚的状况每况愈下。1847年1月底，爱伦·坡在给玛丽·路易斯·休的信中写道："我可怜的弗吉尼亚还活着，尽管她衰竭得很快，现在遭受着很大的痛苦。"[31]他恳求她："来吧,哦,明天就来!"1月30日,休来到福德姆照顾弗吉尼亚。休回忆说:"她(弗吉尼亚)让我来到她的床边,从她的枕头下面拿出了她丈夫的一张照片亲吻着,然后交给了我。"[32]很快她就再也说不出话来了。

《纽约每日论坛报》和《纽约先驱报》刊登了启事:

> 30日,星期六,埃德加·爱伦·坡的妻子弗吉尼亚·伊莉莎因患肺结核去世,享年25岁。请她的朋友于星期二(明日)下午2时前往韦斯特切斯特县的福德姆参加她的葬礼。马车将于中午12时离开纽约市政厅前往福德姆。[33]

在这个小型葬礼上,在包括威利斯、戴金克在内的爱伦·坡的几位朋友,以及近来帮忙照顾她的妇女埃斯特尔·刘易斯、玛丽·戈夫和玛丽·路易斯·休等人的见证下,弗吉尼亚入土安息。

3月,爱伦·坡对简·洛克曾写的《为苦难中的天才祈祷》一文做出了回应,并保证他在读到这篇文章时,"心中流淌着的只有敬意与感激交织成的甜蜜之情"。[34]他一直被"如此心酸的痛苦压倒",这让他"在几个星期中丧失了思维与行动的能力"。他在他的诗《尤拉丽》(*Eulalie*)的手稿上加了两行:

> 我的爱在大地下面深藏
> 而我必定独自悲泣、感伤。[35]

被悲伤击倒的爱伦·坡搁置了他小小的文学之战。弗吉尼亚的死,以及他在《阿恩海姆乐园》中迫切想要实现的超越普通存在的神秘之旅,却最终推动着他向前,去迎接他一生中最大的挑战。他现在准备直面他唯一值得一战的对手:宇宙和它的创造者,世间一切事物中最伟大的神秘存在。

16

上帝的谋划

梦中梦

弗吉尼亚去世后,玛丽·路易斯·休诊断爱伦·坡患有"脑膜炎",它是由"精神和肉体的极度痛苦"以及"为他垂死的妻子提供食物、药物和舒适"的"努力"造成的。[1]在1847年这整整一年间,他在休和玛丽亚·克莱姆的照顾下逐渐恢复。他写了一首怪诞、复杂的哀悼诗,题目为《尤娜路姆》。[2]该诗追踪描述了一名梦游者穿过一片鬼魂萦绕的森林的旅程,这片森林是由天空和新诞生的星辰照亮的:

而这时,夜已经显得老耋。
而星图已暗指向了黎明,
当星图已渐渐显示着黎明,
在荫路的尽头有类似溶液
又类似星云的光辉诞生。①

新诞生的朦胧星辰指引着半清醒的说话者走向尤娜路姆的坟墓——

---

① 此段译文选用了余光中的译本。——译者注

那是他一年前去世的爱人发出的哀鸣之光。

1847年晚些时候，朋友们发现，在福德姆的爱伦·坡已经满怀着战斗的意志。与作为雄辩术教授的父亲一起前来探访的玛丽·布朗森（Mary Bronson）本来以为，她会见到一个"严肃而又忧郁"的爱伦·坡，却在花园里看到了一个"精神抖擞、意气风发的绅士"："他沉静、真诚、优雅、彬彬有礼地欢迎我们，这与我想象中的忧郁诗人大相径庭。我敢说，我内心的惊讶体现在了自己的脸上，因为当我抬眼望去，看到了他脸上有些好笑的表情。"整个谈话集中在爱伦·坡痴迷的事情上："正餐过后，我们一起沿着布朗克斯河（Bronx River）的河岸行走……爱伦·坡先生说了许多有关写作的事情，他说得真好。"[3]

而在这种表面优雅的社交背后，爱伦·坡的内心仍然悲伤、凄凉。他穿过了交替出现的乱石绝壁和风景如画的草地，那片草地只在最近才有铁路横跨而过，仿佛还有鬼魂时时出没。在他的新诗中回荡着令人眩晕的厌世的悲伤和恐慌的感觉：

我站在
怒涛澎湃的海岸边，
我的手中
攥着金黄的沙粒——
…………
哦，上帝！为什么我不能
牢牢地抓住它们？
哦，上帝！为什么我不能
从这无情的波涛中救出一个？
难道我们所看到、所感受的一切
不过是一场梦中的梦？①[4]

---

① 此段译文选用了阮一峰的译本，本文译者改动了一个字。——译者注

第五章 前往冥界的彼岸

是什么让这在简短的生命中翻腾的风暴苏醒？如果生命的一系列灾难出于天意，设计这一切的神明又怎么可能是仁慈的，他创造的宇宙又怎么可能是和谐的呢？爱伦·坡将多年来的思考与阅读积累汇集在一起，他开始准备自己的宇宙学演讲稿——《宇宙》(The Universe)，也就是后来的《尤里卡》。

宇宙的冲突

爱伦·坡跨入了一个已然呈现出狂暴的苗头的舞台。过去3年见证的政治摩擦与地区摩擦似乎随时都会爆发。"奴隶势力"和奴隶制的反对者之间的对抗更加激烈，因为这个国家对"棉花王者"的依赖日益加深。1844年的大选让波尔克登上了权力的巅峰，他也批准了向西部的进一步军事扩张，并为种植园打开了通往得克萨斯的大门。波尔克激起了一场美国与墨西哥之间的战争，一次在虚假的承诺下展开的土地掠夺。这个国家现在已经横跨大西洋与太平洋之间的陆地，全然不顾其造成的生命损失。

这场战争基于"天定命运"的神圣预言。对宗教的热情让人同时感受到了对世界末日的恐惧和希望。以威廉·劳埃德·加里森为首的越来越激进的废奴主义派系，主张获得高于社会法律的权威，热烈地寻求结束在罪恶与残暴基础上建设的社会体系。由于拒绝为墨西哥战争纳税而于1846年入狱的亨利·戴维·梭罗，也宣告自己有不服从非正义政府的权利。

正是在这样混乱的局势下，各种新颖的宇宙理论开始争相吸引公众的注意力。在亚历山大·冯·洪堡和自然哲学的灵性和泛神论启发下，梭罗的导师爱默生已经将科学事实与作为生命和意识的自然意识结合在一起。那些有远见的哲学家，如颅相学学者、催眠师、斯韦登伯格派门徒和傅立叶主义者都支持他们的观点，即一个以生理学、气象学和物理学的事实为基础并信任这些学科知识的世界将会到来。与安德鲁·杰克逊·戴维斯一样,许多人把权威建立在他们通过不同寻常的经历得到的个人知识上面。

无论人们把《遗迹》看作自然神论、唯物主义的创作,还是泛神论的作品,它"可怕的观点"让这些教派或学说体系的虔诚信众们都很气愤,因为它引人注目地将宇宙描述为一个自主进化的机器。一直到1884年,它的作者才被确认为爱丁堡出版商罗伯特·钱伯斯,那时钱伯斯已经去世13年了。围绕着这本书的争议,让贝奇、亨利和皮尔斯都清楚地看到,在科学问题上,他们迫切需要在"江湖骗子"和"名声经过证明的人物"之间划出界线,并保证他们作为自然专家的权威。

有些助力来自国外。洪堡的代表作《宇宙》(*Cosmos*)的头两卷于1845—1847年问世。以其辉煌的文笔和深刻的学识,这位年长的科学家、政治家为科学解释自然世界的知识、经验和美学的统一,做出了不可抗拒的论证。洪堡只不过试探性地提出了星云假说(即使没有加上那些大胆的推测,宇宙本身已经极为神奇)。约瑟夫·亨利则让他的一个学生去购买《宇宙》,他告诉这个学生:《遗迹》的作者"理解的仅仅是科学的文献",而"洪堡男爵理解的是科学的科学"。[5]爱伦·坡也在《百老汇杂志》上发表了一篇《宇宙》的德语评论的译文,该评论的作者希望,对于这一著作的热情将"促进对自然科学的崇高的品位",但同时要避免神学冲突。[6]

1846年,洪堡和居维叶的门徒——瑞士博物学家路易斯·阿加西斯来到波士顿,发表有关地质学与自然历史的演讲。阿加西斯在继续进行居维叶反对有关物种演变的不纯正教义的斗争。当他先在剑桥,接着很快在其他城市面对大批听众讲话时,阿加西斯尖锐地指出,《遗迹》并不是一本"值得人们大加谈论的著作",他认为"它不值得任何严肃科学家的注意"。[7]《遗迹》在美国最激烈的反对者亚萨·格雷赞扬阿加西斯的演讲,称其为"我所听到的对唯物主义的最有独创性、最根本

第五章 前往冥界的彼岸

的否定"。

胸大肌发达、活力四射、操着一口迷人的法语口音的阿加西斯接到邀请，留在哈佛大学新建的劳伦斯科学学院（Lawrence Scientific School）当教员。他在接纳了自己的新祖国到处旅行，前去拜访几名著名的科学家。在费城，他与塞缪尔·莫顿结成了同盟，其原因完全在于他受到了这位头颅收集者的理论的吸引：人类是由与众不同的物种组成的种族，其中欧洲白人凌驾于所有其他人之上。而在华盛顿，贝奇热烈地欢迎阿加西斯进入他与亨利和皮尔斯一起建立的科学精英改革者的内部圈子。[8]

1847年9月，阿加西斯成为AAGN在波士顿举行的第8次年会上的明星发言人。当时那批地质学家们情绪高涨——《每日期刊》（*Daily Journal*）在报道中称该团体近期"由于重组"而增加了"大批新成员"。[9]阿加西斯发表了3项激动人心的报告，认为尽管华盛顿的国家科学促进研究所有所失误，但这个全国性的科学组织还是有许多优点的。[10]

那年是约瑟夫·亨利第一次参加AAGN的大会。他现在再也不仅仅是一位教授了，而是特殊领域独具权威的科学家。1846年，一个包括贝奇在内的议会委员会决定，詹姆斯·史密森的50万美元遗赠将被用于建立"史密森学会"，并任命约瑟夫·亨利为所长。尽管亨利担心其中牵涉的政治因素，但他还是拥抱了这一机遇：他将尝试让该学会专注于科学研究，而不是过多地关心与科学研究无关的其他事务，绝不能像国家科学促进研究所或者博物馆那样，一心采取取悦大众的做法。亨利很快就让詹姆斯·埃斯皮加入了史密森学会，意欲把该学会打造成一个电报网络的中心，让它收集气象学报告并监控全国气候，这就是美国国家气象局（National Weather Service）的前身。[11]

贝奇曾不知疲倦地动员各种关系，以促进亨利的这次任命。他之后向皮尔斯欢呼："科学因为选择了约瑟夫·亨利而奏响了凯歌。"[12]改革家们为美国科学搭起了联邦框架（建立专门机构收集数据，使用标准测量方式、步骤和仪器，最终汇总数据形成普遍定律），这一愿景已经通过政府赞助而为这个国家打下了坚实的基础。他们也在进一步扩展他们的雄心壮志，现在他们要以平等的身份与欧洲科学家们竞争。

整个1847年，皮尔斯一直在计算一年前才第一次被检测到的遥远的行星海王星的观察位置。人们之前欢呼它的发现，称其是对数学理论威力的一次令人震撼的证明："根据纯理论，人们确定了它的大小和在天空中的准确位置。"[13]不过，随后发生了法国与英国科学家们之间有关优先权的争论：在一位柏林同事约翰·伽勒（Johann Galle）的协助下，巴黎天文台（Paris Observatory）的天文学家于尔班·勒维耶（Urbain Le Verrier）声称第一个看到了这颗行星，但一名年轻的英国数学家约翰·柯西·亚当斯（John Couch Adams）此前独立地预言了这颗行星会出现在几乎同样的位置上。

皮尔斯大胆地声称，这样的争论毫无意义，因为这个发现只是侥幸。根据他的计算［得到了贝奇的一个门徒，海军天文台的希尔斯·库克·沃克（Sears Cook Walker）的计算的支持］，勒维耶和亚当斯在计算海王星轨道时都出现了重大错误。这颗行星仅仅是刚好在他们预言的区域经过，这是一个"幸运的意外"。[14]面对勒维耶的愤怒反驳，皮尔斯在奥姆斯比·米切尔的杂志《恒星信使》（*Sidereal Messenger*）上据理力争，这时亚萨·格雷向他表示祝贺："作为一个热烈笃信美国的最高利益和美国学者的人，我向你表示真诚的感谢。"[15]

然而，皮尔斯、贝奇和亨利仍然认为，他们最大的敌人不在巴黎或者格林尼治，而是在美国国内。他们认为，在公众科学方面活跃的江湖庸医和骗子仍然吸引着他们的那些热情听众，而《遗迹》这种非正统的"科学浪漫"仍然是一个危险的挑战。根据波士顿报纸的报道，在1847年的AAGN会议上，皮尔斯宣读了一封来自哈佛大学新建天文台的台长W. C. 邦德（W. C. Bond）的来信。信中说罗斯伯爵的"帕森镇的利维坦"望远镜还没有确定无疑地将猎户座星云分辨为分立的恒星,但在1847年9月22日,邦德把美国最大的新望远镜指向了这个星座:那里的星云的中心簇(也就是"猎户座四边形星团")被"分辨为明亮的光点"。[16]通过这个星云是由恒星而不是气体云组成的直接的"视觉证据",皮尔斯声称,星云假说"根本无法发展天文学"。[17]皮尔斯利用AAGN这个平台,即通过报纸传递的"真正的科学家"的统一声音,用抽掉公众这一《遗迹》的中心脉络的方式打击《遗迹》。

现在,在史密森学会、身居国家科学研究权威地位的约瑟夫·亨利终于承认:"现在是我们应该具备科学团队精神的时候了。"[18]这个国家已经做好了接受一个"法庭"的准备,科学家们也需要这样一个法庭,用来"镇压"那些进行没有根据的推测的江湖骗子,并保卫自己的团结和权威。AAGN 的成员决定,在他们的下一次会议上,他们将采纳一个新的、更威严而且更有包容性的名字——美国科学进步学会(American Association for the Advancement of Science,简称 AAAS)。

那年秋天,当爱伦·坡返回福德姆的时候,他正在构思自己最富有雄心的科学工作。"我的健康状况有所改善,已经到了最好的程度。"[19]他告诉一位朋友。到了1848年1月,他正在准备一次巡回旅行,为《铁笔》寻求订阅者,这一行动以在纽约的一次演讲开始。

他请律师亨利·查宾(Henry Chapin)来帮他推进这个"重建自身的努力"。[20]他用借来的 15 美元预订了社会图书馆的演讲厅:"我认为,在不算过分乐观的情况下,我可以指望有三四百人前来听讲。"1月22日,他宣布了演讲的题目:"宇宙"。有关爱伦·坡重新开始公开活动的广告出现在威利斯的《纽约家庭期刊》和布莱恩特的《纽约晚邮报》(*New York Evening Post*)上,甚至就连费城也有刊物刊登这个消息。[21]

2月3日,一场暴风雨让大部分人留在了家中。然而,还是有 60 多位听众到场,他们的注意力完全被"爱伦·坡先生有关他的题目的演讲吸引"[22],"从头到尾如同着了魔似的倾听着"[23]。

演讲伊始的跳跃

这次演讲,爱伦·坡一开场就抛出了宏大的主题。他最先说到的是"物质与精神世界的物理学、元物理学和数学:它的精髓、它的起源、它的现状和它的命运"。[24] 为了说明他的终极目标,他一开始就宣布了自己演讲的总纲领:"在第一事物的初始统一中包含着一切事物发生的次级原因,以及它们必定湮灭的萌芽。"

他随后邀请他的听众与他一起参与一项思维实验。

他说,洪堡最近出版的名为《宇宙》的著作证明了自然各个范畴的定律之间的联系,但洪堡展示的宇宙"是总体的,没有展示各个不同部分的情况"。如果仅仅有细节的"多样性",我们便无法从宇宙的整体效果出发,真正理解对它的"印象的个体性"。

爱伦·坡提出了一个更有效的理念性技巧。他将听众带到了一个古代火山的边缘:"站在埃特纳火山之巅,用悠闲的目光扫视周围,他主要受到的是这一景色的宏大和多样化的影响。只有当他急剧地旋转时,才有希望在它崇高的完整中理解它的全景。"[25] 为了抓住"全景完全独特的意义",即把这一切"带入他的大脑",他需要睁开眼睛,并想象"在他的脚下有一个旋涡在不停旋转":让自己像一只陀螺那样自转(或者想象一个万花筒、能产生运动幻象的光学玩具费纳齐镜)。在这样一个"一切事物围绕着视觉中心点的急速旋转中",细节"完全消失了",而更大的物体则"混合成为一体"。

在他的听众的思维能够跟上之后,爱伦·坡再次跨越了时间,说他带回了一封来自2848年的信。他说他发现这封信漂浮在"黑暗之海"上,这个海仅存于古代的地图上,位于当时已知的大陆之外。

这封信的作者是一名古物研究者。当她乘坐一只高速热气球跨越大陆帝国"卡纳道"(Kanadaw)时,她把自己收集的过去的离奇文明古物拿出来分享。

信中说，19世纪那些奇怪的人确信，"取得真理只有两种可行的方法"：一种是"先验的"或者演绎的方法，它从普遍定律或者公理开始，然后一步步得出推论；另一种则是归纳的方法，"通过观察、分析和归类数据"并"安排它们，形成普遍的定律"。但在"未来人"眼中，这两种方法都是"狭隘而且曲折的方式"，让思维的进程变为爬行。而在2848年的每个人都知道，真正的科学进步是通过"一种看上去是直觉的跳跃"实现的。灵魂最"喜爱的"就是在"无限的直觉感知中翱翔"。

信中还说，在愚昧的过去，培根的追随者们赞美的"只是那些思维敏捷的人"，那些羞怯、狭隘的"一般事实的发掘者和兜售者"。而另一个学派的人则是亚里士多德的追随者，他们是先验论者，都未能认识到，"从来就没有所谓的公理存在，公理也根本不可能存在"。[26]他们实在太愚蠢，例如，他们居然相信J. S. 米尔（J. S. Mill）所说的"不矛盾律"，例如，"一棵树必须'是'一棵树或者'不是'一棵树"。

爱伦·坡找到的那封信的作者知道，根据人们观察事物的角度，两种矛盾的观点可以都是正确的，即一棵树既可以是一棵树，也可以不是一棵树，这是天使或者魔鬼可能持有的一个想法。

这名古物研究者赞扬"一致性这一庄严的大道"，那是不断相互加强的事实、推测和直觉一起走过的道路。这是"仅有的真正的思想家"采取的方法，他们是"受到了普通教育的富于想象力的人"。这是17世纪天文学家约翰尼斯·开普勒采用的方法，他的行星运动定律给出了行星轨道之间的固定关系。[27]开普勒之所以能发现这些定律，一部分原因是他做过一个梦，随后是直觉与想象的跳跃。这位古物研究者赞美开普勒这类思想家的研究过程，即"猜测，建立理论，对这些理论进行少量修正，逐步简化，筛选，一点一点地清理其中不一致的无价值之处，直至最终留下了一目了然的一致性……那就是绝对的、无可置疑的真理"。

开普勒的直觉是有多方来源的、富于逻辑性的，但发展得很快，获得"演绎或者归纳"结果的"过程非常模糊，他甚至对此并无意识"。[28]这是密码学家的方法，也是"埃及人黄金秘密"的破译者采用的方法。如果有人问到他的方法，开普勒将会这样回答："我根本不知道过程，但我确实知道宇宙的机制——你看到的就是。"

爱伦·坡在演讲开始时的跳跃，把他的听众带到了想象中的遥远未来前沿，从那里往后看，1848年的纽约十分奇怪，过去那些风度翩翩的科学家们"思想单一、眼界有限，还'瘸了一条腿'"。他勾画了一条联结古埃及、开普勒和未来的新的时间线，让自己的工作变成了这条路上的一座里程碑。

设计

爱伦·坡开始阐述他的"总体设计"："宇宙"。

他提出了两个基本概念：无限和上帝。它们都让人联想到一个"模糊而且动荡的范畴，时而收缩，时而膨胀，带有想象的那种存疑的能量"。

在无限的空间内存在着"恒星的宇宙"：一个有边界的球体，其中充满由纯粹精神创造的物质，或者说是由上帝的头脑创造的物质，它们"是从虚无中创造的，是他用自己意志的细腻凹痕创造的"。但在物质的初始状态下，它采取了完美的统一形式，是一个不可分割的实体——一个"原生的粒子"。

在一个神圣的力的作用下，这个粒子向外爆发：在一道闪光之间，微小的物质原子开始了"球状辐射"，并在整个恒星宇宙中分散传播。[29]

物质的这一高速分散具有"从统一体出发的多重性、从统一性出发的多样性、从同质性出发的异质性、从简单性出发的复杂性"。物质的这种扩散状态是"不正常的"，粒子渴望返回它们"失去的母体"，即它们仍然从属的第一个粒子的怀抱,那才是它们的"正常"状态。

它们出于"对统一的欲望"而采取了某种物质的形式。这就是吸引力,也就是牛顿引力,是物质与物质之间的欲望。

但粒子的这一欲望无法立即得到满足。它受到了"一种分离性质的东西"的对抗,一种阻力的作用。这就是"精神以太"(时而被理解为热能,时而被理解为磁能)——简言之,就是电。这也是"生命、意识和思维现象"的决定性因素。

这些就是宇宙的两个基本的组成部分:吸引(确定为引力和物质),以及排斥(确定为以太、电、生命、思想和精神),"不存在其他原生力"。[30]

在第一次扩散之后,每一个原子都冲向其他原子。它们在各处相遇,形成"物质",在越变越大的同时旋转速度增加,变成所谓的"星云"。[31]

正如拉普拉斯的星云假说所述,每当物质凝聚的时候,它都会甩掉自己的外层,形成一道物质环。这些环凝聚为旋转的行星,星云的核则向中央聚集,形成燃烧的恒星。

但这一物质凝聚的过程一直遭到电力的对抗。如果没有这种对抗,所有物体都将同时崩溃,回归最初的那个粒子。也就是说,宇宙中的物质运动过程有两种:天体、行星、恒星系等,都会被吸引力拉向自己的中心,也相互吸引,走向"绝对融合";而与之对抗的排斥力则将向相反的方向推开它们,天体相互之间形成不同的位置关系与状态。

爱伦·坡解释道:所有的物体都"只不过是或多或少的不同的聚集体",而被带到一起的"任何两个不同部分"都将造成"一种电的发展"。[32]当吸引将弥散的物质各部分聚到一起的时候,它们形成了新的关系和新的不同,也因此出现了更多的阻力、更多的电。

一切存在都面对着这种吸引和排斥之间的斗争、物质与精神之间的斗争。这就是"伟大的现在,也是可怕的当前"。

前面还有"更加可怕的未来"。

最终,这两大伟力之间的平衡将发生倾斜。电排斥将会被吸引力压倒:卫星将撞上行星,行星将撞上恒星。"天空中现在存在的无数恒星"将冲撞到一起,形成一些"几乎无穷大的球体"。在这个时候,"在深不可测的深渊中",将出现"明亮得无法想象的恒星"。这就是"达到巅峰的宏伟"和一次"新的创世",它预示着"一个大结局"。

这些庞大的恒星以与各自体积大小成正比的"百万倍的电速度"运动,"终于投入了彼此的怀抱"。

在这个"不可避免的灾难中",只有"一个由各个球体物质组成的球体"仍然存在。这个无法测量的、绝对致密的物质粒子将达到它的目的,并从此"再无目的"。它是不可分割的,只是一个"绝对的统一体",其中不存在任何差异(后来的科学探索让我们知道,这就是黑洞)。

最终,物质驱除了以太[33],它必将重新成为绝对的统一体,随后(这时候这样说带有矛盾的意味)它将成为没有吸引力也没有排斥力的物质——换言之,成为没有物质的物质,它再也不是物质了。

这个完整的、重新归位的初始球体将"立即沉入虚无,而它对于一切有限的感知都必然会是一个统一体"。统一的完美实现是一切不同和关系的目标,是存在的最高形式,也与虚无不可区分。[34]

元物理学的大幕就此落下了。

再次上演

巡回演讲仍然在进行。爱伦·坡提醒他的听众,要注意"周期性的伟大定律"[35],并允许自己保留进一步的希望:"我们在这里大胆畅想的这些过程将永远、永远、永远地不断重复。随着神圣之心的每一次跳动,一个新的宇宙将膨胀,进入新生,然后消退,归入虚无。"他假定这一宇宙将会一次又一次地膨胀与收缩，创世的心跳将以1000年为周期不断地重复。

如果物质和精神仅仅为了揭示它们的身份而分离，如果宇宙的每一个物质元素只不过是精神整体的一个片段，受到返回其初始的统一的欲望的驱动，那么，"物质"和"精神"，"创世"和"造物主"这些存在之间真的是可以区分的吗？难道在它的起因和效果之间的每一个点上，都不应该有一个完美的、相互适应、随着宇宙的脉搏跳动的存在吗？

现在，这项工作隐藏的核心猛然展现在人们面前："这颗神圣之心究竟是什么？它就是我们自己。"[36]

他请他的听众们随他一起"进入未来"，在那里，"个体身份的感觉将逐步与总体意识相融合"。

孩提时代的我们都知道这一真理，我们的记忆在低声地说："我们自己的灵魂是无限的、永恒的，任何东西都'没有我们自己的灵魂伟大'。"

每一个灵魂都是无限的，彼此之间并没有形成某种等级制度，而是彻底的平等："任何人的灵魂都绝对不可能觉得自己低于别的灵魂，也绝对不会对此在思想上有强烈的、不可抗拒的不满和反叛；这些灵魂带有对完美的压倒一切的追求，不过是精神层面上的，但它与物质走向原始的统一的斗争恰巧重合。"[37]这一点的确定性与努力是一个证据，说明"没有任何一个灵魂是低于另一个的"，而且，"每一个灵魂都是它自己的上帝的一部分，也就是它自己的创造者的一部分"，每一个存在都是神圣精神的个体化，而"这一弥散的物质与精神的重新聚集只不过是纯粹的精神和不同的上帝的重新组合"。[38]

将上帝打碎并分散为"弥散的宇宙的物质和精神"，再将碎片拼成统一体，然后让它们再次向外膨胀、爆炸——通过这种方式，爱伦·坡将与活着的生命和上帝本人同样神圣的光辉和生命力投射到每一个物质元素上面。爱伦·坡认为，这种元物理学真理、上帝的这种身份、个体的灵魂以及自然,同样是叙述的必需,是隐藏在这种设计后面的原因。

作为地球生物,我们经历的那种痛心的不完整只是一种幻觉;我们会永生是完全有根据的。一切弥散的存在所享受的欢乐总量等于重新聚集的神圣粒子所享受的欢乐总量。我们的个体性和我们"与上帝的等同性"将随着"明亮的星辰的混合"而增加。这些星辰的混合把不同的身份混合为"总体意识"。

事实证明,每个个体的努力与痛苦只不过是一个梦中之梦、一个故事中的故事,其中有"永远存在于开始之后的开始"。甚至可能存在着一个其他宇宙的"无限序列",它们"与我们自己宇宙的序列大体相似",都在生长与收缩;但存在于我们的观察能力之外,两者都"分别地、独立地存在着,存在于它们自己真正的、特有的上帝的怀抱之中"。[39]

爱伦·坡的结束语追溯了他设计的螺旋形轨道和交错的建筑结构:"与此同时,请在心中牢记,一切都是生命、生命、生命中的生命——渺小存在于伟大之内,一切都在神圣精神之内。"[40]

同样的说法也出现在《仙女岛》中——针对他在《十四行诗——致科学》中提出的"诗人应该如何热爱科学"这一问题,这是他在1841年给出的梦幻般的答案。

位于《尤里卡》的迷宫中心的秘密是:心就是整体,一个由核心与外壳、内部与外部共享的身份认同——也就是在灵魂与肉体、精神与物质、感情与理性、美丽与真理、个人与其他、观看者与被看者、诗歌与科学之间共享的身份认同。它们形成了一个无限共振的结构,由离奇的分形对称组成,在每一种合成尺度上反复出现。[41]

听众因为爱伦·坡的陈述内容和"迷人而又活力四射的表达风格"[42]而受到了深深的震撼。一些听众说,这次演讲就像一次催眠术一样牢牢地抓住了他们:在整个"最热烈而又辉煌的狂想曲中"[43],演讲者"似乎受到了鼓舞,而这种鼓舞也直接传达给了现场听众,只可惜,听众太少了"。

第五章　前往冥界的彼岸

黑暗的原因

　　作为一部坚持结构效果的对称与统一的著作,《尤里卡》可谓是严重离题：从对宇宙威严的肃穆敬畏，转向了拿各个领域知识类比的幽默；从吹毛求疵的技巧分析，转向带有讽刺暗示和有意神秘化的争论，再到猛然增加的狂喜和感人的真诚。爱伦·坡的这场演讲以及由演讲发展而来的这部100页的《尤里卡》可谓一个大杂烩——一个认真的大杂烩、一个辉煌的大杂烩。但它毕竟只是一个大杂烩，在它令人困惑、令人疯狂的效果中，无法确定有几分是作者有意为之的。或许这是对宇宙的复杂性、不稳定性和无法言喻的终极神秘的一种描述，又或者，这只不过是爱伦·坡为自己设定的不可能完成的任务所展示的最终执行效果。

　　爱伦·坡想让人们理解宇宙的规模和复杂程度。为了说明太阳和邻近的织女星（Alpha Lyrae）的距离，"我们需要大天使的舌头"。[44]但他本人没有这样的舌头，所以只好提出了一些类比，用来铸成一个"使印象递增的链条，而单单通过这样一根链条，人类的智慧便可以理解"这一"威严整体的浩瀚无涯"。[45]一枚以正常速度飞行的炮弹将经历600年的时间，才能到达不久前发现的行星——海王星，爱伦·坡认为它可以代表太阳系的边界极限。从一些星云到达地球的一些光是300万年前发出的，而罗斯伯爵的"长筒魔法望远镜"正在"我们的耳边低声讲述着100万年前的秘辛"。这样的例子证实了"空间与时间是一个整体"。

　　爱伦·坡把他的演讲打造成了一个有风险的、得到了技术支持的表演，类似于那些借助魔灯、太阳系仪，或者立体模型，或者橱柜大小的诗歌创造机器的演讲。《尤里卡》就是"万花筒式的进化"的"实际说明"。爱伦·坡在行文中使用了长破折号和斜体字，它们的作用相当于他为修辞装置的螺丝钉[46]——它的中心枢纽，它的调节杠杆；它们将读者的注意力聚焦、转移到爱伦·坡最希望强调的那些理念上面。

就像使用魔灯一样，爱伦·坡通过他的修辞装置驾驭着读者的感知，将图像和论证混合在一起，形成了专一的、"独特的"效果——一种作为整体的宇宙的观念。[47]他想为读者插上如同天使一样能带它上天入地的想象力的翅膀，让他们能以专家破解密码般的闪电速度不停地思考与想象，或者让他们与跃入埃特纳火山的原子论者德谟克里特一样，体验在物质与思维之间的熔融地带实现的永生。

然而，尽管它论述的内容涉及面广，叙述手法、技巧也十分吸引人，《尤里卡》面对的试金石是现代科学的事实与论证，是牛顿、培根、洪堡、天文学家约翰·弗朗茨·恩克（Johann Franz Encke）和拉普拉斯的检视。他有关物质是吸引与排斥之间的相互作用的观点来自康德和化学家博斯克维克（Boscovich）。他认为海王星是由太阳系的星云凝聚而成的第一颗行星，而他关于海王星的长篇讨论则结合了当时对这颗行星的发现和轨道的最新争论。[48]这些争论皮尔斯、赫歇尔以及阿拉戈都有所参与。

爱伦·坡也回应了人们对星云假说的质疑。而且，仅仅在他发表演讲的几天前，苏格兰天文学家约翰·普林格尔·尼科尔刚刚在纽约商业图书馆协会（Mercantile Library Association of New York）为之进行了辩护。他的演讲立即由格里利的《纽约每日论坛报》发表，并且很快被编成了小册子。爱伦·坡正面反对爱尔兰的罗斯、剑桥的罗尔斯和辛辛那提的米歇尔的天文学报告，他们认为，猎户座的星云已经被高倍望远镜确定为恒星。尼科尔在他的演讲中避开了这一争议，他佩服罗斯的望远镜的观察范围，但依然认为星云假说是指导他的信念，是发展的普遍定律，是"进化的普遍定律，它永无休止、不可阻挡、持续前进，从不完善走向完善"。[49]爱伦·坡却大胆地宣布：单单是"视觉证据"[50]不大可能具有决定性意义，而且，星云假说"显现了美好的真实"。"确实，它实在太美好了，显然不可能不是真理。"反对意见和未曾预料的证据只会让这个理论得到"修正—削减—筛选—清晰"，直到留下的一切具有"一目了然的一致性"。[51]

这是一项适用于普遍理论或者艺术品的评判标准。《尤里卡》的前言很简洁,它将爱伦·坡的书与他有关批评的理论,以及《遗迹》的"科学浪漫"紧密地联系在一起。他将《尤里卡》单单作为一件艺术品提供给读者:"让我们说它是一份浪漫作品;或者,如果我不以过高的标准要求,我们可以说它是一首诗。"爱伦·坡将当时的人们接受这部作品的希望寄托在"它所叙述的真理如此美丽"上面。

爱伦·坡认为,联系美学与科学的纽带是"设计"。这个词是自然神学的支柱,但爱伦·坡并不是要拿科学来支撑主流基督教。多年来,他一直在准备发起对《布里奇沃特论文集》的批判,但这并不是因为他怀疑是否有神明计划的存在,而是因为他认为,他们有关和谐、纯粹仁慈、以人类为中心的创世观点在各方面存在矛盾。他认为,新教的自然神学家们未能正确地解释毁灭与混乱的无所不在、人类动机的邪恶以及不完美与离奇的美好之处。

他也驳斥了他们的线性因果律观点,即一切都可以通过单一的神明意图或者行为来解释。在《尤里卡》中,他重复了他过去的论证,反对《布里奇沃特论文集》的作者们关于原因与结果可逆性的观点:"在神明构造中……我们可以在任何时候把一个原因视为一个结果,或者反过来。因此我们永远无法绝对肯定哪个是哪个。"[52]例如,他提出了论证,认为在北极地区,人类需要高能量食物,而这种食物恰巧在当地以海豹和鲸鱼的脂肪的形式存在。那么到底是因为有这种食物存在,所以可以养活人类;还是由于人类的存在,因此能消耗这种食物呢?

这种"相互适应性"是建立在宇宙的系统设计中的:爱伦·坡发现,"根据元物理学,一切事物的结束都涉及开始。"最后的崩溃是开始的喷发造成的后果,就像他的两个驱动原动力相互依存一样:"吸引和排斥,物质和精神,它们永远依照最严格的伙伴关系相互伴随。"[53]爱伦·坡认为,这一设计甚至比引力本身更为基本。弥散的粒子希望回归一体,这就表现为存在引力,只不过是它们最初统一的结果。[54]他的理论中的每一个元素都是从"这个主题的怀抱中涌现出来的,是从这个高于一切的想法的核心涌现出来的"。

爱伦·坡把他有关文学创作的理论也应用于上帝的创世。二者都聚焦于"效果的统一"。他认为,"在虚构文学中"[55],我们的目标应该是"这样"安排事件,即使我们无法确定它们中的任何一个,无论这个事件是否依赖于另外的那个事件或者是否支持它。当然,在这层意义上,情节的完美确实是,或者实际上是无法达到的。但这只不过是因为我们有限的智慧。而上帝的计划是完美的,宇宙是上帝的一个计划。

每一位真正的艺术家或者科学家都在寻求追随、模仿上帝的完美设计。真正的批评家知道这一点:"我们由于人类独创精神的显示而得到的欢欣"将因为一件作品接近"绝对的相互适应"而增加。

在这一设计对于生物学的、天文学的、道德的基本问题的答案中,爱伦·坡看到了对它的进一步肯定,这就是被休厄尔称为"一致"的东西。

查尔斯·达尔文与爱伦·坡同年出生,他曾与自然神学、《遗迹》和查尔斯·巴贝奇对统一的自然定律的论证互相辩驳,为的是尝试在自然的区别与冲突中找出真理。他们都曾将物种的起源(尽管达尔文的著作发表于1859年)解释为统一定律与普遍竞争的结果。达尔文认为,自然选择的定律在每一代存活的变种上划定了限度,尽管他的理论并没有说明这些变种出现的原因。

爱伦·坡认为,宇宙的核心斗争是在引力和它所造成的电的增强之间的冲突,这一冲突刺激了"生命力、意识和思维"的增加。这种冲突在同步进行,"非常密切,带有动物物种的异质性、复杂性",这就产生了更有活力、能力更强、"等级越来越高"的生物。作为一个说明,他引用了在南太平洋诸岛上发现的"超热带植物"。[56]很巧的是,洪堡和其他前往加拉帕戈斯群岛的旅行家们(如达尔文),都在报告中拿这些植物来证明生命的丰富性与多变性。

第五章 前往冥界的彼岸

爱伦·坡不经意间对另一个不解之谜做出了回答，这为他在天文学史上赢得了一个地位。普鲁士天文学家奥伯斯（Olbers）用星云假说解释了小行星的存在，但他指出了一个悖论：如果真像牛顿及其追随者相信的那样，宇宙的空间是无限的，那么来自那些恒星的光应该填满了整个夜空；但夜空是昏暗的。[57]

爱伦·坡用如下语句陈述了所谓的"奥伯斯悖论"："如果恒星的序列是无穷无尽的，则在我们面前展现着的天空的背景应该得到均匀的照射……因为在这个背景的一切地方都不会有任何一个没有恒星存在的点。"[58]

爱伦·坡做出的解释得到了 21 世纪的物理学家们的认可。宇宙是有限的；它有一个开始，也将有一个结束。因为恒星的数量是有限的，它们之间存在黑暗的空间。这个答案推翻了牛顿的一个基本理论：空间的无限性。

爱伦·坡认为，他的宇宙观提供的道德洞见更重要。宇宙计划的展开给出了异质性、差别和关系的定义："正确是正值，错误是负值，只不过是相对于正值的否定；这就像冷是相对于热的否定一样。"正如在《催眠启示录》中一样，痛感的存在是为了让我们知道快乐。根据《尤里卡》的论证，任何两个对立的关系都相互之间具有本质上的内在联系，是神圣物质的一部分，它们之间的差异只不过是表面上的。我们经历的限制、损失、冲突和失望，都是因为物质存在对立面和其他部分。

然而，每一种存在的每一个原子，无论物质的还是精神的，都随着神明之心一起跳动。爱伦·坡叙述道："邪恶的存在变得可以理解了。但按照这种观点，它还有更深刻的意义：它变得可以忍受了。我们的灵魂不再因为我们自己强加给自己的痛苦而叛变。"[59] 我们与其他人的分离、与作为我们的基础而且包含着我们的初始本源的分离，都只是一个暂时的幻觉。爱伦·坡说："知道我们最终会完全回归，这是对我们的安慰。"

转弯与碰撞

爱伦·坡的宇宙论取材面极广。他从福音教派的千禧年学说那里借用了末日之火和万能的上帝,尽管没有几个基督徒会认识到,他将永恒生命的愿景解读为生命去人格化而解体为神圣物质的过程,而基督则无处可见。他从催眠术学者那里提取了存在准物质以太的观点,并与斯韦登伯格、先验论和自然哲学的参与生活、动态自然的元物理学计划遥相呼应。他那在基本定律支持下的死亡与再生的宇宙令人想起了斯多葛学派。他甚至一直在借鉴不久前才翻译过来,并在文献学圈子里流传的印度教的宇宙观。[60]

伊壁鸠鲁哲学学派认为,生命与思维是从物质的微小粒子之间的相互作用产生的,《尤里卡》深受他们这一观点的影响。像在卢克莱修的诗歌《事物的本质》中那样,爱伦·坡也描述了涡流和大旋涡式的运动,认为它们是生命与秩序的源泉,无论是从最小到最大的尺度的变化,还是从物质在原子最原始的转弯后第一次聚集到螺旋星云的形成,无不如此。这种关于物质成长的宇宙观与伊拉斯谟斯·达尔文的唯物主义创世史诗《植物园》呼应,后者也预言了宇宙的崩溃与再生。伊拉斯谟斯·达尔文在《植物园》中写道:

> 一颗又一颗来自天穹拱顶的星星高速前进,
> 恒星落在恒星上,恒星系与恒星系碰撞,
> 它们正面相遇,向一个黑暗的中心坠落、消亡,
> 而死亡、黑夜与混乱结成了一片荒凉!
> ——一直到暴风雨之后,出现在这废墟之上,
> 是永恒的自然托举着她多变的式样,
> 山岭从她葬礼的柴堆上升起,伴随着火焰的翅膀,

第五章　前往冥界的彼岸

它升腾，它闪耀，这是另一个同样的世界的曙光。[61]

爱伦·坡认真地对待机会。但他与卢克莱修的作品在19世纪的翻译者和辩护者约翰·梅森·古德[62]相似，而与伊拉斯谟斯·达尔文不同，他在《尤里卡》中寻求调和混乱和神明的天意和设计。

爱伦·坡也继续开展自然神学的研究，尽管其中有些不全属于自然神学领域。在他的设计中，冲突和不和谐到处都有所表现，而物种和个体缺少内在的界限。生命从物质中出现，物质与生命相互冲撞，其对称与统一则通过燃烧的毁灭实现。他坚信，走向堕落具有内在的驱动力，这一矛盾信念在道德上对应于伊壁鸠鲁式命定的转向。

爱伦·坡显然还受到了他所读到的《遗迹》的影响，其中包括对太阳系和生命以定律为基础而产生的解读。《布里奇沃特论文集》的作者们认为，上帝总是活跃的、一直存在的，他掌控并维持着那些惰性的物质；与此相反，《遗迹》和查尔斯·巴贝奇认为，上帝不需要维持与调整他的定律，他可以在开始时就把这些定律写成程序，然后让它们自行运转。爱伦·坡在《玛丽·罗热疑案》中就曾写道："神灵并非无法修改他的定律，而是我们假定他必须修改，从而批判他。"[63]

尽管《尤里卡》与《遗迹》非常相似，但前者彻底改变了后者对"发展定律"的线性乐观主义。爱伦·坡的科学浪漫则以上行线开始，但在最高点转而形成一个回路。它用崩溃打断了"发展"，随后是崇高的烈火，接着一切又重新开始。[64]

有些人认为《遗迹》是在隐晦地宣扬无神论，但没有人认为爱伦·坡的宇宙观也这样。《尤里卡》是一部具有强烈神学色彩的著作[65]，它不仅将上帝表现为宇宙的创造者、管理者和维护者，而且实际上也是所有物质的创造者、管理者和维护者。如果一切事物都可以被理解为原因或者结果，那么就不再会有一个与众不同的"第一原因"；任何事物都是第一推动者，或者是它的一部分。爱伦·坡将宇宙本身和考虑宇宙的思维嵌入了一个流动的泛神论和不稳定的唯物主义之中：物质状态与精神或思想的状态类似，也在不断变化，所有这一切都在"神圣的生命之内"[66]嵌套相连。过去，他曾通过共情的手段进入下国际象棋机器人、无人性的谋杀犯、狡猾的牧师，以及一批诗人、小说家、科学家与哲学家的思想，用以磨砺自己的分析技巧。在《尤里卡》中，他也让自己的思想适应了上帝和他创造的水平。通过分享神明的思想，考虑宇宙问题并与宇宙一起思考，爱伦·坡意识到：他、宇宙和神灵必然同为一体。《尤里卡》对事物真谛的顿悟带领着读者经历了不断重复的分离、评判和对抗的过程[67]（它们同时是物质的，也是精神的），最终让他们将自己与看到的东西联系起来。

《尤里卡》是19世纪美国的科学和美学最富创造性、最大胆、最独特的结合之一。它用大写字母写成的短语"星辰宇宙"或许暗示着一个与它平行的"美利坚合众国"。[68]这部书努力要在独立和统一、平等和差异之间建立平衡，这也就是它的"相互依存"宣言，我们或许可以把这种努力解读为重申这个国家持续存在的紧张状态。但如果这是在指代现实的美国，则爱伦·坡眼前的道路可能将在天堂与炼狱之间来回振荡，让路人明白"这可能是天使或者魔鬼所持有的想法"。

《尤里卡》最严厉的批判是针对当代科学的。尽管爱伦·坡出色地借鉴了物理学、天文学和自然历史知识，但他从一开始就尖刻地抨击了当时那些专业"科学家"的狭隘。自然哲学是寻找自然的一切原因的统一系统的学科，却业已黯然失色；《尤里卡》逆着科学专科化、经验主义专业化的潮流而动，对这一学科做出了迟来的贡献。因此，这部书的题献才是"以最深刻的敬意"向亚历山大·冯·洪堡致意，因为他的多卷本《宇宙》敢于针对日益分散化的科学领域发表全面的、不合时宜的观点。

爱伦·坡也知道自己在做一件与众不同的事情，一件注定会失败的事情：他承认他的书只会受到少数爱他而且为他所爱的人的欣赏，受到

"那些出于感情而不是出于理智的人"的欣赏。尽管他确信,他的这本"真理之书"将"引发物理科学和元物理科学界的革命"[69],但他说:"这就像一首诗,只不过我希望这部作品将在我死后接受评判。"他觉得,他在文学上的声望会让一些心生嫉妒的批评家无法客观认识到他的科学想法:"一个成功地写下了一首伟大(我在这里指的是产生了预期的效果的)诗篇的诗人应该谨慎,不要让自己轻易踏足知识界的任何其他领域,尤其是不要在科学领域内做出任何努力。除非是匿名发表,或者明确表明,他说的观点请大家少安毋躁、耐心等待后世评价。"[70]《尤里卡》显然是写给那些能在他死后阅读这本书的读者的。

他敦促他的编辑将第一版印行 5 万册,但普特南只同意印 500 册。出版后,人们对这部书毁誉参半。《亨特商人杂志》称《尤里卡》为一部"令人震惊的作品,它正确地置身于诗歌或者浪漫的领域内"[71],看到了"许多宇宙的宏大乌托邦的真实情景"。沃尔特·惠特曼的《布鲁克林鹰报》也表明了它的想法"新颖与令人吃惊"[72],而纳撒尼尔·威利斯则将爱伦·坡与《布里奇沃特论文集》的作者之一托马斯·查尔默斯和纽约大学科学家约翰·W. 德雷珀并列,认为他们都"引领着通过探讨美丽的意义来阐明科学真理的现代潮流"[73]。格里利的《纽约每日论坛报》承认爱伦·坡在将"哲学家与神学家以往建立的一切学说抛到一边"时的"大胆"。[74]

神学家们则没有这么激动。一家由乔治·布什编辑的斯韦登伯格派杂志《信教会智囊团》(*The New Church Repository*)做出了有所保留的反应:"爱伦·坡称自己的作品为一首诗,这或许是因为,他和斯达尔夫人(Madame De Staël)一样,认为宇宙本身更像是一首诗,而不那么像一台机器。"[75] 这篇评论中还推荐了斯韦登伯格的《关于无限的哲学论证大纲》(*Outlines of a Philosophical Argument on the Infinite*),以此来扭转爱伦·坡提倡的泛神论倾向。

神学学者约翰·H. 霍普金斯(John H. Hopkins)是玛丽·路易斯·休

的朋友，随后他与爱伦·坡见面，并试图说服他放弃自己的"异端邪说"。他还在《文学世界》(The Literary World)上发表评论，对任何认同《尤里卡》的说法的人表示担忧。他反对这本书在基督教、自然神论和泛神论之间的摇摆不定。他认为，其中最可恨的，是它把"泛神论系统"[76]"或多或少地融入了整个的宗教结构"。此外，他还表示，这本书即使"还没有达到渎神的地步，它也是彻底的一派胡言；而且它很可能两者兼而有之"。

以《重大的文学冲突》(GREAT LITERARY CRASH)为标题，对爱伦·坡总是充满敌意的托马斯·邓恩·英格利希报道了普特南出版社中一个书架的倒塌："因为一位尚未熟悉各位美国作家的重要性的搬运工，不很谨慎地把爱伦·坡的新诗《尤里卡》的所有书册，都放到了这个书架上。"[77]

围绕着科学的马车

在《尤里卡》中，爱伦·坡接受了当时的一切科学事实，但单凭事实永远是不够的：如果只有单纯的事实，它们会将知识限制在一个狭窄的、互不关联的表面上。他认为，在正规科学的工具箱里，直觉和想象力被演绎和归纳式的谨慎的会计方法取代了；普适观点和跳跃的类比被禁止了。[78]

他也向刚刚出现的制定科学制度的机构，及其赋予少数自封的专家的所谓权威提出了挑战。《波士顿杂志》节选了《清晨快递》(Morning Courier)有关爱伦·坡的演讲的报告，并尖刻地评论道："爱伦·坡先生一直是一位伟人。如果他建立了一个能让博学的哲学家、天文学家们满意的理论，他的伟大程度将登峰造极。"[79]

但是，彼时许多博学的天文学家，以及美国科学的许多其他领域的从业者，都小心翼翼地从公众面前消失了。[80]经过多年的谋划，他们

第五章　前往冥界的彼岸

正在创造一些机构，并通过它们在远离大众的抱怨、猜测和欺骗的安全之地开展工作。

在此一年前，过去的AAGN于1848年9月在费城制订了计划，他们现在按计划自称AAAS。亨利·达尔文·罗杰斯在一个由他和皮尔斯、阿加西斯组成的委员会上草拟了一份学会章程：该学会将在一名经选举产生的主席以及一些官员的领导下，每年在不同的城市聚会；会员资格向任何与科学有关的人开放，只要他们得到了该学会中一个成员的推荐，并得到其常务委员会的批准即可。[81] AAAS也将吸收一些妇女，包括彗星观察者玛丽亚·米切尔，但她们的成员资格取决于那些已被认定为"真正的科学家"的人是否知道并认可她们。

在1848年的会议上，这个学会的成员宣布了他们的共同目标：通过"定期的、会址轮换的"集会，他们将联系不同的地区，提供"对科学研究的普遍的、更为系统的指导"，并保证财政资助和对他们的劳动成果的"更广泛的实际应用"。

AAAS的第一任主席是威廉·雷德菲尔德，纽约的一名蒸汽机轮船工程师兼气象学家，他曾因自己有关风暴的旋风理论而赢得了国际声誉。他正式宣布了AAAS的第一个政府资助的集体项目：他们将为海军天文台台长马修·方丹·莫里[82]向海军部长申请资金，用于从航海日志中收集信息，绘制经过改进的海洋图。

贝奇没有参加AAAS的首届大会，这有助于解释为什么雷德菲尔德和莫里能担任如此重要的角色。因为雷德菲尔德与贝奇、亨利的助手——"暴风之王"詹姆斯·埃斯皮之间存在着激烈的竞争关系。作为海军天文台的负责人，莫里与贝奇的海岸调查局竞争政府的资助。[83] 莫里华丽的、带有神学色彩的、善于取悦大众的交流方式（而且据贝奇说，他的数学水平不高）让这位"首领"大为恼火。

贝奇很快便弥补了他的疏忽。亨利随后被选为AAAS的第二任主席，第三任换成了贝奇，随后是阿加西斯、皮尔斯。可以说，在第一年之后，学会的道路就已完全由贝奇的核心圈子引领。加上另外的五六个人，这个小团体很快就给自己取了一个很有启发意义的名字："丐团"[84]（取自拿破仑的"乞丐"，一个隐晦的兄弟会，长期进行秘密工作，最终保证政府的资助用在正确的地方）。

在担任主席期间，贝奇监督进行了一次成员等级改革，让AAAS不再像一个绅士俱乐部，而是像一个"体系"，就像他在度量衡管理局中所做的那样。它的所有方面都采取统一的标准，那就是有条理的规则。[85] 既然美国的"真正的科学家"如今有了一个全国性的组织，贝奇和他的同盟军就应一直坚定地掌管这个组织，这与他们之前在史密森学会和海岸调查局中所做的一模一样。

亨利在他的主席就职讲话中总结了AAAS的使命：维护"公众对科学主张的尊重"，促进"对自然和尊严的追求"。宗教在AAAS中也有其地位：学会可以指出那些"通过科学影响人类的物质与精神改进的东西"。但最重要的是，它将成为这个国家的科学权威，一个区分真正的科学与江湖骗子的法庭，总是做好了"揭露伪装者的诡计"[86]的准备。贝奇和他的同盟军正在建立一座最高法庭，来对科学在过去几十年间未曾得到结果的争论加以仲裁。他们将划分正统与非正统的课题、方法、论证和两者之间的分界线。

爱伦·坡在《尤里卡》中的宇宙观正是AAAS在创建时就希望排除的理论，因为它是一种面对公众的、随心所欲的、归纳的、独特的、非正统的推测。与《尤里卡》一样，AAAS紧随着《遗迹》的争议出现，这一争议当时告诉科学家，他们的权威可以如何轻而易举地被一个讲述得很吸引人的故事动摇，只要这个故事具有证据和论证的支持，再加上报章为它做出的鼓噪宣传。无论在科学、宗教还是政治领域内，AAAS都将凌驾于那些转瞬即逝的热情和破坏性的激情之上，不受其影响。

就在1848年的大选逐步逼近之时，辉格党候选人、墨西哥战争的英雄扎卡里·泰勒和民主党候选人刘易斯·卡斯（Lewis Cass）之间的

第五章　前往冥界的彼岸

选战惊心动魄、言辞激烈，不亚于以前的任何选战。有关奴隶制的冲突让联邦的存续成了疑问。尽管阿西斯、莫顿和约西亚·诺特在初期试图为多元发生说和种族科学盖上 AAAS 的合法印章。[87] 例如，在 1850 年的 AAAS 查尔斯顿会议上，诺顿发表了一次题为"犹太人的自然历史，及其对种族统一问题的影响"(*The Physical History of the Jews, in Its Bearing on the Question of the Unity of the Races*)的演讲，而且阿加西斯也发表了论证，证明"高加索白人和黑人"一直是不同的物种，但贝奇和亨利为了学会能获得政府资助一直远离这种题材。然而，无论个别成员对墨西哥战争与奴隶制向西部的扩张持何种观点，这一征服行动为白人殖民者打开的国土意味着对科学专家需求的持续增加：到处都需要测量员、地质学家和土木工程师。与贝奇、亨利和皮尔斯一起，在海岸调查局、史密森学会和精英大学这些正式机构中工作的 AAAS 成员们，都在训练与提供这类人才。

美国科学正在逐步成形。一个新的职业出现在公众生活中，尽职尽责地帮美国扩充帝国版图，并总结得出普遍定律、标准方法等。它具有系统庞大的未来。它将为美国的新领土绘制地图，为电报、铁路、工厂、港口和灯塔提供咨询。它将协助北方联邦和贝奇在西点军校的朋友杰斐逊·戴维斯领导的南部同盟双方都堆积军需品、建筑防御工事。在南北战争（Civil War）之后，美国科学家将前往石油、化工、钢铁和金融这类跨洲产业工作，让下个世纪这颗行星上的生产与消费"大提速"。

爱伦·坡对此早已多有预言，他看到了方法和机制将扩展它们的应用领域，并在能力增加的同时，将重复聚焦到效用和利润方面。随着"地上的神灵"躲藏了起来，他在《莫诺斯和尤娜的对话》中预言了一个凄惨的结局："出现了冒着烟的巨大城市，而且数目极多。绿色的树叶在熔炉吞吐着的热量的蒸腾下收缩。自然的俏丽容颜在一些令人憎恨的疾病的摧残下已然变形。"[88]

通过自己复杂的逻辑，《尤里卡》给出了另一个不同的前景。这个宇宙不会是一台死的机器，而是一个能通过直觉与同情的跳跃而获得知识、具有思想和激情的活物。它永远不会被分析、表格或者网格完全掌控，人们最多只能沿着自然本身暗示的道路追随着它。尽管到处都是美学的设计，但它不会告诉我们：只要天真地相信，就能返回伊甸园的和谐。爱伦·坡证实了位于事物存在核心的无序与破坏，以及人类的想法和行为与世界的脆弱交织。

尽管《尤里卡》充满各种事实和"永恒的真理"，爱伦·坡却把它献给了"梦幻者和寄信念于梦幻的人们"。它的叙述者在世界的辉煌、令人炫目的错综复杂和无穷尽的再生面前不知所措。他因为我们在对它的解读中至关重要的绝对参与，以及我们眼前所见到的生命无法分辨的那些费解而感到敬畏。美丽、对称和直觉让爱伦·坡得到了进入一个经过了绝妙的设计，却无法控制的宇宙的洞见，这个宇宙在创作与毁灭之间狂暴地旋转，这一点与他自己的情况相同。

一年后，爱伦·坡就将面临着走投无路的经济状况和令人惊恐的幻觉，他在给玛丽亚·克莱姆的信中说："现在和我讲道理毫无用处，我只有死路一条。因为我已经完成了《尤里卡》，所以我没有活下去的欲望了。我再也无法做出任何成就了。"[89]

17

陨落的星辰

在普罗维登斯的奋力一跃

随着《尤里卡》于1848年付印，爱伦·坡奋起余勇，为促成《铁笔》的诞生再次踏上了巡回演讲之路，要在"他在南部与西部的朋友中寻求支持"。[1]他急切地想让自己的生活状况稳定，也在考虑再婚。那年秋天，他对来自普罗维登斯的寡妇诗人莎拉·海伦·惠特曼展开了狂热的追求。

惠特曼是爱伦·坡在纽约圈子里的一位朋友。他们之间奇特的绯闻开始于她为爱伦·坡写了一首颂诗，说他的声音"如同远方的雷鸣"，打断了她"漂泊的幻想"。[2]这首诗第一次朗诵是在1848年安妮·林奇的情人节集会上。尽管林奇警告她，人们对"爱伦·坡存在着根深蒂固的偏见"[3]，但惠特曼还是在3月以"乌鸦"为笔名，在《纽约家庭期刊》上发表了这首诗。

作为回报，爱伦·坡给她寄去了自己的早期诗篇《致海伦》，是从他发表的诗集上撕下来的，其中写了一份个人题献，还有一首他已经在《纽约家庭期刊》上发表的新诗，题目也是《致海伦》。他赞扬她的眼睛，他相信，在他1845年与弗朗西丝·奥斯古德一起访问普罗维登斯时,他在很远的地方看见了这双眼睛:"它们让我的灵魂充满了美(那就是希望)。"[4]

奥斯古德推断出了惠特曼这首诗的目标读者:"你美丽的诉求已经传进了'乌鸦'的鸟巢中。我想,在此之前,他已经扑向了你在普罗维登斯的小小鸽子笼。如果他确实如此,愿上天护佑你!他真的是一个耀眼的魔鬼,有着硕大的心胸和头脑。"[5]

惠特曼一直等到夏末才作出答复,这让他们两人都陷入了一场过分紧张的痛苦恋情。

爱伦·坡在里士满开始了他计划中的巡回演讲。他受到了自己青少年时代的朋友们的欢迎,托马斯·W.怀特那时已经去世了。爱伦·坡与《南方文学信使》的新编辑约翰·R.汤普森(John R. Thompson)的第一次会面就有些不祥:"一个处于醉酒状态的人在罗克茨(名声相当不好的里士满的一处郊区)周围游荡,他自称爱伦·坡,看上去穷困潦倒。"[6]10天后,他们在"赌徒和有赌博倾向的人经常光顾"的沙龙阿罕布拉相遇,他站在一张大理石面的桌子上,对"形形色色的人群"背诵《尤里卡》中的段落,"对这群人来说,这些句子就像希伯来文一样无法理解"。他还醉醺醺地向一个编辑发出了决斗的挑战。[7]

在其他场合,爱伦·坡的沉着则让那些缺乏生气的名流们敬佩。汤普森承认,"毫无疑问,他是一位受过教育的文雅绅士,他那几乎白得如同大理石一般的脸上带着无法形容的天才的标志。他的衣着整齐得一丝不苟,但人们仍然可以看到贫穷的痕迹"。[8]他前往他的妹妹罗莎莉的养父母麦肯齐夫妇家里探望了她,并在人们的请求下背诵了《乌鸦》。

在接到莎拉·海伦·惠特曼的来信之后,他急急忙忙地北上返回。他在福德姆以假名给她写信,要求得到签名——这是一个没有必要的小借口,因为一位共同的朋友后来正式为他们进行了介绍。

9月21日,爱伦·坡出现在惠特曼在普罗维登斯的家门前。他做好了让惠特曼印象深刻的准备,也打算接受她给他留下的深刻印象。一看到她，爱伦·坡就觉得她会对自己产生"一种完全说不出理由的精神上的影响"。[9]

在他们两人分享的催眠术诗学的语言中，混合了生理学知识、幻想和神秘的交流，他后来告诉惠特曼："我的头脑因你发出的醉人的咒语而颤抖，我不能用人类的感官看到你或者听到你。只有我的灵魂能意识到你在那里。"[10]

他们谈起了诗歌。惠特曼问爱伦·坡，他是否读过有人最近匿名发表的那首《尤娜路姆》。

"那是我写的。"他说。

他们的第一次约会令人陶醉，在约会结束时爱伦·坡向她求婚。可是一个星期后，当爱伦·坡回到纽约之后，她来信拒绝了，但精神上满怀着对他的热情："如果我仍然年轻、健康而且美丽，我将为你活着，并且与你一起死去。而现在，如果我允许自己爱你，我将只能享受短短片刻的狂喜，然后就是死亡。"[11]她脆弱的健康和他们之间的年龄差距（她44岁，爱伦·坡39岁）让爱伦·坡的希望化为泡影。爱伦·坡在回信中承诺："我将鼓舞你、宽慰你，让你感到平静，我的爱——我的信念。我应该在你的心胸中灌输超自然的宁静。你将免除一切忧虑，再也不受尘世的喧嚣的干扰。你的情况会逐渐改善，最后会好起来。"可能还会有其他的结果，他以令人心惊的保证补充道："海伦，如果情况不是这样——如果不是，如果你死了——我至少可以在你死后扣紧你亲爱的手，而且心甘情愿地——哦，高高兴兴地，高高兴兴地，高高兴兴地和你一起走下去，直到走进坟墓中的夜。"[12]她的信中还曾提到一些谣言，说他"没有原则，没有道德观念"，他愤怒地驳斥了这种说法。

10月底他回到北方，并在南希·里士满[Nancy Richmond，她自称安妮·里士满（Annie Richmond）[13]]在马萨诸塞州的洛厄尔的家里住了几天。她声称爱伦·坡曾给她写过信，根据那些信件的抄本所示，爱伦·坡向她表达了炽烈的爱，而且他是在十分凄惨的状态下极不情愿地离开洛厄尔前往普罗维登斯的。在一家旅馆里度过了"一个极为漫长而可怕的绝望之夜后，他醒了过来"。"我在寒冷刺骨的空气中快步走着，想让我的头脑平静下来，但这一切都没有用，魔鬼仍然折磨着我。"他试图结束自己的生命："我弄到了两个盎司①的鸦片酊，但我没有回旅馆，而是选择坐上车回到波士顿。"他写了一封遗书，在他到达邮局之前，他的理性便已"彻底消失了"，而他的身体最终排斥了鸦片酊的致死性。他随后拖着沉重的病体回到了普罗维登斯。

惠特曼不知道前一天发生了什么，只知道此刻爱伦·坡正在普罗维登斯图书馆（Providence Athenaeum）等她。当时他的健康状况极差。她没有做什么事情来安慰他，而是拿着她在纽约的"朋友们"的来信质问他——他们十分质疑他的人品。那天夜里，爱伦·坡在激动中用颤抖的手给惠特曼写了一封诀别信。但他在第二天早上又一次来到她家，在"狂乱而又疯狂的激动状态下"，胡言乱语地说了些"有关即将到来的厄运之事"。[14]惠特曼说："他说话的腔调令人害怕，他的声音在整个房子里回荡。我从来没有听到过如此可怕的话语。"她叫了一名医生去看他，医生发现爱伦·坡有"脑出血的症状"。

由此便很容易理解惠特曼为何会担心一段这样的婚姻了："就连我的朋友们都认为，无论如何它都带有不祥的意味。"但看到爱伦·坡因她的拒绝而变得如此消极，她又觉得前所未有的感动。

惠特曼的家庭则不同意甚至憎恶这样的结合。"我的母亲确实不止一次地当着他的面说过，在如此不吉利的情况下，我和他结婚要比我一个人死去更加凄惨。"[15]然而，惠特曼愿意承担"责任的重担"，将爱伦·坡从他自己的手中解救出来。[16]"只要他的身心更加健康一些，任何接近他的人都很快会爱上他，并对他本性中的甜美与善良充满信心。"[17]

---

① 1盎司（常衡）= 28.3495克（金衡）= 31.1035克（药衡）= 28.41毫升（英，液衡）= 29.57毫升（美，液衡）。这里既然是酊剂，则可能是美制的液体容量单位，即29.57毫升。——译者注

第五章 前往冥界的彼岸

在普罗维登斯，惠特曼鼓励爱伦·坡去照一张银版肖像照片。结果在照片中出现了一个令人难忘的形象：一个精神正在受到骚扰的人，凝视着阴郁的命运，努力地维持着自身的稳定。惠特曼处于极为激动的状态，在她看来，任何事情"似乎都透着险恶或者凶兆"。[18] 11月13日，她向他道别，她遥望着地平线，"而且看到大角星（Arcturus）透过层云的缝隙微微闪耀"。那天夜里，"受到令人兴奋的预言的离奇鼓动"，她提笔写下了一首诗，其中借用天文学的畅想，抒发她感受到的爱伦·坡的神秘："难道你不是从天空中陨落的吗？美丽的星辰！在这痛苦的时刻/你与我如此接近？……/如此接近……如此明亮……如此辉煌，似乎让我/躺在神奇的梦中入定。"[19]

回到纽约后，爱伦·坡向她保证："你说这一切都取决于我自己的坚定。如果确实如此，那就没有问题。因为这种可怕的痛苦——只有上帝和我自己知道——似乎通过火焰穿透了我的灵魂，净化了灵魂的一切虚弱之处。"[20] 惠特曼的母亲仍然毫不妥协地反对他们的结合，并草拟了法律文件，控制了惠特曼的财产。

爱伦·坡回到了普罗维登斯，并于12月20日发表了一次演讲。这次演讲是因为惠特曼在当地的可观影响力才得以成功组织。他在给惠特曼的信中写道："保持乐观的心境，因为一切都会好起来的。我的妈妈（姑妈）给你带来了她最亲切的爱，并说她会以德报怨，会对你比你的母亲对我好得多。"[21] 然而据玛丽·休伊特说，她在他离开之前遇到了他，看得出来，他当时其实还有些疑虑。"我们可能永远不会结婚。"[22]他说。这次演讲在普罗维登斯的富兰克林学会举行，听众有2000人之多。他朗诵了一篇有关文学信念的新宣言，题为《诗歌原理》(*The Poetic Principle*)，其中有几段是特意为在前排就座的惠特曼写的。

演讲之后，她接受了他的求婚，第二天起草了婚姻预告声明。

然而，在1848年12月22日的一次聚会上，尽管爱伦·坡说话不多，表现也很镇静，但他还是喝醉了。他在当晚做出了新的保证，第二天两人坐在同一辆车上出行。惠特曼回忆称,就在他们停在普罗维登斯图书馆前的时候,有人递给她一封信:"这封信告诫我不要草率地结婚,还告诉了我有关爱伦·坡先生最近在职业中的许多我过去不知道的事情。与此同时我也得知:他在早餐时喝了一杯葡萄酒。而这'已经违背了他前一天晚上对我和我的朋友们做出的庄严承诺'……我当时觉得自己根本无力对他的生活产生任何永久性的影响。"[23]后来她得出了结论:"如果我之前就见过爱伦·坡醉酒,那我永远不会同意嫁给他;如果他能信守永不沾酒的诺言,我就永远不会解除我们的婚约。"

他们一起回到了惠特曼家里,惠特曼提出分手。"他一定要我保证,我们的分手并非不可挽回,这时我的母亲坚持要我们立即停止谈话,于是我就不必回答他了。"[24]从此,她再也没有见过他。

最后的玩笑

1849年年初,爱伦·坡发表了一首题为《献给安妮》(*For Annie*)[25]的诗,描述了痛苦折磨下的颤抖,还表示这让死亡变成了甜蜜的解脱:

> 感谢上帝!那危机——
> 危险已经过去,
> 而那缠绵的沉疴
> 也终于消失——
> 就连那叫作"活着"的热症
> 也得到了最后的抑制。

纳撒尼尔·威利斯将它发表在《纽约家庭期刊》上,用的标题是《离奇诗篇》(*ODD POEM*)。[26]威利斯一直让他的读者关注这位受苦的"国宝":"让我们说出下面这个理由:为了这个时期美国文学的荣誉,无

第五章 前往冥界的彼岸

论对于政府、社会还是个人,最值得花费的金钱,无过于为埃德加·爱伦·坡提供一份体面的年金。"

爱伦·坡在重新寻找方向,在别的地方寻找机遇。他与惠特曼的催眠式恋情失败,让他对纽约文学界更加怨恨:"他们是一群铁石心肠、冷血无情、恶毒刻薄、少廉寡耻的家伙。"[27] 然而,尽管他"有着当前的忧虑和尴尬",他仍然会时不时地感到:"在我的灵魂深处存在着一种神圣的喜悦,一种无以言表的欢愉,它似乎不会受到任何干扰。"他对在加利福尼亚发现黄金有感而发的诗《黄金国度》(Eldorado),就记录了这种对英勇探索略感疲倦的赞美:

一个影子告诉探索者,
"上探
月亮之山,
下访
影子之渊,
骑上马,去吧,勇敢地去吧,"
影子侃侃而谈——
"如果你找的是,黄金国度的山峦!"[28]

此时他有了新的前景。在里士满,《南方文学信使》接受了他的新组诗"旁注";在波士顿,《我们联邦的旗帜》(The Flag of Our Union)是一份"不受党派与其中派别影响"的大幅家庭报纸,发行量颇大,他们与爱伦·坡签署了一份发表诗歌和小说的协议。"随着日积月累,它的稿酬还算丰厚,但毫无疑问,它应该给我 10 倍的酬劳,因为无论我在这份报纸上发出什么东西,我都觉得自己在与它一点点诀别。"[29]

在他于 1849 年撰写的小说中,爱伦·坡重塑了他由来已久的痴迷。

最轻松的是《用 X 代替 O 的时候》(*X-ing a Paragrab*)，其中嘲笑了那些自视甚高的杂志编辑，描述了因为一个印刷错误而引发的一次文学之争。当一位排字工人用"X"代替了"O"时，一篇发起论战的文章被变成了一篇看上去"玄妙而又颇具犹太神秘哲学风格的"密文。[30]

《未来之事》(*Mellonta Tauta*)的时代背景是 2848 年，可以说修订了爱伦·坡在《尤里卡》的开头引用的那封信。[31]小说的叙事人嘲笑 19 世纪的一些奇怪的信念，如：个体很重要，瘟疫和战争不是好事，选举会产生好的政府。那时关于古代文明的大部分记录都丢失在"黑暗之海"了。这篇小说尝试削弱他这个时代对进步的疯狂信念。正如爱伦·坡曾对洛威尔所说的那样："我认为，人类的努力将不会对人类这一物种产生可以察觉的效果。与 6000 年前相比，人类现在只不过是更活跃了，而不是更幸福了，也不是更聪明了。"[32]

那一年，他的美国同胞们一刻不肯安宁的行为引导着他们走向了加利福尼亚。淘金热给予他书写《冯·肯佩伦和他的发现》(*Von Kempelen and His Discovery*)的灵感。这是一篇科学恶作剧，其中的主角与下国际象棋机器人的发明者同名。小说一直提起冯·肯佩伦有了一项重大发现，但直到最后才披露了具体情况。它连篇累牍地书写着人们对这一发现的反应，引用了"阿拉戈精心炮制的极为详细的文章"[33]，更不用说还有在"西利曼的杂志"上的总结，以及莫里中尉刚刚发表的详细说明。它还从汉弗里·戴维的手册（后来发现，这本手册讲的是笑气的作用）引用了许多段落。我们在最后一页得知，冯·肯佩伦成功地实现了"哲人石"的古老幻想，把铅金属变成了黄金。爱伦·坡告诉戴金克，他将这个虚构的实验视为对"淘金热的一种讽刺"，目的在于"让大众清醒"：如果真的能轻而易举地制造黄金，那黄金将不再珍贵，相反，它的价格会猛跌。[34]

爱伦·坡后期小说中最恐怖的一篇是《跳蛙；8 头戴锁链的红毛猩猩》(*Hop-Frog*; *or*, *The Eight Chained Ourang-Outangs*，简称《跳

蛙》),讲的是一个小丑,一个来自"某个野蛮地区"的瘸腿侏儒,他要向折磨他的人复仇。[35]这位身受奴役的艺术家"跳蛙"设计了一次化装舞会,并说服残暴的国王和他的大臣们用柏油和亚麻装扮成"戴锁链的红毛猩猩"。他夸口说,"陛下根本无法想象"这在其他舞会参加者眼里"会产生什么样的效果"。当他们穿过人群时,"跳蛙"用铁制大吊灯的圆环拴住了国王和他的大臣,把他们吊到天花板上并点着了火。他们"戴着锁链摇晃着,变成了一团臭气熏天的、无法分辨的漆黑的可怕东西"。"跳蛙"宣称:"我就是跳蛙,一个小丑,这是我的最后一个笑话。"

自从成为约翰·爱伦的养子,爱伦·坡也曾经到很远的地方旅行过。多年以来,在读者和出版社老板的驱使下,他缺乏信念地在"杂志监狱"里艰苦耕耘。他曾在一个备受他们折磨的季节里写道:"我过去从来不知道当奴隶是什么滋味。"[36]在《跳蛙》中,爱伦·坡树立了一个反叛的奴隶的形象,这个在主人虐待下逐渐性情残酷的仆人不断地向主人寻求着复仇。[37]这篇小说没有描写温和的改革,没有讲述屈尊俯就妥协之类的方法,有的只是用暴力推翻一个根本没有任何正义可言的社会秩序。在遭受了多年的剥削之后,爱伦·坡现在已经放任自己写出这样关于身份认同和复仇的梦想了——虽然戴着小说的面纱。[38]

1849年,爱伦·坡还完成了《安娜贝尔·李》,这首感人的抒情诗的创作历程贯穿了弗吉尼亚死亡(或许也包括其他损失)前后。[39]两个孩子气的恋人分享着巨大的幸福,就连天使也嫉妒——"他们在天堂上的幸福连我们的一半都不到",于是天使就在云层中刮起了狂风,冻僵并杀死了她:

可我们的爱情如此强大
远远超过年长者之爱——
也远远超过智者之爱——

无论是天堂的天使，
还是海底的恶魔，
都永远不能将我的灵魂
和美丽的安娜贝尔·李的灵魂分开。

"在她喧嚣大海旁的坟墓里"，叙事者现在将来到她的身边一同躺下。

爱伦·坡又一次把他凡人的希望寄托在自己对生命的伟大幻想之中：创办一份"5美元的杂志"。一个名叫爱德华·帕特森（Edward Patterson）的年轻人提出，用他的遗产，在他位于伊利诺伊州奥阔卡的家里发行《铁笔》。爱伦·坡则认为，纽约或者圣路易斯或许是更合适的基地，但他还是认同了爱德华同时在东部和西部印行杂志的想法。他将再次开启七次以里士满为起点的巡回演讲，竭力去争取支持。

1849年6月30日，他在福德姆向玛丽亚·克莱姆道别："上帝保佑你，我亲爱的妈妈。"在后来回忆的时候，她说他当时是这样说的："不要担心我！看看我出去能做得多么好。"10天后，她在给一个朋友的信中写道："如果埃迪到了里士满，而且能在他想要做的事情上取得成功，我们就能摆脱现有的一部分困难了；但如果他遇到了麻烦或生病回家，我不知道我们该怎么办。"[40]

她没有猜到另外一种可能：他再也回不了家了。

小阳春

爱伦·坡在布鲁克林登上轮船，7月2日到达费城。当时这座城市几乎被人遗弃了：30年代的瘟疫又回来了，"每家报纸的门上都张贴着霍乱疫情公告"。[41]爱伦·坡非常紧张地出现在他的朋友约翰·萨廷的家里。他说之前听到两个人谈起自己，还计划杀掉自己。爱伦·坡请萨廷

第五章　前往冥界的彼岸

帮忙剃掉他的胡须来稍作伪装，而且他的鞋子磨坏了，所以借了一双拖鞋。萨廷给了他一杯茶，然后和他出去散步，接着坐公交车去了水库。他们在那里俯视斯库基尔河。

爱伦·坡告诉萨廷，说他曾经因为被怀疑"试图传递一张50美元的假币而在南费城坐过牢"，好在有位法庭官员认识他，为他说了话，所以他被释放了。他在监狱时见到了一幅幻象：一个青年女子站在他的牢房对面的监狱石塔上，"她光彩照人，就好像阳光照耀下的白银一样"，却残酷地用各种盘问"折磨"他。[42]

爱伦·坡在给玛丽亚·克莱姆的信里说："我病得非常厉害。得了霍乱或者差不多同样糟糕的痉挛病，现在我几乎连笔都握不住了。"[43]他还说自己之前蹲监狱"是因为醉酒"的说法其实不是事实，因为他当时并没有醉，"而是因为弗吉尼亚"。萨廷为他的《联邦杂志》(*Union Magazine*)买了爱伦·坡的《钟声》(*The Bells*)和《安娜贝尔·李》；好心的小说家乔治·利帕德也设法弄到了5美元，替爱伦·坡买了一双鞋，而且在路上照顾他。

爱伦·坡于1849年7月13日离开了费城，但在到达里士满的时候没有带上他的手提箱。他写信给克莱姆，说他产生了幻觉，是因为在费城得了"狂躁症"，即震颤性谵妄。酒精影响了他的大脑。他在天鹅酒馆（Swan Tavern）写信给利帕德，感谢他的帮助；他也写信给在奥阔卡的帕特森，后者为了这次巡回演讲给他寄了50美元的救命钱，作为《铁笔》的预付款。帕特森对爱伦·坡自己设计并寄给他的杂志封面很满意，上面画着一只无实体的手，正在雕刻"真理"这个词，还有拉丁语口号"aliquando ferreus, aureus aliquando"，意为"时而是铁笔，时而是金笔"。[44]

穿上了新衣服，戴上了新的帽子，爱伦·坡随后去看望他的妹妹罗莎莉和麦肯齐夫妇。他还路过了他过去的家——豪宅摩尔达维亚，发现在它旁边已经有了新的建筑物，那是由第二位爱伦夫人修建的，给她的

3个孩子居住[45]——他们是公认的约翰·爱伦的继承人。

尽管四处流传着关于爱伦·坡行为不轨的谣言,但他童年时代的朋友们都欢迎他回来。他加入了"禁酒之子"在里士满的分会[46]——肖科山第54分部,以此表明他渴望清醒的决心。苏珊·阿切尔·塔利(Susan Archer Talley)——未来的诗人,当时她还是个小女孩,后来回忆起自己曾在家里见到爱伦·坡的经历,说这位"优雅、高贵、一派骑士风度的绅士"[47]给她留下了深刻印象:"他的举止如此端庄,他的表情如此内敛,这让我情不自禁地退缩了,但当我转向他时,在我向他伸出手时,他的眼睛突然明亮起来。这时,我们之间的藩篱似乎消失了。"她说这就是"他的眼睛所具有的无法描述的迷人之处":"我甚至可以说其中具有磁铁一样的吸引力。"

他去探望了他十几岁时的恋人兼邻居莎拉·埃尔迈拉·罗伊斯特,莎拉现在是一个富有的寡妇。"我走了过去,看到他时我很吃惊,但我立刻就认出了他。他极为热情地向我走来,并且说:'哦!埃尔迈拉,是你吗?'"[48]爱伦·坡后来经常去看她,他"非常高兴、非常开朗",而且请她嫁给他。尽管她的回答不太确定,但他们谈到了一个雕刻的戒指,这给了他在里士满开始一段新生活的希望。

他也顺路去了一趟《南方文学信使》。尽管汤普森对爱伦·坡的小说中的"日耳曼式"色彩有所怀疑,而且他之前见过爱伦·坡醉酒后湿漉漉、糊里糊涂的样子,但他的诗歌和批评文字,包括他有关韵律和押韵的高度专业化分析新作《诗律阐释》,也的确给这份杂志带来了名声和大批读者。

8月,在几乎满座的交换音乐会演出厅(Exchange Concert Rooms),爱伦·坡面对"一大群非常时尚"[49]的听众背诵了诗篇,并以"诗歌原理"为题发表了演讲。《里士满辉格党》在报道中说:"这是我们的生命中最高兴的时刻。"[50]接下来,他将在里士满和诺福克继续发表演讲。爱伦·坡的回归正在以他曾希望的最辉煌的形式展开。

第五章　前往冥界的彼岸

在"诗歌原理"[51]中，爱伦·坡为他最高的诗歌理想做出了证明，其中既没有那些"创作哲学"的"狭隘"，也没有洛威尔嘲笑的那种"五分之三堪称天才"和"五分之二纯属瞎扯"。《尤里卡》曾经接受了计算、观察和力学解释的价值，但仍然在"统一的原理"[52]中寻求更基本、更优美的真理；与此不同，"诗歌原理"则不仅确认了诗歌的规则，而且指出了形成"我们称之为诗歌的精髓"的那些潜藏的希望和理想。

他认为真正的诗歌会提升灵魂："诗的价值就在于提升兴奋感的程度。"然而，因为灵魂易变，思想的状态也在不断变化，所以这样一种提升的持续不会超过半个小时。因此，任何长诗都不是真正的诗篇，哪怕弥尔顿的《失乐园》，也只是把几首短诗连接在一起形成的。爱伦·坡朗读并评论了雪莱、拜伦、托马斯·穆尔、纳撒尼尔·威利斯的诗篇，他还朗读并评论了朗费罗的《流浪儿》(*The Waif*)的序诗。正是这次演讲，让爱伦·坡陷入了对他而言灾难性的"朗费罗之战"。

这样的诗歌是对"人类心灵深处不朽的本能"的回应，它们以"多种形式、声音、气息和情感"表现美丽。然而，真正的诗歌也超越了仅仅对这些形式做出回应和进行重复的层次。"我们仍然对"属于"人类的不朽抱有无法抑制的渴求，因为这既是人类长期存在的结果，也是人类长期存在的标志"。他引用了珀西·雪莱的名句——"飞蛾对星辰的渴望"[53]，并以此作为他对于诗的定义。

这样一幅飞蛾向着遥远的星辰振翅飞翔的画面，深刻地表现了那种美丽的理想，以及为了实现这种理想却注定失败的卑微生物的努力，这二者之间存在着天文距离："受到超越坟墓的上天光荣的预见性启示，我们通过将漫长时间内的事物与思想多重结合的方式奋斗，取得一份美好，或许正是这种要素，才能与永恒本身相互适应。"在《尤里卡》中，当引力与具有活力的以太或者电的斗争增加时，生命和艺术更加狂野多变的形式便会出现。在这里，"理解上天的无上美好的斗争"，为这个世界的一切赋予着它能"感觉到诗意"的东西。

他认为,在一首诗中,智慧与真理或许确实能互动,但都只是在为美丽服务。反过来说,在如同《尤里卡》这样充满理性与智慧的作品中,美丽可以被用来为真理服务。这些是走向同一个遥远理想的其他通路。

尽管此时面对的是童年故乡的听众,爱伦·坡仍然令人吃惊地将自己与出生的城市波士顿联系在一起,这就与他时而在北方将自己与弗吉尼亚联系在一起一样。他认为,这种"说教的异端"在北方尤其明显:"我们美国人特别喜欢这种快活的想法;而我们波士顿人则更为特别,我们完整地发展了这种想法。"

爱伦·坡以威廉·马瑟韦尔(William Motherwell)的一首诗结束了他的演讲,并请他的听众"在想象中"认同这位正在进行一场注定要失败的战斗的"年长的骑士的灵魂":

> 我们的事业是像男子汉一样战斗,
> 并像英雄那样死去!

爱伦·坡回顾了他少年时代故乡的游吟诗人关于传统与骑士的幻想,把诗歌描述为斗争、奋进、渴望和实验:飞蛾对星辰的向往,是它的直觉对死亡和再生的表达。

一位评论家描述了正在演讲中的爱伦·坡:"他黑色的眼睛一刻也不肯安宁,在他的嘴角上,坚定、蔑视与不满的元素混杂在一起。他的步态坚定而挺拔,但他的举止紧张而有力。"[54]尽管他是一个"言谈得体、热情诚恳的人",但我们可以从他的脸上看出他内心中的斗争:"他似乎时时都在进行着一场自我控制的大战。"

他在制订之后的计划:他将在10月份前往圣路易斯会见帕特森,而《铁笔》将于次年创刊;他将与莎拉·埃尔迈拉·罗伊斯特成婚,并把玛丽亚·克莱姆带到里士满来和他们一起生活。他还收到了一份100美元酬劳的邀请,为费城的一个有钱人"编辑"关于其妻子的诗。

出发前,他走访了属于爱伦夫妇老友的一所废弃了的庄园。在那里,他出现在儿时同伴苏珊·阿切尔·塔利面前,她当时因为"沉浸在与这个地方有关的记忆中"而"异乎寻常地沉默、心事重重"。[55] 苏珊后来回忆道:"他脱下了帽子,带着严肃而又心不在焉的表情,在这座空置的房产中走过了一个又一个房间,好像穿越时光,进入了曾经在这里举办的沙龙,回想当年曾有多少辉煌人物在这里聚集。随后,我俩坐在一长排窗子面前,窗外现在长满重重叠叠的藤蔓植物,他的记忆必定带着他回到了过去的那些场景,因为他口中重复着穆尔的熟悉诗句:

'我觉得自己如同一个孤独的路人,
一些宴会厅已经废弃不用'——

然后他停了下来,脸上出现了我第一次看到的真正悲伤的表情。"

他在给克莱姆的信中写道:"我从来没有得到过如此热情的接待。在我的演讲之前和结束之后,报章对我只有赞颂……好多人邀请我去做客,但我很少应邀前去,因为我没有燕尾服。今晚,罗丝(Rose)①和我要到埃尔迈拉那里做客……自从出现了我打算再婚的报道,麦肯齐夫妇就对我关注起来。"[56]

他宣称,最近与他的新老朋友们一起度过的这几个星期,是他多年来感受到的最幸福的时光,而当他再次离开纽约时,他会把他过去生活中的一切麻烦和苦恼留在身后。

尽管如此,"不祥之兆和命运将会压倒他的意志"的预感却一直在他心中萦绕不去。在一次聚会之后,聚会的主人回忆道:"我们正站在

---

① 此处指爱伦·坡的妹妹。——作者注

门廊里,走了几步后他停下了,转过身来,再次脱帽,做最后的道别。在那个时刻,一颗璀璨的流星出现在他头顶的天空中,接着消失在东方。我们当时还嘻嘻哈哈地议论着这件事,但我之后想起这件事时只剩伤感。"[57]

阿恩海姆之旅

爱伦·坡现在准备离开里士满了,他于1849年9月26日晚上去看望莎拉·埃尔迈拉·罗伊斯特。埃尔迈拉回忆道:"他很伤心,抱怨说自己病得很厉害。我摸了摸他的脉搏,发现他确实烧得不轻。"[58]他半夜登船,于27日到达巴尔的摩。

他在那里遇到了一伙人,他们劝他喝了不止一次酒。据音乐家詹姆斯·莫斯(James Moss)说,他可能还去了费城。[59]詹姆斯回忆起曾陪伴他回家的情况,说他看上去生了病,但当时的具体地点不详。

6天后的10月3日是议会选举日,当时他在巴尔的摩。作为标准的选举策略,"候选人向一切投票者保证,他们想喝多少威士忌都行"。[60]

枪手大厅(Gunner's Hall)那时既是酒馆也是投票点。那天傍晚,这家酒馆的排字工给爱伦·坡的老朋友约瑟夫·斯诺德格拉斯送来了一份便条:"在瑞安4号选举室有一名喝得烂醉的绅士,名叫埃德加·爱伦·坡。他看上去情况很不妙,他说他认识你。我肯定地告诉你,他需要紧急救援。"[61]斯诺德格拉斯随即去了那家酒吧:"我立刻认出了那张我经常看到的、非常熟悉的脸,尽管上面带着让我发抖的空虚的、愚蠢的表情。他眼睛里的灵光那时已经消失了,或者说是被压制了。"[62]

爱伦·坡的衣服被人抢走了,或者被他自己拿去换钱了,他现在戴着一顶肮脏的巴拿马草帽,穿着破烂的外套与不合身的裤子,"既没有穿背心,也没有系领带"。"他显然因为醉酒而糊涂了,所以我觉得,现在最好不要试着和他相认或者谈话。"斯诺德格拉斯通知了克莱姆夫人

第五章　前往冥界的彼岸

的一个亲戚亨利·赫林（Henry Herring），但赫林"不肯自己一个人照顾他"，因为爱伦·坡曾经对他发过脾气。之后他们一起把神志不清的爱伦·坡带上了一辆马车，那时他"负责语言表达的肌肉似乎已经麻痹了，发不出声音"，他们能听到的只有一些"没有意义的嘟囔"。

马车把爱伦·坡送到了费尔斯角北面的华盛顿大学医院（Washington College Hospital）；尼尔森·坡带来了床单和衣物。医生约翰·莫兰（John Moran）试图和他说话，"但他的回答不合逻辑，让人完全摸不着头脑"。[63]他只是一个劲儿地说他的箱子不见了，还说他在里士满有一个妻子。

当医生问需要怎样做才能让他舒服时，爱伦·坡回答称，他最好的朋友能做的最好的事情，就是用手枪打碎他的脑袋。他随后便睡着了，可当医生回来时发现，他正处于"狂乱的精神错乱中，两名护士尽力让他躺在床上，但他在反抗"。

他的状态就这样起伏不定，一直到1849年10月7日凌晨三点，"因为闹腾了几天实在太疲倦，这才安静了下来，似乎休息了一小会儿"。一名医生在报告中说他曾说过："上帝啊，拯救我可怜的灵魂吧。"而一份记录说他曾经喊叫着"雷诺兹"[64]——那个曾鼓舞美国探险队超越当时已知世界极限、有远见卓识的人的名字。

他死了。

尼尔森和赫林组织了一次"完全未加张扬"[65]的葬礼。只有一辆出租马车跟在送葬队伍的后面，车上载着爱伦·坡"整洁"的桃花心木棺材，沿着费耶特街（Fayette Street）走去。[66]出席葬礼的有斯诺德格拉斯和爱伦·坡在弗吉尼亚大学的一名同学、当地律师，以及他以前在里士满约瑟夫·克拉克学院的一名老师，再加上两个表兄弟。

因为葬礼就在他去世的第二天举行，所以这是一次静悄悄的仪式。一名旁观者则表示："这次总长不超过3分钟的葬礼实在显得过分冷血无情，实在缺乏基督教精神，甚至让我心中激起了愤怒的感觉。"[67]

在费耶特和格林的长老会墓地（Presbyterian cemetery on Fayette and Greene），爱伦·坡的表兄威廉·克莱姆（William Clemm）负责主持了葬礼。爱伦·坡被葬于他的祖父、美国独立战争的英雄坡将军的小块坟墓旁边。

臭名昭著的悼文

就在爱伦·坡下葬的那天，霍勒斯·格里利通过来自巴尔的摩的电报得知了这一消息。他指定由鲁弗斯·格里斯沃尔德牧师负责报道这一新闻。格里斯沃尔德在日记中写道，自己"急急忙忙地为《纽约每日论坛报》写了两三栏有关爱伦·坡的文字"。[68]

那"两三栏文字"对人们有关爱伦·坡的记忆产生了重大的影响。格里斯沃尔德对这位令他本人望尘莫及的批评家和诗人的怨恨跃然纸上：

埃德加·爱伦·坡去世了。他前天死于巴尔的摩。这一宣告将让许多人感到吃惊，但没有几个人会为此感到悲伤。在这个国家里，许多人认识这位诗人本人或者知道他的名声，他在英格兰和其他几个欧洲大陆的国家都有读者；但他实在没有几个朋友，很可能连一个都没有。[69]

说爱伦·坡"没有几个朋友"，这是个可笑的谎言。格里斯沃尔德还剖析了爱伦·坡的性格，认为他"精明而且天生不讨人喜欢"。这让许多人大吃一惊，因为他们尽管知道爱伦·坡的缺点，但仍然深深地喜欢他，不仅因为他的作品，而且因为他是个确实不完美的人。

格里斯沃尔德将爱伦·坡比作鲍沃尔的《卡克斯顿一家》（*Caxtons*）中的一个人物，并且直接引用了原文："易怒、嫉妒①已经够糟糕的了，

---

① 原文为"傲慢"。——作者注

第五章　前往冥界的彼岸

但还不是最糟糕的,因为这些突出的特点在他冷冰冰的、令人厌恶的玩世不恭面前不值一提,他的激情通过冷嘲热讽得到了发泄。"格里斯沃尔德还继续说道:"他似乎在道德方面毫不在意;而更令人注目的是,作为一个本性骄傲的人,他不大懂得,甚至可以说完全不懂得荣誉的含义。"

如果爱伦·坡那时还活着,这样的攻击恐怕会让他与格里斯沃尔德直接对抗,或者甚至会诉诸法庭。但格里斯沃尔德对一个已经被环境击倒并刚刚下葬的人的这些诽谤没有得到任何回击。这些评论很快就在纽约、里士满和费城被转载。尽管认识爱伦·坡的人或许能从这份仓促写成的讣告中看出一个竞争对手的恶意(甚至在许多地方,这个竞争对手将爱伦·坡的缺点放大成了令人憎恶的东西),然而,格里斯沃尔德写下的这番话还是给爱伦·坡的声誉投下了长长的阴影。

后面几天,出现了一些充满哀伤与怀念的讣告,同时它们不得不回应格里斯沃尔德的攻击。10月9日,《纽约先驱报》承认爱伦·坡"是一位极为古怪的天才,有许多朋友和许多敌人,他们都将十分遗憾地读到这样一位诗人与批评家的悲惨命运"。[70] 而《里士满辉格党》认为,"他去世的消息将让一切欣赏慷慨的品质或者赞美天才的人深感遗憾"。[71] 哪怕是柯妮莉亚·威尔斯·沃尔特的报纸《波士顿晚报》,也只是又一次进行道德说教:"他很有天赋,如果他将这份天赋用于稳定的原则、真诚的目的和自我批评的习惯,他能取得伟大的成就。"[72] 在巴尔的摩,曾协助爱伦·坡开启文学生涯的约翰·彭德尔顿·肯尼迪为他文学生涯的结束而哀叹:"可怜的爱伦·坡!他是一位有独到见解、构思巧妙的诗人,这个国家最杰出的散文作家之一……他的品位满怀着经典的风格,他的作品具有古希腊哲学家的精神。"[73]

兰伯特·威尔默以《埃德加·爱伦·坡和他的诽谤者》(*Edgar A. Poe and His Calumniators*)为题,痛斥了那个在第一份讣告背后"发出诽谤与恶意的恶棍"。[74] 尽管朗费罗曾经遭受过爱伦·坡多次批评,但

363

他也哀叹着"一位如此天才横溢的人"的"令人悲伤的死亡"。[75]他对爱伦·坡"充满活力、直截了当而又丰富多彩的"诗歌和散文"总是给予极高的评价"。他宽宏大量地表示不在意爱伦·坡对他的严厉批评，认为那只不过是"一个敏感的人被某种不确定的错误感觉激怒之后发出的抱怨"。与爱伦·坡的友谊从未动摇的朋友纳撒尼尔·威利斯承认他是"一位极有天赋的人、能力极强的诗人"，并描述了他对他的岳母，也是他的"管家天使"的诚挚奉献，以此说明"埃德加·爱伦·坡"的谦虚、勤勉和"善良"。[76]

玛丽亚·克莱姆在10月9日上午才得知他的死讯。她写信给尼尔森确认，后者证实了最糟糕的结果："我亲爱的夫人，我向你保证，如果我知道你的通信地址，我会及时通知你这一噩耗，并让你能参加他的葬礼……埃德加目睹了这么多痛苦……他没有多少认为生活值得满意的理由——因此，对他来说，这样的结局可能不是不幸。"[77]

克莱姆在给安妮·里士满的一张杂乱的便条中表达了她极为悲伤的心情："安妮，我的埃迪死了！他昨天死于巴尔的摩！安妮，我的安妮，为我祷告吧，你的孤独忧伤的朋友！我的感觉将离开我——我将在得知具体情况的时候再写信，我写信给巴尔的摩了——给我写信，建议我该做什么。"[78]安妮则回信邀请克莱姆前往她在洛厄尔的家，用冷静的目光看看爱伦·坡的文学遗产："哦，我的母亲，我亲爱的母亲哦！我能对你说什么，我要怎样才能安慰你……和我们住在一起吧，你住多长时间都可以——来吧，亲爱的母亲！把他所有的文件和书都收集到一起，带着它们来吧！"[79]

鲁弗斯·格里斯沃尔德也在用心收集爱伦·坡的作品。离奇的是，他竟然变成了爱伦·坡的遗稿管理人。玛丽亚·克莱姆请他帮忙准备爱伦·坡的作品合集，并于1849年10月授予他"全权管理"爱伦·坡手稿的权力，而格里斯沃尔德自己声称，爱伦·坡曾于1849年6月亲自表达了这一愿望。如果确实如此，那么爱伦·坡选择自己最痛恨的文学敌人之一作为自己名誉的保护人,要么是一种纯粹的任性行为,要么是一个令人吃惊的预见:他或许早已预料到,在格里斯沃尔德诋毁他之后将会出现修正格里斯沃尔德对自己中伤的群体。

在克莱姆的帮助下,格里斯沃尔德找到了爱伦·坡的手提箱、文件和信件。尽管格里斯沃尔德声称他不会接受任何报酬,但在爱伦·坡死后不到一个月,就有6个人受雇来誊写副本[80],还有另外4个人后来加入了这一项目,不过,玛丽亚·克莱姆不会从出版的作品中得到任何金钱,而只会得到成品书。3个月不到,在1850年,格拉斯沃尔德就发表了两卷爱伦·坡著作,结果又激起了几轮关于爱伦·坡的生平和性格的攻击与辩护。

格里斯沃尔德最具破坏力的谴责出现在几个月后的第三卷,其中包括一份27页的"作者回忆录"(*Memoir of the Author*)。[81]通过有选择性地叙述爱伦·坡生命中的一些事实,并用全无事实根据的逸事和解释加以包装,格里斯沃尔德打造出了一个糟糕的爱伦·坡形象:一个道德崩溃了的天才,永远在酗酒,鲁莽、粗野的性格很成问题。他还从根本不存在的信件中引用、编造文字,也从他修改过的一些文件中引用文字,从而达到在赞扬自己的同时贬低爱伦·坡的效果,有力地得出了他那令人愤恨的结论:"无论在其生活还是作品中,爱伦·坡都几乎没有表现出任何美德。"[82]

人们几乎用了一个世纪的时间才弄清了格里斯沃尔德的造假行为,这种行为让那些在爱伦·坡去世后仍然健在的朋友都反对他,尤其是那些知道爱伦·坡慷慨大度、善良而且富于理想的人。爱伦·坡的性格当时成了一个经久不息的辩论题材,其作品的价值和意义也同样如此。弗朗西丝·奥斯古德生前一直致力于披露事实的真相,但她本人在爱伦·坡去世几个月后便罹患肺结核去世。莎拉·海伦·惠特曼随后成了他长时间的辩护人。而在此后几十年间,甚至有招魂术者声称通过灵媒直接与爱伦·坡接触,并抄录了他的新诗。[83]

爱伦·坡是在巴尔的摩去世的，在他从里士满（他在那里声称自己是波士顿人）前往费城和纽约的途中。这些城市中的每一个都试图声称爱伦·坡属于该市。就连他的死因[84]也成了争论的热点：酒精中毒，心脏病，脑瘤还是狂犬病？人们甚至动用了专门的医学知识和推测来试图解决这一不解之谜。

他年仅 40 岁便不幸去世，这也带来了新的疑惑，这一疑惑就像是跟在句末惊叹号后面的问号。爱伦·坡是深谙如下艺术的大师：提出一种说法，问题便接踵而来，直到解决问题所必需的根据得到拆解，案子中的事实变得更加生动、更加不确定；随后，离奇而又相互矛盾的可能性缓缓地浮出水面，让人战栗、发出担忧的笑声，带来更多的共鸣和层出不穷的怀疑。

灯笼熄灭了，接着是一段时间的黑暗和寂静。随后，房子里的灯被点亮了，发出了温暖的闪光和深沉的影子——喧嚣声再次呼啸而来。

结束语
来自一座灯塔

幻想之厅

　　一个不道德的堕落者——爱伦·坡的这样一幅形象在当时的人们心中根深蒂固，他笔下那些最乖戾、放荡的角色则变成了他本人的替身。格里斯沃尔德的"回忆录"强烈地影响了后人对爱伦·坡的作品的评价，如1856年来自《北美评论》的一篇文章，以一句祷告作为结束，祈求"某种强有力的化学作用，把埃德加·爱伦·坡用他可怕而又阴森的笔"[1]在大众头脑中"镌刻的大部分痕迹永远抹去，而且让它无法在今后再生"。格里斯沃尔德可以说完成了他的目标：用贴着"声名狼藉"四字标签的裹尸布把爱伦·坡裹起来下葬。但是，埋葬并非就是永恒的结局。

　　在很长一段时间里，对他本人的道德谴责，以及对他的小说取悦大众的轰动性惊悚的怀疑，都让爱伦·坡无法按照美国作家的一般标准取得崇高的位置。他生前广泛涉猎了大众题材，尝试了诗歌、哲学和《尤里卡》这类科学实验，这也让他难以列入美国的文学史。历史学家F. O. 马修森（F. O. Matthiessen）在美国知识界颇具影响力，他对美国内战前文学具有里程碑意义的研究作品《美国文化复兴运动》（American

Renaissance）于 1941 年出版，其中为了提及爱伦·坡做了艰难的努力。[2] 马修森的著作主要聚焦于马萨诸塞州，他将 19 世纪中叶命名为"爱默生与惠特曼的时代"，只不过他把其他各章用于描写梭罗、梅尔维尔和霍桑，而把爱伦·坡的地位降低到了仅在脚注中出现，最后才轻描淡写地对他做了评论。

然而，许多崇拜爱伦·坡的人后来都变成了有影响力的文学创新者。根据他的蓝图，他们建立了这些现代文体：侦探小说（代表人物是阿瑟·柯南·道尔）、科学幻想小说（代表人物是儒勒·凡尔纳）以及恐怖小说，尤其是带有怪异心理的人物特性的恐怖小说［代表人物包括罗伯特·路易斯·史蒂文森、H. P. 洛夫克拉夫特，以及今天 21 世纪的史蒂芬·金（Stephen King）］。尽管采取这些文体的小说在大众读者中获得了引人注目的成功发展，但长期以来，它们一直未能登上大雅之堂，也未能得到严肃批评家的青睐。

爱伦·坡后来才逐步被人们承认为文学史上的重要人物，这是夏尔·波德莱尔极具洞见的介绍及其出色而又统一的法语翻译的结果。在《恶之花》(*The Flowers of Evil*) 中，波德莱尔以经典诗歌的形式表达了他对灵魂的令人震惊与病态的看法，这让他成为象征主义文学的奠基人之一和现代主义文学的先知。

波德莱尔与爱伦·坡的第一次邂逅，是他为傅立叶杂志翻译《黑猫》时。他很快开始翻译爱伦·坡的那些小说，以 1846 年对《催眠启示录》为开端，他把这篇译作作为科学、神秘主义、想象力，与文学严格性的史无前例的纯粹现代式结合，呈现在法国读者面前，并完美地实现了与 1848 年工人革命前盛行的乌托邦宇宙观的契合。在 1851 年拿破仑三世（Napoleon Ⅲ）的反动政变之后，波德莱尔淡化了他此前极力推崇的爱伦·坡作品中对科学与技术的介绍［例如，将《写作的哲学》翻译为带有神学意味的《诗歌的创世记》(*La Genèse d'un poème*)］。他将爱伦·坡描述为"遭到诅咒的诗人"的典型：一名在与他敌对的功利世界中追求超凡世界之美的有悖常理的艺术家,因为反对现代的陈腐与虚伪而凄惨地英年早逝。

波德莱尔在爱伦·坡的身上刻上了具有自我意识的"纯诗歌"巨匠的图标,这一点极大地启发了斯蒂芬妮·马拉梅(Stéphane Mallarmé)和保罗·瓦勒利(Paul Valéry)。这些诗歌创新者辉煌的名声和他们对爱伦·坡的极力推崇,让英美两国的作者和批评家开始重新评价他的作品。然而,T. S. 艾略特(T. S. Eliot)对那些欧洲式文学不屑一顾,而 D. H. 劳伦斯(D. H. Lawrence)则显然认为他"几乎更多的是一位科学家而不是诗人"。[3] 爱伦·坡被当作超现实主义和其他先锋派的先驱,他强烈而且不平衡的自省为陀思妥耶夫斯基、康拉德(Conrad)和卡夫卡(Kafka)[4] 以及无数后世作家尝试打破体裁惯例,采用不可靠的叙述方法和观点创作小说树立了楷模。

在拉丁美洲,爱伦·坡是豪尔赫·路易斯·博尔赫斯和胡里奥·科塔萨尔(Julio Cortázar)的榜样,而在 21 世纪,罗伯托·博拉尼奥(Roberto Bolaño)承认:"我们都能从埃德加·爱伦·坡那里阅读到足够多的好作品。"而且,博拉尼奥敦促那些有抱负的作家们"能抽空"思考他的建议。[5] 爱伦·坡现在已经稳稳跻身全世界最受人欣赏与赞美的作家之列。他对大众文化的影响如同《圣经》一般。他的技巧在侦探小说、恐怖电影和科幻系列中频频出现,适应了不断变化的历史环境。近年来,电影制片人乔丹·皮尔(Jordan Peele)让黑人主演爱伦·坡式的场景[如《逃出绝命镇》(*Get Out*)揭露了一个催眠奴役的阴谋,而在《我们》(*Us*)中,复仇的幽灵折磨着一个姓威尔逊(Wilson)的富有家庭]重新讲述了当前因为种族和阶级而遭到强制排斥的恐怖。

宇宙预感

爱伦·坡的影响并不局限于文学和艺术领域。曾经与查尔斯·达尔文同时[6]独立地提出了一项自然选择理论的探险家、博物学家阿尔弗雷德·拉塞尔·华莱士（Alfred Russel Wallace）对他崇拜得五体投地，本杰明·皮尔斯的儿子、哲学实用主义的怪杰奠基人查尔斯·桑德斯·皮尔斯也同样如此。通过研究《乌鸦》的生理作用，皮尔斯检验了他自己有关词语的能量的理论。[7]他的符号学、"诱导"（一种无法被简化为归纳或者演绎这种慢速推导的快速推理法）和宇宙学作品，均体现了爱伦·坡的文学批评、推理小说和《尤里卡》对其的影响。

20世纪初，出现了对作为科学思想家的爱伦·坡的更大兴趣。此时，牛顿关于稳定的机械式宇宙的观点已经受到了生命的进化学说、超越了欧几里得（Ευκλειδης）的几何系统，以及相对论和量子力学（对牛顿的"发条装置"的限制）的影响，并因此得到了扩充和改变。爱伦·坡对宇宙故事的改写，包括《尤里卡》关于"时间和空间是同一个事物"的宣告，这时好像突然变成了某种预言。

1941年出版了里程碑式爱伦·坡传记的作者阿瑟·霍布森·奎恩（Arthur Hobson Quinn）投入了相当多的精力，力图弄清《尤里卡》对新物理学的先期影响。奎恩因此与英格兰物理学家阿瑟·爱丁顿（Arthur Eddington）通信，后者凭借为相对论提供经验证据而闻名于世。爱丁顿是贵格会教徒，对于人与神直接接触的可能性很感兴趣。[8]他认为，《尤里卡》是一部尝试将爱伦·坡"那个时代的科学与思想上更富哲学和灵性意义的渴望协调的人的作品"，而爱伦·坡"在多样化中的统一、在统一中的多样化"的想法现在正在"科学理论中真正得到实现"。[9]然而，爱丁顿想要确定的是，直觉的任何跳跃都经过了谨慎的经验与数学步骤的回溯：尽管爱伦·坡陈述了"一项终极真理"，但"必须"让科学"本身通过一步步的发展自行将它找出来"。爱丁顿按照他的职业自《尤里卡》问世以来这一个世纪艰难地赢得的地位来判断："在爱伦·坡当时的科学状况下，他所提出的更为明确的想法并非没有道理，但它是业余的。"根据划分职业科学家和业余爱好者两大群体的界限，爱丁顿把爱伦·坡放到了业余爱好者这一边。在爱伦·坡的有生之年，这一分界才刚刚得到了明确的认定。

奎恩也征求了相对论的创造者——阿尔伯特·爱因斯坦（Albert Einstein）本人的意见。有趣的是，1933年，当爱因斯坦接受了普林斯顿高等研究院（Institute for Advanced Study in Princeton）的职务后不久，他曾用德语回答了理查德·金贝尔（Richard Gimbel）有关爱伦·坡的宇宙学的询问，金贝尔是图书收集者、耶鲁大学航空学教授，也是百货商店继承人。在快速阅读了《尤里卡》之后，爱因斯坦说这是"一位迥异于常人的思想家的非常杰出的成就"。[10]但在1940年回答奎恩时，爱因斯坦的评价远没有如此赞誉有加。尽管他发现，这本书的前一半因为认识到"真正的科学只有通过系统的实验与逻辑建设的结合才有可能取得"所以"非常机智、引人注目"，但在后一半中，爱伦·坡失去了对"这种关键风格的一切感觉"。[11]爱因斯坦表示：这一著作总的来说，与他"每天收到的恶作剧式匿名信惊人地相似"。当写下这些话时，爱因斯坦依然在进行多年来与量子力学某派别就某些观点的争论[12]：它赋予机会的角色（或者说与宇宙"玩骰子"），它认为感知能影响物理真实［沃纳·海森堡（Werner Heisenberg）和尼尔斯·玻尔（Niels Bohr）的"观察者效应"］，以及它有关宇宙膨胀的宇宙学含义。正如我们已经看到的那样，在《尤里卡》中，爱伦·坡在这些方面都提出了自己的想法，并否认引力是一种基本原则。

20世纪后期，科学家们重新审视了《尤里卡》。意大利天文学家阿尔贝托·卡皮（Alberto Cappi）认为这部作品具有里程碑的地位。他认为，通过把星云假说扩展运用于整个宇宙而不是局限于某个恒星系，并对星云最初如何出现提出了一个物理解释——爱伦·坡做出了在18世纪或者19世纪任何人都没有做到的事情，无论他们是天文学家、物理学家还是诗人。通过《尤里卡》，爱伦·坡是"在牛顿的框架下想象了进化的宇宙"的第一人。[13]

天体物理学家爱德华·哈里森（Edward Harrison）证实了爱伦·坡的一项不那么辉煌但更具体的成就：解决了"奥伯斯悖论"（Olbers's paradox）[14]，即夜空黑暗的原因。爱伦·坡回答了牛顿的无限宇宙留下的不解之谜：如果在整个无限空间内确实都存在着恒星，那么为什么我们在它们之间的空隙中看到的是未被照亮的黑暗？他的回答涉及将宇宙视为一个有自己的历史的物体，它的现状保存着有关它的过去的线索。宇宙必定有一套情节，它必定会随着时间展开。尽管宇宙大得让人瞠目结舌，但它也有自己的终结和开始。

卡皮和荷兰化学家勒内·范斯洛滕（René van Slooten）甚至提出了有关爱伦·坡对科学的发展产生影响的可能性，这种可能性更让人激动。范斯洛滕认为，爱伦·坡的宇宙学对当代科学的贡献远比人们已经承认的更加具有实质性意义。在《尤里卡》对宇宙的描述中，宇宙以一个单一的粒子开始，通过一次急速的闪光向外爆炸——在一些重要方面，这与人们在20世纪初提出的"宇宙大爆炸"理论完全一致，后者是有数学根据的宇宙进化论，其中还考虑了相对论的约束条件。

最早形成宇宙大爆炸理论的荣誉属于两位数学家、宇宙学家：俄罗斯的亚历山大·弗里德曼（Alexander Friedmann）和比利时的乔治·勒梅特（Geoge Lemaître）。弗里德曼于1924年发表[15]了一篇有关空间曲率的数学论文，这种曲率状况可以让宇宙膨胀。他最喜欢的作家正是陀思妥耶夫斯基和爱伦·坡。勒梅特则是一名天主教牧师，后来成为教皇庇护十二世（Popes Pius XII）和约翰二十三世（John XXIII）的顾问，他于1927年提出"宇宙正在膨胀"。1931年，他发表了"原始原子假说"[16]，与《尤里卡》对"原始粒子"的描述极为相似。勒梅特曾在剑桥大学师从爱丁顿。尽管他的大部分文章都毁于第二次世界大战期间的一场火灾，但他也是一名资深文学学者，发表了一些有关莫里哀（Molière）的文章。作为20世纪初比利时知识界圈子的成员，他也知道法国诗坛领军人物保罗·瓦莱里（Paul Valéry）的作品。

结束语　来自一座灯塔

瓦莱里痴迷于科学家与艺术家共享的思想过程与方法，他研究了列奥纳多·达·芬奇（Leonardo da Vinci）的笔记，并与爱因斯坦以及物理学家亨利·庞加莱（Henri Poincaré）、路易·德布罗意（Louis de Broglie）有过交流。1921年，瓦莱里发表了《关于〈尤里卡〉》（*Au sujet d'Eureka*），热情赞扬爱伦·坡的宇宙学，坚持认为它与相对论之间存在共通之处："事实上，爱因斯坦宇宙的根本特征是其形式上的对称。其中蕴含着它的美。"[17]与此同时，当创造性进化论哲学家亨利·柏格森（Henri Bergson）在国际上名声鼎盛时，瓦莱里在文章中指出，爱伦·坡宇宙观至关重要的核心是："在物质中包藏着一种永恒的热烈激荡"，而且，"一切事物都受到越来越深刻的激励、旋转、交换与辐射的扰动"。

尽管我们现在还没有从弗里德曼或者勒梅特那里得到直截了当的证据，但爱伦·坡的《尤里卡》或许确实深刻地影响了宇宙大爆炸这一现代科学极为重要的宇宙学陈述，以及它的后续理论：宇宙大收缩，即膨胀中的宇宙最终塌陷。如果你倾向于赞同这种看法，那你还会发现他的其他"宇宙预感"：有些物理学家的观点与《尤里卡》类似，他们信奉一种"循环宇宙论"，认为宇宙正在永无休止地从大爆炸发展到大收缩，然后一切重新开始；弦理论的某些版本也与爱伦·坡的观点相同，认为引力不是宇宙的一种基本力；而爱伦·坡对与我们的宇宙并列的"无限序列的其他宇宙的想法，也类似于一种量子多重世界的理论。"[18]尽管《尤里卡》的前言说将这部作品献给那些梦想家以及那些坚信梦境是仅有的真实的人们，但《尤里卡》中的想法非常奇怪地与另外一种想法对称，这种想法就是：即使是那些仅仅相信科学真理的人，现在或许也正生活在一个由爱伦·坡帮人们想象出来的宇宙当中。

你如何说明自己睿智？

我们已经看到，在内战前的美国，区分职业科学家与业余爱好者

（或者古怪人士）的制度性标准才刚刚成形，而爱伦·坡恰好利用了其中大部分模糊地带，给出了他自己对空气静力学、贝壳学和心理学的分析，并在密码学、信息理论[19]和宇宙学方面提出了独到的见解。他的同代人戴维·布鲁斯特曾经说："现代科学是'一个辉煌的奇迹'，而有了爱伦·坡这些被人忽略的成就，我们便或许可以把他放入这一'辉煌奇迹'亲手缔造者的群雄榜。"

无疑，现代社会从爱伦·坡的那个时代继承了许多遗产，包括贝奇、亨利和他们在塑造美国制度与国际制度方面的合作者的努力。在定义科学方面的权威，例如 AAAS 以及贝奇、亨利、皮尔斯和阿加西斯于 1863 年创建的圈子更小的美国国家科学院的权威，为研究人员制定统一标准、评价科研成果和以同样的语言交流创造了基础。他们提供了一种平衡力，能消灭鲁莽的投机和危险的造假活动；他们宣扬不同意见，证实共识，并在诸如公共卫生、工业安全、传染病和气候变化等大众共同关心的问题上提供非正式的建议。爱伦·坡经常就这些项目发声，支持科学出版和国家研究机构。他为美国文学做出的努力也有类似的公众目标，即促进艺术，承认其取得的成就。

爱伦·坡也在关注科学的过分扩张。正如他在以迪潘为主角的小说中表现的倒霉的警长那样，那些专注于公式化过程的人经常忽略了显而易见的东西。他看到一些人毫不置疑地信奉已有的权威方法和"视觉证据"，这便使知识变成了静止的、狭隘的图像，而方法、机制、效用和获利性则强行出现在可能并不需要它们的场景中。因此，可以将《创作哲学》解读为对这种"闯入"的绝好讽刺。科学消解了世界本质的神秘感，将自然界凝聚为一个被动的、没有生命的物质仓库，人类可以观察、掌握与利用它，让它为人类选择的目的服务。

不带个人色彩的客观理性以超然、自律与不存在价值的观察为特征，逐渐成为爱伦·坡所生活年代的科学指导原则，为技术和信息的爆炸性增长创立了条件。这些都变成了"进步"的标志。但正如爱伦·坡看到的那样（我们今天甚至可以看得更加清楚），"中立性"的立场也可以让科学用于毁灭和其他非正义的目的。对一些人，包括亨利、贝奇以及爱伦·坡本人来说，这种客观性意味着避免争论奴隶制问题并默许现状；而对其他人，包括塞缪尔·莫顿、路易斯·阿加西斯和后来的优生学家们，则意味着利用科学特许的"普遍性"为偏见和压迫进行辩护，正如弗里德里克·道格拉斯在1854年说的那样："多少有些令人注目的是，在一个知识得到了如此广泛传播的时刻，……竟然出现了这样一批饱学之士，他们以科学的代言人自居，却禁止人类作为一个大家庭组织一次意义重大的团聚。"[20] 在掠夺美洲原住民土地的西部殖民这一血腥过程中，科学家们同样扮演了领导角色，而在支持世界范围内的帝国主义探险的活动中也是如此。他们的继承人帮助制造了有能力结束地球上所有生命的武器，而其他人则鼓吹"理性选择"理论，其中的世界政治是在确保相互毁灭的棋盘上展开的。

事实问题必须与价值问题完全分开，这一观点让科学和与其相关的技术获得了任意施为的自由。除了无可否认的益处外，"客观科学"也促进了生产和采掘工业的发展，它们现在正在这颗行星上肆虐，它们就是爱伦·坡预言的摧毁"大自然美好容貌"的"冒着烟的庞大熔炉"。在整个19世纪与20世纪，自然神学家们对造物主的智慧与美德的信仰，被转变成广泛传播的对科学的智慧与美德的信仰。科学的物质利益和道德威望，让它"理直气壮"地否认自己与其致命的副产品之间的关系，并将不应得到的权威授予社会达尔文主义和自由市场原教旨主义等欺诈操纵者。这种不恰当的信念甚至让一些人相信：我们为了扫除科学和技术所造成的混乱所需要的，只不过是更多的科学和技术而已。

在他写下的一切文字中，爱伦·坡指出了贯穿整个存在的破坏、不和谐和堕落的线索。这些洞见更加深了他对理性掌控或叫作线性进步的主张的怀疑。它们让他认识到了人类构造的脆弱性，以及我们对周围的环境不牢靠的依赖性。虽然爱伦·坡本人也时常有狂妄自大的表现，但他同时以强烈的羞耻感意识到了人类的局限性，表现为他对自己和人类所做的许多错误事情的厌恶：他们相互放任，无论对地球还是人类自己，都造成了许多伤害。

然而，尽管他对科学的过分行为与盲点有所警告，尽管他喜欢通过有趣的恶作剧并以很强的艺术性表达这些模棱两可之处，但爱伦·坡绝不是知识虚无主义者。他认识到了准确的观察，包容广阔的理论、直觉的发现和有实用意义的、经过了良好检测的共识的价值。尽管他的某些做法类似于巴纳姆那类一心赚钱的江湖骗子行为（他们的谱系一脉相传，甚至一直传到了2016年大选中的白宫[21]），但爱伦·坡的神秘把戏是为崇高的理想服务的。

他何以热爱科学并认为它睿智呢？从他在《十四行诗——致科学》中提出的早期问题一直到《尤里卡》，爱伦·坡都在热切地吸收着在他的那个时代不断铸就与扩大的标准科学的知识。他也将自己置身于那些通俗科学引人入胜的领域，并热烈地迎接催眠术、活力论和自然哲学向普通力学、神学和无生命的唯物主义发起的挑战。他学习了取得知识的另一种方式：打破种族偏见，超越按部就班的逻辑规则，追随飞蛾对星辰的渴望般的直觉跳跃。

尽管他预期人们会误解《尤里卡》，但他的宇宙学表达了情感的智慧和人类对其研究内容的深刻参与。《尤里卡》提出了一种科学观点，其中美丽和同情与效能和积累同样有价值；知识的目的、指导价值、用途、长期后果、短期结果和引人注目的创新同样重要。

在《阿恩海姆乐园》中，爱伦·坡讲述了一个迷人的预言，描述了一个我们从来不知道也不曾居住过但有责任创造与选择的自然界。当在最广泛的意义下，将艺术以及科学引导下的技术表现为自然界在其他手段的作用下的延伸时，他将人类及其发明当成了一出宇宙剧目中同时扮演正面和反面角色的演员。要创造一个宜居世界，需要想象力和美学判断力，还需要有广博的同理心，并认识到，尽管地球可能会屈服于我们

结束语　来自一座灯塔

的要求，但我们永远无法掌控这颗星球。

如果我们在审视爱伦·坡的作品时能迅速地"转动我们的脑袋"，我们就会发现一种潜在的创作哲学。[22]爱伦·坡笔下的世界是"多层多样"的，他在其中揭示了一个又一个真理，"一个起点永远在另一个起点后面"。无论个别地还是整体地考察，他的作品经常表现出互不兼容的真理，它们一个接一个地出现，或者同时出现。在他的小说和散文中，超然的客观性与充满激情的、参与式的同理心互为镜射；充满活力的整体主义既支持也反对机械的简化，物质变精神，然后又变成物质。

在万花筒般的现实主义中，经验的观察、神秘的揭示和无可改变的怀疑不断地交换位置，正如他在《尤里卡》中说的那样："一棵树可以同时是一棵树又不是一棵树，这是一种天使或者恶魔可能抱有的想法。"新的现实的布局会按照我们聚焦的领域和塑造我们的回答的工具出现（感觉器官、概念、预言、感知和交流技术），"渺小存在于伟大中间，一切都在神圣的精神之中。"

这种哲学不大可能得到那些永恒制度的建立者，或者某种整体合理性的保卫者的赞同。但它可能对有些人很有吸引力，这些人会觉得，那些被普遍认为是现实的东西，可能根本不像人们所说的那样是人们的共识，或者像人们所说的那样真实。他们相信，别的世界总是有可能存在的，它们可能更加美好，或更加奇怪。

进入"黑暗之海"

爱伦·坡在其作品中所设置的情节巧妙地向读者传达了一种感觉，即他们会觉得自己被既无法掌握也不完全理解的离奇力量环绕与占据。为了阻止似乎总在前方的毁灭[23]，他为书中人物设计了装备、制订了计划并引入了一些科学原理，在混乱中引入秩序，给阴影带入光明。

恐惧驱使我们固守自己的习惯，以求得保护与慰藉。我们修筑了堡垒、壕沟和墙壁，避免分心或者伤害、削弱或者背叛。但这些隔绝性建筑日渐脆弱，因为它们也受到了错误潮流的侵袭。

在一份很可能可以被称为爱伦·坡最隐晦的小说的鲜为人知的手稿[24]中，我们可以听到爱伦·坡发出的不断反抗混乱与毁灭的呼喊，以及他不可避免的失败。这是在爱伦·坡死后才被发现的故事，它没有写完。

人们后来为这篇残稿加了一个标题——《灯塔》(*The Light-House*)，它很可能是爱伦·坡在1849年写的，但它与爱伦·坡在19世纪40年代初期曾撰写的小说呼应，当时他在费城，正处于美国技术、科学和文学活动的中心。几年前，约翰·昆西·亚当斯在就职时承诺建造"天空灯塔"，即天文观察站，以巩固美国恒星和风暴科学的通信网络。贝奇和亨利后来启动了一个联邦灯塔项目，作为海岸调查的一部分。

与《泄密的心》一样，在爱伦·坡的这篇残稿中有一个焦躁、不可靠的叙事者。它对外表详细而偏执的描述与《丽姬娅》《陷阱与钟摆》和《一桶阿蒙蒂亚度酒》类似，而它遥远的海洋背景则让人想起了《大旋涡历险记》和《阿瑟·戈登·皮姆：楠塔基特岛旅行叙事》。

但我们看到的这个故事是以一种未完成、无日期的状态出现的，这一事实让它成了一个真正的"瓶中手稿"，既不知道发送人，也不知道目的地。此刻，在我们即将结束本书、爱伦·坡本人也不可能再说话的时候，如果我们只能通过他持续影响着的作品让他复活，则《灯塔》可以毫无疑问地让我们再次听到他那紧张而锐利的声音。

下面是这篇小说的全部：

1796年1月1日，这是我在灯塔上的第一天。按照我和德格拉特（De Grät）的约定，我写下了这篇日记。我会尽量按时地一直写下去，但谁也不知道像我这样完全孤零零的一个人在这里会出什么事，我可能会生病，或者更糟……好在到现在还没事！那艘小艇侥幸逃过了一劫，

结束语　来自一座灯塔

但只要我还在这里，毫发无伤，又何必为此忧心忡忡呢？只要一想到，这至少是我在生活中第一次完全独自一人，我的精神状态就会好起来。就像——当然了，尽管海王星体型不小，但我们不会认为它算是一个"社会成员"。我的上帝，我对"社会"的信任，能达到我对这只可怜的狗的信任的一半吗？如果能，我或许就永远不会与"社会"分离了，至少今年不会分离……最让我吃惊的是，德格拉特为我弄来这项任命居然如此困难，哪怕我还是这个国家的一位贵族呢！这不可能是因为教会上议院对我是否管得了这座灯塔有任何怀疑。在此之前它就是由一个男人管理的，而且他做得和以前通常指派的3个人同样好。这里其实也没什么可干的，白纸黑字印刷的指示清楚极了。让奥恩多夫（Orndoff）陪伴我是绝对不行的。只要他能接近我，我的书就根本写不下去，我实在无法忍受他的啰唆，更不要说他不停地用他的海泡石烟斗抽烟了。而且，我就是想一个人在这里……奇怪的是，在此刻之前，我从来没有觉得"独自一人"这几个字听上去这么沉闷："独自"！我甚至有点怀疑，这些圆柱形墙壁的回声有什么特异之处了，但是，没有！这完全是胡思乱想而已。我确实相信，我会因为自己离群索居而变得神经质。这种情况绝对不能发生，我还没有忘记德格拉特的预言。现在我就赶紧跑到塔灯那里，环顾周围，"看看那些我能看到的东西"……确实，看看我能看到的东西！但其实也看不到多少。我觉得，涌浪略微变小了一点儿，但不管怎么说，那艘小艇的返航之路将会十分艰辛。在明天中午之前，它几乎不大可能看到诺兰（Norland），而且它的航行距离几乎不可能超过190英里或者200英里。

1月2日。今天我在狂喜中度过，我的心情简直无法形容。我热爱独居，其中真的妙处无穷。我说的不是满意，因为我相信，我永远不会对今天经历的喜悦感到厌倦……黎明时分，风停了，而到了下午，海潮退下去了很多……除了海洋和天空，什么也看不见，哪怕用上望远镜也不行，虽然偶尔有海鸥飞过。

1月3日。整天一片死寂。到了傍晚时分，海洋看上去如同镜面。几缕海草进入了我的眼帘，但整整一天，除了它们就什么都没有了，天空中连一丝白云都没有……我就好好地在灯塔里探究了一番……这是一座非常巍峨的建筑。这一点是当我在沿着它没完没了的楼梯攀爬时发现的。照我说，从低水标志到塔顶差不多有160英尺，但从建筑内部的地板到最高点，这一距离至少有180英尺。所以，地板至少要比海平面低20英尺，即使在低水位的时候也是这样……我觉得，似乎灯塔底部空洞的内部应该是由实心的砖石结构填充的。毫无疑问，整个建筑会因此变得更加安全——不过我在想些什么？在任何情况下，这样一个结构本身都已经足够安全了。哪怕出现了有史以来最强烈的肆虐地球的飓风，身在其中的我也应该觉得自己是安全的。但我确实偶尔听到海员们提起，当刮起西南风时，这里的海面比其他地方都高，除了一个例外——麦哲伦海峡（traits of Magellan）的西口。尽管如此，不管什么风浪，对这样用铁铆接的坚固的墙都无能为力，因为它距离高水位标志50英尺，墙厚4英尺，而不是1英寸……我觉得，灯塔建筑的地基似乎是白垩……

1月4日……

爱伦·坡的这部残稿到此便再无下文，但我们或许可以猜到下面会发生些什么。这座灯塔将会不可避免地逐步发生灾难性的坍塌，而叙事人自己脆弱的防线也将同样如此。他追求的是孤独、安全的小圈子，让他能观察、测量和记录，然而矛盾的是，这样一来他将前所未有地完全暴露在破坏力之下，无论对身体，还是对心灵的破坏。

无论通过哪种方式，我们都会回到大海深处，那里是我们的起源之处。与此同时，我们或许会重新设计我们的艺术、科学和思维的魔灯表演和景观花园，以优美与说明问题的形式将它们短暂地组合在一起，同时注意着它们不可避免的解体。

爱伦·坡描述了在他所处时代和国度的那些奇特的确定性和永不消逝的担忧。除了他自己亲身经历的情况，他也显示了"纯粹地活着"的迷人与恐惧。爱伦·坡向他的读者发出了信号，让他们能在他死后很久之后继续了解他。爱伦·坡让理性的锐利目光变得更具剖析力，而它审视之后留下的黑暗会变得更加浓郁。

致谢

我衷心感谢以下机构的工作人员：宾夕法尼亚大学的范佩尔特图书馆和基斯拉克中心；纽约公共图书馆的珍本图书馆、伯格收藏馆和普福茨海默收藏馆；得克萨斯大学奥斯汀分校的哈里·兰塞姆中心；费城图书馆公司；费城历史学会；费城自然科学院档案馆；费城自由图书馆珍本图书馆；纽约历史学会图书馆；亨廷顿图书馆；约翰·霍普金斯大学皮博迪图书馆；美国西点军校的特别收藏部；史密森学会档案馆；里士满的爱伦·坡博物馆；以及爱伦·坡在费城、巴尔的摩和纽约的旧址博物馆。

感谢来自以下机构的重要支持：美国国家人文基金会（NEH 资助 FA–252132–17）；纽约公共图书馆的卡尔曼学者和作家中心；普林斯顿大学高级研究所；亨廷顿图书馆；以及柏林的马克斯·普朗克科学史研究所。

西蒙·谢弗从本书成形伊始就对其形式提供了不可或缺的建议；著名的理查德·科普利慷慨地提供了宝贵的评论和建议；与克莱尔·卡莱尔的仔细讨论帮助我清除了不必要的内容；肖恩·莫兰为"灯塔"的相关内容提供了重要建议；乔纳森·埃尔默让我对爱伦·坡的传媒观点更加清晰；米歇尔·斯迈利提供了早期摄影的相关资料；詹姆斯·德尔伯戈帮助整理了 18 世纪的有关内容；莎莉·格雷戈里·科尔斯泰特分享了她对美国科学家和机构的认识；理查德·约翰提供了一些战前的资料；与吉姆·西科德交谈和阅读使我受益无穷；布里特·鲁塞特打开了非裔美国人的科学之门；阿克塞尔·詹森使我对贝奇和国家建设的相关内容更加明晰；乔什·纳尔为有关学会的内容提供了正确的资料；大卫·凯

泽纠正了我某些离奇的猜想；勒内·范·斯洛滕分享了他关于勒梅特和爱因斯坦的发现；J. 杰拉尔德·肯尼迪分享了他敏锐的眼光和丰富的知识。我还要感谢费城坡之家的海伦·麦肯纳-乌夫和乔安妮·希奇里齐，感谢瓦格纳自由科学研究所的苏珊·格拉斯曼、让·斯特劳斯、玛丽·德奥利格尼、肯·阿尔德和詹姆斯·钱德勒提供的多方面和多形式的支持。

感谢来自沃伯格研究所、宾夕法尼亚大学和各种学术圈的朋友同人，以及许多与我交流、给我鼓励的人：埃斯特·艾伦、罗比·阿罗诺维茨、塔玛拉·巴尼特-赫林、尼古拉斯·巴雷尔、艾蒂安·本森、卡林·伯科维茨、查尔斯·伯恩斯坦、鲍勃·布莱恩、杰里米·布鲁克、格雷厄姆·伯内特、大卫·西普利、布莱恩·康诺利、露丝·施瓦茨·考恩、洛林·达斯顿、黛比·戴维斯、艾米丽·多兰、玛瓦·埃尔沙克里、埃姆隆·埃斯普林、埃尔娜·菲奥伦蒂尼、弗朗索瓦·弗斯滕伯格、里夫卡·加尔琴、彼得·加利森、伯纳德·盖根、凯茜·基尔、安德里亚·古莱特、迈克尔·哈格纳、凯文·海耶斯、爱德华·琼斯-伊姆霍特普、马修·琼斯、丹·凯夫尔斯、艾娃·科夫曼、罗伯·科勒、伊莱恩·拉斐、布鲁诺·拉图尔、迈克尔·莱哈、丽贝卡·莱莫夫、罗德里·刘易斯、伯纳德·莱特曼、达娜·梅多罗、伊万·莫鲁斯、普罗吉特·穆哈吉、弗雷德·诺塞拉、艾米丽·奥格登、乔·奥尼尔、凯瑟琳·潘多拉、克里斯泰尔·拉比尔、凯伦·拉塞尔、罗伯特·肖尔尼克、奥托·西布姆、劳拉·斯塔克、安妮·史蒂文斯、迪米特里·托皮茨、让-克里斯托夫·瓦尔塔、托马斯·弗兰肯、莉莉安·魏斯伯格、西蒙·韦雷特、亚伦·温施和杰森·祖兹加，以及1994年借我阅读了《爱伦·坡的科幻小说》的亚伦·戴维斯。

我的编辑，亚历克斯·斯塔使这本书的写作过程本身充满愉快，并使我受益无穷，我衷心地感谢他，以及伊恩·范·怀伊、布里安娜·潘齐卡、格雷琴·阿喀琉斯、塔尼娅·海因里希、苏珊·范赫克、英格丽德·斯特纳、阿曼多·维夫，还有"法勒、斯特劳斯和吉鲁"的每个工作人员。艾丽斯·切尼机构的亚历克斯·雅各布斯对这本书的打造倾注了多年的心血；亚当·伊格林的持续支持也至关重要。克莱尔·萨贝尔在注释的研究上起到了决定性作用。我还要感谢我的学生，尤其是"坡的实验"的幸存者。

衷心感谢我的母亲，感谢她将巴尔的摩与彩虹色的天文学永久融合在一起，感谢我所有的家人；感谢约瑟夫为我们提供了令人享受的娱乐活动；尤其要感谢的是克莱尔。

注释

开篇 主题：宇宙

[1] *New York Daily Tribune*, Feb. 2, 1848, 3.
[2] Nathaniel P. Willis, "Mr. Poe's Eureka," *New York Home Journal*, Feb. 5, 1848, 2, in *TPL*, 720.
[3] *Weekly Universe*, Jan. 1848, quoted by George W. Eveleth to Poe, July 9, 1848, in *TPL*, 719.
[4] Charles Eames, *New York New World*, Feb. 15, 1845, in *TPL*, 503.
[5] Frances Sargent Osgood, quoted in Hervey Allen, *Israfel: The Life and Times of Edgar Allan Poe*, 2 vols. (New York: George H. Doran, 1926), 2:643.
[6] Sarah Helen Whitman, quoting a letter from 1846, in *The Complete Works of Edgar Allan Poe*, ed. James A. Harrison, 17 vols. (New York: Thomas Y. Crowell, 1902), 1:246.
[7] Poe to George W. Eveleth, Jan. 4, 1848, in Ostrom, 2:354–57, and *TPL*, 716.
[8] George W. Eveleth to Evert Duyckinck, Nov. 23, 1847, in *TPL*, 709.
[9] *John Donkey* (Philadelphia), Jan. 1, 1848, *TPL*, 710. 1847 年 12 月 17 日，沃尔特·惠特曼在《布鲁克林鹰报》即将发行的创刊号《约翰·唐基》上摘选了这段话，并称这个笑话是"真正粗俗，但深刻真实的东西"，in *TPL*, 711. English's novel, first released in 1843, was republished in late 1847 as *Walter Woolfe; or, The Doom of the Drinker*; *TPL*, 711。
[10] Poe to H. D. Chapin, Jan. 17, 1847, in Ostrom, 2:644–45, and *TPL*, 717.
[11] Poe to Nathaniel P. Willis, Jan. 22, 1848, in Ostrom, 2:647, and *TPL*, 718.
[12] 约翰·普林格尔·尼科尔的演讲被转录成文字，并于 1848 年 2 月 3 日刊登在《纽约每日论坛报》上，后又被收集成册：J. P. Nichol, *Views of Astronomy: Seven Lectures Delivered Before the Mercantile Library Association of New York in the Months of January and February, 1848* (New York: Greeley & McElrath, 1848); J. P. Nichol, *Views of the Architecture of the Heavens, in Letters to a Lady* (Edinburgh: Tait, 1837)。
[13] 爱伦·坡一度否认读过《遗迹》（见 Poe's letter to George E. Isbell, Feb. 29, 1848, in Ostrom, 2:658–61），但是他充分注意到了该书的论点以及深意（详情可见本书第 14 节）。
[14] Maria Clemm, in George E. Woodberry, *The Life of Edgar Allan Poe, Personal and Literary, with His Chief Correspondence with Men of Letters*, 2 vols. (Boston: Houghton Mifflin, 1909), 2:236.
[15] *Albion*, Feb. 5, 1848, in *TPL*, 722.
[16] Maunsell B. Field, *Memories of Many Men and of Some Women: Being Personal Recollections of Emperors, Kings, Queens, Princes, Presidents, Statesmen, Authors, and Artists, at Home and Abroad, During the Last Thirty Years* (New York: Harper & Brothers, 1874), 224, in *TPL*, 720.
[17] Poe, *Eureka*, 8; 该引言与以下 3 条均摘自 the critical edition of *Eureka*, ed. Stuart Levine and Susan F. Levine (Urbana: University of Illinois Press, 2004)。
[18] 同上，28。
[19] 同上，100。
[20] 同上，23。
[21] John Henry Hopkins, *New York Morning Express*, Feb. 4, 1848, in *TPL*, 721.
[22] Poe to Eveleth, Feb. 29, 1848, in Ostrom, 2:650.

[23] Poe to Maria Clemm, July 7, 1849, in Ostrom, 2:452, and *TPL*, 814.

[24] Thomas Kuhn, *The Essential Tension* (Chicago: University of Chicago Press, 1977), chap. 3. 库恩认为，从1800年到1850年，得益于精密测量和实验的兴起，科学在许多领域中发生了转变；见 M. Norton Wise, ed., *The Values of Precision* (Princeton, N.J.: Princeton University Press, 1995); David Cahan, ed., *From Natural Philosophy to the Sciences: Writing the History of Nineteenth-Century Science* (Chicago: University of Chicago Press, 2003); John Pickstone, *Ways of Knowing: A New History of Science, Technology, and Medicine* (Chicago: University of Chicago Press, 2001)。

[25] 有关美国战前科学的主要资料来源包括：Sally Gregory Kohlstedt, *The Formation of the American Scientific Community* (Urbana: University of Illinois Press, 1976); Sally Gregory Kohlstedt, "Parlors, Primers, and Public Schooling: Education for Science in Nineteenth-Century America," *Isis* 81, no. 3 (1990): 424–45; Nathan Reingold, *Science, American Style* (New Brunswick, N.J.: Rutgers University Press, 1991); Hunter Dupree, *Science in the Federal Government: A History of Policies and Activities* (Baltimore: Johns Hopkins University Press, 1986); Robert V. Bruce, *The Launching of American Science, 1846–1876* (New York: Knopf, 1987); George H. Daniels, *American Science in the Age of Jackson* (Tuscaloosa: University of Alabama Press, 1994); Britt Rusert, *Fugitive Science: Empiricism and Freedom in Early African American Culture* (New York: New York University Press, 2017); Katherine Pandora, "Popular Science in National and Transnational Perspective: Suggestions from the American Context," *Isis* 100, no. 2 (2009): 346–58; Conevery Bolton Valenčius et al., "Science in Early America: Print Culture and the Sciences of Territoriality," *Journal of the Early Republic* 36, no. 1 (2016): 73–123; Marc Rothenberg, ed., *The History of Science in the United States: An Encyclopedia* (New York: Garland, 2001); Joshua Nall, *News from Mars: Mass Media and the Forging of a New Astronomy, 1860–1910* (University of Pittsburgh Press, 2019)。在该时期，美国科学见证了专业精英组织机构的出现（Reingold, Bruce, Daniel, Dupree），还见证了科学在日常生活中的普及与扩大化（Pandora, Valenčius, literature on Barnum and "pseudo-science"）。虽然爱伦·坡的生活和工作常常被分开研究，但通过这两者的研究，弄清楚上述两种趋势如何交互影响是有可能的。On previous studies of Poe, 见 "A Note About Sources" above。

[26] Marie Bonaparte, *The Life and Works of Edgar Allan Poe: A Psycho-analytic Interpretation*, trans. John Rodker (London: Imago, 1949).

[27] 有关美国通史的主要资料来源包括：Daniel Walker Howe, *What Hath God Wrought: The Transformation of America, 1815–1848* (New York: Oxford University Press, 2007); David S. Reynolds, *Waking Giant: America in the Age of Jackson* (New York: Harper, 2008); Charles Sellers, *The Market Revolution: Jacksonian America, 1815–1846* (New York: Oxford University Press, 1991); Sean Wilentz, *The Rise of American Democracy: Jefferson to Lincoln* (New York: W. W. Norton, 2006); Jill Lepore, *These Truths: A History of the United States* (New York: W. W. Norton, 2018); Howard Zinn, *A People's History of the United States: 1492– Present* (New York: Routledge, 2015); Eric Foner, *The Story of American Freedom* (New York: W. W. Norton, 1999)。

第一章　从爱伦到爱伦·坡

[1] Edgar Allan Poe, "Imitation," in *Tamerlane and Other Poems* (Boston: Calvin Thomas, 1827), 29–30, and LOA, 34; an early "imitation" of Byron.

1　少年天文学家

[1] Allen, *Israfel*, 1:130; 这台仪器在位于巴尔的摩友好街的埃德加·爱伦·坡故居博物馆（Edgar Allan

注释

Poe House and Museum,Amity Street,Baltimore)展出。
[2] Advertisement for Richmond Academy, *Richmond Compiler*, Oct. 2 and 4, 1821, in *TPL*, 48.
[3] Poe, "Dreams," in *Tamerlane and Other Poems*, 26 – 27, and LOA, 31 – 32.
[4] William Galt's will, probated March 29, 1824, MS, Deed Book 117–B, 99, Circuit Court of the City of Richmond, Va., Division I, in *TPL*, 63 – 64.
[5] *Norfolk Herald*, July 26, 1811; AHQ, 41 – 42, in *TPL*, 11.
[6] The page is reproduced in Allen, *Israfel*, 76; on Poe in Allan's firm, see Terence Whalen, *Edgar Allan Poe and the Masses: The Political Economy of Literature in Antebellum America* (Princeton, N.J.: Princeton University Press, 1999), 23.
[7] Poe, "Evening Star," in *Tamerlane and Other Poems*, 28 – 29, and LOA, 33 – 34.
[8] Samuel Mordecai(一名里士满商人和历史学家)to his sister Rachel, Nov. 2, 1811, Jacob Mordecai Papers, Duke University Library, in *TPL*, 13。
[9] *Richmond Enquirer*, Nov. 29, 1811, in *TPL*, 13.
[10] David Leverenz, "Poe and Gentry Virginia," in *The American Face of Edgar Allan Poe*, ed. Shawn Rosenheim and Stephen Rachman (Baltimore: Johns Hopkins University Press, 1995), 210 – 236. 对于弗吉尼亚州的奴隶制,莱韦伦茨的想法也在不断改变。19世纪20年代,该州立法机关就代表权问题展开了激烈争论:使用哪一次人口普查结果,奴隶是否也算入其中(增加奴隶所有者的投票权),以及废除奴隶制的各种计划,包括再次殖民于1822年建立的利比里亚。
[11] "Medicinal Springs of Virginia in the 19th Century," Claude Moore Health Sciences Library, University of Virginia,exhibits.hsl.virginia.edu/springs/introessay/.
[12] 尤金·L.迪迪埃汇总了几个曾于1812—1815年间在白硫黄温泉镇见过爱伦·坡的里士满居民的回忆, in *Life of Edgar A. Poe* (New York: W. J. Widdleton, 1877), 28, in *TPL*, 18。
[13] David S. Reynolds, Beneath the American Renaissance: *The Subversive Imagination in the Age of Emerson and Melville* (New York: Oxford University Press, 2011); Teresa A. Goddu, *Gothic Americ*a: *Narrative, History, and Nation* (New York: Columbia University Press, 1997).
[14] Midori Takagi, *Rearing Wolves to Our Own Destruction: Slavery in Richmond Virginia, 1782–1865* (Charlottesville: University of Virginia Press, 2000).
[15] James H. Whitty, "Memoir," in *The Complete Poems of Edgar Allan Poe*, ed. James H. Whitty (Boston: Houghton Mifflin, 1911), xxii, n2; Allen, *Israfel*, 1:196 – 197.
[16] Susan A. T. Weiss, "The Allan Home," in *Home Life of Poe* (New York: Broadway, 1907), 18. On Poe and cultures of the African diaspora, see Thomas Bledsoe and Thomas Mabbott, "Poe and Armistead Gordon," *Phylon* 7, no. 4 (1946): 355 – 357; Joan Dayan, "Amorous Bondage: Poe, Ladies, and Slaves," *American Literature* 66, no. 2 (1994): 239 – 273; Colin Dayan, "Legal Terrors," *Representations* 92, no. 1 (2005): 42 – 80; Yvonne P. Chireau, *Black Magic: Religion and the African American Conjuring Tradition* (Berkeley: University of California Press, 2006).
[17] Poe, *Tales of the Grotesque and Arabesque* (Philadelphia: Lea and Blanchard, 1840), 5.
[18] Sophia A. Rosenfeld, *Common Sense: A Political History* (Cambridge, Mass.: Harvard University Press, 2011).
[19] I. Bernard Cohen, *Science and the Founding Fathers: Science in the Political Thought of Jefferson, Franklin, Adams, and Madison* (New York: W. W. Norton, 1995); Tom Shachtman, *Gentlemen Scientists and Revolutionaries: The Founding Fathers in the Age of Enlightenment* (New York: Palgrave Macmillan, 2014).
[20] James Delbourgo, *A Most Amazing Scene of Wonders: Electricity and Enlightenment in Early America* (Cambridge, Mass.: Harvard University Press, 2006); Susan Scott Parrish, *American Curiosity: Cultures of Natural History in the Colonial British Atlantic World* (Chapel Hill: University of North Carolina Press,

[21] Jefferson in Russell Blaine Nye, *The Cultural Life of the New Nation, 1776–1830* (New York: Harper & Row, 1960), 100.

[22] Franklin to Samuel Cooper, May 1, 1777, in *The Writings of Benjamin Franklin, ed.* Albert Henry Smyth, 10 vols. (New York: Macmillan, 1905–7), 7:56.

[23] Thomas Paine, *The Rights of Man* (London: J. S. Jordan, 1791), quoted in Nye, *Cultural Life*, 66.

[24] I. Bernard Cohen, "Science and the Growth of the American Republic," *Review of Politics* 38, no. 3 (July 1976): 365.

[25] John F. Kasson, *Civilizing the Machine: Technology and Republican Values in America, 1776–1900* (New York: Grossman, 1976).

[26] Brooke Hindle, *The Pursuit of Science in Revolutionary America, 1735–1789* (Chapel Hill: University of North Carolina Press, 1956).

[27] James Gilreath and Douglas L. Wilson, eds., *Thomas Jefferson's Library: A Catalogue with Entries in His Own Order* (Washington, D.C.: Library of Congress, 1989), 119, cited in Robert J. Scholnick, *Poe's "Eureka," Erasmus Darwin, and Discourses of Radical Science in Britain and America, 1770–1850* (Lewiston, N.Y.: Edwin Mellen Press, 2018); David N. Stamos, *Edgar Allan Poe, "Eureka," and Scientific Imagination* (Albany: State University of New York Press, 2017), 131–132.

[28] Jefferson to Thomas Cooper, Oct. 7, 1814, in *The Writings of Thomas Jefferson*, ed. H. A. Washington, 9 vols., new ed. (Washington, D.C.: Taylor & Maury, 1853–1854; Cambridge, U.K.: Cambridge University Press, 2011), 6:390.

[29] Georges-Louis Leclerc, Comte de Buffon, *Histoire naturelle*, 36 vols. (Paris: Royal, 1749–1788), 11:103–104, quoted in Lee Alan Dugatkin, "Buffon, Jefferson, and the Theory of New World Degeneracy," *Evolution: Education and Outreach* 12, no. 1 (2019): 2; J. C. Greene, *American Science in the Age of Jefferson* (Ames: Iowa State University Press, 1984).

[30] Jefferson, *Notes on the State of Virginia* (Richmond: J.W. Randolph, 1853), 149.

[31] Benjamin Banneker to Thomas Jefferson, 19 Aug. 1791, Founders Online.

[32] Jefferson to William Short, Sept. 8, 1823, Jefferson Papers, Founders Online, National Archives, 见 Peter S. Onuf, *Jefferson's Empire: The Language of American Nationhood* (Charlottesville: University of Virginia Press, 2000)。

[33] 该起事件又名"切萨皮克-豹事件"(Chesapeake-Leopard Affair),有两艘战舰牵涉其中,一艘为美国军舰"切萨皮克"(Chesapeake)号,另一艘则为英国皇家海军舰艇"豹"(Leopard)号;见 James Fenimore Cooper, *History of the Navy of the United States of America* (New York: Stringer & Townsend, 1839)。

[34] Letters of Dr. Thomas Massie of Richmond, in "Richmond During the War of 1812 (Continued)," *Virginia Magazine of History and Biography*, April 1900, 406–418.

[35] Allan to Ellis, Sept. 21, 1815, Ellis-Allan Papers, Library of Congress, in *TPL*, 26.

[36] J. Gerald Kennedy, "The Realm of Dream and Memory: Poe's England," in *Poe and Place*, ed. Philip Edward Phillips (Cham, Switzerland: Palgrave Macmillan, 2018), 71–96.

[37] Allan to Ellis, Oct. 30, 1815, Ellis-Allan Papers, in *TPL*, 26.

[38] Catherine Poitiaux, May 18, 1816, in Killis Campbell, "New Notes on Poe's Early Years," *Dial*, Feb. 17, 1916, 144, in *TPL*, 30.

[39] Allan to General John H. Cocke, Feb. 3, 1817, E. V. Valentine Collection, Valentine Museum, Richmond; AHQ, 70–71.

[40] For a panorama of the "age of 'the spirit of the age,'", 见 James Chandler, *England in 1819: The Politics*

of Literary Culture and the Case of Romantic Historicism (Chicago: University of Chicago Press, 1999)。

[41] Allan to William Galt Jr., Nov. 12, 1818, William Galt Jr. Papers, William R. Perkins Library, Duke University, in *TPL*, 39.

[42] Frances K. Allan to John Allan, Oct. 15, 1818, Valentine Collection; AHQ, 78.

[43] Peter J. Manning, "Childe Harold in the Marketplace: From Romaunt to Handbook," *Modern Language Quarterly* 52, no. 2 (1991): 170–190.

[44] William Elijah Hunter, "Poe and His English Schoolmaster," *Athenaeum*, Oct. 19, 1878, 496–497; AHQ, 71.

[45] Poe, "William Wilson," *Gift for 1840*, issued about Oct. 1839, 229–253.

[46] Hunter, "Poe and His English Schoolmaster"; AHQ, 71.

[47] Allan to William Erwin [Ewing], March 21, 1818, Ellis–Allan Papers, in *TPL*, 36.

[48] John Allan to Charles Ellis, 27 July 1820, Library of Congress, Ellis–Allan Papers, *TPL*, 45.

[49] Clarke to E. L. Didier, April 16, 1876, Autograph MS, Harvard College Library; AHQ, 83.

[50] Thomas H. Ellis, "Edgar Allan Poe," *Richmond Standard*, May 7, 1881, 2; AHQ, 82.

[51] Kenneth Silverman, *Edgar A. Poe: Mournful and Never-Ending Remembrance* (New York: HarperCollins, 1991), 125–126. On Henry's life and relations with Poe, see Her-vey Allen and Thomas Mabbott, eds., *Poe's Brother: The Poems of William Henry Leonard Poe* (New York: George H. Doran, 1926), 21; Richard Kopley, introduction to *The Narrative of Arthur Gordon Pym of Nantucket*, ed. Richard Kopley (New York: Penguin Classics, 1999), ix–xxix.

[52] Colonel John T. L. Preston, "Some Reminiscences of Edgar A. Poe as a Schoolboy," in *Edgar Allan Poe: A Memorial Volume*, ed. Sara S. Rice (Baltimore: Turnbull Brothers, 1877), 40–41; AHQ, 85.

2 在杰斐逊的实验中

[1] Allan to Henry Poe, Nov. 1, 1824, Ellis–Allan Papers, in *TPL*, 61–62.

[2] Albert J. Lubell, "Poe and A. W. Schlegel," *Journal of English and Germanic Philology* 52, no. 1 (1953): 1–12; Sean Moreland and Devin Zane Shaw, "'As Urged by Schelling': Coleridge, Poe, and the Schellingian Refrain," *EAPR* 13, no. 2 (2012): 50–80.

[3] Poe, "The Lake," in LOA, 37.

[4] Maria Clemm to Sarah Helen Whitman, April 14, 1859, Lilly Collection, Indiana University; AHQ, 86.

[5] Sarah Elmira Royster, in Edward V. Valentine, "Conversation with Mrs. Shelton at Mr. Smith's corner 8th and Leigh Streets, Nov. 19, 1875"; AHQ, 91.

[6] Virginius Dabney, *Richmond: The Story of a City*, rev. ed. (Charlottesville: University of Virginia Press, 1990), 104–106.

[7] Howe, *What Hath God Wrought*, 91–124.

[8] Auguste Levasseur, *Lafayette in America in 1824 and 1825; or, Journal of Travels in the United States*, 2 vols. (New York: Clayton and Van Norden, 1829), 2:14.

[9] John Quincy Adams, "First Annual Message (Dec. 6, 1825)," in *A Compilation of the Messages and Papers of the Presidents*, ed. James D. Richardson (Washington, D.C.: Government Printing Office, 1897), vol. 2, pt. 2, 299–317; Marlana Portolano, "John Quincy Adams's Rhetorical Crusade for Astronomy," *Isis* 91, no. 3 (2000): 480–503.

[10] Poe speaks of the kaleidoscope's effect in "The Philosophy of Furniture," a humorous article published in *Burton's Gentleman's Magazine*, May 1840, 243–245. On magic lantern shows, see X. Theodore Barber, "Phantasmagorical Wonders: The Magic Lantern Ghost Show in Nineteenth-Century America," *Film History* 3, no. 2 (1989): 73–86; Jeremy Brooker, *The Temple of Minerva. Magic and the Magic Lantern at the Royal Polytechnic Institution, London 1837–1901* (The Magic Lantern Society, London, 2013);

works by Morus and Wells cited below.

[11] *American Lyceum, with the Proceedings of the Conference Held in N.Y., May 4, 1831, to Organize the National Department of the Institution* (Boston: Hiram Tupper, 1831), 4. On the lyceum movement, see Carl Bode, *The American Lyceum: Town Meeting of the Mind* (New York: Oxford University Press, 1956); Kohlstedt, *Formation of the American Scientific Community*, 8; Kohlstedt, "Parlors, Primers, and Public Schooling"; Donald Zochert, "Science and the Common Man in Ante-bellum America," *Isis* 65, no. 4 (1974): 448–473.

[12] William H. Allen, *An Address Before the Cuvierian Society of the Wesleyan University, Middletown, Connecticut, July 31, 1838* (New York: Cuvierian Society, 1838), 13, quoted in Kohlstedt, *Formation of the American Scientific Community*, 17; Kent P. Ljungquist, "Lectures and the Lyceum Movement," in *The Oxford Handbook of Transcendentalism*, ed. Joel Myerson, Sandra Harbert Petrulionis, and Laura Dassow Walls (New York: Oxford University Press, 2010), 330–47.

[13] Laura Dassow Walls, *The Passage to Cosmos: Alexander von Humboldt and the Shaping of America* (Chicago: University of Chicago Press, 2009); Mary Louise Pratt, *Imperial Eyes: Travel Writing and Transculturation* (New York: Routledge, 2007); Andrea Wulf, *The Invention of Nature: Alexander von Humboldt's New World* (New York: Vintage, 2016); Ingo Schwarz, "Alexander von Humboldt's Visit to Washington and Philadelphia," *Northeastern Naturalist* 8 (2001): 43–56; Michael Dettelbach, "The Face of Nature: Precise Measurement, Mapping, and Sensibility in the Work of Alexander von Humboldt," *Studies in History and Philosophy of Science Part C* 30, no. 4 (1999): 473–504.

[14] Robert M. Healey, *Jefferson on Religion in Public Education* (New Haven, Conn.: Yale University Press, 1962), 183.

[15] Jefferson in Charles Maurice Wiltse, *The Jeffersonian Tradition in American Democracy* (Chapel Hill: University of North Carolina Press, 1935), 141.

[16] Quoted in Nathan Reingold, *Science in Nineteenth-Century America, a Documentary History* (New York: Hill & Wang, 1964), 22.

[17] Healey, *Jefferson on Religion in Public Education*, 63.

[18] 同上, 151。

[19] Jefferson to George Ticknor, July 16, 1823, in *The Writings of Thomas Jefferson*, ed. Albert Ellery Bergh and Andrew A. Lipscomb, 20 vols. (Washington, D.C.: Jefferson Memorial Association, 1903–1904), 15:455.

[20] For the recruitment of European professors, see Dumas Malone, *The Sage of Monticello*, 6 vols. (Boston: Little, Brown, 1981), 6:397–422; Nicolas Dufief, *Nature Displayed in Her Mode of Teaching Language to Man* (Philadelphia: L. Plowman, 1804).

[21] AHQ, 107.

[22] Julia Luisa Abramson, *Learning from Lying: Paradoxes of the Literary Mystification* (Newark: University of Delaware Press, 2005).

[23] Poe, "Von Jung (Mystification)," in *The Collected Works of Edgar Allan Poe*, 3 vols., ed. Thomas Ollive Mabbott (Cambridge, Mass.: Harvard University Press, 1969–1978), 2:296.

[24] Poe to Allan, Sept. 21, 1826, in Ostrom, 1:6.

[25] Miles George to E. V. Valentine, May 18, 1880; AHQ, 108.

[26] AHQ, 104.

[27] Silverman, *Mournful*, 34.

[28] George to Valentine, May 18, 1880; AHQ, 108.

[29] Thomas Goode Tucker to Douglass Sherley, April 5, 1880, in Woodberry, *Life*, 1:33, and *TPL*, 69–70.

[30] Theodore Pease Stearns, "A Prohibitionist Shakes Dice with Poe," *Outlook*, Sept. 1, 1920, 25–26, in *TPL*,

71‑72.
- [31] Poe, "William Wilson," *Gift for 1840*, 245.
- [32] Poe to Allan, Jan. 3, 1831, in Ostrom, 1:58‑63; AHQ, 110‑11.
- [33] T. H. Ellis, *Richmond Standard*, May 7, 1881, in TPL, 75.
- [34] Ellis, "Edgar Allan Poe," 2.
- [35] Poe, "Song," in LOA, 31.
- [36] Poe to Allan, March 19, 1827, in Ostrom, 1:10‑11.
- [37] Allan to Poe, March 20, 1827, quoted in Mary Newton Stanard, *Edgar Allan Poe Letters till Now Unpublished in the Valentine Museum, Richmond, Virginia* (Philadelphia: J. B. Lippincott, 1925), 76, in *TPL*, 78.
- [38] Allan to his sister, March 27, 1827, Ellis–Allan Papers, in *TPL*, 78.

3　流放、发明家、军校学员

- [1] Stearns, "Prohibitionist Shakes Dice with Poe," 25‑26. On Poe's brief time as a Boston clerk, 见 Mabbott, *Collected Works*, 1:539。
- [2] Susan Jaffe Tane and Gabriel Mckee, *Evermore: The Persistence of Poe: The Edgar Allan Poe Collection of Susan Jaffe Tane* (New York: Grolier Club, 2014); Leon Jackson, "Poe and Print Culture," *Poe Studies* 33, no. 1‑2 (2000): 4‑9, and "The Italics Are Mine: Edgar Allan Poe and the Semiotics of Print," in *Illuminating Letters: Typography and Literary Interpretation*, ed. Paul C. Gutjahr and Megan L. Benton (Amherst: University of Massachusetts Press, 2001), 53. 目前有 12 本《帖木儿和其他诗篇》，其中 2009 年拍卖了一本，拍卖价格创造了历史最高纪录。Frank James, "Poe Book Auctioned for $662,500, New Record," NPR.
- [3] John Samuel Tieman, "Sergeant Major Edgar Allan Poe," *International Journal of Applied Psychoanalytic Studies* 13, no. 4 (2016): 351‑66.
- [4] 同上。
- [5] Quinn (AHQ), Silverman (*Mournful*), and Jeffrey Meyers (*Edgar Allan Poe: His Life and Legacy* [New York: Charles Scribner's Sons, 1992]) give Poe's army years short shrift; in contrast, 见 William F. Hecker, *Private Perry and Mister Poe: The West Point Poems*, 1831 (Baton Rouge: Louisiana State University Press, 2005), and John Thomas Russell, *Edgar Allan Poe: The Army Years* (West Point, N.Y.: U.S. Military Academy, 1972).
- [6] Michael L. Howard, "Seeds of a Soldier: The True Story of Edgar Allan Poe— the Sergeant Major," *Army Space Journal* (Fall 2003): 60, 56‑57.
- [7] Hecker (*Private Perry and Mister Poe*) links Poe's "explosive" poetics to the meticulous attention required as artificer; Benjamin F. Fisher, *The Cambridge Introduction to Edgar Allan Poe* (Cambridge, U.K.: Cambridge University Press, 2008), 3.
- [8] Poe to Allan, Dec. 1, 1828, Valentine Collection, in Ostrom, 1:14‑15, and *TPL*, 86.
- [9] William Duane, *A Handbook for Infantry*, 9th ed. (Philadelphia: printed for the author, 1814), quoted in Howard, "Seeds of a Soldier," 60.
- [10] Allan to Powhatan Ellis, March 4, 1829, Ellis–Allan Papers, in *TPL*, 89.
- [11] Col. James House, Mar. 30, 1829; AHQ, 135.
- [12] Poe, "Alone," MS copy, Lucy Holmes Balderston Album, 1826‑48, MS 1796, Maryland Historical Society; LOA, 60; I. B. Cauthen Jr., "Poe's *Alone*: Its Background, Source, and Manuscript," *Studies in Bibliography* 3 (1950/1951): 284‑91.
- [13] J. Howard (lieutenant, First Artillery), letter of recommendation, April 20, 1829, quoted in Kenneth Walter Cameron, "Young Poe and the Army— Victorian Editing," *ATQ* 20, supplement, pt. 4 (Fall 1973): 158, in

TPL, 90–91.

[14] Colonel James P. Preston to Secretary Eaton, May 13, 1829, quoted in Cameron, "Young Poe," 166–77, in TPL, 93.

[15] Andrew Stevenson to John Eaton, 6 May 1829, in TPL, 91.

[16] John Campbell to John Eaton, 6 May 1829, in TPL, 91.

[17] 1832年，威廉·沃特作为反共济会党候选人，参加总统竞选。在切罗基族领导人的要求下，他将对两起最高法院案件展开辩论。这两起事件导致了如何定义印第安人部落主权问题的出现，以及要求部落谈判的对象是联邦政府而非各州。然而，安德鲁·杰克逊无视伍斯特诉佐治亚案，且允许佐治亚州逼迫切罗基人踏上迁徙的"血泪之路"（the Trail of Tears）。Stuart Banner, *How the Indians Lost Their Land: Law and Power on the Frontier* (Cambridge, Mass.: Harvard University Press, 2005).

[18] Wirt to Poe, May 11, 1829, in Stanard, *Poe Letters*, 131–32, in TPL, 92.

[19] Poe to Lea, before May 27, 1829, in Ostrom, 1:28.

[20] Poe to Allan, May 29, 1829, in Ostrom, 1:30.

[21] Poe, quoting Allan, to Allan, July 26, 1829, in Ostrom, 1:36.

[22] Neal, in the *Yankee, and Boston Literary Gazette*, Sept. 1829, in TPL, 98.

[23] "Unpublished Poetry," *Yankee*, Dec. 1829, in TPL, 100.

[24] Review of *Al Aaraaf, Tamerlane, and Minor Poems*, by Poe, *American Ladies' Magazine and Literary Gazette* (Boston), Jan. 1830, in TPL, 103.

[25] *The Musiad, or, Ninead, a Poem, by Diabolus, Edited by Me* (Baltimore, 1830), 8, quoted in Mabbott, Collected Works, 1:541, in TPL, 103.

[26] Poe, *Al Aaaraaf, Tamerlane, and Minor Poems* (Baltimore: Hatch and Dunning, 1829), 11.

[27] Francis Bacon, *The New Organon* ed. Lisa Jardine and Michael Silverthorne [Cambridge: Cambridge University Press, 2000 (1620)], 69.

[28] AHQ, 161.

[29] John Keats, *Lamia, Isabella, The Eve of St. Agnes, and Other Poems* (London: Taylor and Hessey, 1820), 1–46.

[30] Stephen Rachman, "From 'Al Aaraaf' to the Universe of Stars: Poe, the Arabesque, and Cosmology," EAPR 15, no. 1 (2014): 1–19; Jeffrey Einboden, *Islam and Romanticism: Muslim Currents from Goethe to Emerson* (London: Oneworld, 2014), chap. 15.

[31] Poe to Isaac Lea, before May 27, 1829, in Ostrom, 1:26–27.

[32] Adam Mosley, *Bearing the Heavens: Tycho Brahe and the Astronomical Community of the Late Sixteenth Century* (Cambridge, U.K.: Cambridge University Press, 2007).

[33] David Van Leer, "Nature's Book: The Language of Science in the American Renaissance," in *Romanticism and the Sciences*, ed. Andrew Cunningham and Nicholas Jardine (Cambridge, U.K.: Cambridge University Press, 1990), 307–21.

[34] Poe to Graves, May 3, 1830, in Ostrom, 1:54.

[35] John H. Eaton, 1830, in Silverman, *Mournful*, 60.

[36] *General Regulations for the Army*, War Department, 1825, No. 1337, in Karl E. Oelke, "Poe at West Point— a Revaluation," PS 6, no. 1 (1973): 5.

[37] Poe to Allan, June 28, 1830, in Ostrom, 1:56.

[38] George Cullum to Alfred Huidekoper, June 21, 1832, quoted in Oelke, "Poe at West Point," 1.

[39] 阿尔伯特·丘奇于1828年至1831年，担任西点军校数学助理教授一职，in "Personal Reminiscences"。 *Twelfth Annual Reunion of the Association of Graduates of the U.S. Military Academy at West Point, NY, June 9, 1881* (East Saginaw, Mich.: E. W. Lyon, 1881), 151, quoted in Oelke, "Poe at West Point," 2.

[40] Thayer in Stephen E. Ambrose, *Duty, Honor, Country: A History of West Point* (Baltimore: Johns Hopkins University Press, 1966), 42.

[41] Poe to Allan, June 28, 1830, in Ostrom, 1:56.

[42] 关于教学第一年用过的课本，最可靠的记录就是the 1831 *Board of Visitors Report*, with its "Synopsis of the Course of Studies . . ." including the mathematics texts Lacroix, *Elements of Algebra*, and Legendre, *Elements of Geometry*; 见V. Frederick Rickey, David C. Arney, and Joe Albree, eds., *A Station Favorable to the Pursuits of Science: Primary Materials in the History of Mathematics at the United States Military Academy* (Providence: American Mathematical Society, 2000); Oelke, "Poe at West Point," 3。

[43] Charles Dupin, *Mathematics Practically Applied to the Useful and Fine Arts*, trans. G. Birkbeck (London: C. Tait, 1827). 爱伦·坡可能还记得夏尔·迪潘的哥哥——这位颇为狡猾的政客：安德烈·玛丽·让·雅克·迪潘。John T. Irwin, *The Mystery to a Solution: Poe, Borges, and the Analytic Detective Story* (Baltimore: Johns Hopkins University Press, 1996), 341‒45; Richard Kopley, *Edgar Allan Poe and the Dupin Mysteries* (New York: Palgrave Macmillan, 2008), 96n3. Claudius Berard, "Catalogue of Books Contained in Ten Cases, Lately Received from France, and Sent to the Library of the Military Academy at W-Point by General J. G. Swift," hand-written MS, Sept. 15, 1817, USMA Library, Special Collections.

[44] Constance A. Lubbock, *The Herschel Chronicle* (Cambridge, U.K.: Cambridge University Press, 2013), 310; Hervé Faye, *Sur l'origine du monde: Théories cosmogoniques des anciens et des modernes* (Paris: Gauthier-Villars, 1884), 109‒11.

[45] 这不朽名言似乎源自弗朗西斯科·安托马基。*Mémoires du docteur F. Antommarchi; ou, Les derniers momens de Napoléon*, 2 vols. (Paris: Barrois L'Aîné, 1825), 1:282.

[46] Thomas Fleming, *West Point: The Men and Times of the United States Military Academy*, 2nd ed. (New York: Morrow, 1969), 201; Christopher J. Phillips, "An Officer and a Scholar: Nineteenth-Century West Point and the Invention of the Blackboard," *History of Education Quarterly* 55, no. 1 (2015): 82‒108; Michael J. Barany and Donald MacKenzie, "Chalk: Materials and Concepts in Mathematics Research," in *Representation in Scientific Practice Revisited*, ed. Catelijne Coopmans et al. (Cambridge, Mass.: MIT Press, 2014), 107‒29.

[47] John C. Pemberton to his parents, Sept. 20, 1822, microfilm, Pemberton Family Papers, USMA Library, Special Collections; original at Historical Society of Pennsylvania. Cited in Oelke, "Poe at West Point," 3n22.

[48] Joseph Henry, "Eulogy on Prof. Alexander Dallas Bache, Late Superintendent of the United States Coast Survey," *Annual Report of the Smithsonian Institution for 1870* (Washington, D.C.: Government Printing Office, 1871), 91.

[49] Barbour to Sophia Bache, June 10, 1825, series RU 7053, box 3, A. D. Bache Papers, Smithsonian Institution Archives; discussed in Axel Jansen, *Alexander Dallas Bache: Building the American Nation Through Science and Education in the Nineteenth Century* (Frankfurt: Campus, 2011), 59.

[50] Poe to Allan, Nov. 6, 1830, in Ostrom, 1:57.

[51] Thomas W. Gibson, "Poe at West Point," *Harper's New Monthly Magazine*, Nov. 1867, 754, in *TPL*, 109.

[52] Timothy Pickering Jones interview, *New York Sun*, May 10, 1903; Woodberry, *Life*, 1:369, and *TPL*, 107.

[53] Allan B. Magruder, April 23, 1884, quoted in Woodberry, *Life*, 1:70, and *TPL*, 107.

[54] Gibson, "Poe at West Point," 754, in *TPL*, 108.

[55] George Cullum to his sister, Feb. 14, 1833, USMA Library, Special Collections, quoted in Oelke, "Poe at West Point," 4.

[56] Oelke, "Poe at West Point," 4.

[57] 同上，1‒2。

[58] Gibson, "Poe at West Point," 755, in *TPL*, 109.

[59] Gibson, "Poe at West Point," 754, in *TPL*, 109.
[60] Poe to Allan, Nov. 6, 1830, in Ostrom, 1:57 – 58.
[61] Poe to Allan, Jan. 3, 1831, in Ostrom, 1:58 – 63.
[62] "Register of Merit, No. 1, 1817 to 1835," USMA Library, Special Collections, quoted in Oelke, "Poe at West Point," 2.
[63] John Henry Eaton, "Military Academy Order, No. 7," Washington, Feb. 8, 1831, USMA Library, Special Collections, Post Order Book no. 5, 1827 – 39.
[64] David E. Hale to Sarah Josepha Hale, Feb. 10, 1831; AHQ, 171.
[65] Eugene L. Didier, The Poe Cult and Other Poe Papers (New York: Broadway, 1909), 224 – 25, in *TPL*, 115.
[66] AHQ, 174.
[67] William H. Goetzmann, *Exploration and Empire: The Explorer and the Scientist in the Winning of the American West* (New York: Knopf, 1966).
[68] Alfred D. Chandler Jr., *The Visible Hand* (Cambridge, Mass.: Harvard University Press, 1993); Captain William V. Judson, Corps of Engineers, U.S. Army, "The Services of Graduates as Explorers, Builders of Railways, Canals, Bridges, Light-Houses, Harbours, and the Like (1886)," in *The Centennial of the United States Military Academy at West Point*, New York, 1802 – 1902 (U.S. Military Academy, 1904), 1:835 – 74.

第二章　扬帆启航

[1] Poe, "Tamerlane," LOA, 27.

4　巴尔的摩的学徒生活

[1] Poe to Allan, Feb. 21, 1831, in Ostrom, 1:64, and *TPL*, 115.
[2] Poe to Thayer, March 10, 1831, in Ostrom, 1:55 – 56; for provenance of this letter, 见 Ostrom, 2:472n30。
[3] Ledger records, Treasurer of the U.S. Military Academy Thomas J. Leslie, cited in Russell, *Army Years*, 29 – 30, in *TPL*, 117; on Poe's finances at West Point, 见 Silverman, *Mournful*, 67。
[4] General Allan B. Magruder to George E. Woodberry, July 1, 1884, quoted in Woodberry, *Life*, 1:78.
[5] Gibson, "Poe at West Point," 755, in *TPL*, 118.
[6] Review by either George P. Morris or Theodore S. Fay, *New-York Mirror*, May 7, 1831, in *TPL*, 119.
[7] Elam Bliss, review in the *Morning Courier and New-York Enquirer*, July 8, 1831, 124, in *TPL*, 120 – 21.
[8] Poe, "To Helen," in LOA, 62.
[9] Poe, "Letter to B——," reprinted in *SLM* 2, no. 8 (July 1836): 501 – 3.
[10] Floyd Stovall, "Poe's Debt to Coleridge," *Studies in English*, July 8, 1930, 70 – 127.
[11] Roberta Sharp, "Poe's Chapters on 'Natural Magic,'" in *Poe and His Times: The Artist and His Milieu*, ed. Benjamin Franklin Fisher IV (Baltimore: Edgar Allan Poe Society, 1990), 154 – 66; Laura Saltz, " 'Eyes Which Behold': Poe's 'Domain of Arnheim' and the Science of Vision," *EAPR* 7, no. 1 (2006): 4 – 30.
[12] Poe to William Gwynn, May 6, 1831, in Ostrom, 1:66.
[13] David Gaylin, *Edgar Allan Poe's Baltimore* (Mount Pleasant, S.C.: Arcadia, 2015); Ruth Schwartz Cowan, *A Social History of American Technology* (New York: Oxford University Press, 1997), 94 – 115.
[14] John C. French, "Poe's Literary Baltimore," *Maryland Historical Magazine*, June 1937, 101 – 12; AHQ, 187n2.
[15] J. Gerald Kennedy, " 'Trust No Man': Poe, Douglass, and the Culture of Slavery," in *Romancing the Shadow: Poe and Race*, ed. J. Gerald Kennedy and Liliane Weissberg (New York: Oxford University Press, 2001), 225 – 57. For Douglass's time in Baltimore, see Frederick Douglass, *Narrative of the Life of*

Frederick Douglass, an American Slave, Written by Himself (Boston: Anti-Slavery Office, 1845), 26–50; David Blight, *Frederick Douglass: Prophet of Freedom* (New York: Simon & Schuster, 2018), 48–66.

[16] Aziz Rana, *The Two Faces of American Freedom* (Cambridge, Mass.: Harvard University Press, 2011); Reynolds, *Waking Giant*.

[17] Rusert, *Fugitive Science*, 40–44.

[18] Christine Leigh Heyrman, *Southern Cross: The Beginnings of the Bible Belt* (Chapel Hill: University of North Carolina Press, 1998).

[19] Douglass, *Narrative*, 38, quoted in Kennedy, "Trust No Man," 231.

[20] Douglass, *Narrative*, 43.

[21] Rusert, *Fugitive Science*, 13–14, 124–28.

[22] Whitty, "Memoir," xix–lxxxvi.

[23] Charles Rosenberg, *The Cholera Years: The United States in 1832, 1849, and 1866* (Chicago: University of Chicago Press, 1962). 近年来对坡和医学之关联的研究已经越过了对（他声称的）精神病理学的关注，转向了坡对医学作品的改编，以及他对医学写作基础和局限性的思考。For instance, Dana Medoro, "Introduction: Edgar Allan Poe and Nineteenth-Century Medicine," *PS* 50, no. 1 (2017): 2–11; Cristina Pérez, "Edgar Allan Poe, MD: Medical Fiction and the Birth of Modern Medicine," *Trespassing Journal* 4 (Fall 2014): 64–65; Emily Gowen, "A Global Sickness," *EAPR* 20, no. 2 (2019): 269–88.

[24] Weiss, *Home Life of Poe*, 62–63, in *TPL*, 127.

[25] Robert T. P. Allen, a West Point classmate, in "Edgar Allan Poe," *Scribner's Monthly*, Nov. 1875, 143, in *TPL*, 141.

[26] Lambert Wilmer, "Recollections of Edgar A. Poe," *Baltimore Daily Commercial*, May 23, 1866, reproduced in Lambert Wilmer, *Merlin, Baltimore, 1827; Together with Recollections of Edgar A. Poe*, ed. Thomas Ollive Mabbott (New York: Scholars' Facsimiles & Reprints, 1941); AHQ, 197. 之后，威尔默就以爱伦·坡与莎拉·埃尔迈拉·罗伊斯特之间受挫的恋情为原型，创作了一部剧。

[27] Michael L. Allen, *Poe and the British Magazine Tradition* (New York: Oxford University Press, 1969).

[28] Wilmer, "Recollections of Edgar A. Poe"; AHQ, 198, in *TPL*, 125–26.

[29] Poe to Allan, Oct. 16, 1831, in Ostrom, 1:67–68.

[30] Poe to Allan, Nov. 18, 1831, in Ostrom 1:47.

[31] Lawrence G. Wroth, "Poe's Baltimore," *Johns Hopkins Alumni Magazine*, June 2, 1929, 4; AHQ, 190.

[32] Poe to Allan, Dec. 15, 1831, in Ostrom 1:48.

[33] Editorial in *Baltimore Saturday Visiter*, Aug. 4, 1832; AHQ, 195.

[34] Poe to Joseph T. and Edwin Buckingham, May 4, 1833, in Ostrom, 1:77, in AHQ, 199.

[35] Alexander Hammond's extensive work, including "Edgar Allan Poe's Tales of the Folio Club: The Evolution of a Lost Book," in *Poe at Work: Seven Textual Studies*, ed. Benjamin Franklin Fisher IV (Baltimore: Edgar Allan Poe Society, 1976), 13–43.

[36] Michael J. S. Williams, *A World of Words: Language and Displacement in the Fiction of Edgar Allan Poe* (Durham, N.C.: Duke University Press, 1988), 49–53.

[37] Edward Copeland, *The Silver Fork Novel: Fashionable Fiction in the Age of Reform* (Cambridge, U.K.: Cambridge University Press, 2012); Alexander Hammond, "The Folio Club Collection and the Silver Fork School: Perspectives on Poe's Framestory in Recent Scholarship," *EAPR* 19, no. 2 (2018): 153–76.

[38] Alexander Hammond, "Poe's 'Lionizing' and the Design of *Tales of the Folio Club*," *ESQ* 18, no. 3 (1972): 154–65. On Poe and literary fame, see Leon Jackson, "'The Rage for Lions': Edgar Allan Poe and the Culture of Celebrity," in *Poe and the Remapping of Antebellum Print Culture*, ed. J. Gerald Kennedy and Jerome J. McGann (Baton Rouge: Louisiana State University Press, 2012), 37–61.

[39] Poe, "Lionizing," LOA, 213.

[40] Ken Alder, *Engineering the Revolution: Arms and Enlightenment in France, 1763–1815* (Chicago: University of Chicago Press, 2010); Merritt Roe Smith, *Harpers Ferry Armory and the New Technology: The Challenge of Change* (Ithaca, N.Y.: Cornell University Press, 1977).

[41] John Edward Semmes, *John H. B. Latrobe and His Times, 1803–1891* (Baltimore: Norman, Remington, 1917).

[42] Latrobe to Charles Chauncey Burr, Dec. 7, 1852, quoted in Jay B. Hubbell, *The South in American Literature, 1607–1900* (Durham, N.C.: Duke University Press, 1954), 837–39, in *TPL*, 132.

[43] "Reminiscences of Poe by John H. B. Latrobe," in Rice, *Memorial Volume*, 60, in *TPL*, 133.

[44] Latrobe to Burr, Dec. 7, 1852, in Hubbell, *American Literature*, 837–39, in *TPL*, 132.

[45] *Baltimore Saturday Visiter*, Oct. 19, 1833, 1.

[46] Poe to Allan, April 12, 1832, in Ostrom, 1:73–74.

[47] Ellis, "Edgar Allan Poe," in *TPL*, 137.

[48] Silverman, *Mournful*, 97–99.

[49] Poe to Kennedy, March 15, 1835, in Ostrom, 1:83–84.

[50] Kennedy, diary entry, Oct. 10, 1849 [shortly after Poe's death], quoted in Woodberry, *Life*, 2:350–51, and *TPL*, 148–49.

[51] Étienne Esquirol, *Des maladies mentales: Considérées sous les rapports médical, hygiénique et médico-légal*, 2 vols. (Paris: J. B. Baillière, 1838), 2:1–130.

[52] Poe, "Berenice," *SLM*, 2, no. 7, March 1835: 333–36.

[53] Poe to White, April 30, 1835, in Ostrom, 1:84–85.

[54] Meredith McGill, *American Literature and the Culture of Reprinting, 1834–1853* (Philadelphia: University of Pennsylvania Press, 2007); Jonathan Elmer, *Reading at the Social Limit: Affect, Mass Culture, and Edgar Allan Poe* (Stanford, Calif.: Stanford University Press, 1995); Whalen, *Poe and the Masses*.

[55] AHQ, 209.

[56] Poe to White, June 22, 1835, in Ostrom, 1:93.

5 里士满：摸得到的模糊

[1] 这些知名人物包括小说家与散文家卢西恩·迈纳、法学教授纳撒尼尔·贝弗利·塔克、威廉与玛丽学院校长托马斯·罗德里克·杜。AHQ, 218; David K. Jackson, *Poe and the "Southern Literary Messenger"* (Richmond: Dietz, 1934); Drew Gilpin Faust, *A Sacred Circle: The Dilemma of the Intellectual in the Old South, 1840–1860* (Baltimore: Johns Hopkins University Press, 1977).

[2] Thomas White, "Publisher's Notice," *SLM* 1, no. 1 (Aug. 1834): 2.

[3] Thomas White, "Virginia Historical and Philosophical Society," *SLM* 1, no. 3 (Nov. 1834): 123.

[4] Thomas White, "Prospectus of the *Southern Literary Messenger*," *SLM* 4, no. 1 (Jan. 1838): ii.

[5] Howe, *What Hath God Wrought*, 423–31.

[6] Kenneth Stampp, *The Peculiar Institution: Slavery in the Ante-Bellum South* (New York: Knopf, 1956).

[7] John Calhoun, from his 1837 "Speech on the Reception of Abolition Petitions," in *The Works of John C. Calhoun*, ed. Richard K. Crallé, 6 vols. (New York: D. Appleton, 1851–56), 2:625–33.

[8] 惠伦将其定义为"白人读者可以接受的一种种族主义形式，否则在更确切的奴隶制问题上存在分歧"(*Poe and the Masses*，112)。从重建时代结束后到进入20世纪以来，爱伦·坡经常被描述为南方游击队和奴隶制的捍卫者，部分原因是认为《鲍尔汀－德莱顿评论》的作者是爱伦·坡。该文章痛批民主，认为其是"暴民统治"和捍卫特权，因为优秀个体总被认为是南方贵族和奴隶制价值观的表达。近些年来，关于爱伦·坡的生平，有了更为丰富的背景信息，详见1995年编辑的合集，*The American Face of Edgar Allan Poe*（by Rosenheim and Rachman），书里提到惠伦证实了爱伦·坡并非《鲍尔汀－德莱顿评论》的作者。无论如何，爱伦·坡对民主"暴民"的恶意针对

注释

的是杰克逊的追随者,而且可以证实,他的立场及身份认定并不稳定,模棱两可且具有颠覆性。关于爱伦·坡、奴隶制以及种族的重要文章包括:Harry Levin, *The Power of Blackness*: *Hawthorne, Poe, Melville* (New York: Knopf, 1958); Toni Morrison, *Playing in the Dark: Whiteness and the Literary Imagination* (Cambridge, Mass.: Harvard University Press, 1992); the collection edited by Kennedy and Weissberg, *Romancing the Shadow*; Goddu, *Gothic America*; and Joan (Colin) Dayan's works linking Poe's imagery and metaphysics to the legal status of the enslaved and imprisoned, from *Fables of Mind: An Inquiry into Poe's Fiction* (New York: Oxford University Press, 1987) to *The Law Is a White Dog: How Legal Rituals Make and Unmake Persons* (Princeton, N.J.: Princeton University Press, 2013)。

[9]　Kennedy, "Trust No Man," 235; John Miller, "Did Edgar Allan Poe Really Sell a Slave?," *PS* 9, no. 2 (1976): 52–53.

[10]　Morrison, *Playing in the Dark*, 32.

[11]　"Critical Notices," *SLM* 2, no. 10 (Aug. 1836): 596, review of *Introductory Lecture to a Course of Chemistry and Natural Philosophy: Delivered in Hampden Sidney College,* by John W.Draper.

[12]　"Critical Notices," *SLM* 1, no. 13 (Sept. 1835): 778. For a helpful survey of Poe's science writing, 见 Carroll Dee Laverty, "Science and Pseudo-science in the Writings of Edgar Allan Poe" (PhD diss., Duke University, 1951); 见 Madeleine B. Stern, "Poe: 'The Mental Temperament' for Phrenologists," *American Literature* 40, no. 2 (1968): 155–63。

[13]　Pinakidia 是存放在亚历山大古图书馆的石碑的名字。惠伦提及它是为了汇编有用信息(历书、百科全书等等),让内容紧凑且简单可得 (*Poe and the Masses*, 26); on the political economy of information, 见 Richard R. John, *Spreading the News: The American Postal System from Franklin to Morse* (Cambridge, Mass.: Harvard University Press, 2009)。

[14]　Baron Bielfeld, *The Elements of Universal Erudition: Containing an Analytical Abridgment of the Sciences, Polite Arts, and Belles Lettres,* trans. W. Hooper, 3 vols. (London: G. Scott, 1770). On Poe's erudition, see Burton R. Pollin, ed., *The Collected Writings of Edgar Allan Poe: The Imaginary Voyages*, rev. ed. (New York: Gordian Press, 1994); Shaindy Rudoff, "'Written in Stone': Slavery and Authority in *The Narrative of Arthur Gordon Pym*," *ATQ* 14, no. 1 (2000): 61–82.

[15]　Richard P. Benton, "The Tales: 1831–1835," in *A Companion to Poe Studies*, ed. Eric W. Carlson (Westport, Conn.: Greenwood, 1996), 110–28; Whalen, *Poe and the Masses*, 152.

[16]　Poe, on p. 580 of the first published version of the story, "Hans Pfaall—A Tale," *SLM* 1, no. 2 (June 1835): 565–80.

[17]　Notice of the *SLM* in *Richmond Whig*, ca. Aug. 1835, in *TPL*, 164.

[18]　Meredith Neill Posey, "Notes on 'Hans Pfaall,'" *Modern Language Notes* 45, no. 8 (Dec. 1930): 501–7.

[19]　*Baltimore Republican*, cited on *SLM* wrapper, May 1835, in Pollin, *Collected Writings*, 1:373.

[20]　Maurice S. Lee, "Genre, Science, and 'Hans Pfaall,'" in *The Oxford Handbook of Edgar Allan Poe*, ed. J. Gerald Kennedy and Scott Peeples (New York: Oxford University Press, 2018), 338–50; Lee notes shifts between "verisimilitude and rigamarole" on 347.

[21]　Paulding to White, Dec. 7, 1835, in *The Letters of James Kirke Paulding*, ed. Ralph M. Aderman (Madison: University of Wisconsin Press, 1962), 170–72, printed in Washington's *Daily National Intelligencer*, Dec. 18, 1835, reprinted in *SLM* 2, no. 2 (Jan. 1836): 138, in *TPL*, 184.

[22]　*Winchester Republican*, reprinted in "Opinions of the Press," *SLM* 1, no. 9 (Aug. 1835), in *TPL*, 168.

[23]　From Eastern Virginia, "Letters of Correspondents," reprinted on covering papers of *SLM* 1, no. 9 (May 1835), in *TPL*, 156.

[24]　Philip Pendleton Cooke, *Richmond Compiler*, reprinted in "Opinions of the Press" *SLM* 1, no. 13 (Sept. 1835), in *TPL*, 173.

[25]　On questions about Virginia's youth, see Silverman, *Mournful*, 103, 124.

[26]　Weiss, *Home Life of Poe*, 85‐86; Silverman, *Mournful*, 124.

[27]　Poe to Maria Clemm (and Virginia E. Clemm), Aug. 29, 1835, in Ostrom, 1:102‐4.

[28]　"A dram of spirituous liquor that has mint steeped in it, taken by Virginians of a morning." John Davis, *Travels of Four Years and a Half in the United States of America* (Bristol: R. Edwards, 1803), 379.

[29]　Woodberry, *Life*, 2:443, in *TPL*, 168.

[30]　White to Lucian Minor, Sept. 8, 1835, in *TPL*, 167.

[31]　White to Poe, Sept. 29, 1835, in *TPL*, 172.

[32]　Poe to Kennedy, Jan. 22, 1836, in Ostrom, 1:120.

[33]　AHQ, 252; Poe to Kennedy, Jan. 22, 1836, in Ostrom, 1:122.

[34]　西尔弗曼引用了一份间接记录 (Frederick W. Coburn, "Poe as Seen by the Brother of 'Annie,'" *New England Quarterly* 16 [1943]: 471)，即爱伦·坡单独睡在另一间房，不与弗吉尼亚同床共枕，而且至少有两年时间，"爱伦·坡都未担任起丈夫的角色"，Silverman, *Mournful*, 124. 玛丽·波拿巴称，"几位传记作者都认为，爱伦·坡的婚姻从未圆房"(including George Woodberry, Hervey Allen, and Joseph Krutch), *Life and Works*, 78; 波拿巴是拿破仑的侄孙女、弗洛伊德的坚定追随者，将爱伦·坡的大部分作品创作归因于"恋母情结"导致的"身体无能"; 肯尼斯·西尔弗曼对爱伦·坡的主题、强迫症和不幸也进行了类似的精神分析解释。

[35]　See the foundational work of McGill, *Culture of Reprinting*; Lara Langer Cohen, *The Fabrication of American Literature: Fraudulence and Antebellum Print Culture* (Philadelphia: University of Pennsylvania Press, 2012); Clare Pettitt, *Patent Inventions: Intellectual Property and the Victorian Novel* (Oxford: Oxford University Press, 2004).

[36]　Lewis Gaylord Clark, *Knickerbocker*, Nov. 1835, in *TPL*, 176.

[37]　"Critical Notices," *SLM* 2, no. 1 (Dec. 1835): 54‐56.

[38]　Theodore S. Fay, *New-York Mirror*, April 9, 1836, in *TPL*, 197.

[39]　Joanne B. Freeman, *The Field of Blood: Violence in Congress and the Road to Civil War* (New York: Farrar, Straus and Giroux, 2018); Leon Jackson, "'Behold Our Literary Mohawk, Poe': Literary Nationalism and the 'Indianation' of Antebellum American Culture," *ESQ* 48, no. 1‐2 (2002): 97‐133.

[40]　"Critical Notices," *SLM* 2, no. 10 (Aug. 1836): 600; Willis described literally setting fire to Poe's poem "Fairyland" in *The American Monthly* (Nov. 1829), in *TPL*, 99.

[41]　Review of Drake and Halleck, *SLM* 2, no. 3 (April 1836): 326‐36.

[42]　On Poe's aesthetic stances in dialogue with Coleridge, see Barton Levi St. Armand, "'Seemingly Intuitive Leaps': Belief and Unbelief in *Eureka*," *ATQ* 26, no. 1 (1975): 4‐15.

[43]　Poe, "Peter Snook," *SLM* 2, no. 2 (Oct. 1836): 716‐32.

[44]　Mary Shelley, *Frankenstein*, ed. D. L. Macdonald and Kathleen Scherf (Peterborough, Ont.: Broadview, 2012); Sean Moreland, "'The Plastic and Prolific Creature': Macranthropic Monstrosity, Good's Lucretius, and Shelley's *Frankenstein*," *Anglistik* 30, no. 3 (2019): 27‐44.

[45]　See such phrenological worksheets as *Phrenological Chart by O. Fowler, Practical Phrenologist, Presenting a Synopsis of the Science of Phrenology* (Baltimore: John W. Woods, 1836), New–York Historical Society Library.

[46]　George Combe, *The Constitution of Man Considered in Relation to External Objects* (Boston: Carter and Hendee, 1829); Roger Cooter, *The Cultural Meaning of Popular Science: Phrenology and the Organization of Consent in Nineteenth-Century Britain* (New York: Cambridge University Press, 1984).

[47]　Poe, review of *The Manual of Phrenology*, *SLM* 1, no. 8 (Aug. 1835).

[48]　Poe, review of *Phrenology, and the Moral Influence of Phrenology*, by Mrs. L. Miles, *SLM* 2, no. 3 (March 1836): 286‐87.

[49]　Edward Hungerford, "Poe and Phrenology," *American Literature* 2, no. 3 (1930): 209‐31; Stern, "Mental

Temperament"; Laverty, "Science and Pseudo-science," 99–121.

[50] Barnum quoted in Matthew Goodman, T*he Sun and the Moon: The Remarkable True Account of Hoaxers, Showmen, Dueling Journalists, and Lunar Man-Bats in Nineteenth-Century New York* (New York: Basic Books, 2008), 294–95.

[51] Iwan Rhys Morus, "'More the Aspect of Magic Than Anything Natural': The Philosophy of Demonstration," in *Science in the Marketplace: Nineteenth-Century Sites and Experiences*, ed. Aileen Fyfe and Bernard Lightman (Chicago: University of Chicago Press, 2007), 336–70; Meegan Kennedy, "'Throes and Struggles . . . Witnessed with Painful Distinctness': The Oxy-hydrogen Microscope, Performing Science, and the Projection of the Moving Image," *Victorian Studies* 62, no. 1 (2019): 85–118; Kentwood D. Wells, "Fleas the Size of Elephants: The Wonders of the Oxyhydrogen Microscope," *The Magic Lantern Gazette*, 2/3, no. 29 (Summer/Fall 2017): 3–34.

[52] AHQ, 226.

[53] Poe, "Richard Adams Locke," in "The Literati of New York City Part VI," *Godey's Lady's Book*, Oct. 1846, 161.

[54] "Critical Notices," *SLM* 2, no. 2 (Jan. 1836): 127–29.

[55] Poe, "Maelzel's Chess-Player," *SLM* 2, no. 5 (April 1836): 318–26.

[56] 同上, 323。

[57] A similar "epistemology of the hoax" is described in "The Purloined Letter" with an example cribbed from Edmund Burke; S. L. Varnado, "The Case of the Sublime Purloin; or, Burke's Inquiry as the Source of an Anecdote in 'The Purloined Letter,'" *Poe Newsletter* 1, no. 2 (1968): 27.

[58] David Brewster, Letters on *Natural Magic, Addressed to Sir Walter Scott* (London: John Murray, 1832), 7.

[59] Poe, "Maelzel's Chess-Player."

[60] William Paley, *Natural Theology; or, Evidences of the Existence and Attributes of the Deity: Collected from the Appearances of Nature* (London: J. Faulder, 1802); Aileen Fyfe, "Publishing and the Classics: Paley's Natural Theology and the Nineteenth-Century Scientific Canon," *Studies in History and Philosophy of Science Part A* 33, no. 4 (2002): 729–51.

[61] William Whewell, *Astronomy and General Physics Considered with Reference to Natural Philosophy* (London: William Pickering, 1833), 2.

[62] Jonathan R. Topham, "Beyond the 'Common Context': The Production and Reading of the *Bridgewater Treatises*," *Isis* 89, no. 2 (1998): 233–62.

[63] Jonathan R. Topham, "Biology in the Service of Natural Theology: Paley, Darwin, and the *Bridgewater Treatises*," in *Biology and Ideology from Descartes to Dawkins*, ed. Denis Alexander and Ronald L. Numbers (Chicago: University of Chicago Press, 2010), 88–113.

[64] Ronald L. Numbers, *Creation by Natural Law: Laplace's Nebular Hypothesis in American Thought* (Seattle: University of Washington Press, 1977), 20. William Buckland's subsequent treatise on geology likewise endorsed the hypothesis. Richard Yeo, "William Whewell, Natural Theology, and the Philosophy of Science in Mid Nineteenth Century Britain," *Annals of Science* 36, no. 5 (1979): 493–516; Robert M. Young, "Malthus and the Evolutionists: The Common Context of Biological and Social Theory," *Past and Present* 43, no. 1 (1969): 109–45.

[65] Whewell, *Astronomy and General Physics*, 189.

[66] 同上, 342。休厄尔对数学和科学的范围进行了严格的限制:"因此,我们可以非常恰当地拒绝赋予近代的机械哲学家和数学家关于他们对宇宙管理的观点的任何权威;当我们上升到宇宙的第一因和最高统治者时,我们没有理由期望从他们的推测中得到任何帮助。"同上, 334。

[67] William Buckland, *Geology and Mineralogy Considered with Reference to Natural Theology* (London: W. Pickering, 1836); Charles Coulston Gillispie, *Genesis and Geology: A Study in the Relations of Scientific*

Thought, Natural Theology, and Social Opinion in Great Britain, 1790–1850 (Cambridge, Mass.: Harvard University Press, 1951).

[68] R. M. Young, "Natural Theology, Victorian Periodicals, and the Fragmentation of a Common Context," in *Darwin's Metaphor: Nature's Place in Victorian Culture* (Cambridge, U.K.: Cambridge University Press, 1985), 126–63; J. H. Brooke, "The Natural Theology of the Geologists: Some Theological Strata," in *Images of the Earth: Essays in the History of the Environmental Sciences*, ed. Ludmilla J. Jordanova and Roy Porter, 2nd ed. (Chalfont St. Giles: British Society for the History of Science, 1997), 53–74; John Hedley Brooke, "Natural Theology and the Plurality of Worlds: Observations on the Brewster–Whewell Debate," *Annals of Science* 34, no. 3 (1977): 221–86. 同样，在人类社会中，由神所规定的社会阶层之间的相互依存关系向《布里奇沃特论文集》的作者指出，现存的社会秩序和等级制度是正确、行之有效的；见 William Kirby, *On the Power, Wisdom, and Goodness of God as Manifested in the Creation of Animals and in Their History, Habits, and Instincts* (London: William Pickering, 1835)。

[69] Herschel quoted in Goodman, *The Sun and the Moon*, 185; Laura J. Snyder, "'Lord Only of the Ruffians and Fiends'? William Whewell and the Plurality of Worlds Debate," *Studies in History and Philosophy of Science Part A* 38, no. 3 (2007): 584–92.

[70] 托马斯·迪克提到了"有数不胜数的聪明人，也许其在智力水平上比我们地球上的居民要高得多"；quoted in Goodman, *The Sun and the Moon*, 193. 包括威廉·奥伯斯在内的自然哲学家发现了几个大型小行星和彗星；他们也认为"非常有可能"在月球和其他行星上存在着聪明的生物。Goodman, *The Sun and the Moon*, 133, 193; William J. Astore, *Observing God: Thomas Dick, Evangelicalism, and Popular Science in Victorian Britain and America* (Aldershot: Routledge, 2001).

[71] 对爱伦·坡与自然神学关系的最广泛研究也是对其科学思想最为彻底的研究之一，关注点是坡的法律推理及其修辞和逻辑训练：Margaret Alterton, *Origins of Poe's Critical Theory* (1925; New York: Russell and Russell, 1965)。

[72] Poe's personal copy is held at the Harry Ransom Center at the University of Texas, Austin: Thomas Chalmers, *On the Power, Wisdom, and Goodness of God, as Manifested in the Adaptation of External Nature, to the Moral and Intellectual Constitution of Man* (Philadelphia: Carey, Blanchard, and Lea, 1833).

[73] 同上，97。

[74] White to William Scott, Nov. 24, 1836, in *TPL*, 234.

[75] White to Nathaniel Beverley Tucker, Dec. 27, 1836, in *TPL*, 236.

6 疯狂的设计

[1] Henry C. Carey to John Pendleton Kennedy, Nov. 26, 1834, in *TPL*, 142. 凯瑞后来对爱伦·坡在其故事中同情疯子的做法感到不安。"他不是疯了吗？我不会像你建议的那样帮助他，但我想确定他是清醒的。" Carey to Kennedy, Oct. 4, 1835, in *TPL*, 175.

[2] Harper & Brothers to Poe, June 19, 1836, Harper and Brothers to Poe (RCL152), Misc. Letters, Edgar Allan Poe Society of Baltimore.

[3] Aaron Sachs, *The Humboldt Current: Nineteenth-Century Exploration and the Roots of American Environmentalism* (New York: Penguin Books, 2007), on Reynolds and Symmes, and the ongoing confusion about Reynolds's first name: historians often call him Jeremiah Reynolds; his official name appears to be James (382n39). Aubrey Starke, "Poe's Friend Reynolds," *American Literature* 11, no. 2 (1939): 152–59; Robert F. Almy, *J. N. Reynolds: A Brief Biography with Particular Reference to Poe and Symmes* (New York: Colophon, 1937).

[4] Captain John Cleves Symmes, *Circular No. 1* (St. Louis), April 10, 1818.

[5] J. N. Reynolds, *Voyage of the United States Frigate* Potomac, *Under the Command of Commodore John*

Downes, *During the Circumnavigation of the Globe in the Years 1831–32–33 and 34* (New York: Harper & Brothers, 1835).

[6] J. N. Reynolds, *Address on the Subject of a Surveying and Exploring Expedition to the Pacific Ocean and South Seas: Delivered in the Hall of Representatives on the Evening of April 3, 1836* (New York: Harper & Brothers, 1836); Poe, "South–Sea Expedition," *SLM* 3, no. 1 (Jan. 1837): 68‑72.

[7] Poe, "South–Sea Expedition," 70.

[8] Helen M. Rozwadowski, "Introduction: Reconsidering Matthew Fontaine Maury," *International Journal of Maritime History* 28, no. 2 (2016): 388‑93; Charles Lee Lewis, *Matthew Fontaine Maury, the Pathfinder of the Seas* (Annapolis, Md.: United States Naval Institute, 1927); John Grady, *Matthew Fontaine Maury, Father of Oceanography: A Biography, 1806–1873* (Jefferson, N.C.: McFarland, 2015).

[9] Poe, *SLM* 2, no. 5, June 1836: 454.

[10] William Gowans, *Catalogue of American Books*, no. 28 (1870): 11; AHQ, 267.

[11] Poe in Kevin Hayes, *Poe and the Printed Word* (Cambridge, U.K.: Cambridge University Press, 2000), 53.

[12] Poe, *The Narrative of Arthur Gordon Pym of Nantucket* (New York: Harper & Brothers, 1838).

[13] "Pym," *Alexander's Weekly Messenger* (Philadelphia), Aug. 22, 1838, in *TPL*, 253.

[14] Lisa Gitelman, "*Arthur Gordon Pym* and the Novel Narrative of Edgar Allan Poe," *Nineteenth-Century Literature* 47, no. 3 (1992): 349‑61; Johan Wijkmark, "Poe's *Pym* and the Discourse of Antarctic Exploration," *EAPR* 10, no. 3 (2009): 84‑116.

[15] Poe, *Pym*, 48 (page references to *Pym* refer to the 1999 Penguin Classics edition, ed. Kopley). On the Exploring Expedition, see Nathaniel Philbrick, *Sea of Glory: America's Voyage of Discovery: The U.S. Exploring Expedition, 1838–1842* (London: Penguin, 2004); Sachs, *Humboldt Current*; William Stanton, *The Great United States Exploring Expedition of 1838–42* (Berkeley: University of California Press, 1975).

[16] On Poe's multiple identities, see Daniel Hoffman, *Poe, Poe, Poe, Poe, Poe, Poe, Poe* (New York: Doubleday, 1972). *Pym*'s preface recalls Cervantes's jibes with Don Quixote in that novel's preface and has influenced the twentieth-century "metafictions" of Jorge Luis Borges, Julio Cortázar, and Paul Auster.

[17] Poe, *Pym*, 7.

[18] 同上，217。

[19] 同上，219‑21。

[20] 同上，161。

[21] 同上，220。On Poe and philology, 见 Rudoff, "'Written in Stone.'"。

[22] In his introduction to the Penguin edition of *Pym*, Kopley suggests that the *Penguin*'s return was heralded by the "spirit of reflection" that penguins reveal by the nests they make in tandem with the albatross; on the "quincunx" form of these nests and their connection to Thomas Browne's *Hydriotaphia, Urn-Burial; or, A Discourse of the Sepulchral Urns, Together with the Quincuncial Lozenge, or Network Plantations of the Ancients, Naturally, Artificially, Mystically Considered* (London: Henry Brome, 1658), see John T. Irwin, "The Quincuncial Network in Poe's *Pym*," in *Poe's "Pym": Critical Explorations*, ed. Richard Kopley (Durham, N.C.: Duke University Press, 1992), 175‑87.

[23] To note just a few of the book's contrasting interpretations: *Pym* has been seen as a "providential" tale of sin and redemption (Curtis Fukuchi, "Poe's Providential *Narrative of Arthur Gordon Pym*," *ESQ* 27, no. 3 [1981]: 147‑56; Richard Kopley, "The 'Very Profound Undercurrent' of *Arthur Gordon Pym*," *Studies in the American Renaissance* [1987]: 143‑75), as well as a satire of providential literature (David Vance, "Poe/Defoe— Pym/Crusoe: Providential Indeterminacy in *Arthur Gordon Pym of Nantucket*," *EAPR* 12, no. 2 [2011]: 64‑78); the book's ending has been aligned with apocalyptic writing (David Ketterer, *New Worlds for Old: The Apocalyptic Imagination, Science Fiction, and American Literature*

[Garden City, N.Y.: Anchor Books, 1974]), and with mythical initiations including the Arthur legend's "reunion with the white goddess" (Carol Peirce and Alexander G. Rose III, "Poe's Reading of Myth: The White Vision of Arthur Gordon Pym," in Kopley, *Poe's "Pym,"* 57–74), as well as myths of a departed race of southern giants (Kent Ljungquist, "Descent of the Titans: The Sublime Riddle of *Arthur Gordon Pym*," *Southern Literary Journal* 10, no. 2 [1978]: 75–92). These "mythical" interpretations resonate with Jungian archetypal transformation (Barton Levi St. Armand, "The Dragon and the Uroboros: Themes of Metamorphosis in Arthur Gordon Pym," *ATQ* 37 [1978]: 57–72) and a Freudian "primal return to an amniotic paradise" (Frederick S. Frank, "The Gothic at Absolute Zero: Poe's Narrative of Arthur Gordon Pym," *Extrapolation* 21, no. 1 [1980]: 21–30). The figures carved in Tsalal's chasms might be read as confirmation of Pym's providential mission, a biblical curse, or a racist allegory announcing the damnation of the African race (Rudoff, "'Written in Stone'"). Alternatively, the Tsalal section has been read as a satire of racial assumptions (John C. Havard, "'Trust to the Shrewdness and Common Sense of the Public': *The Narrative of Arthur Gordon Pym* as a Hoaxical Satire of Racist Epistemologies," in *Deciphering Poe: Subtexts, Contexts, Subversive Meanings*, ed. Alexandra Urakova [Bethlehem, Pa.: Lehigh University Press, 2013], 107–20), while Mat Johnson submits *Pym*'s racial imagery to hilarious reconfigurations in his novel, *Pym* (New York: Spiegel & Grau, 2011). According to J. Gerald Kennedy, *Pym* may be read as a "fable of misreading": "As Pym's adventure recurrently demonstrates, interpretive efforts disclose only the 'hideous uncertainty' of all human truth" ("The Invisible Message: The Problem of Truth in *Pym*," in *The Naiad Voice: Essays on Poe's Satiric Hoaxing*, ed. Dennis W. Eddings [Port Washington, N.Y.: Associated Faculty Press, 1983], 124–35).

[24] John T. Irwin, *American Hieroglyphics: The Symbol of the Egyptian Hieroglyphics in the American Renaissance* (New Haven, Conn.: Yale University Press, 1980).

[25] Poe, *Pym*, 77. 布鲁斯特的观点深根于18世纪的启蒙运动中：Hume's *Natural History of Religion* 和 Adam Smith's "History of Astronomy" 都认为惊人自然现象所引起的恐惧是第一批多神教的起源，但是Burke's *Philosophical Enquiry into the Origin of Our Ideas of the Sublime and Beautiful* 指出，专制者如何利用黑暗和阴影来使其臣民产生恐惧和敬畏之心 (Edmund Burke, *A Philosophical Enquiry into the Origin of Our Ideas of the Sublime and Beautiful* [London: R. and J. Dodsley, 1757]; Peter Gay, *The Enlightenment: An interpretation. Vol. 1: The Rise of Modern Paganism* (London: Weidenfeld and Nicolson, 1967)。

[26] Thomas De Quincey, *Confessions of an English Opium-Eater* (London: Printed for Taylor and Hessey, 1822); Frances Wilson, *Guilty Thing: A Life of Thomas De Quincey* (New York: Farrar, Straus and Giroux, 2016).

[27] 莱昂·杰克逊分析了坡"对印刷品的痴迷，从他对'The Italics Are Mine'排版和排版错误的评论中可知尤是如此"；见his "*Poe and Print Culture*" and Hayes, *Poe and the Printed Word*, 93–95; McGill, *Culture of Reprinting*。

[28] 这一页的构图是为了暗示这些图像仅仅是幻象或是迫切需要解释的人工制品？如果是故意的，我们应该将其归功于爱伦·坡还是打字员？目前还没有发现关于《皮姆》的排版过程记录，但我查阅了哈珀兄弟出版公司1835—1838年出版的数百张扉页，没有一张和《皮姆》的扉页有相同的形式或视觉密度，尽管有一些扉页确实有些许相似之处，如Lyman Cobb's *North American Reader* (1835) and David Hibbard's Treatise on Cow-Pox (1835); John Steuart's *Bogotá in 1836–7* (1838), 另一部旅行纪事，可能被视为具有可比性，也有上下视觉主题，但篇幅少得多。因为理查德·科普利，我还注意到一部旅行纪事，即詹姆斯·O.帕蒂的 *The Personal Narrative of James O. Pattie, of Kentucky* (Cincinnati: John H. Wood, 1831)，它的纪事背景和坡后期未完结小说 *The Journal of Julius Rodman* 非常相像。在帕蒂的这本书中，其扉页上半部分同样将一个长长的副标题文字聚成一个类似于船或碗的形状。完全有可能是坡看到了这本书，并指导《皮姆》的排版人员模

仿这一做法；也有可能这些突显意图与艺术的标记是观众想象的产物———一种对有意设计存在与否的不确定性，《皮姆》自身就成了一个中心主题。

[29] 《皮姆》的这种镜面结构得到了越来越多的阐述，详见 Charles O'Donnell, "From Earth to Ether: Poe's Flight into Space," *PMLA* 77, no. 1 (1962): 85‑91; David Ketterer, "Devious Voyage: The Singular Narrative of A. Gordon Pym," *ATQ* 37 (1978): 21‑33; Kopley, "'Very Profound Under-current'"; all of these reject the claim of Pym's lack of order expressed in Joseph V. Ridgely and Iola S. Haverstick, "Chartless Voyage: The Many Narratives of Arthur Gordon Pym," *Texas Studies in Literature and Language* 8, no. 1 (1966): 63‑80。

[30] Max Nänny, "Chiasmus in Literature: Ornament or Function?," *Word and Image* 4, no. 1 (1988): 51‑59; William E. Engel, *Early Modern Poetics in Melville and Poe: Memory, Melancholy, and the Emblematic Tradition* (Burlington, Vt.: Ashgate, 2012).

[31] John T. Irwin explicates "the network of images that Poe groups around the abyss" in *American Hieroglyphics*, 235.

[32] Poe, *Pym*, 206.

[33] On Poe's optical technologies, see Saltz, "'Eyes Which Behold'"; Sharp, "Poe's Chapters on 'Natural Magic'"; William J. Scheick, "An Intrinsic Luminosity: Poe's Use of Platonic and Newtonian Optics," in *American Literature and Science*, ed. Robert J. Scholnick (Lexington: University Press of Kentucky, 1992), 77‑93; Barbara Cantalupo, *Poe and the Visual Arts* (University Park: Pennsylvania State University Press, 2014), esp. "Poe's Visual Tricks," 103‑22; John Tresch, "Estrangement of Vision: Edgar Allan Poe's Optics," in *Observing Nature—Representing Experience, 1800–1850*, ed. Erna Fiorentini (Berlin: Reimer, 2007), 155‑86.

[34] Poe, *Pym*, 123.

[35] Christopher Herbert, *Victorian Relativity: Radical Thought and Scientific Discovery* (Chicago: University of Chicago Press, 2001). 这种对可逆性和"比较"价值的强调在很大程度上与达纳·纳尔逊的论点一致，即"虽然某一层面而言，《皮姆》是种族主义文本，但在另一层面上，该文本提供了一种反种族主义殖民意识形态和种族主义及科学知识结构的解读"，"破坏了殖民知识体系自诩的中立客观"。Dana D. Nelson, *The Word in Black and White: Reading "Race" in American Literature, 1638–1867* (Oxford: Oxford University Press, 1992), 92, 107.

[36] 《皮姆》将严谨结构、事实细节与需要大量阐释的文章结合在一起，对于批评家而言，这既有吸引力，又让人受挫。G. R. Thompson traces Poe's debts to Schlegel's notion of the unfinished "arabesque" novel in "The Arabesque Design of *Arthur Gordon Pym*" (in Kopley, Poe's "*Pym*," 188‑213), 其总结道："除了大部分内容让人大吃一惊……还有《皮姆》自身叙事结构严谨且对称，所以产生了一种萦绕心头的模棱两可。" *Pym* "exemplifies Poe's method of resonant indeterminateness" ("Edgar Allan Poe and the Writers of the Old South," in *Columbia Literary History of the United States*, ed. Emory Elliott [New York: Columbia University Press, 1988], 274). For an epitome of the delirious pleasures of hyper-interpreting Poe, see David Ketterer, "'Shudder': A Signature Cryptogram in 'The Fall of the House of Usher,'" *Resources for American Literary Study* 25, no. 2 (1999): 192‑205.

[37] *New York Morning Courier*, July 30, 1838, in Burton R. Pollin, "Pym's *Narrative* in the American Newspapers: More Uncollected Notices," *PS* 9, no. 1 (1978): 11, 8‑9, in *TPL*, 249.

[38] *New York Gazette*, July 30, 1838, in Pollin, "American Newspapers," 9, in *TPL*, 249.

[39] *New York New Era*, Aug. 1, 1838, in Pollin, "American Newspapers," 10, in *TPL*, 250.

[40] 关于对《皮姆》的认可度，以及那些"因受到其如恶作剧一般的内容冒犯的人"与那些"对其文学成就而印象深刻的人"之间的两极分化，详见 Richard Kopley, "Readers Write: Nineteenth-Century Annotations in Copies of the First American Edition of Poe's *The Narrative of Arthur Gordon Pym*," *Nineteenth-Century Literature* 55, no. 3 (2000): 399‑408。

[41] George P. Putnam, "Leaves from a Publisher's Letterbook," *Putnam's Magazine*, Oct. 1869, 471, in *TPL*, 255.

[42] *Spectator*, Oct. 27, 1838, quoted in Burton R. Pollin, "Poe's *Narrative of Arthur Gordon Pym* and the Contemporary Reviewers," *Studies in American Fiction* 2 (Spring 1974): 53–54, in *TPL*, 257.

[43] *Gentleman's Magazine*, Nov. 1838, quoted in Pollin, "Contemporary Reviewers," 47–49, in *TPL*, 258. Burton R. Pollin, "Poe 'Viewed and Reviewed': An Annotated Checklist of Contemporaneous Notices," *PS* 13, no. 1 (1980): 21.

[44] *Alexander's Weekly Messenger*, Aug. 22, 1838, in *TPL*, 254.

[45] *Family Magazine*, Sept. 1838, quoted in Pollin, "Contemporary Reviewers," 46, in *TPL*, 254.

[46] William E. Burton in *Burton's Gentleman's Magazine*, Sept. 1838, in *TPL*, 254.

第三章 费城

[1] 这是一段摘选自美国诗人的讽刺史诗论述，以笔名"拉万特"（Lavante）于1847年发表在 *The Poets and Poetry of America: A Satire* (Philadelphia: William S. Young, 1847); 1887年，纽约的本杰明和贝尔将它重印时，根据（不确定的）推测为其署名为"爱伦·坡"。

7 美国的雅典

[1] Nathaniel P. Willis, "Pencillings by the Way," *New-York Mirror*, Nov. 12, 1831, 58; Nicholas B. Wainwright, "The Age of Nicholas Biddle, 1825–1841," in *Philadelphia: A 300-Year History*, ed. Russell F. Weigley, Nicholas B. Wainwright, and Edwin Wolf II (New York: W. W. Norton, 1982).

[2] James Russell Lowell, "Our Contributors: Edgar Allan Poe," *Graham's Lady's and Gentleman's Magazine*, Feb. 1845, 49–53. 正如本章所示，正是因为这种分散性，改革者就以普遍理由为美国科学寻求一个国家框架。

[3] For a comparison of the scientific life of post-Revolutionary Philadelphia, Boston, and New York, 见 Simon Baatz, "'Squinting at Silliman': Scientific Periodicals in the Early American Republic, 1810–1833," *Isis* 82, no. 2 (1991): 223–44: "总而言之，在19世纪上半叶，费城是美国科学和医学的中心。"(225)

[4] Bruce Laurie, *Working People of Philadelphia, 1800–1850* (Philadelphia: Temple University Press, 1980).

[5] Bruce Sinclair, *Philadelphia's Philosopher Mechanics: A History of the Franklin Institute, 1824–1865* (Baltimore: Johns Hopkins University Press, 1974); on comparable (and overlapping, as in the case of Saxton, see below) circuits in London, see Iwan Rhys Morus, *Frankenstein's Children: Electricity, Exhibition, and Experiment in Early-Nineteenth-Century London* (Princeton, N.J.: Princeton University Press, 1998).

[6] Henry to Bache, Oct. 28, 1839, in *The Papers of Joseph Henry*, ed. Marc Rothenberg and Nathan Reingold, 12 vols. (Washington, D.C.: Smithsonian Institution Press, 1972–2012), 4:119–20.

[7] This visit is condensed from "Henry's Notes on a Trip to Philadelphia, December 5–7, 1834," in *Papers of Joseph Henry*, 2:288–95; Albert E. Moyer, *Joseph Henry: The Rise of an American Scientist* (Washington, D.C.: Smithsonian Institution Press, 1997), 187–90.

[8] William Dunlap (playwright), diary entry, Oct. 8, 1832, in Thomas Coulson, *Joseph Henry, His Life and Work* (Princeton, N.J.: Princeton University Press, 1950), 94.

[9] Silliman in Moyer, *Joseph Henry*, 130–31.

[10] Torrey in 同上, 130。

[11] Henry to Elias Loomis, 1841, *Papers of Joseph Henry*, 5:29; Julia Grummitt, "Joseph Henry and Sam Parker," *Princeton & Slavery, slavery*. princeton . edu.

[12] On the importance of theological authors—including the Princeton theologian Charles Hodge—in setting

the terms for the reception of science, see Walter H. Conser, *God and the Natural World: Religion and Science in Antebellum America* (Columbia: University of South Carolina Press, 1993).

[13] Moyer, *Joseph Henry*, 187 – 90; *Papers of Joseph Henry*, 2:288 – 95.

[14] David Kaser, *Messrs. Carey & Lea of Philadelphia: Study in the History of the Book-trade* (Philadelphia: University of Pennsylvania Press, 1957).

[15] 1835 年，梅尔策尔的自动装置在第五街和板栗街的美国博物馆展出："这些零件搭建得如此精巧，其整体安排也都暴露在观众面前，甚至迫使观众相信，它们是对自然的正确模仿，它们的各种动作只是机械的结果，不需要任何牵桥搭线……这就是布鲁斯特在信中盛赞的同一个自动装置。"见 McAllister playbill collection, Library Company of Philadelphia。

[16] Moyer, *Joseph Henry*, 197.

[17] "Henry's Notes," 288 – 95.

[18] Henry in Moyer, *Joseph Henry*, 189.

[19] Bache would later publish *Observations at the Magnetic and Meteorological Observatory at Girard College*, 3 vols. (Washington, D.C.: Gales and Seaton, 1840 – 47); John Cawood, "The Magnetic Crusade: Science and Politics in Early Victorian Britain," *Isis* 70, no. 4 (1979): 493 – 518; Diane Greco Josefowicz, "Experience, Pedagogy, and the Study of Terrestrial Magnetism," *Perspectives on Science* 13, no. 4 (2005): 452 – 94; Jenny Bulstrode, "The Eye of the Needle: Magnetic Survey and the Compass of Capital in the Age of Revolution and Reform" (PhD diss., University of Cambridge, 2020).

[20] Alexander Dallas Bache's Eulogy of James P. Espy, *Annual Report of the Board of Regents of the Smithsonian Institution, 1859* (Washington, D.C.: Thomas Ford, 1860), 109, quoted in Merle M. Odgers, *Alexander Dallas Bache: Scientist and Educator, 1806–1867* (Philadelphia: University of Pennsylvania Press, 1947), 152.

[21] Jansen, *Alexander Dallas Bache*, 48 – 50.

[22] 同上，74。

[23] Bache to Henry, May 28, 1839, in *Papers of Joseph Henry*, 4:224 – 26.

[24] Bache's affinities to the Whigs are rightly emphasized in Hugh Richard Slotten, *Patronage, Practice, and the Culture of American Science: Alexander Dallas Bache and the U.S. Coast Survey* (Cambridge, U.K.: Cambridge University Press, 1994), 15 – 17, though the political dynasty to which Bache belonged included Democrats, and his own eventual success in Washington depended on avoiding party conflict; Jansen, *Alexander Dallas Bache*, 27 – 66.

[25] Bache to George Mifflin Dallas, Jan. 27, 1833, George Mifflin Dallas Papers, Historical Society of Pennsylvania, quoted in Jansen, *Alexander Dallas Bache*, 98.

[26] Jansen, *Alexander Dallas Bache*, 85.

[27] 同上，78。

[28] "General Report on the Explosions of Steam Boilers," in Jansen, *Alexander Dallas Bache*, 87. On French steam engine regulations, which served as a model for Bache, 见 Jean-Baptiste Fressoz, *L'apocalypse Joyeuse* (Paris: L'Univers Historique/Seuil, 2012)。

[29] 比德尔先准备好了第一版的手稿，随后交给了詹姆斯·艾伦，确保能够顺利出版，尽管只有艾伦的名字刊登在上面，但第一版被称为"比德尔 – 艾伦版"，见 Meriwether Lewis, William Clark, and Nicholas Biddle, *History of the Expedition Under the Command of Captains Lewis and Clark*, ed. Paul Allen (Philadelphia: Bradford and Inskeep, 1814)。

[30] Biddle in Howe, *What Hath God Wrought*, 391；见 Thomas Payne Govan, *Nicholas Biddle: Nationalist and Public Banker, 1786–1844* (Chicago: University of Chicago Press, 1959), 253. 比德尔的兄弟在一场捍卫银行声誉的决斗中被杀，这证实了银行战争掀起的狂热。

[31] Nicholas Biddle, "The Address," *North American Magazine*, Aug. 1833, 216, in Jansen, *Alexander Dallas*

Bache, 133.

[32] Alfred Mayer, "Henry as a Discoverer," in Moyer, *Joseph Henry*, 213.

[33] "Excerpts from Joseph Henry's European Diary," April 18, 1837, in *Science in Nineteenth-Century America: A Documentary History*, ed. Nathan Reingold (Chicago: University of Chicago Press, 1980), 80.

[34] Henry in Moyer, *Joseph Henry*, 219.

[35] 同上, 214。

[36] Jack Morrell and Arnold Thackray, *Gentlemen of Science: Early Years of the British Association for the Advancement of Science* (Oxford: Clarendon Press, 1981); Laura J. Snyder, *The Philosophical Breakfast Club: Four Remarkable Friends Who Transformed Science and Changed the World* (New York: Broadway Books, 2011).

[37] Henry in Moyer, *Joseph Henry*, 225–26; *Papers of Joseph Henry*, 5:136–37, 158, 244–45.

[38] Henry to Bache, in Moyer, *Joseph Henry*, 230.

[39] Bache, "Address on Manufactures" (1842), in Jansen, *Alexander Dallas Bache*, 195.

[40] Henry to Wheatstone, Feb. 27, 1846, in *Papers of Joseph Henry*, 6:382–85, in Moyer, *Joseph Henry*, 237.

[41] Henry to Bache, Aug. 8, 1838, in *Joseph Henry*, 4:97.

[42] Henry to Vaughan, in Moyer, *Joseph Henry*, 193.

[43] Henry, July 16, 1844, in Moyer, *Joseph Henry*, 145.

[44] Henry to M. de la Rive, Nov. 12, 1841, Henry MSS, Smithsonian Institution Archives, in Sally Gregory Kohlstedt, "A Step Toward Scientific Self–Identity in the United States: The Failure of the National Institute, 1844," *Isis* 62, no. 3 (1971): 353.

[45] Henry to Bache, Aug. 9, 1838, in Moyer, *Joseph Henry*, 230.

[46] Combe's vast worldwide following and contacts are examined in James Poskett, *Materials of the Mind: Phrenology, Race, and the Global History of Science, 1815–1920* (Chicago: University of Chicago Press, 2019).

[47] George Combe, *Notes on the United States of North America, During a Phrenological Visit in 1838–9–40*, 2 vols. (Philadelphia: Carey & Hart, 1841), in Ann Fabian, *The Skull Collectors: Race, Science, and America's Unburied Dead* (Chicago: University of Chicago Press, 2010), 94; Rusert, *Fugitive Science*, 178–79; William R. Stanton, *The Leopard's Spots: Scientific Attitudes Toward Race in America, 1815–1859* (Chicago: University of Chicago Press, 1960); George M. Fredrickson, *The Black Image in the White Mind: The Debate on Afro-American Character and Destiny, 1817–1914* (New York: Harper & Row, 1971).

[48] Cameron A. Grant, "George Combe and American Slavery," *Journal of Negro History* 45, no. 4 (1960): 259–69.

[49] Beverly C. Tomek, *Pennsylvania Hall: A "Legal Lynching" in the Shadow of the Liberty Bell* (New York: Oxford University Press, 2014); Samuel Webb, *History of Pennsylvania Hall, Which Was Destroyed by a Mob, on the 17th of May, 1838* (Philadelphia: Samuel Webb, 1838).

[50] Webb, *History of Pennsylvania Hall*, 36.

[51] Stephen Jay Gould, *The Mismeasure of Man*, rev. ed. (New York: W. W. Norton, 1996); Gould's critique of Morton's measurements is tempered by Paul Wolf Mitchell in "The Fault in His Seeds: Lost Notes to the Case of Bias in Samuel George Morton's Cranial Race Science," *PLoS Biology* 16, no. 10 (2018), e2007008, while recognizing the bias intrinsic to Morton's work.

[52] Frederick Douglass, "The Claims of the Negro, Ethnologically Considered," in *The Frederick Douglass Papers, Series One: Speeches, Debates, and Interviews*, ed. John W. Blassingame and John R. McKivigan, 5 vols. (New Haven, Conn.: Yale University Press, 1979–92), 2:497–525; Rusert, *Fugitive Science*,

126 – 31.
[53] Mitchell, "Fault in His Seeds."
[54] Robert Benjamin Lewis, *Light and Truth, from Ancient and Sacred History* (Portland, Maine: D. C. Colesworthy, 1836); Hosea Easton, *A Treatise on the Intellectual Character, and Civil and Political Condition of the Colored People of the United States* (Boston: Isaac Knapp, 1837); discussion in Rusert, *Fugitive Science*, chaps. 2 – 3; Stephen G. Hall, *A Faithful Account of the Race: African American Historical Writing in Nineteenth-Century America* (Chapel Hill: University of North Carolina Press, 2009); Mia Bay, *The White Image in the Black Mind: African-American Ideas About White People, 1830–1925* (New York: Oxford University Press, 2000).
[55] Agassiz to Henri Milne-Edwards, May 1847, in *Life, Letters, and Works of Louis Agassiz*, ed. Jules Marcou, 2 vols. (New York: Macmillan, 1895), 2:28 – 29, quoted in Stanton, *Leopard's Spots*, 102n4.
[56] James Pedder's recollections, 1852, in *A Catalogue of the Books and Manuscripts of Harry Elkins Widener*, comp. A. S. W. Rosenbach, 2 vols. (Philadelphia, 1918), 2:56, in *TPL*, 248.
[57] Benjamin Cohen, *Notes from the Ground: Science, Soil, and Society in the American Countryside* (New Haven, Conn.: Yale University Press, 2009); Emily Pawley, *The Nature of the Future: Agriculture, Science, and Capitalism in the Antebellum North* (Chicago: University of Chicago Press, 2020).
[58] Poe to Paulding, July 19, 1838, in Ostrom, 1:175, and *TPL*, 248.
[59] Poe to Hiram Haines, April 24, 1840, in Ostrom, 1:215, and *TPL*, 294.
[60] Andreas Malm, *Fossil Capital: The Rise of Steam Power and the Roots of Global Warming* (London: Verso, 2016).
[61] Newton Pratt Scudder, *The Published Writings of Isaac Lea, LL.D.* (Washington, D.C.: Government Printing Office, 1885).
[62] Martin Priestman, *The Poetry of Erasmus Darwin: Enlightened Spaces, Romantic Times* (Burlington, Vt.: Ashgate, 2013), 110 – 11.
[63] Lea in Scudder, *Writings of Isaac Lea*; Isaac Lea, "Description of Six New Species of the Genus Unio, Embracing the Anatomy of the Oviduct of One of Them, Together with Some Anatomical Observations on the Genus," *Transactions of the American Philosophical Society* 3, n.s. (1830): 259 – 73.
[64] Simon Baatz, "Philadelphia Patronage: The Institutional Structure of Natural History in the New Republic, 1800 – 1833," *Journal of the Early Republic* 8, no. 2 (1988): 111 – 38; Thomas Peter Bennett, "The History of the Academy of Natural Sciences of Philadelphia," *Archives of Natural History* 1, no. 1 (1983): 1 – 14.
[65] Buckland and Lea quoted in Scudder, *Writings of Isaac Lea*, xiii.
[66] Thomas Wyatt, *A Manual of Conchology, According to the System Laid Down by Lamarck, with the Late Improvements by De Blainville* (New York: Harper & Brothers, 1838).
[67] Thomas Brown, *Elements of Conchology* (London: Lackington, Allen, 1816).
[68] Helen Curry et al., eds., *Worlds of Natural History* (Cambridge, U.K.: Cambridge University Press, 2018); Londa Schiebinger, *Secret Cures of Slaves: People, Plants, and Medicine in the Eighteenth-Century Atlantic World* (Stanford, Calif.: Stanford University Press, 2017).
[69] Stephen Jay Gould, "Poe's Greatest Hit," *Natural History* 102, no. 7 (1993): 10 – 19.
[70] Poe, *The Conchologist's First Book: A System of Testaceous Malacology, Arranged Expressly for the Use of Schools* (Philadelphia: Haswell, Barrington, and Haswell, 1839), 3.
[71] Gould, "Poe's Greatest Hit," 16.
[72] Poe, *Conchologist's First Book*, 8.
[73] 但是，德怀特·托马斯认为，在决定是否出版 *Tales of the Grotesque and Arabesque* 方面，有可能莱亚"并未发挥重要作用"，in "Poe in Philadelphia, 1838 – 1844: A Documentary Record," 2 vols.

(PhD diss., University of Pennsylvania, 1978), 833; on connections between *Pym* and *The Conchologist's First Book*, 见 J. D. Lilley, "Poe, Movement, and Matter: The Malacological Aesthetics of the *Narrative of Arthur Gordon Pym*," *Arizona Quarterly* 73, no. 4 (2017): 1–31。

8 怪诞与奇特的方法

［1］ Burton to Poe, May 11, 1839; AHQ, 78.
［2］ Burton to Poe, May 30, 1839, in *TPL*, 262.
［3］ Recollection of the host's son, Horace Wemyss Smith, quoted in Rosenbach, *Catalogue*, 296, in *TPL*, 263.
［4］ S. Augustus Mitchell, *A System of Modern Geography* (Philadelphia: Thomas, Cowperthwait & Co., 1839).
［5］ Louis–Céran Lemonnier, *A Synopsis of Natural History: Embracing the Natural History of Animals, with Human and General Animal Physiology, Botany, Vegetable Physiology and Geology*, trans. Thomas Wyatt (Philadelphia: T. Wardle, 1839), reviewed by Poe in *Burton's*, July 1839, 61–62.
［6］ Henry Duncan, *Sacred Philosophy of the Seasons, Illustrating the Perfection of God in the Phenomena of the Year*, 2 vols. (1836; Boston: Marsh, Capen, Lyon, and Webb, 1839), reviewed by Poe in *Burton's*, Feb. 1840, 106, and March 1840, 151–52.
［7］ *Burton's*, March, April, May, and July 1840.
［8］ Simon Schaffer, "Scientific Discoveries and the End of Natural Philosophy," *Social Studies of Science* 16, no. 3 (1986): 387–420; Cahan, *From Natural Philosophy to the Sciences*.
［9］ Snyder, *Philosophical Breakfast Club*, 2–3; Sydney Ross, "Scientist: The Story of a Word," *Annals of Science* 18, no. 2 (1962): 65–85.
［10］ John Tresch, *The Romantic Machine: Utopian Science and Technology After Napoleon* (Chicago: University of Chicago Press, 2012), 253–86.
［11］ Ernst Cassirer, *Kant's Life and Thought* (1918; New Haven, Conn.: Yale University Press, 1981).
［12］ John F. W. Herschel, *A Preliminary Discourse on the Study of Natural Philosophy* (London: Longman, Rees, 1830); Walter F. Cannon, "John Herschel and the Idea of Science," *Journal of the History of Ideas* 22, no. 2 (1961): 215–39; Erna Fiorentini, "Practices of Refined Observation: The Conciliation of Experience and Judgement in John Herschel's Discourse and in His Drawings," in Fiorentini, *Observing Nature*, 19–42.
［13］ William Whewell, *The Philosophy of the Inductive Sciences, Founded upon Their History*, 2 vols. (London: John W. Parker, 1840). 康德以及自然神学的影响，休厄尔认为一些基本思想是天生就有的。Laura J. Snyder, "William Whewell," in *The Stanford Encyclopedia of Philosophy*, Spring 2019 ed., ed. Edward N. Zalta, plato ; Michael Ruse, "Darwin's Debt to Philosophy: An Examination of the Influence of the Philosophical Ideas of John F. W. Herschel and William Whewell on the Development of Charles Darwin's Theory of Evolution," *Studies in History and Philosophy of Science* 6, no. 2 (1975): 159–81; William Whewell, review of *A Preliminary Discourse on the Study of Natural Philosophy*, by John Herschel, *Quarterly Review* 90 (1831): 374–407; Snyder, *Philosophical Breakfast Club*.
［14］ George Daniels's landmark *American Science in the Age of Jackson* somewhat overstates the Baconianism of the era; the important qualifications in Theodore Dwight Bozeman, "Science and Nineteenth–Century American Culture: A Note on George H. Daniels' Science in the Age of Jackson," *Isis* 63, no. 3 (1972): 397–402. Susan Faye Cannon reframed the era's empiricism within Humboldt's projects of global science in "Humboldtian Science," in *Science in Culture: The Early Victorian Period* (New York: Science History Publications, 1978), 73–110.
［15］ Richard R. John, *Network Nation: Inventing American Telecommunications* (Cambridge, Mass.: Harvard University Press, 2015); Howe, *What Hath God Wrought*.
［16］ William Ellery Channing, *The Works of William Ellery Channing*, 6 vols. (Boston: American Unitarian

Association, 1903), 6:153; Kasson, *Civilizing the Machine*.

[17] 关于贝奇参与绘制地球磁力变化图的项目——被其他美国参与者戏称为"磁力十字军计划",详见 Jansen, *Alexander Dallas Bache*, 163。

[18] A. Hunter Dupree, "Central Scientific Organisation in the United States Government," *Minerva* 1, no. 4 (1963): 453‑69; on the political range of U.S. Humboldtian-isms, Walls, *Passage to Cosmos*. 关于这一时期国际科学竞争的动态——英国、法国和普鲁士都在寻求合作与国家进步之间平衡,详见 Charles Babbage, *Reflections on the Decline of Science in England, and on Some of Its Causes* (London: B. Fellowes, 1830)。

[19] John Tresch, "The Daguerreotype's First Frame: François Arago's Moral Economy of Instruments," *Studies in History and Philosophy of Science Part A* 38, no. 2 (2007): 445‑76.

[20] Alexander Dallas Bache, "The Daguerreotype Explained," *United States Gazette* (Philadelphia), Sept. 25, 1839; 见 Library Company of Philadelphia, "Catching a Shadow: Daguerreotypes in Philadelphia, 1839‑1860"。

[21] William F. Stapp, "Robert Cornelius and the Dawn of Photography," in *Robert Cornelius: Portraits from the Dawn of Photography*, ed. William F. Stapp (Washington, D.C.: Smithsonian Institution Press, 1983), 25‑44.

[22] Albert Rung, "Joseph Saxton: *Pennsylvania Inventor and Pioneer Photographer*," *Pennsylvania History: A Journal of Mid-Atlantic Studies* 7, no. 3 (1940): 153‑58; Joseph Henry, "Memoir of Joseph Saxton: 1799‑1873," read before the National Academy, Oct. 4, 1874; Notice on Robert Cornelius, *Godey's Lady's Book*, April 1840, 190; J. F. Goddard, "Application of the Daguerreotype to the Taking of Likenesses from the Life," *Chemist; or, Reporter of Chemical Discoveries and Improvements* 2 (May 1841): 142‑43; both online at Gary W. Ewer, ed., *The Daguerreotype: An Archive of Source Material*.

[23] Lewis Gaylord Clark, "The Daguerreotype," *Knickerbocker*, Dec. 1839, 560‑61.

[24] Herschel to William Henry Fox Talbot, May 9, 1839, National Science and Media Museum, Bradford.

[25] Cole to William Althorpe Adams, Feb. 26, 1840, photocopy of manuscript letter provided by the New York State Library, Thomas A. Cole Papers, 1821‑1863, SC 10635, box 1, folder 4, Adams, Feb. 26, 1840, Ewer Archive.

[26] 机器,特别是摄影,可能在观察方面比人类更为可靠,这一概念对于新兴的客观性科学理想来说非常重要,详见 Lorraine Daston and Peter Galison, *Objectivity* (Cambridge, Mass.: Zone, 2007)。

[27] "New Discovery— Engraving, and Burnet's Cartoons," *Blackwood's Edinburgh Magazine*, March 1839, 382‑91, Ewer Archive. 作者将这一技术(自然界通过这一技术构成了自身的持久形象)与查尔斯·巴贝奇的《第九篇布里奇沃特论文》中所表达的思想相比较,后者认为"自世界诞生以来所说出的每一个字都在记录自己,而且仍在说话,并将永远以振动的方式说话",还将"太阳的伟大事业"一样想象为"登记员,并对我们外表留有印象"(见 further discussion of Babbage below)。

[28] Benjamin J. McFarland and Thomas Peter Bennett, "The Image of Edgar Allan Poe: A Daguerreotype Linked to the Academy of Natural Sciences of Philadelphia," *Proceedings of the Academy of Natural Sciences of Philadelphia* (1997): 1‑32. To Susan Elizabeth Sweeney, the claim that the man at the right is Poe is "tenuous at best"; "The Horror of Taking a Picture in Poe's 'Tell-Tale Heart,'" *EAPR* 18, no. 2 (2017): 145. "Daguerreotypomanie" was the banner of a famous print by Théodore Maurisset; Roger Watson and Helen Rappaport, *Capturing the Light: The Birth of Photography, a True Story of Genius and Rivalry* (New York: St. Martin's, 2013), 161.

[29] Poe, "The Daguerreotype," in *Alexander's Weekly Messenger*, Jan. 15, 1840, 2, and May 6, 1840, 2. Poe added further updates in "A Chapter on Science and Art" in, April 1840, 193: Daguerre's "costly combination of glasses" had been replaced with a single concave "Meniscus" glass; the complicated "dilute nitric acid" had been shown to be unnecessary; a shallower box for developing the plate halved the time of

development.

[30] Sarah Kate Gillespie, "John William Draper and the Reception of Early Scientific Photography," *History of Photography* 36, no. 3 (2012): 241–54; John William Draper, "On the Process of the Daguerreotype and Its Application to Taking Portraits from the Life," *London and Edinburgh Philosophical Magazine and Journal of Science* 17 (1840): 217–25.

[31] 关于费城科学家和工匠在摄影的化学和商业发展中的核心作用，见 the detailed reconstructions in Michelle Smiley, " 'An American Sun Shines Brighter': Art, Science, and the American Reinvention of Photography" (PhD diss., Bryn Mawr College, 2020)。

[32] "A Charlatan," *Alexander's Weekly Messenger*, 4, no. 18, April 1829, 2.

[33] Poe, "Enigmatical and Conundrum-ical," *Alexander's Weekly Messenger*, Dec. 18, 1839, 4.

[34] Poe, "Enigmatical," *Alexander's Weekly Messenger*, 4, no. 3, Jan. 15, 1840, 2.

[35] Poe, "Our Late Puzzles," *Alexander's Weekly Messenger*, Feb. 12, 1840, p. 2.

[36] Poe, "Puzzles Again!" *Alexander's Weekly Messenger*, March 25, 1840, 2.

[37] Poe, "Our Late Puzzles," *Alexander's Weekly Messenger*, Feb. 12, 1840, 2. On Poe and cryptography, see Shawn James Rosenheim, *The Cryptographic Imagination: Secret Writing from Edgar Poe to the Internet* (Baltimore: Johns Hopkins University Press, 1997).

[38] Poe, "Article on Beet-Root," *Alexander's Weekly Messenger*, Dec. 18, 1839, 2; Poe, "Credulity," *Alexander's Weekly Messenger*, May 6, 1840, 2. 其中，坡认为，非常狡猾的人只要被告知真相，就最容易被迷惑和误导："对一个无赖采取体面的行动，完全是为了使他神秘化，从而麻痹他的最大努力。"

[39] Poe, "The Business Man," *Burton's*, Feb. 1840, 87–89.

[40] Poe, "Raising the Wind; or, Diddling Considered as One of the Exact Sciences," *Philadelphia Saturday Courier*, Oct. 14, 1843, 1.

[41] Poe, "The Man That Was Used Up: A Tale of the Late Bugaboo and Kickapoo Campaign," *Burton's Gentleman's Magazine* 5, no. 2, Aug. 1839, 66–70.

[42] J. Gerald Kennedy, " 'A Mania for Composition': Poe's Annus Mirabilis and the Violence of Nation-Building," *American Literary History* 17, no. 1 (2005): 1–35; Heather Chacón, "Prosthetic Colonialism: Indian Removal, European Imperialism, and International Trade in Poe's 'The Man That Was Used Up,'" *PS* 50, no. 1 (2017): 46–68. 就美洲原住民、先前的奴隶以及奴隶主所在边境地区的科学发展，见 Cameron B. Strang, *Frontiers of Science: Imperialism and Natural Knowledge in the Gulf South Borderlands, 1500–1850* (Chapel Hill: University of North Carolina Press, 2018)。

[43] 坡借鉴了沃尔特·斯科特对 E. T. A. 霍夫曼的分析，霍夫曼"在他的作品中表现出奇幻或超自然的怪诞，几乎处于精神错乱的边缘，以至于害怕自己幻想出来的生物"，并受制于"多半是幻想而又全无理性"的一连串想法（"Novels of Ernest Theodore Hoffmann," in *The Miscellaneous Prose Works of Sir Walter Scott* [Edinburgh: Robert Cadell, 1849], 306）。坡可能也受到了迪斯雷里评论的启发："怪诞是对自然的偏离，是为了产生一种效果，而这种效果是遵守自然所不能产生的"，见 "The Continuation of Vivian Grey," *New Monthly Magazine*, April 1827, in Lewis A. Lawson, "Poe's Conception of the Grotesque," *Mississippi Quarterly* 19, no. 4 (1966): 200–205。

[44] Thompson, "Arabesque Design"; Rachman, "Poe, the Arabesque." 大卫·凯特尔认为"阿拉伯式操作"是"感官的融合和理性的泯灭"，是"一种努力，融化人的理性所强加的僵硬模式……"，见 *The Rationale of Deception in Poe* (Baton Rouge: Louisiana State University Press, 1979), 36–37 有关历史背景，见 Jacob Rama Berman, "Domestic Terror and Poe's Arabesque Interior," *ESC* 31, no. 1 (2005): 128–50。

[45] Louis Fitzgerald Tasistro, *New-York Mirror* 17, no. 26, Dec. 28, 1839, 215.

[46] Robert J. Richards, *The Romantic Conception of Life: Science and Philosophy in the Age of Goethe*

(Chicago: University of Chicago Press, 2002); Iain Hamilton Grant, *Philosophies of Nature After Schelling* (London: Continuum, 2006).

[47] Wordsworth, *The Prelude*, 68, quoted in Jerome McGann, "Rethinking Romanticism," *ELH* 59, no. 3 (1992): 747.

[48] Richard Holmes, *The Age of Wonder: How the Romantic Generation Discovered the Beauty and Terror of Science* (New York: Vintage, 2010).

[49] Cunningham and Jardine, *Romanticism and the Sciences*; Tresch, *Romantic Machine*; Branka Arsić, "Materialist Vitalism or Pathetic Fallacy: The Case of the House of Usher." *Representations* 140, no. 1 (2017): 121–36.

[50] Georges J. Joyaux, "Victor Cousin and American Transcendentalism," *French Review* 29, no. 2 (1955): 117–30.

[51] Poe, "Morella," *SLM* 1, no. 8 (April 1835): 448–50. In a special issue of *EAPR* 13, no. 2 (2012) on Poe and German idealism, 见 Sean Moreland, Jonathan Murphy, and Devin Zane Shaw, "'Theory Mad Beyond Redemption': The Post-Kantian Poe," 4–6; Moreland and Shaw, "'As Urged by Schelling,'" 50–80. 见 John Limon, *The Place of Fiction in the Time of Science: A Disciplinary History of American Writing* (Cambridge, U.K.: Cambridge University Press, 2009)。

[52] The quotes in this paragraph and the next are found under the heading, "Study of Nature," in "Omniania" in *Burton's Gentleman's Magazine* 6, no. 5, May 1840, 235, unsigned but reliably attributed to Poe; 这篇文章有一句稍作修改的引言，来自 Humphry Davy's "Award of the Copley Medal to the Rev. Dr. Buckland," in *The Collected Works of Sir Humphry Davy* (London: Smith, Elder, and Co. Cornhill, 1840), 43–44。戴维的演讲强调了巴克兰的地质学和自然神学的崇高美学意义——这是坡衷心赞同的立场。

[53] Humphry Davy, *Six Discourses Delivered Before the Royal Institution* (London: John Murray, 1827), 55.

[54] Georges Cuvier, *Discours sur les révolutions de la surface du globe: et sur les changements qu'elles ont produits dans le règne animal* (Paris: E. d'Ocagne, 1826); Martin J. S. Rudwick, *The Meaning of Fossils: Episodes in the History of Palaeontology* (London: Macdonald, 1972); Martin J. S. Rudwick, *Earth's Deep History: How It Was Discovered and Why It Matters* (Chicago: University of Chicago Press, 2014); David Bates, *Enlightenment Aberrations: Error and Revolution in France* (Ithaca, N.Y.: Cornell University Press, 2002).

[55] Poe, "Omniana," pt. 2, *Burton's*, May 1840, 235–36.

[56] John Frost, review in *Alexander's Weekly Messenger*, Dec. 18, 1839, in *TPL*, 282.

[57] Anonymous review, *New-York Mirror*, Dec. 28, 1839, in *TPL*, 284.

[58] Review in *The Era*, Oct. 21, 1838, in "Three More Contemporary Reviews of Pym," *PS*, December 1976, 9, no. 2, 43–44.

[59] Dayan, "Amorous Bondage," 260–62.

[60] On the construction of this space (and others), 见 Henri Justin, *Poe dans le champ du vertige: Des "Contes" à "Eurêka," l'élaboration des figures de l'espace* (Paris: Klincksieck, 1991), and on "arabesque reality," 见 Ketterer, *Rationale of Deception*, as well as Cantalupo on the "anamorphic" in "Ligeia" in *Poe and the Visual Arts*。理查德·威尔伯认为坡的"闪烁的蜡烛、摇曳的火把和充满变色火焰的炉子"的装饰，以及他反复出现的螺旋和旋涡的意象，是"催眠状态"、进入梦境和逃离物质和世俗的象征。Wilbur, "The House of Poe," in *Poe: A Collection of Critical Essays*, ed. Robert Regan (Englewood Cliffs, N.J.: Prentice Hall, 1967), 98–120.

[61] Poe, "Ligeia," *Tales of the Grotesque and Arabesque* (Philadelphia: Lea and Blanchard, 1840) 1:171–92.

[62] Poe, "The Fall of the House of Usher," *Tales of the Grotesque and Arabesque*, 75–103.

[63] Scott Peeples, "Poe's 'Constructiveness' and 'The Fall of the House of Usher,'" in *The Cambridge*

Companion to Edgar Allan Poe, ed. Kevin Hayes (Cambridge, U.K.: Cambridge University Press, 1998), 178–90; Beverley Voloshin, "Explanation in 'The Fall of the House of Usher,'" in Critical Essays on Poe, ed. Eric Carlson (Boston: G. K. Hall, 1987), 42–52; Katherine Hayles, Chaos Bound: Orderly Disorder in Contemporary Literature and Science (Ithaca, N.Y.: Cornell University Press, 1990); Ketterer, "Shudder."

[64] Barton Levi St. Armand, "Usher Unveiled: Poe and the Metaphysic of Gnosticism," PS 5, no. 1 (1972): 1–8; for Wilbur, "When the House of Usher disintegrates or dematerializes at the close of the story, it does so because Roderick Usher has become all soul" ("House of Poe," 110).

[65] Sean Moreland, "Ancestral Piles: Poe's Gothic Materials," in Kennedy and Peeples, Oxford Handbook, 520–41.

[66] Jonathan Elmer, "Poe and the Avant Garde," in Kennedy and Peeples, Oxford Handbook, 700–717; Scott Peeples, The Afterlife of Edgar Allan Poe (Rochester, N.Y.: Camden House, 2004).

[67] Originally titled "The Psyche Zenobia," American Museum 1, no. 3 (Nov. 1838); retitled "How to Write a Blackwood Article," in Tales of the Grotesque and Arabesque (1840).

[68] Poe, "The Journal of Julius Rodman (Chapter 3)," Burton's Gentleman's Magazine 6, no. 3, March 1840, 109–13; quote on promotional paper wrapper.

[69] Poe reviewed Astoria with admiration for both the author and the subject in the SLM 3, no. 1 (Jan. 1837): 59–68.

[70] On the landscapes at the Philadelphia Academy of the Fine Arts that might have contributed to Rodman's visual aesthetics, see Cantalupo, Poe and the Visual Arts, 26–29; on Cole, 44ff.

[71] Daily Chronicle, May 30, 1840; Daily Chronicle, May 21, 1840; reprinted in United States Gazette, in TPL, 297.

[72] Poe to Burton, June 1, 1840, in TPL, 299.

[73] Poe, "The Man of the Crowd," Burton's Gentleman's Magazine, 7, no. 6, Dec. 1840, 267–70.

[74] On the "kaleidoscopic" visual effects of "The Man of the Crowd" (and other tales of Poe), see Susan Elizabeth Sweeney, "The Magnifying Glass: Spectacular Distance in Poe's 'Man of the Crowd' and Beyond," PS 36, no. 1 (2003): 3–17; Tom Gunning, "From the Kaleidoscope to the X–Ray: Urban Spectatorship, Poe, Benjamin, and Traffic in Souls (1913)," Wide Angle 19, no. 4 (1997): 25–61.

9 高处不胜寒

[1] Poe, "Prospectus of the Penn Magazine," Daily Chronicle, Sept. 11, 1840, 3.
[2] Willis Gaylord Clark, Philadelphia Gazette, June 4, 1840, in TPL, 298–99.
[3] Graham, Saturday Evening Post, June 5, 1840, in TPL, 299.
[4] Hopkinson to Poe, Jan. 25, 1841, in TPL, 318.
[5] Daily Chronicle, Sept. 14, 1840, in TPL, 307.
[6] Thomas, Poe in Philadelphia, 805–8, in TPL, 284.
[7] Poe to Joseph E. Snodgrass, April 1, 1841, in Ostrom, 1:263–64.
[8] United States Gazette, May 21, 1840, in TPL, 296; Claude Richard, "Poe and 'Young America,'" Studies in Bibliography 21 (1968): 25–58; McGill, Culture of Reprinting; David A. Long, "Poe's Political Identity: A Mummy Unswathed." PS 23, no. 1 (1990): 1–22.
[9] Poe to Biddle, Jan. 6, 1841, in Ostrom, 1:254.
[10] Ostrom, 1:255.
[11] Poe, "Prospectus of the Penn."
[12] Abijah M. Ide, Jr. to Poe, Nov. 2, 1843, in TPL, 440.
[13] Poe to Lewis J. Cist, Dec. 30, 1840, in Ostrom, 1:251, in TPL, 312–13; notice postponing the Penn in the

Daily Chronicle, Dec. 29, 1840, in *TPL*, 312.

[14] Poe to Wyatt, April 1, 1841, in Ostrom, 1:267, in *TPL*, 316.

[15] *Saturday Evening Post*, Feb. 20, 1841, in *TPL*, 318.

[16] George Graham, *Saturday Evening Post*, Feb. 20, 1841, in *TPL*, 318.

[17] *TPL*, 309, 312.

[18] *Saturday Evening Post*, Dec. 19, 1840, in *TPL*, 312.

[19] Graham, *Saturday Evening Post*, Feb. 20, 1841, in *TPL*, 319.

[20] Inside front cover of *Graham's*, April 1841, in *TPL*, 320.

[21] Poe, "A Descent into the Maelström," *Graham's Magazine*, 18, no. 5, May 1841, 235–41.

[22] Henri Justin, "Le vortex: Raison et vertige," *Les Cahiers du CERLI* 2 (1993): 60–77.

[23] Burke, *A Philosophical Enquiry into the Origin of Our Ideas of the Sublime and Beautiful*; Kent Ljungquist, "Poe and the Sublime: His Two Short Sea Tales in the Context of an Aesthetic Tradition," *Criticism* 17, no. 2 (1975): 131–51.

[24] On the sources for Poe's scientific knowledge in "Maelström," see Aldo Corcella, "A New Poe Source: Thomas Thomson's 'Sketch of the Progress of Physical Science,'" *EAPR* 20, no. 2 (2019): 173–99. Barbara Cantalupo writes, "The narrator's ability to tell his tale depends not on the grace of God but on his power to save himself from demise by using induction and peripheral vision," in *Poe and the Visual Arts*, 120. Limon contrasts the observation in "Crowd" and "Maelström" in *Place of Fiction*, 79. The artists Sandrine Teixido and Aurélien Gamboni have led a multi-year art project in which "Maelström" serves as allegory and instrument for coping with climate change; see Teixido and Gamboni, "A Tale as a Tool: Enquête sur le maelström et le 'devenir–abîme' des mondes," *Techniques et Culture* 75 (2021).

[25] Poe, review of *The Quacks of Helicon*, by Lambert A. Wilmer, *Graham's*, Aug. 1841, 90–93; Cohen, *Fabrication of American Literature*, 24.

[26] Poe, review of *The Critical and Miscellaneous Writings*, by Henry Lord Brougham, *Graham's*, March 1842, 190.

[27] Roswell Park, *Pantology; or, A Systematic Survey of Human Knowledge* (Philadelphia: Hogan & Thompson, 1841).

[28] James A. Secord, *Visions of Science: Books and Readers at the Dawn of the Victorian Age* (Chicago: University of Chicago Press, 2015).

[29] Poe to Frederick W. Thomas, Oct. 27, 1841, in Ostrom, 1:313, and *TPL*, 345.

[30] Benjamin to Graham, Oct. 19, 1841, in *TPL*, 344.

[31] Poe, "A Chapter on Autography," pt. 1, *Graham's*, Nov. 1841, 224–34.

[32] 同上，231。

[33] 同上，229。

[34] Edwin P. Whipple, *Boston Daily Times*, Dec. 1841, in *TPL*, 354.

[35] *Boston Notion*, Dec. 14, 1839, *TPL*, 282.

[36] Ralph Waldo Emerson, "Circles" (1841), in *Essays and Lectures* (New York: Library of America, 1983), 401–4, 414; Ralph Waldo Emerson, *Nature* (Boston: James Munroe, 1836).

[37] 见 Levin, *Power of Blackness*, 34–35; 就爱默生和坡的扩张主义宇宙观（expansionist cosmologies）之间的对比，见 Jennifer Rae Greeson, "Poe's 1848: *Eureka*, the Southern Margin, and the Expanding U[niverse] of S[tars]," in Kennedy and McGann, *Remapping of Antebellum Print Culture*, 123–40; for useful comparison of Emerson, Poe, and Hawthorne, 见 Van Leer, "Nature's Book," 307–21; on Thoreau's comparable "heterogeneous holism," 见 Jane Bennett, *Thoreau's Nature: Ethics, Politics, and the Wild* (Lanham: Rowman & Littlefield Publishers, 2002), 72。

[38] Poe, review of *Twice-Told Tales*, by Nathaniel Hawthorne, *Graham's*, May 1842, 298–300.

[39] Poe, "Exordium," *Graham's*, Jan. 1842, 68–69. On this article, and Poe's engagement with post-Kantian criticism, 见 Paul Hurh, *American Terror: The Feeling of Thinking in Edwards, Poe, and Melville* (Stanford, CA: Stanford University Press, 2015), 75–118。

[40] 同上。

[41] Poe, "An Appendix of Autographs," *Graham's*, Jan. 1842, 48.

[42] Poe, "Exordium," 68.

[43] John Wilcox, "The Beginnings of l'Art pour l'Art," *Journal of Aesthetics and Art Criticism* 11, no. 4 (1953): 360–77; Peter Galison, "Objectivity Is Romantic," *American Council of Learned Societies Occasional Paper* 47 (1999).

[44] Poe, "Notes upon English Verse," *Pioneer*, March 1843, 102–12; the later revision was "The Rationale of Verse" in two parts in *SLM* 14, no. 10 (Oct. 1848): 577–85 and 14, no. 11 (Nov. 1848): 673–82; 论诗律分析在当时诗歌批评中的广泛重要性，见 Jason David Hall, *Nineteenth-Century Verse and Technology: Machines of Meter* (Cham, Switzerland: Springer, 2017)。

[45] Poe, "The Murders in the Rue Morgue," *Graham's* 8, no. 4, April 1841, 166–79.

[46] 这段开场没有出现在1841年版本的故事中，该版本的手稿（MS）保存在费城自由图书馆，于1843年收藏入馆，而坡则在1845年放弃了在开头提到颅相学（eapoe.org on successive versions）。

[47] Simon Schaffer, "The Nebular Hypothesis and the Science of Progress," in *History, Humanity, and Evolution: Essays for John C. Greene*, ed. James R. Moore (Cambridge, U.K.: Cambridge University Press, 1989), 131–64.

[48] Lawrence Frank, "'The Murders in the Rue Morgue': Edgar Allan Poe's Evolutionary Reverie," *Nineteenth-Century Literature* 50, no. 2 (1995): 168–88.

[49] 关于解决方案及其与种族主义想象颇有争议的关系，见 Elise Lemire, "'The Murders in the Rue Morgue': Amalgamation Discourses and the Race Riots of 1838 in Poe's Philadelphia," in Kennedy and Weissberg, *Romancing the Shadow*, 177–204; Kopley, *Dupin Mysteries*, 27–44；有关自然历史的资源，见 Robert Mitchell, "The Natural History of Poe's Orangutan," *Poe Studies/Dark Romanticism* 29, no. 1 (1996): 32–34; Meyers, *Life and Legacy*, 123, on the Masonic Hall of Philadelphia's display of an orange-haired orangutan. Plate 6 of Wyatt's *Synopsis of Natural History*, reviewed by Poe in *Burton's* (July 1839), featured a distinctly human like, bearded, and expressive "head of the Orang-Outang"。

[50] 例如，通过排除窗户以外的所有其他入口，发现是松了的钉子使其关闭，以及通过排除证人所听到的语言来推断"尖锐的声音"之来源。

[51] Horace Greeley, New-Yorker, March 27, 1841, in *TPL*, 321.

[52] Poe, "A Few Words on Secret Writing," *Graham's*, July 1841, 33–38.

[53] Jesse E. Dow, review of the November *Graham's*, *Washington Index*, Nov. 2, 1841, in *TPL*, 346.

[54] Poe, "Eleanora: A Fable," *The Gift for 1842* (Philadelphia: Carey and Hart, 1841), 154–62.

[55] Eric Carlson, *Introduction to Poe: A Thematic Reader* (Glenview, Ill.: Scott, Foresman, 1967), 563.

[56] Advertisement, Feb. 1, 1840, from McAllister Collection, vol. 19, p. 46, Library Company of Philadelphia.

[57] Poe, "The Island of the Fay," *Graham's*, 18, no. 6, June 1841, 253–55.

[58] 坡在介绍性段落中呼应了休厄尔的语言，休厄尔讨论了 Encke's comet in *Astronomy and General Physics*, 151–56; 彗星的旋转轨道越来越短、越来越快，最终会融入太阳；关于行星轨道的稳定性——牛顿否认，拉普拉斯则证明了这一点；见 129–33。On "Island of the Fay" and sentient matter, 见 Douglas Anderson, *Pictures of Ascent in the Fiction of Edgar Allan Poe* (New York: Palgrave Macmillan, 2009), 143–177。

[59] The first two were Poe, "The Conversation of Eiros and Charmion," *Burton's*, Dec. 1839, 321–23, and "The Colloquy of Monos and Una," *Graham's*, Aug. 1841, 52–54.

[60] 这段话被添加至1845年版《大旋涡历险记》。约瑟夫·格兰维尔是早期皇家学会的发言人，他

推广了机械自然哲学的方法，并利用它们来证明鬼魂和恶魔的存在，详见 Jonathan I. Israel, *Radical Enlightenment: Philosophy and the Making of Modernity, 1650–1750* (Oxford: Oxford University Press, 2001), 376；坡还在《丽姬娅》的题词中引用了格兰维尔的话："上帝不过是一个伟大的意志，按其本质而言，渗透到万物之中。人不向天使屈服，也不完全向死亡屈服，只因他意志薄弱"（Poe, "Ligeia," *American Museum*, Sept. 1838, 1, no. 1, Sept. 1838, 25‐37.）；但是，这两段引文似乎都是坡自己创作的。

[61] Writing under the pseudonym Flib, George Lippard, *Spirit of the Times*, Feb. 7, 1842, 2; Thomas, *Poe in Philadelphia*, 324; David S. Reynolds, *George Lippard* (Boston: Twayne, 1982).

[62] 监狱的灵感来自贵格会对沉默无语作为神圣交流媒介的坚持，以及功利主义者杰里米·边沁提出的"圆形监狱"（panopticon）；这样一来，囚犯们会内化来自警卫塔的监视。Charles Dickens, *American Notes: For General Circulation*, 2 vols. (London: Chapman and Hall, 1842), 1:235‐38; Joseph Jackson, *Dickens in Philadelphia* (Philadelphia: William J. Campbell, 1912), 1415.

[63] 由坡的收藏家理德·金贝尔购买的保存完好、内容详实的《格里普》（*Grip*），现在正在费城自由图书馆珍稀书籍部展出。这本书很好。

[64] Dickens to Poe, March 6, 1842, in *The Letters of Charles Dickens, Volume Three: 1842–1843*, ed. Madeline House, Graham Storey, and Kathleen Tillotson (Oxford: Clarendon Press, 1974), 106‐7, in *TPL*, 362.

[65] Poe to James R. Lowell, July 2, 1844, in Ostrom, 1:450, in *TPL*, 362.

[66] *Letters of Charles Dickens*, 3:75n11; Thomas, *Poe in Philadelphia*, 346.

10 潮流转向

[1] 这块怀表于 2019 年 6 月在佳士得以 25 万美元的价格售出。这是一个美丽的物体，人们不禁要问：当它被包裹在棉花中时，会发出怎样的声音？

[2] Graham, recalling Poe ca. 1842, in "The Late Edgar Allan Poe," *Graham's*, March 1850, 225, in *TPL*, 390.

[3] Poe to Washington Irving, June 21, 1841, in Ostrom, 1:274‐75; Poe to Joseph E. Snodgrass, Sept. 19, 1841, in Ostrom, 1:309.

[4] Poe to Frederick W. Thomas, Oct. 27, 1841, in Ostrom, 1:313. Poe wrote to James Herron, "Now I feel assured of success," on June 30, 1842, in Ostrom, 1:344.

[5] *The Saturday Evening Post* reported that *Graham's* intended "opening the new volume in July next with *fifty thousand copies*," which was to be "the regular and standing edition, being as many as any steel line engraving will yield impressions." *Saturday Evening Post*, March 5, 1842, 2, in *TPL*, 361; Thomas, *Poe in Philadelphia*, 339.

[6] Poe to Thomas, July 4, 1841, in Ostrom, 1:292.

[7] Poe to Thomas, Feb. 3, 1842, in Ostrom, 1:324, in *TPL*, 359.

[8] Amanda Bartlett Harris, "Edgar A. Poe," *Hearth and Home*, Jan. 9, 1875, 24, in *TPL*, 358.

[9] Poe to Thomas, Feb. 3, 1842, in Ostrom, 1:324‐25.

[10] Poe to George W. Eveleth, Jan. 4, 1848, in Ostrom, 2:641.

[11] Graham, "Late Edgar Allan Poe," 225, in *TPL*, 390.

[12] Poe to Thomas, May 25, 1842, in Ostrom, 1:333, in *TPL*, 366‐67.

[13] Poe to Daniel Bryan, July 6, 1842, in Ostrom, 1:347, in *TPL*, 373.

[14] Graham, "Late Edgar Allan Poe," 225, in *TPL*, 390.

[15] Poe to Bryan, July 6, 1842, in Ostrom, 1:347, in *TPL*, 373.

[16] Park Benjamin, *New York New World*, June 4, 1842, in TPL, 368.

[17] Poe, "Review of New Books," *Graham's*, June 1842, 354‐56.

[18] Poe to Snodgrass, June 4, 1842, in Ostrom, 1:341.

[19] Graham to Griswold, April 19, 1842, in *TPL*, 364.
[20] Graham to Griswold, May 3, 1842, in *TPL*, 365.
[21] Dow in the *Index*, June 23, 1842, in *TPL*, 370.
[22] Letter from "FLASH" (a correspondent in Philadelphia), in the *Washington, D.C., Independent*, June 17, 1842, in *TPL*, 370.
[23] Poe to Thomas, Sept. 12, 1842, in Ostrom, 1:358, in *TPL*, 379.
[24] E. T. A. Hoffmann had given the same title (in German) to a collection of tales: *Fantasiestücke in Callot's Manier*, 4 vols. (Bamberg, Germany: Neues Leseinstitut von C. F. Kunz, 1814–15).
[25] *TPL*, 371.
[26] Mary Starr's recollections, quoted in Augustus Van Cleef, "Poe's Mary," *Harper's New Monthly Magazine*, March 1889, 639.
[27] Poe to J. & H. G. Langley (New York publishers), July 18, 1842, in Ostrom, 1:353.
[28] Poe published the story in three installments in the *Ladies' Companion*, Nov. 1842, Dec. 1842, and Feb. 1843. 见 Amy Gilman Srebnick, *The Mysterious Death of Mary Rogers: Sex and Culture in Nineteenth-Century New York* (New York: Oxford University Press, 1995); Daniel Stashower, *The Beautiful Cigar Girl: Mary Rogers, Edgar Allan Poe, and the Invention of Murder* (New York: Dutton, 2006). 玛丽·罗热死于堕胎的谣言在坡的文本中被"隐晦地提及", according to Laura Saltz: "'(Horrible to Relate!)': Recovering the Body of Marie Rogêt," in Rosenheim and Rachman, *American Face of Edgar Allan Poe*, 237–70; 达纳·梅多罗 (Dana Medoro) 认为所有迪潘故事中都可能涉及终止妊娠, in "The Purloined Letter" (as a consequence of the queen's affair), and "The Murders in the Rue Morgue" (whose female victims were "fortune-tellers," a euphemism for abortionists); 见 Dana Medoro, "So Very Self-Evident: Adultery and Abortion in 'The Purloined Letter,'" *Literature and Medicine* 26, no. 2 (2007): 342–63; 罗热的名字也可能暗含着爱伦·坡对《罗式词典》及《布里奇沃特论文集》的作者彼得·罗热的致意——从而将侦探迪潘的推理与语言学和自然神学联系起来。
[29] Poe to Robert Hamilton (editor of the *Ladies' Companion*), Oct. 3, 1842, in Ostrom, 1:365, and *TPL*, 382–3.
[30] John S. Detwiler to E. C. Jellett, n.d., ca. 1842, Joseph Jackson Collection, in *TPL*, 389. Poe was within rambling distance of the recently opened Laurel Hill Cemetery, with its aesthetics of semi-pastoral "death-in-life"; Aaron Wunsch, "Emporia of Eternity: 'Rural' Cemeteries and Urban Goods in Antebellum Philadelphia," *Nineteenth Century* 28, no. 2 (2008): 14–23; Aaron Sachs, *Arcadian America: The Death and Life of an Environmental Tradition* (New Haven, Conn.: Yale University Press, 2013); 有关19世纪对死亡的痴迷, 见 Karen Halttunen, *Confidence Men and Painted Women: A Study of Middle-Class Culture in America, 1830–1870* (New Haven, Conn.: Yale University Press, 1982), 124–52; Gary Laderman, *The Sacred Remains: American Attitudes Toward Death, 1799–1883* (New Haven, Conn.: Yale University Press, 1996)。
[31] Poe to James R. Lowell, July 2, 1844, in Ostrom, 1:448.
[32] Poe, "Morning on the Wissahiccon," *Opal for 1844* (1843): 249–56. Poe changed the title to "The Elk" in a letter to Lowell, May 28, 1844 (in Ostrom, 1:441), and it has been republished under both titles.
[33] Thomas to Poe, May 21, 1841, in *TPL*, 327.
[34] Poe to Thomas, June 26, 1841, in Ostrom, 1:287. The June 26, 1841, *Baltimore Saturday Visiter* reports on Thomas's appointment: "我们很高兴地发现, 本届政府倾向于奖励文学和政治人才"; *TPL*, 332。
[35] Poe to F.W. Thomas, June 26, 1841, Ostrom 1:170.
[36] Terence Whalen identified Poe's cryptographic overtures to Tyler (and deciphered one of Poe's unsolved codes) in Whalen, *Poe and the Masses*, 195–224; an independent decryption came from John A. Hodgson, "Decoding Poe? Poe, W. B. Tyler, and Cryptography," *Journal of English and Germanic Philology* 92, no.

4 (1993): 523–34.

[37] Poe, "Secret Writing (Addendum III)" *Graham's* 19, no. 6, Dec. 1841, 307.

[38] Poe to Thomas, May 25, 1842, in Ostrom, 1:333.

[39] Poe to Thomas H. Chivers, Sept. 27, 1842, in Ostrom, 1:363.

[40] *Spirit of the Times*, Sept. 10, 1842, in *TPL*, 378.

[41] Poe to Thomas, Nov. 19, 1842, in Ostrom, 370–71, in *TPL*, 383–84.

[42] Thomas, recalling Sept. 17, 1842, quoted in Whitty, "Memoir," xliii–xliv, in *TPL*, 381.

[43] Dickens to Poe, Nov. 27, 1842, in *Letters of Charles Dickens*, 3:384–85; *TPL*, 388. 狄更斯对其出版商的要求一贯如此:"请给我写一份这样的答复,我可以把它们寄给这几卷书的作者,让我的良心得到宽恕。"

[44] 1842年12月19日,坡在美国费城地区法院申请破产;1843年1月13日,被批准。这份文件是由国家档案馆费城分部的馆员发现的,详见 discussion in Ostrom, 1:337–38。

[45] Poe, "The Black Cat," *United States Saturday Post* (Philadelphia), Aug. 19, 1843, 1. Susan Sweeney, "Death, Decay, and the Daguerreotype's Influence on 'The Black Cat,'" *EAPR* 19, no. 2 (2018): 206–32; David Reynolds, "Black Cats and Delirium Tremens: Temperance and the American Renaissance," in *The Serpent in the Cup: Temperance in American Literature*, ed. David Reynolds and Debra Rosenthal (Amherst: University of Massachusetts Press, 1997), 22–59.

[46] Poe, "The Mask of the Red Death: A Fantasy," *Graham's* 20, no. 5, May 1842, 257–59. "Mask" was later changed to "Masque."

[47] Poe, "The Tell–Tale Heart," *The Pioneer* 1, no. 1, Jan. 1843, 29–31.

[48] 更多与银版照相相关的内容,包括摆姿势时的"痛苦",见 Sweeney, "Horror of Taking a Picture"。关于这个故事的结构和中心句"我仿佛是出于本能,就把光线准确地射向了那个该死的地方",见 Richard Kopley, *The Threads of "The Scarlet Letter": A Study of Hawthorne's Transformative Art* (Newark: University of Delaware Press, 2003), 105–7。

[49] Poe to Lowell, Feb. 4, 1843, in Ostrom, 1:376–77, and *TPL*, 397.

[50] "比如说,假设文人精英们秘密地联合起来……如果我们不通过这样的联合来保护自己,我们将被'the Godeys, the Snowdens, et *id genus omne*'毫不留情地吞噬掉。" Poe to Lowell, March 30, 1844, in Ostrom, 1:432; Whalen, *Poe and the Masses*, 38.

[51] Hawthorne, "The Hall of Fantasy," *Pioneer*, Feb. 1843, in *TPL*, 396.

[52] Thomas C. Clarke, ed., *American Pocket Library of Useful Knowledge*, 2nd ed. (Philadelphia: Griffith & Simon, 1841); Poe, "Review of New Books," from inside rear paper wrapper of *Graham's*, April 1842.

[53] Poe to Thomas, Feb. 25, 1843, in Ostrom, 1:381, and *TPL*, 399.

[54] Poe, "Prospectus for the Stylus," *Saturday Museum*, March 4, 1843, 3, in *TPL*, 398. 克拉克与坡与插图画家菲利克斯·达利达成了一项法律协议,每月最多可以画5幅画。*TPL*, 395–96.

[55] Poe to John H. Mackenzie, early 1843, in Ostrom, 1:398, and *TPL*, 401.

[56] Poe to Thomas, Feb. 25, 1843, in Ostrom, 1:381, and *TPL*, 400.

[57] Poe to Robert Carter, March 7, 1843, in Ostrom, 1:384, and *TPL*, 403.

[58] Thomas to Robert Tyler, March 8, 1843, in *TPL*, 403.

[59] Dow to Clarke, March 12, 1843, in *TPL*, 405–6.

[60] Poe to Clarke, March 11, 1843, in Ostrom, 1:386, in *TPL*, 405.

[61] Dow to Clarke, March 12, 1843, in *TPL*, 405–6.

[62] John Hill Hewitt describes Poe ca. March 10, 1843, in *TPL*, 404.

[63] Thomas quoted in Whitty, "Memoir," xlvii, in *TPL*, 405.

[64] Dow to Clarke, March 12, 1843, in *TPL*, 405–6.

[65] Poe to Thomas and Dow, March 16, 1843, in Ostrom, 1:388.

[66] Thomas to Poe, March 27, 1843, in *TPL*, 408.

[67] Robert Tyler to Blythe, March 31, 1843, in *TPL*, 409. 坡在当年 10 月评论了罗伯特·泰勒的诗歌；鉴于他父亲在媒体上受到的吹捧和批评，坡宣称自己"绝对公正"，在指出缺点的同时，也赞扬了泰勒的美感。Poe, review of Death; or Medorus' Dream, by Robert Tyler, *Graham's*, Dec. 1843, 319 – 20.

[68] *Spirit of the Times*, March 16, 1843, in *TPL*, 407.

[69] Editorial by Poe, *Saturday Museum*, April 1, 1843, in *TPL*, 410.

[70] Mayne Reid on Poe, ca. April 1843, in "A Dead Man Defended," *Onward*, April 1869, 306, in *TPL*, 409.

[71] Poe to Lowell, March 27, 1843, in Ostrom, 1:393 – 94, and *TPL*, 408.

[72] Recollection from Anne E. C. Clarker, ca. 1843, in *TPL*, 445.

[73] T. D. English, "The Doom of the Drinker," in *Saturday Museum*, Dec. 9, 1843, in *TPL*, 443.

[74] Wilmer to John Tomlin, May 20, 1843; AHQ, 401 – 2, and *TPL*, 412.

[75] William Poe to Poe, June 15, 1843, in *TPL*, 415.

[76] Darley quoted in Woodberry, *Life*, 2:2 – 3, and *TPL*, 413.

[77] Reid, "Dead Man Defended," 206 – 7, in *TPL*, 410.

[78] *Baltimore Sun*, March 31, 1843, in *TPL*, 409.

[79] Terence Whalen, "The Code for Gold: Edgar Allan Poe and Cryptography," *Representations* 46 (1994): 35 – 57; Rosenheim, *Cryptographic Imagination*; J. Gerald Kennedy, *Strange Nation: Literary Nationalism and Cultural Conflict in the Age of Poe* (New York: Oxford University Press, 2016), 370 – 74; Marc Shell, *Money, Language, and Thought: Literary and Philosophic Economies from the Medieval to the Modern Era* (Berkeley: University of California Press, 1982), 8 – 22; Barton Levi St. Armand, "Poe's 'Sober Mystification': The Uses of Alchemy in 'The Gold-Bug,'" *PS* 4, no. 1 (1971): 1 – 7.

[80] Clarke in *Saturday Museum*, July 8, 1843, in *TPL*, 424.

[81] Francis H. Duffee, "The 'Gold Bug' — a Decided Humbug," *Daily Forum*, June 27, 1843, in *TPL*, 419 – 20.

[82] That summer Lippard had published a serialized satire targeting Griswold and Graham, "The Spermaceti Papers," in *Citizen Soldier*, in *TPL*, 413. Widespread loathing for Griswold is noted in Widmer, *Young America*, 1.

[83] George Lippard in Citizen Soldier, Nov. 15, 1843, in *TPL*, 440.

[84] *United States Gazette*, Jan. 8, 1844, in *TPL*, 441.

[85] Clarke in *Saturday Museum*, Nov. 25, 1843, in *TPL*, 441 – 42.

[86] George Lippard in *Citizen Soldier*, Jan. 10, 1844, in *TPL*, 448.

[87] Lowell to Poe, March 6, 1844, in *TPL*, 454.

[88] George Lippard in *Citizen Soldier*, Nov. 15, 1843, in *TPL*, 441.

11 科学与江湖骗子的征程

[1] 该活动以及该机构的历史、成员和主题，详见 *Bulletin of the National Institute for the Promotion of Science*, vol. 1 (Washington, D.C.: P. Force, 1841) and analyzed in Kohlstedt, "Step Toward Scientific Self–Identity in the United States," quotation from 358; George B. Goode, "The Genesis of the United States National Museum," *Smithsonian Annual Report for 1897*, vol. 2 (Washington, D.C.: Smithsonian Institution, 1901)。

[2] *Bulletin of the National Institute*, 430 – 34.

[3] *Daily National Intelligencer*, April 2, 1844, 3; *Bulletin of the National Institute*, Ingersoll on 424.

[4] Responses in Kohlstedt, "Step Toward Scientific Self–Identity," 356.

[5] Henry to Torrey, March 27, 1844, in *Papers of Joseph Henry*, 6:62, in Kohlstedt, "Step Toward Scientific

Self-Identity," 354n78.

［6］ James Smithson, in Heather Ewing, *The Lost World of James Smithson: Science, Revolution, and the Birth of the Smithsonian* (New York: Bloomsbury Publishing USA, 2007), 344.

［7］ 这篇文章分两部分出现（1840年1月和3月），显然是由南方主要的奴隶制捍卫者之一贝弗利·塔克所写。这篇文章可以被解读为支持奴隶制的政客为了扩大他们对政府的控制，赞助科学事业和海军投资——这是内战前采取战略的一部分。The *Southern Literary Messenger* gave a platform to southern naval promoters including Paulding and Maury (and, arguably, Reynolds, whose planned expedition was taken up by Poinsett, below); Matthew Karp, *This Vast Southern Empire: Slaveholders at the Helm of American Foreign Policy* (Cambridge, Mass.: Harvard University Press, 2016).

［8］ Poe, "Chapter on Science and Art," *Burton's*, March 1840, 149‑50.

［9］ 华盛顿自1816年起就有一个科学协会——哥伦布研究所，但到了19世纪30年代，它几乎已经不存在了。

［10］ Alexis de Tocqueville, "On the Use That the Americans Make of Association in Civil Life," in *Democracy in America*, ed. and trans. Harvey C. Mansfield and Delba Winthrop (1835‑40; Chicago: University of Chicago Press, 2000), 489‑92. 除了多个工人协会、合作社和辛迪加之外，1839年还成立了美国艺术联盟，1847年成立了美国医学协会。

［11］ Torrey to Henry, Nov. 9, 1838, Gray MSS, Gray Herbarium, Harvard University, in Kohlstedt, *Formation of the American Scientific Community*, 50‑51.

［12］ Karp, *Vast Southern Empire*; Walter Johnson, *River of Dark Dreams: Slavery and Empire in the Cotton Kingdom* (Cambridge, Mass.: Harvard University Press), 293‑302.

［13］ Stanton, *Exploring Expedition*, 306; Philbrick, *Sea of Glory*.

［14］ Kohlstedt, "Step Toward Scientific Self-Identity," 344.

［15］ The institute's planners declared, "We may not compete with the British Association." "First Circular, Respecting Meetings of Scientific and Literary Men in the United States," *Bulletin of the National Institute*, Oct. 15, 1842, 421.

［16］ 美国地质学家协会是在马萨诸塞州调研主任及阿默斯特学院院长爱德华·希区柯克的推动下成立的；爱德华·希区柯克认为自己与其他地质学家脱节；他们决定每年在不同的城市开会，1840年因为亨利·达尔文·罗杰斯，会议在富兰克林学院召开。起初，他们禁止任何"不以科学观点和目标致力于地质研究"的人加入，但1843年，在由塞缪尔·莫顿担任主席的波士顿会议上，他们在名称中加入了"和博物学家"；见 Kohlstedt, *Formation of the American Scientific Community*, 67。

［17］ Bache to Loomis, March 7, 1844, Loomis MSS, BYA, in Kohlstedt, "Step Toward Scientific Self-Identity," 354n78. 来自纽约的蒸汽工程师和气象学家威廉·雷德菲尔德担心研究所的设计"可能会有意无意地干扰"AAGN 的会议；他选择不参加 (Redfield, Nov. 21, 1842, in Kohlstedt, "Step Toward Scientific Self-Identity," 356n54); 有43位被邀请者拒绝了邀请，详见"Replies to Circulars," Markoe's journal in Rhees MSS, Huntington Library, and Kohlstedt, "Step Toward Scientific Self-Identity," 358n100。

［18］ Dana to Spencer F. Baird, May 19, 1844, Baird MSS, SIA, in Kohlstedt, "Step Toward Scientific Self-Identity," 360n110.

［19］ Bache to Lloyd, Nov. 30, 1838, box 2, vol. 1, Bache Papers, in Jansen, *Alexander Dallas Bache*, 203.

［20］ Bache, Address to Washington Philosophical Society, 1871, in Kohlstedt, "Step Toward Scientific Self-Identity," 362n121.

［21］ Dana to A. A. Gould, April 11, 1844, Gould MSS, Houghton Library, Harvard, in Kohlstedt, "Step Toward Scientific Self-Identity," 359.

［22］ Henry to Bache, in *Papers of Joseph Henry*, 6:76, in Jansen, *Alexander Dallas Bache*, 207.

［23］ Bache, "The Wants of Science in the United States" (1844), MSS, forensically deciphered by Jansen, in

Alexander Dallas Bache, 227‒28.

[24] Henry in Moyer, *Joseph Henry*, 227.

[25] 同上, 228。

[26] Arthur Molella, "At the Edge of Science: Joseph Henry, 'Visionary Theorizers,' and the Smithsonian Institution," *Annals of Science* 41, no. 5 (1984): 445‒61.

[27] Henry to Morse, Feb. 24, 1842, in *Papers of Joseph Henry*, 5:150‒51.

[28] Henry in Moyer, *Joseph Henry*, 231.

[29] 同上, 228。

[30] James Rodger Fleming, *Fixing the Sky: The Checkered History of Weather and Climate Control* (New York: Columbia University Press, 2010), 54‒58.

[31] Bache, Henry, Peirce, and Adams, quoted in Peter Moore, *The Weather Experiment: The Pioneers Who Sought to See the Future* (New York: Farrar, Straus and Giroux, 2015), 137‒39; 关于埃斯皮与威廉·雷德菲尔德长期存在的冲突, 见 James Fleming, *Meteorology in America, 1800–1870* (Baltimore: Johns Hopkins University Press, 1990), 23‒54。

[32] Poe, "Marginalia," *Graham's*, Dec. 1846; M183, in *The Collected Writings of Edgar Allan Poe, Vol. II: The Brevities*, ed. Burton R. Pollin (New York: Gordian Press, 1985), 309.

[33] John Collins Warren of the APS to William Horner, Nov. 20, 1838, APS Archives, in Kohlstedt, *Formation of the American Scientific Community*, 50.

[34] See page 121 above; Moyer, *Joseph Henry*, 225‒27.

[35] 关于拉德纳在英国的职业生涯, 见 Jo N. Hays, "The Rise and Fall of Dionysius Lardner," *Annals of Science* 38, no. 5 (1981): 527‒42. 关于英国的公共科学, 见 Bernard Lightman, *Victorian Popularizers of Science: Designing Nature for New Audiences* (Chicago: University of Chicago Press, 2009); Morus, *Frankenstein's Children*; Hsiang-Fu Huang, "A Shared Arena: The Private Astronomy Lecturing Trade and Its Institutional Counterpart in Britain, 1817‒1865," *Notes and Records: The Royal Society Journal of the History of Science* 72, no. 3 (2018): 319‒41。拉德纳在美国的职业生涯和光学技术在以下文章中得到了有益的追溯: Kentwood D. Wells, "Dionysius Lardner: Popular Science Showman of the 1840s," *Magic Lantern Gazette* 29, no. 1 (2017): 3‒17; Anna Louise Martin, *Villain of Steam: A Life of Dionysius Lardner (1793‒1859)* (Carlow, Ireland: Tyndall Scientific, 2015)。

[36] *New York Weekly Herald*, Nov. 27, 1841, in Wells, "Lardner," 5.

[37] *Gloucester Telegraph*, Nov. 24, 1841, 2, in Wells, "Lardner," 5.

[38] Henry to Torrey, Dec. 20, 1841, in *Papers of Joseph Henry*, 5:132‒33.

[39] Poe, "Three Sundays in a Week," first published as "A Succession of Sundays," *Saturday Evening Post*, 12, no. 1061, Nov. 27, 1841, 1.

[40] David Meredith Reese, *Humbugs of New-York, Being a Remonstrance Against Popular Delusion, Whether in Science, Philosophy, or Religion* (New York: Taylor, 1838), 21; on Reese's ornery character, 见 Fabian, *Skull Collectors*。

[41] 同上, 210。

[42] 同上, 144。

[43] 贝奇对他所信奉的圣公会主义基本保持沉默, 而长老会成员亨利则告诉学生, 物理科学 "为造物主的恩惠、智慧和力量提供了最有力证明" (in Moyer, *Joseph Henry*, 141)。本杰明·皮尔斯是一位虔诚的一神论者, 他曾在一次数学证明后的演讲中大声喊道: "先生们, 肯定有上帝!" (in Edward Hogan, *Of the Human Heart: A Biography of Benjamin Peirce* [Bethlehem, Pa.: Lehigh University Press, 2008], 284)

[44] Fabian, *Skull Collectors*; Stanton, *Leopard's Spots*; Rusert, *Fugitive Science*. 关于内战初期涉及亨利的一个插曲就是他拒绝让弗雷德里克·道格拉斯在史密森尼博物馆演讲, 详见 Michael F. Conlin,

注释

"The Smithsonian Abolition Lecture Controversy: The Clash of Antislavery Politics with American Science in Wartime Washington," *Civil War History* 46, no. 4 (2000): 301‑23。

[45] Hogan, *Human Heart*, 203‑9. In the 1850s, 当亨利和贝奇邀请皮尔斯在华盛顿演讲时, 皮尔斯坚持要做两个关于彗星的演讲和两个"关于人类不同种族和民族的各种数学能力"的演讲; 他们引导他讨论"种族的多样性, '但不是种族的劣等性'"(同上, 211)。

[46] Edward Lurie, *Louis Agassiz: A Life in Science* (Chicago: University of Chicago Press, 1960), 258‑71; Gould, *Mismeasure of Man*, 74‑82.

[47] On Bache and Henry sidelining race science in the AAAS, particularly after 1850, 见 Kohlstedt, *Formation of the American Scientific Community*, 111‑14; chapter 15 below.

[48] Henry, *Papers of Joseph Henry*, 6:16.

[49] Peirce, Cambridge, Nov. 28, 1843, A. D. Bache Papers, series RU 7053, box 5 Coast Survey, Lighthouse Board, Papers, Reports, box 3, 2, Incoming Correspondence, Smithsonian Institution Archives.

[50] Henry to James Henry, Jan. 1844, *Papers of Joseph Henry*, 6:15‑16; 关于自然哲学教科书, 见 W. H. C. Bartlett of West Point to Joseph Henry, March 1, 1844, cited in Charles I. Weiner, "Joseph Henry's Lectures on Natural Philosophy: Teaching and Research in Physics, 1832‑1847" (PhD diss., Case Institute of Technology, 1965), 56。

[51] 关于在贝奇的水文学、莫里的海洋学、帝国扩张和洪堡的全球科学之间的关联, 见 Michael Reidy and Helen Rozwadowski, "The Spaces in Between: Science, Ocean, Empire," *Isis* 105, no. 2 (2014): 338‑51; 关于在贝奇领导下的调查探测情况, 见 Slotten, Jansen, and Daniel Kevles, "Practical Pressures and Scientific Payoffs: A Long View of Knowledge and Utility in Federal Research," *Social Research: An International Quarterly* 84, no. 3 (2017): 561‑82。

[52] Bache to Elias Loomis, Dec. 13, 1843, both NR II roll S, Record Unit 7470, Reingold Papers, SIA, in Jansen, *Alexander Dallas Bache*, 199.

[53] 利用实地调查和考察作为科学培训的途径, 已经由以下几人研发出来: Colby in Ireland, Everest in India, and De la Beche in the British Geological Survey, 见 Rachel Hewitt, *Map of a Nation: A Biography of the Ordnance Survey* (London: Granta, 2011); Matthew Edney, *Mapping an Empire: The Geographical Construction of British India, 1765‑1843* (Chicago: University of Chicago Press, 2009); James Secord, "The Geological Survey of Great Britain as a Research School, 1839‑1855," *History of Science* 24, no. 3 (1986): 223‑75。

[54] Joseph Henry, "Memoir of Joseph Saxton: 1799‑1873," in *Biographical Memoirs* (Washington, D.C.: National Academy of Science, 1877), 219‑316; on Saxton's improvements to barometers, pyrometers, standard lengths, divided angles, and a device to measure tides automatically, 见同上, 308‑14。

[55] Slotten, *Patronage*, 119.

[56] Dupree, *Science in the Federal Government*, 104.

[57] Playbill, Dec. 24, 1843, McAllister Collection, vol. 19, p. 68, Library Company of Philadelphia.

[58] Thomas Ollive Mabbott, "Poe and Dr. Lardner," *American Notes and Queries* 3, no. 8 (1943): 117.

[59] Poe, "Marginalia," *SLM* 15, no. 6 (June 1849); M226, in Pollin, *Brevities*, 336. In the first installment of "Marginalia," Poe tore into Lardner's unoriginal and "metaphysical" discussion of the apparent size of the sun, a discussion that informs his tale "The Sphinx"; he later made use of Lardner's anecdotes about inventions in "The Thousand‑and‑Second Tale of Scheherazade"; Mabbott, "Poe and Dr. Lardner," 115‑16; Poe, "Marginalia," *United States Magazine and Democratic Review*, Nov. 1844; M38, in Pollin, *Brevities*, 143‑48.

[60] Allen, *Poe and the British Magazine Tradition*. J·拉尔德·肯尼迪称, 坡"一直在研究创造一个能够同时满足大众和批评家口味的单一文学文本的可能性"。*A Historical Guide to Edgar Allan Poe*, ed. J. Gerald Kennedy (New York: Oxford University Press, 2001), 67. The tension between the two targeted

audiences is central to Elmer, *Reading at the Social Limit*, and Whalen, *Poe and the Masses*.

［61］ Poe to Philip P. Cooke, Aug. 9, 1846, in Ostrom, 2:595. On Poe's self-referential clues, see Louis Renza, "Poe's Secret Autobiography," in *The American Renaissance Reconsidered*, ed. Walter Benn Michaels (Baltimore: Johns Hopkins University Press, 1985), 58–89; the ever-expanding decipherments of Poe's allusions by Poe scholars— among the most tireless of them, the late Burton R. Pollin, as in *Discoveries in Poe* (Notre Dame, Ind.: University of Notre Dame Press, 1970).

［62］ Poe, review of *A Brief Account of the Discoveries and Results of the United States Exploring Expedition*, *Graham's*, Sept. 1843, 164–65.

［63］ 这一可怕的事件以及其他同样令人不安的事情记述在 Fabian, *Skull Collectors*; 见 T. D. Stewart, "The Skull of Vendovi: A Contribution of the Wilkes Expedition to the Physical Anthropology of Fiji," *Archaeology and Physical Anthropology in Oceania* 13, no. 2/3 (1978): 204–14, and Adrienne Kaeppler, "Two Polynesian Repatriation Enigmas at the Smithsonian Institution," *Journal of Museum Ethnography* 17 (2005): 152–62。

［64］ On Wilkes's trial and his clashes with the onboard "scientifics," see D. Graham Burnett, "Hydrographic Discipline among the Navigators," in *The Imperial Map: Cartography and the Mastery of Empire*, ed. James R. Akerman (Chicago: University of Chicago Press, 2009), 185–259; Philbrick, *Sea of Glory*; Stanton, *Exploring Expedition*.

［65］ Jane Walsh, "From the Ends of the Earth: The United States Exploring Expedition Collections," in *The United States Exploring Expedition, 1838–1842*, Smithsonian Institution Libraries, Digital Collection 2004; Antony Adler, "From the Pacific to the Patent Office: The US Exploring Expedition and the Origins of America's First National Museum," *Journal of the History of Collections* 23, no. 1 (2011): 49–74; Curtis Hinsley, *Savages and Scientists: The Smithsonian Institution and the Development of American Anthropology, 1846–1910* (Washington, D.C.: Smithsonian Institution, 1981).

［66］ Poe, review of *A Brief Account*, 164–65.

［67］ "United States Exploring Expedition," *American Journal of Science and Arts* 44 (1843): 399; Adler, "From the Pacific to the Patent Office," 69, who attributes the article to G. S. Silliman.

［68］ Hinsley, *Savages and Scientists*, 17–20.

［69］ Poe, review of *A Brief Account*, 165.《美国科学与艺术杂志》的文章同样得出结论："J. N. 雷诺兹先生被抛在身后，不过，尽管他的努力没有得到回报，但是他有幸陪同探险队，并为其增添了荣誉，他的杰出功绩仍不会被其同胞遗忘或漠视"（408）。

［70］ Poe to Lowell, March 30, 1844, in Ostrom, 1:432, in *TPL*, 456.

［71］ John, *Network Nation*, chap. 2. 此文本论述了联邦政府对莫尔斯的慷慨资助以及专利法对发明的激励；专利模型和检查工作与探险队的收藏品在同一栋楼里进行。

［72］ Lydia Hart Garrigues, ca. 1843, quoted in Mary E. Phillips, *Edgar Allan Poe, the Man* (Chicago: John C. Winston, 1926), 827, in *TPL*, 445.

第四章 纽约

［1］ Poe, "Dream-Land," first published in *Graham's*, June 1844; LOA, 79–80.

12 新奇事物的市场

［1］ Poe, unsigned article appearing in *New York Sun*, April 13, 1844, later anthologized as "The Balloon Hoax"; LOA, 743–55.

［2］ 关于这次飞行的细节，见哈罗德·比弗等人的讨论，见 *The Science Fiction of Edgar Allan Poe*

(Harmondsworth, U.K.: Penguin, 1976), 371。关于新闻和木刻版画，见 Michael Leja, "News Pictures in the Early Years of Mass Visual Culture in New York: Lithographs and the Penny Press," in *Getting the Picture: The Visual Culture of the News*, ed. Jason Hill and Vanessa Schwartz (London: Bloomsbury, 2015), 146–54。

[3] Frank M. O'Brien, *The Story of "The Sun": New York, 1833–1918* (New York: George H. Doran, 1918), 146; Hayes, *Poe and the Printed Word*, xi.

[4] Naomi Miyazawa, "Edgar Allan Poe and Popular Culture in the Age of Journalism: Balloon Hoaxes, Mesmerism, and Phrenology" (PhD diss., University at Buffalo, State University of New York, 2010); Jeffrey A. Savoye, "Meanderings Here and There in Poe's 'Balloon Hoax,'" *EAPR* 18, no. 2 (2017): 257–62.

[5] Poe, "Doings of Gotham," *Columbia (Pa.) Spy*, May 25, 1844, 3.

[6] 同上。

[7] *New York Herald*, April 15, 1844, in *TPL*, 460.

[8] *Philadelphia Saturday Courier*, April 20, 1844, in *TPL*, 461.

[9] Poe's account of the article's reception is challenged in Beaver, *Science Fiction*, and Miyazawa, "Poe and Popular Culture," 3–4.

[10] Poe to Clemm, April 7, 1844, in Ostrom, 1:437–38, in *TPL*, 457.

[11] Poe, "Doings of Gotham," *Columbia (Pa.) Spy*, June 15, 1844, 3.

[12] Among its founders were the physician Samuel Latham Mitchill and politicians including DeWitt Clinton and Rufus King. John Hendley Barnhart, "The First Hundred Years of the New York Academy of Sciences," *Scientific Monthly* 5, no. 5 (1917): 463–75; and Simon Baatz, *Knowledge, Culture, and Science in the Metropolis: The New York Academy of Sciences, 1817–1970* (New York: New York Academy of Sciences, 1990), 1–256, esp. 9–55.

[13] Gillespie, "Reception of Early Scientific Photography"; Kenneth Silverman, *Lightning Man: The Accursed Life of Samuel F. B. Morse* (New York: Knopf, 2003).

[14] Antonio Blitz, *Fifty Years in the Magic Circle* (Hartford, Conn.: Belknap and Bliss, 1879); James W. Cook, *The Arts of Deception: Playing with Fraud in the Age of Barnum* (Cambridge, Mass.: Harvard University Press, 2001), 179–81.

[15] Reese, *Humbugs of New-York*, 17–18.

[16] Robert J. Scholnick, "*Eureka* in Context: Poe, the Newspaper, the Lyceum, and Cosmic Science," in *Poe Writing/Writing Poe*, ed. Richard Kopley and Jana Argersinger (New York: AMS Press, 2013), 31–50.

[17] Michael Schudson, *Discovering the News: A Social History of American Newspapers* (New York: Basic Books, 1978); Frank Luther Mott, *A History of American Magazines, 1741–1850*, vol. 1 (Cambridge, Mass.: Harvard University Press, 1930).

[18] O'Brien, *Story of "The Sun,"* 132.

[19] Undated handbill (ca. Sept. 1835) for a show in Hingham, Mass., in Cook, *Arts of Deception*, 6n11; 见 further testimonials in *The Life of Joice Heth, the Nurse of Gen. George Washington, the Father of Our Country, Now Living at the Astonishing Age of 161 Years, and Weighs Only 46 Pounds. Price Six Cents* (New York: printed for the publisher, 1835), New–York Historical Society; Benjamin Reiss, *The Showman and the Slave: Race, Death, and Memory in Barnum's America* (Cambridge, Mass.: Harvard University Press, 2001).

[20] Barnum quoted in Cook, *Arts of Deception*, 22.

[21] Fabian, *Skull Collectors*, 121–64.

[22] Barnum in Cook, *Arts of Deception*, 82.

[23] Barnum to Kimball, Sept. 4, 1843, draft of a notice later published in several newspapers, in Cook, *Arts of Deception*, 84.

[24] The episode is discussed in Kenneth Greenberg, *Honor and Slavery: Lies, Duels, Noses, Masks, Dressing as a Woman, Gifts, Strangers, Humanitarianism, Death, Slave Rebellions, the Proslavery Argument, Baseball, Hunting, and Gambling in the Old South* (Princeton, N.J.: Princeton University Press, 1996), 6.

[25] Cook, *Arts of Deception*, 102–3.

[26] 关于巴纳姆的"操作美学",见 Neil Harris, *Humbug: The Art of P. T. Barnum* (Chicago: University of Chicago Press, 1981): "参展商无需保证真实性;他所要做的就是掌握概率并引起怀疑。相较于确凿无疑,争议更让大众感到兴奋有趣"(23)。

[27] John Rickards Betts, "P. T. Barnum and the Popularization of Natural History," *Journal of the History of Ideas* 20, no. 3 (1959): 353–68.

[28] Poe, "Doings of Gotham," May 25, 1844.

[29] Poe, "Doings of Gotham," *Columbia (Pa.) Spy*, June 1, 1844, 3.

[30] Poe, "Doings of Gotham," *Columbia (Pa.) Spy*, June 8, 1844, 3; on the military frenzy around the Polk campaign, 见 Kennedy, "Mania for Composition," and Howe, *What Hath God Wrought*, 683–90。

[31] Poe, "Doings of Gotham," June 1, 1844; Emma Jones Lapsansky, " 'Since They Got Those Separate Churches': Afro-Americans and Racism in Jacksonian Philadelphia," *American Quarterly* 32, no. 1 (1980): 54–78; James Brewer Stewart, "The Emergence of Racial Modernity and the Rise of the White North, 1790–1840," *Journal of the Early Republic* 18, no. 2 (1998): 181–217.

[32] Poe praised the *Mirror* but lamented that it kept Willis from writing novels and poetry, such as his "Unseen Spirits," which Poe called "the best of *all* his poems" in "Doings of Gotham," *Columbia (Pa.) Spy*, July 6, 1844, in *TPL*, 466.

[33] Nathaniel Parker Willis, "Letter About Edgar Poe," *New York Home Journal*, Oct. 30, 1858, 2, in *TPL*, 473.

[34] "Notice of Dr. Draper and the *North American Review*," *Evening Mirror*, Jan. 20, 1845, 2. 这篇文章的作者一直存在争议(见 eapoe.org),但坡和德雷珀都在弗吉尼亚州时,他俩曾讨论过德雷珀的作品;它还涉及银版照相,谴责波士顿的《北美评论》,详细记载了欧洲科学家对德雷珀作品的接受程度,在某种程度上让人想起了坡的《冯·肯佩伦和他的发现》。

[35] Poe, "The Cincinnati Telescope," *Evening Mirror*, Jan. 10, 1845.

[36] Willis, "Letter." In the Oct. 10, 1844, *Mirror*, 威利斯称坡是为争取国际版权和提高作家报酬而奋斗的伙伴: "我们希望为作家维权行动点亮灯塔,我们没有闲情逸致,成为隐修者彼得。我们庄严地希望埃德加·坡担起狮王的责任——没有人能有他一半说服力!" (in *TPL*, 473–74。)

[37] 关于坡对犀利的批评家帕克·本杰明所产生的影响,见 Sandra Tomc, "Edgar Allan Poe and His Enemies," in Kennedy and Peeples, *Oxford Handbook*, 559–75。

[38] Willis to Poe, ca. 1845, in Harrison, *Complete Works*, 17:206, cited in Sandra Tomc, "Poe and His Circle," in Hayes, *Cambridge Companion*, 21–41.

[39] Widmer, *Young America*; Richard, "Poe and 'Young America,' " 25–58; Meredith McGill, "Poe, Literary Nationalism, and Authorial Identity," in Rosenheim and Rachman, *American Face of Edgar Allan Poe*, 271–304.

[40] Duyckinck, 1845, in Perry Miller, *The Raven and the Whale: Poe, Melville, and the New York Literary Scene* (New York: Harcourt, Brace, 1956), 111.

[41] Poe to Frederick W. Thomas, Sept. 12, 1842, in Ostrom, 1:359.

[42] Duyckinck, "Literary Situation of 1845," *American Whig Review* (Feb. 1845), in McGill, *Culture of Reprinting*, 286.

[43] Cornelius Mathews, "An Appeal to American Authors and the American Press in Behalf of an International Copyright," *Graham's*, Sept. 1842, 122, in McGill, *Culture of Reprinting*, 287.

[44] Kevin J. Hayes, "Poe, the Daguerreotype, and the Autobiographical Act," *Biography* 25, no. 3 (2002):

477‑92; Michael Von Cannon, "A Tale of Optics: Poe, Visual Culture, and Antebellum Literary Celebrity," *PS* 47, no. 1 (2014): 36‑54, 暗示爱伦·坡改变了自己的外貌，以符合银版照相，见 Deas, *Portraits and Daguerreotypes*。

[45] Poe, "Notice of Thingum Bob," *Evening Mirror*, Jan. 14, 1845, 2.

[46] Phineas Taylor Barnum, *The Life of P. T. Barnum, Written by Himself* (New York: Redfield, 1855), 345.

[47] Poe, "The Swiss Bell‑Ringers," *Weekly Mirror*, Oct. 12, 1844. 在对棋手的陈述中，他认为一台假定的机器实际上是人为控制的，但在这里则不相同，他认为一组假定的人实际上是机器，由一个电"导体"来协调。尽管这篇文章没有署名，但其风格、主题和对梅尔策尔的引用使其"具有坡的特色"（according to Mabbott, *Collected Works*, 3:1118.）。

[48] J·杰拉尔德·肯尼迪发现了坡写作中的这一转变，并探讨了他的故事与庆祝"天定命运"和"盎格鲁‑撒克逊文明的进步"之间的复杂联系，特别是在1844年大选前后，在"写作的狂热"中，以及在与坡的同时代人的广泛比较中，在《陌生的国家》（*Strange Nation*）中。

[49] Richard Waterston, *Poem Delivered Before the Mercantile Library Association* (Boston: T. R. Marvin, 1845), in Howe, *What Hath God Wrought*, 569. 这首诗可能是对伊拉斯谟斯·达尔文的《自然之庙》的第四篇关于棉花和印刷的改写："在水平线上展开纬线的长度，/ 并使梭子穿过分线。/ 阿克莱特也是这般教人从棉荚中教导如何剔除 / 并拉伸植物纤维。"

[50] Poe, "The Thousand and Second Tale of Scheherazade," *Godey's Lady's Book*, 30, no. 2, Feb. 1845, 61‑67.

[51] Poe, "Some Words with a Mummy," *American Review* 1, no. 4 (April 1845): 363‑70.

[52] 达纳·尼尔森发现了这个故事对莫顿的多基因理论和种族本质主义的讽刺，将科学家们的聚会与更广泛的战前白人男性协会联系起来，详见 "The Haunting of White Manhood: Poe, Fraternal Ritual, and Polygenesis," *American Literature* 69, no. 3 (1997): 515‑46; 见 Kennedy, *Strange Nation*。

[53] The story's title is a biblical phrase, which Charles Babbage had recalled in his *Ninth Bridgewater Treatise* when imagining a future accusation of a murderous slave trader by "every corporeal atom of his immolated slave": "And Nathan said to David: *Thou art the man.*" Charles Babbage, *The Ninth Bridgewater Treatise* (London: J. Murray, 1838), 118‑19.

[54] Poe, "Thou Art the Man," *Godey's Lady's Book*, 29, no. 5, Nov. 1844, 219‑24.

[55] "The System of Doctor Tarr and Professor Fether," *Graham's* 28, no. 5, Nov. 1845, 193‑200.

[56] 这一时期的其他故事描述了噱头十足的装置，且结局令人讶异："The Premature Burial" (*Dollar Newspaper* [Philadelphia], July 31, 1844), 其中令人印象深刻的是，"划分生与死的界限，最好是朦胧和模糊的"，描述了一种敲钟机制，以防止人们被活埋；in "The Spectacles", 一个近视的人，因为太虚荣而不戴眼镜，爱上了一个年轻漂亮的女人，而这个女人竟然是他70岁的祖母（*Dollar Newspaper*, March 27, 1844）。

[57] Poe, "The Angel of the Odd," *Columbian Lady's and Gentleman's Magazine* (New York), Oct. 1844, 158‑61; Ogden, *Credulity*, 129‑31.

[58] Poe, "The Mystery of Marie Rogêt," in *Tales* (New York: Wiley and Putnam, 1845), 151‑99. On the doctrine of chances in "Marie Rogêt," 见 Maurice Lee, "Probably Poe," *American Literature* 81, no. 2 (2009): 225‑52, 在这里，坡被描述为原初实用主义者，in contrast with Lee's earlier "Absolute Poe: His System of Transcendental Racism," *American Literature* 75, no. 4 (2003): 751‑81。关于这个故事对酷儿研究和拉康（其与德里达一同发起了一代人对《失窃的信》的后结构主义解读）所产生的影响，见 Valerie Rohy, "The Calculus of Probabilities," in Kennedy and Peeples, *Oxford Handbook*, 224‑35.

[59] 坡在《哥谭的事》中已经提出了机会可能是自然结构的基础这一论点，见 Letter 6, *Columbia (Pa.) Spy*, June 29, 1844, 3. 关于拉普拉斯、泊松、高斯等人从18世纪到19世纪在概率方面的变革，详见 Ian Hacking, *The Taming of Chance* (Cambridge, U.K.: Cambridge University Press, 1990)— a

narrative culminating in C. S. Peirce's cosmology。On Peirce and chance, 见 Kenneth Laine Ketner, *His Glassy Essence: An Autobiography of Charles Sanders Peirce* (Nashville: Vanderbilt University Press, 1998); Louis Menand, *The Metaphysical Club: A Story of Ideas in America* (New York: Farrar, Straus and Giroux, 2001)。On Poe and Pragmatism, 见 Umberto Eco and Thomas Sebeok, eds., *The Sign of Three: Dupin, Holmes, Peirce* (Bloomington: Indiana University Press, 1983)。

[60] Review of *The Temple of Nature*, by Erasmus Darwin, *Literary Miscellany* 1 (1805): 284, in Scholnick, *Poe's "Eureka,"* 57. 关于伊拉斯谟斯·达尔文的宇宙论及其对坡的影响，详见 Karen Weiser, "Poetry in Reason: The Scientific Poems of Edgar Allan Poe and Erasmus Darwin," *PS* 52, no. 1 (2019): 133–48。

[61] Scholnick, *Poe's "Eureka,"* 48; "The Life and Discoveries of John Dalton," *Living Age*, April 19, 1845.

[62] Sean Moreland, "Beyond 'De Rerum Naturâ Esqr.': Lucretius, Poe, and John Mason Good," *EAPR* 17, no. 1 (2016): 6–40; 关于卢克莱修的作品译本，见 Scholnick, *Poe's "Eureka,"* 44; 见 Daniel Driskell, "Lucretius and 'the City in the Sea,'" *PS* 5, no. 2 (1972): 54–55。

[63] Poe, "The Literati of New York City Part II," *Godey's Lady's Book*, June 1846, 266–72.

[64] Lee, "Probably Poe."

[65] Poe, "The Purloined Letter," in *The Gift for 1845* (Philadelphia: Carey and Hart, 1844), 41–61. 坡在描述"莫格街"中的惠斯特游戏时提到了类似的东西——暗示他破案的部分原因是像（非人类）杀手一样思考，甚至早在梅尔策尔的下国际象棋机器人之前，他就已经像机器人一样思考了。

[66] Kopley, *Dupin Mysteries*.

[67] Paul A. Harris, "Poe-tic Mathematics: Detecting Topology in 'The Purloined Letter,'" *PS* 36, no. 1 (2003): 18–31, sees Poe critiquing algebraic analysis in favor of the descriptive geometry taught at West Point.

[68] Procedures detailed by Practical Magnetizer, *The History and Philosophy of Animal Magnetism, with Practical Instructions for the Exercise of This Power* (Boston: J. N. Bradley, 1843), 10–14.

[69] Nathaniel Hawthorne, *The Blithedale Romance* (Boston: Ticknor, Reed and Fields, 1852), 231; Taylor Stoehr, "Hawthorne and Mesmerism," *Huntington Library Quarterly* 33, no. 1 (Nov. 1969): 33–60.

[70] Emerson, in *The Journals and Miscellaneous Notebooks of Ralph Waldo Emerson, Volume V*: 1835–1838, ed. Merton M. Sealts Jr. (Cambridge, Mass.: Harvard University Press, 1965), 388, in Stoehr, "Hawthorne and Mesmerism," 36.

[71] Emerson, "Historic Notes on Life and Letters in New England," in Stoehr, "Hawthorne and Mesmerism," 35.

[72] Bertrand Méheust, *Somnambulisme et médiumnité, 1784–1930: Le défi du magnétisme animal* (Paris: Synthélabo, 1999).

[73] Alison Winter, *Mesmerized: Powers of Mind in Victorian Britain* (Chicago: University of Chicago Press, 1998), 163–85. 威廉·莫顿在1846年将医用"乙醚"作为麻醉剂进行了相关的实验，受到了著名的赞叹："先生们！这不是骗人的！" Nathan P. Rice, *Trials of a Public Benefactor, as Illustrated in the Discovery of Etherization* (New York: Pudney and Russell, 1859); thanks to Katja Guenther and Keith Wailoo for tips on antebellum medical history.

[74] David Schmit, "Re-visioning Antebellum American Psychology: The Dissemination of Mesmerism, 1836–1854," *History of Psychology* 8, no. 4 (2005): 403–34; Practical Magnetizer, *History and Philosophy of Animal Magnetism*, 6–10; Emily Odgen, "Beyond Radical Enchantment: Mesmerizing Laborers in the Americas," *Critical Inquiry* 42, no. 4 (2016): 815–41.

[75] *American Journal of Science and Arts* 33, no. 1 (Jan. 1838): 184; John Kearsley Mitchell, "An Essay upon Animal Magnetism, or Vital Induction," in *Five Essays*, ed. Silas Weir Mitchell (Philadelphia: J. B. Lippincott, 1859); Frank Podmore, *Modern Spiritualism: A History and a Criticism* (London: Methuen, 1902), 1:154–78; 234–6.

［76］ François Azouvi, "Sens et fonction épistémologiques de la critique du magnétisme animal par les Académies," *Revue d'histoire des sciences* 29, no. 2 (1976): 123‑42; Tresch, *Romantic Machine*, 31‑48.

［77］ 托马斯·卡莱尔的妻子简，在与她不情愿地伸出手握手时，一个低级别磁化器产生了电流，她大吃一惊，简直不敢相信。Robin Waterfield, *Hidden Depths: The Story of Hypnosis* (New York: Routledge, 2003), 161.

［78］ Practical Magnetizer, *History and Philosophy of Animal Magnetism*, 5. Chauncy Hare Townshend, *Facts in Mesmerism or Animal Magnetism: With Reasons for a Dispassionate Inquiry into It* (Boston: Charles C. Little and James Brown, 1841).

［79］ Poe, "Phreno-Magnetism," *American Phrenological Journal and Miscellany* 8, no. 4 (1846). Schmit, "Re-visioning," n36.

［80］ Poe, "A Tale of the Ragged Mountains," *Godey's Lady's Book* 28, no. 4, April 1844, 177‑181. 关于作为殖民主义寓言的故事，见 Kennedy, "Mania for Composition"; 就迷幻性及印刷尺寸，见 Emily Ogden, *Credulity: A Cultural History of US Mesmerism* (Chicago: University of Chicago Press, 2018); on its chiasmic structure, 见 Richard Kopley, "Poe's Pym-esque 'A Tale of the Ragged Mountains,'" in Fisher, *Poe and His Times*, 167‑77。

［81］ Poe, "A Chapter on Autography," pt. 1, *Graham's*, Nov. 1841, 224‑34.

［82］ 坡关于物质流体几乎与精神无异的概念，呼应了当代关于乙醚的理论（假设这种看不见的物质携带光、热和电磁力）以及文艺复兴时期关于第五元素的观点，马西利奥·菲奇诺将其描述为"非常微妙的身体；好似它不是身体，几乎是灵魂。或者说，好似它不是灵魂，几乎是身体。" *De Triplici Vita* 3.3, in D. P. Walker, *Spiritual and Demonic Magic from Ficino to Campanella* (London: Warburg Institute, 1958), 13.

［83］ Robert Chambers, *Vestiges of the Natural History of Creation* (London: John Churchill, 1844), first published anonymously. James Secord, *Victorian Sensation: The Extraordinary Publication, Reception, and Secret Authorship of "Vestiges of the Natural History of Creation"* (Chicago: University of Chicago Press, 2003); "它引起了巨大的轰动；主要是，"本杰明·西利曼说，"因为作者无法被发现。"(*American Journal of Science and Arts* 19, no. 1 [April 1845]: 191.) 关于美国对《遗迹》的接受度，见 Numbers, *Creation*；关于坡和《遗迹》，见 Scholnick, *Poe's "Eureka,"* and Stamos, *Edgar Allan Poe, "Eureka," and Scientific Imagination*。

［84］ Citations of *Vestiges* refer to *Vestiges of the Natural History of Creation* (New York: Wiley and Putnam, 1845; 2nd American ed., based on 3rd English ed.), 6‑19.

［85］ *Vestiges*, 15.

［86］ 同上，235。

［87］ This was an oft-quoted phrase from the 1846 follow-up to *Vestiges, Explanations: A Sequel to "Vestiges of the Natural History of Creation"* (New York: Wiley & Putnam, 1846), 130‑31.

［88］ Whewell, *Astronomy and General Physics*, 184.

［89］ Nichol, *Views of the Architecture of the Heavens*, 22; on the relation between Nichol's *Architecture and Vestiges*, see Secord, *Victorian Sensation*, 58‑59; Schaffer, "Science of Progress."

［90］ Joseph Henry, "Notes on a Series of Lectures on Geology," Aug. 1841, in Numbers, *Creation*, 26n47.

［91］ *Princeton Review*, Jan. 1841, in Numbers, *Creation*, 23n37.

［92］ James Secord, "Extraordinary Experiment: Electricity and the Creation of Life in Victorian England," in *The Uses of Experiment: Studies in the Natural Sciences*, ed. David Gooding, Trevor Pinch, and Simon Schaffer (Cambridge, U.K.: Cambridge University Press, 1989), 337‑83.

［93］ *Vestiges*, 272.

［94］ "Critical Notices: *Vestiges*," *American Review: A Whig Journal of Politics, Literature, Art, and Science* 1,

[95] *Vestiges*, 155–61.
[96] Albert A. Dod, "Vestiges of Creation," in *Essays, Theological and Miscellaneous, Reprinted from the "Princeton Review"* (New York: Wiley and Putnam, 1847), 410; originally published as "Vestiges of the Natural History of Creation," *Biblical Repertory and Princeton Review* 17, no. 4 (1845): 505–57.
[97] James Dwight Dana, quoting Silliman, *American Journal of Science and Arts* 49, no. 1 (April 1845): 191.
[98] Poe, "George B. Cheever," in "The Literati of New York City Part II," *Godey's Lady's Book*, June 1846, 267–68.
[99] Cheever, in *Vestiges*, xix.
[100] Bowen, "A Theory of Creation," *North American Review* 60 (April 1845): 427; discussion in Numbers, *Creation*, 31–32.
[101] Tayler Lewis, review of *Vestiges of the Natural History of Creation*, *American Review* 1 (May 1845): 525–28, 539–42.
[102] Adam Sedgwick, letter to Charles Lyell, April 9, 1845, John Willis Clark and Thomas McKenny Hughes, *The Life and Letters of the Reverend Adam Sedgwick* (Cambridge: Cambridge University Press, 1890), 2 vols., 2:83–85.
[103] Whelpley, *American Review* 3 (April 1846), in Numbers, *Creation*, 35n19.
[104] Review of *Vestiges*, *Broadway Journal* 1 (Jan. 1845): 52–53, in Scholnick, Poe's "*Eureka*," 34.

13 神奇之人

[1] Joel Benton, "Poe's Opinion of 'The Raven,'" *Forum* 22 (Feb. 1897): 733, in *TPL*, 495–96.
[2] Donald G. Mitchell, *American Lands and Letters*, 2 vols. (New York: Scribners, 1898–99), 2:387, in *TPL*, 484.
[3] Poe, "The Raven," *The American Review: A Whig Journal of Politics, Literature, Art and Science* (Feb. 1845); Thomas and Jackson's reconstruction of the publication sequence and reception in *TPL*, 496–97.
[4] Poe, "The Raven," LOA, 81–86.
[5] On the influence of Francis Quarles's *Emblems* in the antebellum United States, 见 Alan Wallach, "The Voyage of Life as Popular Art," *Art Bulletin* 59, no. 2 (1977): 234–41; T. O. Beachcroft, "Quarles and the Emblem Habit," *Dublin Review* 28 (Jan.–June 1931): 80–96。On Poe, Quarles, and Renaissance arts of memory, 见 Engel, *Early Modern Poetics*。
[6] Richard Kopley and Kevin J. Hayes, "Two Verse Masterworks: 'The Raven' and 'Ulalume,'" in Hayes, *Cambridge Companion*, 191–204.
[7] "The Poetics of Whiteness: Poe and the Racial Imaginary," in Kennedy and Weissberg, *Romancing the Shadow*, 41–74. 论坡的物质与精神、身体与心灵的相互作用,以及它们与认识论和内战前等级制度的关系,详见 Dayan, *Fables of Mind*; "Amorous Bondage"。"Poe, Persons, and Property," *American Literary History* 11, no. 3 (1999): 405–25; David Leverenz, "Spanking the Master: Mind-Body Crossings in Poe's Sensationalism," in Kennedy, *Historical Guide to Edgar Allan Poe*, 95–127; Lee, "Absolute Poe."
[8] Alexander T. Crane, who worked in the office of *The Broadway Journal*, quoted in Mukhtar Ali Isani, "Reminiscences of Poe by an Employee of the Broadway Journal," *PS* 6, no. 2 (1973): 33–34, in *TPL*, 500.
[9] Notice of *American Review*, probably Horace Greeley, in *New York Daily Tribune*, Feb. 3, 1845, in *TPL*, 498.
[10] James Brooks in *Morning Express*, Feb. 5, 1845, in *TPL*, 499.
[11] Briggs to Lowell, Feb. 6, 1845, in *TPL*, 499–500.
[12] "The Owl: A Capital Parody on Mr. Poe's Raven," *Evening Mirror*, Feb. 17, 1845, in *TPL*, 503–4;

Snarles, "A Vision," *New World*, April 19, 1845, in *TPL*, 527; C. C. Cooke, "The Gazelle (After the Manner of Poe's 'Raven')," *Evening Mirror*, April 29, 1845, in *TPL*, 528; "The Whippoorwill: A Parody on Mr. Poe's 'Raven,'" *Evening Mirror*, May 30, 1845, in *TPL*, 535; "Turkey," *Boston Jester*, June 1845, in *TPL*, 541.

[13] Lincoln to Andrew Johnston, April 18, 1846, in *The Collected Works of Abraham Lincoln*, ed. Roy P. Basler, 8 vols. (New Brunswick, N.J.: Rutgers University Press, 1953–55), 1:377–79, in *TPL*, 635.

[14] Recollection ca. Feb. 1845 of Charles F. Briggs in "The Personality of Poe," *Independent*, Dec. 13, 1877, 1–2, in *TPL*, 497.

[15] Henry T. Tuckerman, "A Memoir of the Author," in John W. Francis, *Old New York* (New York: W. J. Widdleton, 1866), lxxix–lxxx, in *TPL*, 498.

[16] Smith quoted in J. C. Derby, *Fifty Years Among Authors, Books, and Publishers* (New York: G. W. Carleton, 1884), 547–48, in *TPL*, 497.

[17] "The Craven: BY POH!" (advertisement), *Evening Mirror*, March 25, 1845, in *TPL*, 521.

[18] Poe to Thomas, May 4, 1845, in Ostrom, 1:505, in *TPL*, 530–31.

[19] Lowell, "Our Contributors: Edgar Allan Poe." 这也是美国科学界贝奇、亨利和皮尔斯面临的同样问题——正如坡在他对一份新的国家期刊的呼吁中所认识到的那样; 同时, 这也驱使他们为美国科学寻求一个国家框架。

[20] The process of creating Poe as an author appearing fully formed is brilliantly analyzed in McGill, "Literary Nationalism"; Jackson, "Rage for Lions."

[21] Joseph Evans Snodgrass, *Baltimore Saturday Visiter*, Jan. 25, 1845, in *TPL*, 494.

[22] Margaret Fuller, *New York Daily Tribune*, Jan. 24, 1845. 甚至他的画像也对她说话: "脸的下半部分是批评家的脸——冷酷、坚硬、自足; 而上半部分, 特别是眉毛, 表达了丰富的感情和柔情", 详见 *TPL*, 491–92。

[23] Evert A. Duyckinck, *Morning News*, Jan. 25, 1845, in *TPL*, 493–94.

[24] McGill, *Culture of Reprinting*, 288.

[25] Evert A. Duyckinck, *Morning News*, Jan. 18, 1845, in *TPL*, 489–90.

[26] Poe, "Imitation—Plagiarism," *Evening Mirror*, Feb. 15, 1845, in *TPL*, 502.

[27] Poe, "Some Secrets of the Magazine Prison-House," *Broadway Journal*, Feb. 15, 1845, 103–4.

[28] Poe to Mathews, March 15, 1844, in Ostrom, 1:429; also in Richard, "Poe and 'Young America.'"

[29] Briggs showed Poe's reviews of Horne and Barrett to Duyckinck for improvements, before he published them in *The Broadway Journal*, in *TPL*, 479–80.

[30] Poe to Duyckinck, Feb. 18, 1845, in Ostrom, 1:486; Ezra Greenspan, "Evert Duyckinck and the History of Wiley and Putnam's Library of American Books, 1845–1847," *American Literature* 64, no. 4 (1992): 677–93.

[31] The Arts Association occupied the library's top floors and displayed Thomas Cole's four-part *Voyage of Life*.

[32] Evert Duyckinck, *Morning News*, Feb. 28, 1845, in *TPL*, 407.

[33] Evert Duyckinck, *Morning News*, March 1, 1845, in *TPL*, 509.

[34] Willis, *Evening Mirror*, Feb. 27, 1845, in *TPL*, 507.

[35] Duyckinck, *Morning News*, March 8, 1845, in *TPL*, 509.

[36] *Daily Tribune*, March 1, 1845, in *TPL*, 508.

[37] *Daily Atlas*, March 3, 1845, in *TPL*, 513.

[38] *Evening Transcript*, March 5, 1845, in *TPL*, 513.

[39] Freeman, *Field of Blood*.

[40] Tomc, "Poe and His Enemies"; Perry Miller, *The Raven and the Whale*; Sidney P. Moss, *Poe's Literary*

[41] Poe, review of *The Waif*, by Longfellow, *Evening Mirror*, Jan. 13 – 14, 1845, in *TPL*, 486.
[42] Nathaniel Parker Willis to Charles Sumner, Jan. 16(?), 1845, Charles Sumner Correspondence, 1824 – 74, HOU HD MS Am 1, box 27: 6821 – 7072, Houghton Library, Harvard University, quoted in Tomc, "Poe's Enemies," 567.
[43] Review of *Poems*, by Longfellow, *Aristidean*, April 1845, 130 – 42, in *TPL*, 529.
[44] Poe, "The Magazines," *Broadway Journal*, May 3, 1845, 285.
[45] Possibly Frances S. Osgood to Sarah Helen Whitman, Jan. 7, 1846, in Whitman, "Life," 13, in *TPL*, 616.
[46] Lynch to George W. Eveleth, March 8 and 19, 1854, in *TPL*, 484. On Poe in the New York salons, see Anne Boyd Rioux, "Lions and Bluestockings," in *Edgar Allan Poe in Context*, ed. Kevin J. Hayes (Cambridge, U.K.: Cambridge University Press, 2013), 129 – 37.
[47] Poe to Halleck, Jan. 20, 1846, in Ostrom, 1:553, in *TPL*, 618.
[48] Eliza Richards, *Gender and the Poetics of Reception in Poe's Circle* (Cambridge, U.K.: Cambridge University Press, 2004); Mary Kelley, *Private Woman, Public Stage: Literary Domesticity in Nineteenth-Century America*, rev. ed. (Chapel Hill: University of North Carolina Press, 2002); Cheryl Walker, *The Nightingale's Burden: Women Poets and American Culture Before 1900* (Bloomington: Indiana University Press, 1982).
[49] Mary Sargeant Gove, *Lectures to Women on Anatomy and Physiology, with an Appendix on Water Cure* (New York: Harper & Brothers, 1846), 27; Carl J. Guarneri, *The Utopian Alternative: Fourierism in Nineteenth-Century America* (Ithaca, N.Y.: Cornell University Press, 1991); Ann Braude, *Radical Spirits: Spiritualism and Women's Rights in Nineteenth-Century America* (Bloomington: Indiana University Press, 2001).
[50] Marie Louise Shew, *Water-Cure for Ladies: A Popular Work on the Health, Diet, and Regimen of Females and Children, and the Prevention and Cure of Diseases* (New York: Wiley and Putnam, 1844), 18. 该系统是由奥地利的文森特·普里斯尼茨开发的；作为19世纪非传统妇女保健的一部分，就治愈的问题，详见 Susan Cayleff, *Wash and Be Healed: The Water-Cure Movement and Women's Health* (Philadelphia: Temple University Press, 1987)。
[51] Mary Sargeant Gove Nichols, *Mary Lyndon; or, Revelations of a Life: An Autobiography* (New York: Stringer & Townsend, 1855), 342; Patricia Cline Cohen, "The 'Anti-marriage Theory' of Thomas and Mary Gove Nichols: A Radical Critique of Monogamy in the 1850s," *Journal of the Early Republic* 34, no. 1 (2014): 1 – 20; Jean L. Silver-Isenstadt, *Shameless: The Visionary Life of Mary Gove Nichols* (Baltimore: Johns Hopkins University Press, 2002).
[52] Frances S. Osgood, ca. early 1850, quoted in Griswold, "Memoir of the Author," in *The Works of the Late Edgar Allan Poe*, 3 vols. (New York: J. S. Redfield, 1850), 3:xxxvii; *TPL*, 511 – 12.
[53] Thomas Dunn English, "Reminiscences of Poe," pt. 3, *New York Independent*, Oct. 29, 1896, 1448, in *TPL*, 553.
[54] Frances Sargent Osgood, *The Poetry of Flowers and Flowers of Poetry: To Which Are Added, a Simple Treatise on Botany, with Familiar Examples, and a Copious Floral Dictionary* (New York: J. C. Riker, 1841).
[55] Osgood, in Mary G. De Jong, "Her Fair Fame: The Reputation of Frances Sargent Osgood, Woman Poet," *Studies in the American Renaissance* (1987): 265 – 83; 关于性别化的表达方式和社会性问题，详见 Julie Ellison, *Delicate Subjects: Romanticism, Gender, and the Ethics of Understanding* (Ithaca, N.Y.: Cornell University Press, 1992)。
[56] Poe, "Frances Osgood," in "The Literati of New York City Part V," *Godey's Lady's Book*, Sept. 1846, 126 – 33.

[57] Joanne Dobson, "Sex, Wit, and Sentiment: Frances Osgood and the Poetry of Love," *American Literature* 65, no. 4 (1993): 631–50; Mary De Jong, "'Read Here Thy Name Concealed': Frances Osgood's Poems on Parting with Edgar Allan Poe," *PS* 32, no. 1–2 (1999): 27–36. 如果你对奥斯古德和坡的"婚外情"（包括他们的后代）的离奇详细猜测感兴趣的话，请阅读 John Evangelist Walsh, *Plumes in the Dust: The Love Affair of Edgar Allan Poe and Fanny Osgood* (Chicago: Nelson–Hall, 1980)。

[58] An unnamed New York correspondent writing on Jan. 7, 1846, in Sarah Helen Whitman, introductory letter to *The Life and Poems of Edgar Allan Poe* (New York: W. J. Widdleton, 1877), 13.

[59] Orson Squire Fowler, *American Phrenological Journal* (Philadelphia), Sept. 1845, in *TPL*, 566–67. 10 月，富勒得知这个故事是一个发明，并在《肾上腺素学杂志》上刊登了一份撤回声明，称他的错误来自于了解"坡所属的文学团体，包括约瑟夫·C·尼尔，对磁性给予了很多关注"，详见 *TPL*, 572–73。

[60] Charles A. Dana, review of *Tales*, by Poe, *Harbinger*, July 12, 1845, in *TPL*, 550.

[61] Poe citing *The Popular Record of Modern Science* in "Marginalia," *Graham's*, March 1848; M200, in Pollin, *Brevities*, 331–33.

[62] Poe, *Broadway Journal*, Sept. 20, 1845.

[63] Poe, "Marginalia," *Godey's Lady's Book*, Aug. 1845; M130, in Pollin, *Brevities*, 231.

[64] T. D. English, review of *Tales*, by Poe, *Aristidean*, Oct. 1845, in *TPL*, 587.

[65] Editorial comment on an excerpt of "Mesmeric Revelation" in *New York New World*, Aug. 3, 1844, in *TPL*, 468; 这个故事首次完整出现在 *Columbian Magazine* 2, no. 2, Aug. 1844, 67–70。

[66] Poe, review of *Human Magnetism, Its Claim to Dispassionate Inquiry, Being an Attempt to Show the Utility of Its Application for the Relief of Human Suffering*, by W. Newnham, *Broadway Journal*, April 5, 1845.

[67] Poe, "The Facts in the Case of M. Valdemar," *Whig Journal*, Dec. 1846.

[68] 坡将瓦尔德马尔的外貌（正如他有着罗德里克·厄舍的外貌一样）与罗诺克的约翰·伦道夫相提并论，后者是"英雄革命一代"的古怪成员，拥有奴隶，但在死后释放了他们；详见 Kennedy, *Strange Nation*, 388–94。

[69] 与电报集中传输的关联，详见 Adam Frank, "Valdemar's Tongue, Poe's Telegraphy," *ELH* 72, no. 3 (2005): 635–62。

[70] Horace Greeley, *Daily Tribune*, Dec. 10, 1845, in *TPL*, 603.

[71] Barrett to Poe, April 1846, in *TPL*, 632.

[72] Poe, "Mesmerism in America: Astounding and Horrifying Narrative," *Sunday Times* (London), Jan. 4, 1846, in *TPL*, 615.

[73] "Mesmerism in America," *Popular Record of Modern Science*, Jan. 10, 1846, in *TPL*, 617.

[74] Collyer to Poe, Dec. 16, 1846, printed in *Broadway Journal*, Dec. 27, 1846, in *TPL*, 605.

[75] Poe, *Broadway Journal*, Dec. 20, 1846, in *TPL*, 605.

[76] Andrew Jackson Davis, *The Magic Staff: An Autobiography* (New York: J. S. Brown, 1857), 317. 1846 年 4 月，坡回顾了这两个故事。《催眠启示录》给真正的哲学推测"披上了一层相似的外衣"，《瓦尔德马尔先生病情真相》则"为了效果而在真实性方面做出了更明显的努力"。他说，在第一个故事中，"我相信涉及实际的真理"，而第二个故事，"被广泛抄袭并作为真理接受，甚至不顾我的免责声明"。Poe, *Record*, April 11, 1846, in *TPL*, 631.

[77] Poe, "Marginalia," *SLM* 15, no. 6 (June 1849); M254, in Pollin, *Brevities*, 393. 坡在《尤里卡》中的宇宙学推测——定位在官方科学限制之外并与之对立，将让他与贝奇和亨利的"宇宙政治学"相对立；详见 chapter 17 below。

[78] Poe "Marginalia," *United States Magazine and Democratic Review*, Nov. 1844; M18, in Pollin, *Brevities*, 127.

[79] Poe, "The Black Cat," *United States Saturday Post* (Philadelphia), Aug. 19, 1843, 1.
[80] Poe, "Marginalia," *Graham's*, March 1846; M147, in Pollin, *Brevities*, 254.
[81] Poe's "Fifty Suggestions (Part I)," *Graham's Magazine*, May 1849, 317–19, 23. "一个艺术家之所以是艺术家，是因为他对'美'有微妙精确的感觉，这种感觉给他带来狂喜享受，但这同时也意味着，又或会涉及同样微妙的畸形或不相称的感觉。"
[82] Poe, "Marginalia," *Graham's*, March 1846; M150, in Pollin, *Brevities*, 257–60.
[83] Babbage, *Ninth Bridgewater Treatise*, 119.
[84] 就巴贝奇关于思想物质性实验的扩散性影响，详见 John M. Picker, *Victorian Soundscapes* (New York: Oxford University Press, 2003), chap. 1; for its impact on Poe, 见 Whalen, *Poe and the Masses*。
[85] Poe, "The Power of Words," *United States Magazine and Democratic Review*, 26, no. 6, June 1845, 602–04.
[86] Poe, "To ——"（"To Marie Louise Shew," 1848), in LOA, 88.

14 倔强之魔

[1] Poe to Frederick W. Thomas, May 4, 1845, in Ostrom, 1:504.
[2] Thomas Dunn English, *Aristidean*, April 1845, in *TPL*, 529.
[3] Poe, "Marginalia," *Graham's*, Sept. 1846; M143, in Pollin, *Brevities*, 248.
[4] Poe, "Increase of the Poetical Heresy— Didacticism," *Evening Mirror*, Feb. 3, 1845, in *TPL*, 498.
[5] Poe, review of *Alciphron: A Poem*, by Thomas Moore, *Burton's*, Jan. 1840, 53–56.
[6] Poe, "American Prose Writers, No. 2: N. P. Willis," *Broadway Journal*, Jan. 18, 1845, 37–38.
[7] Poe, "American Poetry," *Aristidean*, Nov. 1845, 373–82.
[8] William Sewell, *Work and Revolution in France: The Language of Labor from the Old Regime to 1848* (Cambridge, U.K.: Cambridge University Press, 1980); Tocqueville, "That Almost All the Americans Follow Industrial Callings," in *Democracy in America*.
[9] Lowell, "Our Contributors: Edgar Allan Poe."
[10] Wordsworth and Coleridge, *Lyrical Ballads*, 2nd ed. (London: Longman and Rees, 1800), xiv.
[11] James Russell Lowell, *Conversations on Some of the Old Poets* (London: Henry Clarke, 1845), 51.
[12] Poe, review of *Conversations on Some of the Old Poets*, by Lowell, *Evening Mirror*, Jan. 11, 1845: "认为一个批评家不能写出他所批评的那样的作品，就是提出了一个完全矛盾的说法。"
[13] *Daily Tribune*, Jan. 15, 1845, in *TPL*, 488. Briggs wrote to Lowell on Jan. 17, 1845. "坡对你的《关于一些古代诗人的谈话》是极为赞扬的，确实有品味；都是《纽约每日论坛报》的那个女人（富勒）误会了他的意思。"见 *TPL*, 488。
[14] Poe, "Nature and Art," *Evening Mirror*, Jan. 17, 1845, in *TPL*, 489.
[15] 在洛威尔和富勒的推动下，坡正在完善他对柯尔律治将诗歌想象力作为一种奇迹，类似于神圣创造的批评。对坡来言，人类最高超艺术确实类似于神圣创造，但只是因为上帝的手艺是集合了所创之物的材料、构图、构造工艺的完美形式。人与上帝构造之间的这种连续性既证实了坡的"适应的互惠性"的观点（其中，自然界的每一部分都是上帝计划中的原因和结果），也最终证实了他的泛神论，详见 *Eureka*. On Poe, Coleridge, and *Eureka*, 见 St. Armand, "'Seemingly Intuitive Leaps'"。
[16] Alexander T. Crane, *Omaha Sunday World-Herald*, July 13, 1902, in *TPL*, 526.
[17] 这些反复无常与他的故事中的反转、觉醒和双重性相呼应；至于药物使用，像同时代的人一样，坡无疑将鸦片酊作为一种药物，但没有迹象表明他会习惯性地服用鸦片制剂。Jeffrey Savoye, "Edgar Allan Poe, Drugs, and Alcohol," Edgar Allan Poe Society of Baltimore, 见 eapoe.org。
[18] "在19世纪的前30多年中，人均酒精消费量增加了3倍。因此，到19世纪30年代，重度酒精

爱好者每天都要消费近半品脱的蒸馏酒精。"Amanda Claybaugh, "Temperance," in *American History Through Literature*, 1820 – 1870, ed. Janet Gabler-Hover and Robert Sattlemeyer (Detroit: Charles Scribner's Sons, 2006), 1152 – 58; Mark Lender and James Martin, *Drinking in America: A History* (New York: Simon & Schuster, 1987).

[19] Chivers in *Chivers' Life of Poe*, ed. Richard Beale Davis (New York: E. P. Dutton, 1952), 39 – 52, in *TPL*, 538.
[20] Lynch to Poe, June 27, 1845, in *TPL*, 542.
[21] Lowell to G. W. Woodberry, March 12, 1884; AHQ, 461.
[22] Clemm to Lowell, March 9, 1850; AHQ, 461 – 62.
[23] Chivers, *Life*, 39 – 52; *TPL*, 538.
[24] James Russell Lowell, *A Fable for Critics* (New York: George P. Putnam, 1848), 78.
[25] Poe, review of *A Fable for Critics*, by Lowell, *SLM* 15, no. 3 (March 1849): 189 – 91. 在这篇 1849 年的评论中,坡反对的不是洛威尔的观点,而是其强硬程度:洛厄尔"对奴隶制的狂热仅仅是同一种与生俱来的刚愎自用的局部爆发;这也就是说,如果他拥有奴隶的话,他就会残暴虐待这些奴隶,以及谋杀任何试图让他们自由的废奴主义者"。据惠伦说,坡认为,这种"狂热主义",无论是支持或是反对奴隶制,都干扰了国家层面不堪一击的政治"中立性","进入国家文学市场就意味着他对当时重大政治与社会斗争置之不理。"Whalen, *Poe and the Masses*, 138.
[26] Briggs to Lowell, June 27, 1845, in *TPL*, 542.
[27] Poe to Duyckinck, June 26, 1845, in Ostrom, 1:512, in *TPL*, 542.
[28] T. D. English, "A Card: Mr. English's Reply to Mr. Poe," *Evening Mirror*, June 23, 1846, in *TPL*, 540.
[29] Chivers, *Life*, 61, in *TPL*, 545.
[30] In *Broadway Journal*, April 5, 1845, in *TPL*, 523 – 24.
[31] Edward J. Thomas to Poe, July 5, 1845, in *TPL*, 547.
[32] in *TPL*, 547.
[33] *Evening Mirror*, July 12, 1845, in *TPL*, 550.
[34] AHQ, 751 – 52, and *TPL*, 551.
[35] The note by Evert Duyckinck, quoted in James B. Reece, *Poe and the New York Literati*, PhD thesis, Duke University, 1954, 95, in *TPL*, 559.
[36] William Mentzel Forrest, *Biblical Allusions in Poe* (New York: Macmillan, 1928); Kenneth Alan Hovey, "Poe's Materialist Metaphysics of Man," in Carlson, *Companion to Poe Studies*, 347 – 66.
[37] On philosophical dimensions of Poe's perverseness, 见 Stanley Cavell, "Being Odd, Getting Even," in Rosenheim and Rachman, *American Face of Edgar Allan Poe*, 3 – 36. 波德莱尔认为,坡的最终死亡"几乎是一次自杀,一次准备了很长时间的自杀,"详见"Edgar Poe, sa vie et ses oeuvres," *Revue de Paris*, no. 6 (March 1852): 138 – 56。
[38] Poe to Neilson Poe, Aug. 8, 1845, in Ostrom, 1:515, in *TPL*, 559.
[39] Announced in Boston's *Evening Transcript*, Sept. 30, 1845, in *TPL*, 572.
[40] Thomas Wentworth Higginson, "Short Studies of American Authors, II: Poe," *Boston Literary World*, March 15, 1879, 89, in *TPL*, 577 – 78.
[41] *Daily Evening Traveller*, Oct. 17, 1845, in *TPL*, 578.
[42] Thomas Wentworth Higginson, "Short Studies of American Authors, II: Poe," *Literary World*, March 15, 1879, in *TPL*, 578.
[43] Joseph T. Buckingham in *Boston Courier*, Oct. 18, 1845, in *TPL*, 579.
[44] Cornelia Wells Walter, *Evening Transcript*, Oct. 18, 1845, in *TPL*, 579.
[45] *Broadway Journal*, Oct. 25, 1845, in *TPL*, 581.

[46] Walter, *Evening Transcript*, Oct. 30, 1845, in *TPL*, 584.
[47] Poe, "Boston and the Bostonians," *Broadway Journal*, Nov. 1, 1845, in Harrison, *Complete Works*, 13:9 – 13.
[48] Henry Norman Hudson to Duyckinck, Nov. 24, 1845, in *TPL*, 594; coverage in national press included *United States Journal* (Washington, D.C.), Oct. 22, 1845, in *TPL*, 584.
[49] Walt Whitman, "Broadway Sights," in *Specimen Days & Collect* (Philadelphia: Rees Welsh, 1882), 17, in *TPL*, 597.
[50] Poe to Chivers, Nov. 15, 1845, in Ostrom, 1:535, in *TPL*, 590 – 91.
[51] Poe, "Editorial Miscellany," *Broadway Journal*, Dec. 6, 1845, in *TPL*, 603.
[52] Thomas Dunn English, "Reminiscences of Poe," *Independent* 48, no. 2498, Oct. 15, 1896, 1381, in *TPL*, 606.
[53] English, 同上。
[54] Walter, *Evening Transcript*, Jan. 2, 1846, in *TPL*, 614.
[55] T. D. English, "Reminiscences of Poe," pt. 3, *New York Independent*, Oct. 29, 1896, 1448.
[56] 英格利希继续骄傲地说道:"我的小拇指上刚好戴着一个沉重的印章戒指,我不小心割伤了他,伤得很重,而且还把戒指里的宝石弄碎了,那是一颗由洛瓦特切割的凹雕宝石,我很重视它。"(同上)
[57] Poe, "A Chapter of Suggestions," *Opal* (1845), in Pollin, *Brevities*, 465 – 47.
[58] The salubrious setting is described by health reformer Mary Gove Nichols, "Reminiscences of Edgar Poe," *Sixpenny Magazine* (London), Feb. 1, 1863, 471, in *TPL*, 644.
[59] Hewitt to Poe, April 15, 1846, in *TPL*, 634.
[60] Richard Henry Stoddard, *Recollections, Personal and Literary* (New York: A. S. Barnes, 1903), 151, in *TPL*, 585.
[61] *Broadway Journal*, April 12, 1845; other 1845 commentary on *Vestiges in The Broadway Journal*: Jan. 25, May 15, Aug. 30, Dec. 6.
[62] Simon Schaffer, "On Astronomical Drawing," in *Picturing Science, Producing Art*, ed. Peter Galison and Caroline Jones (New York: Routledge, 1998), 441 – 74; Michael Hoskin, "Rosse, Robinson, and the Resolution of the Nebulae," *Journal for the History of Astronomy* 21, no. 4 (1990): 331 – 44; Omar Nasim, *Observing by Hand: Sketching the Nebulae in the Nineteenth Century* (Chicago: University of Chicago Press, 2014).
[63] Rosse, March 19, 1846, in Schaffer, "On Astronomical Drawing," 46. 约翰·赫歇尔是怀疑罗斯关于星云可分辨性说法的人之一。尽管赫歇尔基于神学理由及对天文学范围(应该避免"首先和最后的事情")的反叛,对星云假说怀有敌意,但他会辩护父亲的星云测绘和检查计划。Schaffer, "Science of Progress," 137 – 38.
[64] *Explanations*, 6.
[65] 同上, 124 – 26。
[66] Brewster, *North British Review* 4 (Feb. 1846): 487 – 504. Brewster's review of *Vestiges* a year earlier (*North British Review* 3 [Aug. 1845]: 470 – 515) "was later included in many of the American editions of *Vestiges*" (Robert Chambers, *Vestiges of the Natural History of Creation and Other Evolutionary Writings*, ed. James Secord [Chicago: University of Chicago Press, 1994], 228); Secord includes a remarkable bibliography of published replies to *Vestiges and Explanations*.
[67] Asa Gray, *North American Review* 63 (1846): 506.
[68] Henry, May 6, 1846, in *Papers of Joseph Henry*, 6:281. 关于亨利在普林斯顿的神学同事中对《遗迹》的接受情况,详见 Bradley J. Gundlach, *Process and Providence: The Evolution Question at Princeton,*

1845–1929 (Grand Rapids, Mich.: Wm. B. Eerdmans, 2013)。

[69] J. H. Allen, *Christian Examiner* 40 (May 1846): 334‐35, 344. 一些美国知名科学人士一直支持 *Vestiges*，其中一位就是地质学家亨利·达尔文·罗杰斯，他在1845年告诉他的兄弟，称《遗迹》"与我在讲课时勾勒的观点非常吻合"(in Numbers, *Creation*, 34n17)。

[70] Francis Bowen, *North American Review* 60 (April 1845): 426‐78.

[71] William H. Allen, *Methodist Quarterly Review* 28 (April 1846): 295.

[72] John S. Dwight, review of *The Raven*, by Poe, Harbinger (West Roxbury, Mass.), Dec. 6, 1845, in *TPL*, 602.

[73] T. D. English, review of *The Raven*, by Poe, Aristidean, Nov. 1845, in *TPL*, 599.

[74] Lawrence Labree, review of *The Raven*, by Poe, *New York Illustrated Magazine*, Dec. 6, 1845, in *TPL*, 602.

[75] Poe to Philip P. Cooke, Aug. 9, 1846, in Ostrom, 1:595, and *TPL*, 661.

[76] Poe, "Philosophy of Composition," *Graham's*, April 1846, 163‐67.

[77] A timeworn cliché from Philip Sidney's 1594 *Defence of Poesy* (repr., Cambridge, Mass.: Hilliard, 1831).

[78] Chapter 5 above; Paul Grimstad, "Antebellum AI: 'Maelzel's Chess–Player' and Poe's Reverse Constraints," *Poetics Today* 31, no. 1 (2010): 107‐25.

[79] 坡曾自豪说道，迪潘故事中的"过度吹毛求疵"是"为了达到效果"，"人们认为这很巧妙——是因为方法及其留下的印象。" Poe to Philip P. Cooke, Aug. 9, 1846, in Ostrom, 1:595, in *TPL*, 661.

[80] Baudelaire, *Oeuvres complètes*, ed. Claude Pichois, 2 vols. (Paris: Gallimard, 2005), 2:343‐342.

[81] "The Eureka," *Illustrated London News*, July 19, 1845; John Clark, in *The General History and Description of a Machine for Composing Hexameter Latin Verses* (Bridgewater: Frederick Wood, 1848); Jason David Hall, "Popular Prosody: Spectacle and the Politics of Victorian Versification," *Nineteenth-Century Literature* 62, no. 2 (2007): 222‐49; thanks to Thomas Vranken for this discovery.

[82] Poe, "Philosophy of Composition," 163, italics added.

[83] This was the view Babbage laid out in his *Ninth Bridgewater Treatise* (written without the approval of the *Bridgewater* authors and against their basic assumptions), using his own calculating engine as an illustration; 见 chapter 12 above.

[84] John Carl Miller, *Building Poe Biography* (Baton Rouge: Louisiana State University Press), 99, in *TPL*, 732.

[85] Poe on Margaret Fuller, "The Literati of New York City," *Godey's Lady's Book*, June 1846, 72‐78; subsequent quotations: on Briggs and Hiram Fuller, *Godey's*, May 1846; on Clark, *Godey's*, Sept. 1846; and on English, *Godey's*, June 1846.

[86] Briggs, *Evening Mirror*, May 26, 1846, in *TPL*, 634.

[87] T. D. English, "Mr. English's Reply to Mr. Poe," *Morning Telegraph*, June 23, 1846, in *TPL*, 648.

[88] Hiram Fuller, *Evening Mirror*, July 20, 1846, in *TPL*, 656.

[89] 他先把它寄给了《歌迪女士》，而《歌迪女士》不敢出版，他就花钱在其他地方出版了。"Mr. Poe's Reply to Mr. English and Others," *Spirit of the Times*, July 10, 1846, in *TPL*, 652.

[90] Sidney P. Moss, *Poe's Major Crisis: His Libel Suit and New York's Literary World* (Durham, N.C.: Duke University Press, 1970), 77, in *TPL*, 656.

[91] *St. Louis Daily Reveille*, April 12, 1846, in *TPL*, 633‐34.

[92] Snodgrass in the *Baltimore Saturday Visiter*, April 18, 1846, in *TPL*, 635.

[93] T. D. English, "1844," pt. 15, *Weekly Mirror*, Oct. 31, 1846, in *TPL*, 668.

[94] "Epitaph on a Modern 'Critic,'" *Knickerbocker*, Nov. 1846, in *TPL*, 669.

[95] Simms to Poe, July 30, 1846, in *TPL*, 660.

第五章　前往冥界的彼岸

［1］　Poe, "Annabel Lee" (1849), in LOA, 102–3.

15　天使的奇观

［1］　Poe, "The Sphinx," *Arthur's Ladies' Magazine*, Jan. 1846, 15–16.
［2］　1847年，麦加暴发的疫情导致1.5万人死亡；1848年，该疾病袭击柏林、巴黎和伦敦；1849年，该疾病在美国肆虐。Rosenberg, *Cholera Years*, 101.
［3］　Nichols, *Mary Lyndon*, 342, in TPL, 669.
［4］　Nichols, *Reminiscences*, 12–13, in TPL, 669.
［5］　关于休有关坡惊人的收藏品，见 Miller, *Building Poe Biography*, 88–145；坡晚年给她写了一首美好的诗，"To ——," in LOA, 88。
［6］　*The Morning Express*, Dec. 15, 1846, in TPL, 672.
［7］　Hiram Fuller, *Evening Mirror*, Dec. 16, 1846, in TPL, 673.
［8］　Walt Whitman, *Brooklyn Daily Eagle*, Dec. 18, 1846, in TPL, 673.
［9］　Nathaniel Willis, "Hospital for Disabled Labourers with the Brain," *New York Home Journal*, Dec. 26, 1846, in TPL, 674.
［10］　Hiram Fuller, *Evening Mirror*, Dec. 26, 1846, in TPL, 675.
［11］　John Edward Reilly, "Ermina's Gales: The Poems Jane Locke Devoted to Poe," in *Papers on Poe: Essays in Honor of John Ward Ostrom*, ed. Richard P. Veler (Springfield, Ohio: Chantry Music Press, 1972), 206–20, in TPL, 674.
［12］　Cornelia Wells Walter, *Bostonian*, Dec. 26, 1846, in TPL, 675–76.
［13］　Walter, *Evening Transcript*, Dec. 31, 1846, in TPL, 677–78.
［14］　Poe to Willis, Dec. 30, 1846, published in the *Home Journal*, Jan. 9, 1847, in Ostrom, 1:612.
［15］　Richard Fusco, "Poe and the Perfectibility of Man," *Poe Studies/Dark Romanticism* 19, no. 1 (1986): 1–6; in a review of an essay on human perfectibility in *Burton's* (July 1839, 58), Poe disparaged the "eloquent madness of Turgot, Price, Priestly [sic], Condorcet, and de Stael" — an identical list (with the exception of de Staël) to that of the philosophers Ellison prefers.
［16］　Poe, "The Domain of Arnheim," *Columbian Magazine*, March 1847, 125.
［17］　同上。Poe's angels as an "amalgam of Neoplatonic, Gnostic, and Islamic attributes" in pursuit of "cosmic wonder," William E. Engel, "Fantastic Places, Angelic Spaces," in Phillips, *Poe and Place*, 169–92.
［18］　这篇文章回顾了在《失窃的信》中警察局长对部长房间的检查情况，这使他的搜查水平降低了一般思想家的水平。
［19］　Poe, "Domain of Arnheim," 127.
［20］　The 1842 version of the tale, "The Landscape Garden," ends with the explanation of Ellison's theories; the 1847 version describes the result, the Domain of Arnheim, the artwork that applies them.
［21］　Poe, "Domain of Arnheim," 127–29.
［22］　Lorraine Daston and Katharine Park, *Wonders and the Order of Nature, 1150–1750* (New York: Zone Books, 1998); M. H. Abrams, *Natural Supernaturalism: Tradition and Revolution in Romantic Literature* (New York: W. W. Norton, 1971); Pamela Smith, *The Body of the Artisan: Art and Experience in the Scientific Revolution* (Chicago: University of Chicago Press, 2018); Ann-Deborah Lévy-Bertherat, *L'artifice romantique: De Byron à Baudelaire* (Paris: Klincksieck, 1994).
［23］　Leo Marx, *The Machine in the Garden: Technology and the Pastoral Ideal in America* (New York: Oxford

University Press, 1964); William Cronon, *Nature's Metropolis: Chicago and the Great West* (New York: W. W. Norton, 2009).

[24] Poe, *Flag of Our Union*, June 9, 1849, 2.

[25] Laura Saltz为"'Eyes Which Behold'"强调了这个故事对视觉物质性的诉求，提到了布鲁斯特（Brewster）的立体镜；虽然这种技术在坡去世后才开始普及，但他对透视画、叠化以及其他依赖眼球生理学的光学设备等实质过程的认识证实了她确实读过坡的书；关于另一种美学谱系，详见 Catherine Rainwater, "Poe's Landscape Tales and the 'Picturesque' Tradition," *Southern Literary Journal* 16, no. 2 (1984): 30–43。

[26] Cantalupo, *Poe and the Visual Arts*; Wallach, "*Voyage of Life* as Popular Art"; Joy S. Kasson, "*The Voyage of Life*: Thomas Cole and Romantic Disillusionment," *American Quarterly* 27, no. 1 (1975): 42–56; on Humboldtian and panoramic aspects of U.S. landscape painting, 见 Jennifer Raab, *Frederic Church: The Art and Science of Detail* (New Haven, Conn.: Yale University Press, 2015)。

[27] E. W. Pitcher puts "Arnheim" into dialogue with the protracted phenomenology of death that Poe detailed in "The Colloquy of Monos and Una," with "Arnheim" an anagram of "NEAR HIM"，暗示它的旅程象征着从生到死，到被释放或重生到神圣天堂之前的一段漫长"沉睡期"。E. W. Pitcher, "The Arnheim Trilogy: Cosmic Landscapes in the Shadow of Poe's *Eureka*," *Canadian Review of American Studies* 6, no. 1 (1975): 27–35.

[28] Sean Moreland, ed., *The Lovecraftian Poe: Essays on Influence, Reception, Interpretation, and Transformation* (Lanham, Md.: Rowman & Littlefield, 2017).

[29] Dayan, *Fables of Mind*, 104.

[30] *Philadelphia Saturday Courier*, July 25, 1846, in *TPL*, 659.

[31] Poe to Shew, Jan. 29, 1847, in Ostrom, 2:617–18.

[32] Shew to J. H. Ingram, March 28, 1875, in *TPL*, 684.

[33] Obituary in *Daily Tribune and New York Herald*, Feb. 1, 1847, in *TPL*, 685.

[34] Poe to Locke, March 10, 1847, in Ostrom, 2:624, and *TPL*, 684.

[35] The MS is held by the New York Public Library, Rare Books Room; Victor H. Palsits, "Two Manuscripts in the New York Public Library— Part I: The Manuscript of Poe's 'Eulalie,'" *Bulletin of the New York Public Library* 18 (Dec. 1914): 1462.

16　上帝的谋划

[1] Shew to J. H. Ingram, Jan. 23, 1875, in *TPL*, 694.

[2] Poe, "Ulalume," in LOA, 89, in *TPL*, 714; Allen, *Israfel*, 2:735.

[3] Mary Bronson, reminiscence from 1860, quoted in Carroll D. Laverty, "Poe in 1847," *American Literature* 20, no. 2 (1948): 165–66, in *TPL*, 700.

[4] Poe, "A Dream Within a Dream," *Flag of Our Union*, March 31, 1849, and in LOA, 97–98.

[5] Henry, quoted in diary of John R. Buhler, March 3, 1846, in *Papers of Joseph Henry*, 6:282.

[6] Review of Cosmos, by Humboldt, *Broadway Journal*, July 12, 1845, 14–15, in Scholnick, Poe's "*Eureka*," 75–76.

[7] Agassiz, in Lurie, *Agassiz*, 128; Scholnick, "*Eureka* in Context," 38–39.

[8] Bruce, *Launching of American Science*, 43–63. Peirce, Henry, Agassiz, and Bache, the PHAB four of the emerging scientific establishment, had got the band together.

[9] *Boston Daily Journal*, Sept. 25, 1847, clippings in Coll 305 A + B I–II Assn. Amer. Geologists & Naturalists Papers, 1840–47, Academy of Natural Sciences of Philadelphia.

[10] Kohlstedt, *Formation of the American Scientific Community*, 76; Lurie, *Agassiz*; Bruce, *Launching of American Science*.

[11] John Fuller, *Thor's Legions: Weather Support to the U.S. Air Force and Army, 1937–1987* (Boston: American Meteorological Society, 2015), 2.

[12] Bache to Peirce, Dec. 3, 1846, Peirce Papers, Houghton Library, Harvard University, in Molella, "At the Edge of Science," 451.

[13] "The Planet Neptune," in *American Review: A Whig Journal of Politics, Literature, Art, and Science* 6, no. 2 (Aug. 1847): 145.

[14] 关于皮尔斯在海王星发现不断变化的辩论中的作用，详见 John G. Hubbell and Robert W. Smith, "Neptune in America: Negotiating a Discovery," *Journal for the History of Astronomy* 23, no. 4 (1992): 270; the episode is narrated in Hogan, "Hurrah for Young America," in *Of the Human Heart*, 15 - 25。

[15] Gray to Peirce, March 26, 1848, in R. C. Archibald, "The Writings of Peirce," *American Mathematical Monthly* 32 (1925): 22; Hubbell and Smith, "Neptune in America," 284. On Mitchel's popular science, 见 Russell McCormmach, "Ormsby MacKnight Mitchel's 'Sidereal Messenger,' 1846 - 1848," *Proceedings of the American Philosophical Society* 110, no. 1 (1966): 35 - 47; Scholnick, "*Eureka* in Context"。海王星颇具争议的发现引起了关于流行娱乐和既定科学权威之间关系的笑谈。New York's *Yankee Doodle* printed a letter from a "Professor of Astronomy and Celestial Trigonometry" at Columbia University, 询问有关照亮纽约南部天空的"新行星"的信息；编辑将其命名为"巴纳姆行星"——"毫无疑问这是一颗最具潜力的行星"，"孕育了许多奇特生物"，包括 Joice Heth, the Feejee Mermaid, and Tom Thumb. 美国博物馆的聚光灯改变了夜空，就像海王星的变幻莫测聚焦照亮了官方科学内部的裂痕一样。"The New Planet," *Yankee Doodle*, Jan. 1, 1847, 153.

[16] Bond to President Everett, Sept. 22, 1847, in *American Journal of Science and Arts* 54 (1847): 426 - 27; Bessie Zaban Jones and Lyle Gifford Boyd, *The Harvard College Observatory* (Cambridge, Mass.: Belknap Press, 1971), 67 - 68.

[17] Peirce, in *Boston Daily Journal*, Sept. 22, 1847. 他后来又接受了这个理论。他的儿子查尔斯后来发展了自己的渐进式宇宙论，其中甚至包括自然法则的演变。C. S. Peirce, "The Doctrine of Necessity Examined," *Monist* 2, no. 3 (1892): 321 - 37; C. S. Peirce, "Evolutionary Love," *Monist* 3, no. 2 (1893): 176 - 200.

[18] Henry to Elias Loomis, Dec. 28, 1848, Loomis MSS, Beinecke Library, Yale University, in Kohlstedt, *Formation of the American Scientific Community*, 76.

[19] Poe to George W. Eveleth, Jan. 4, 1848, in Ostrom, 2:640.

[20] Poe to Chapin, Jan. 17, 1848, in Ostrom, 2:644.

[21] Announcement in *John-Donkey*, Feb. 3, 1848, in *TPL*, 719.

[22] *Weekly Universe*, Feb. 6, 1848, in *TPL*, 722. For a firm historical contextualization of *Eureka*, 见 Scholnick, "*Eureka* in Context"; setting *Eureka* within the age's growing opposition between literature and science, 见 Laura Saltz, "Making Sense of Eureka," in Kennedy and Peeples, *Oxford Handbook*, 424 - 44, and Limon, *Place of Fiction*。

[23] *Morning Express*, Feb. 4, 1848, in *TPL*, 721.

[24] Poe, *Eureka*, 7; this and subsequent citations are from the critical edition of *Eureka*, ed. Stuart Levine and Susan F. Levine (Urbana: University of Illinois Press, 2004). 坡将他的演讲经过一些修改，印为《尤里卡》；关于讲稿与其印刷形式的关系，详见 Ronald W. Nelson, "Apparatus for a Definitive Edition of Poe's *Eureka*," *Studies in the American Renaissance* (1978): 161 - 205。For sharp and revealing commentary, 见 Barbara Cantalupo, "*Eureka*: Poe's 'Novel Universe,' " in Carlson, *Companion to Poe Studies*, 323 - 44; Levine and Levine, *Eureka*; Beaver, *Science Fiction*。

[25] Poe, *Eureka*, 7 - 8. 关于贯穿爱伦·坡作品的矛盾性观点，详见 Henri Justin, "An Impossible Aesthetics or an Aesthetics of the Impossible?" in Kopley and Argersinger, *Poe Writing/Writing Poe*, 127 - 42。

[26] 将坡置于 19 世纪中期关于方法论的辩论中, 详见 Susan Welsh, "The Value of Analogical Evidence: Poe's *Eureka* in the Context of a Scientific Debate," *Modern Language Studies* 21, no. 4 (1991): 3 – 15.

[27] 1830 年出版了一本关于开普勒的传记作品, 十分著名。John Elliot Drinkwater Bethune, *The Life of Galileo Galilei, with Illustrations of the Advancement of Experimental Philosophy; Life of Kepler* (London, 1830).

[28] Poe, *Eureka*, 15 – 16.

[29] 同上, 24。

[30] 同上, 28。这些是物质表现给心灵的"唯一属性"——这一主张与康德在其早期想法相呼应, widely read *Metaphysical Principles of Natural Philosophy* and of Roger Boscovich, 他认为, 物质原子是正负能量点。Thomas Holden, *The Architecture of Matter: Galileo to Kant* (Oxford: Oxford University Press, 2004), 236 – 72.

[31] 随后 (*Eureka*, 56) 关于太阳系形成的阐述与《遗迹》一致,《遗迹》一开始认为星云已经遍布整个宇宙——尽管坡补充说新发现的海王星是我们系统中最遥远的行星。

[32] Poe, *Eureka*, 27 – 28. 对坡而言, 更多的异质性意味着更多的生命、意识、智慧。

[33] 同上, 102 – 3。

[34] G. R. Thompson, "Unity, Death, and Nothingness: Poe's 'Romantic Skepticism,' " *PMLA* 85, no. 2 (1970): 297 – 300.

[35] Poe, *Eureka*, 103.

[36] 同上, 103 – 4。

[37] 同上, 104。

[38] 同上, 104。

[39] 同上, 102。

[40] 同上, 106。John Limon ("How to Place Poe's Arthur Gordon Pym in Science-Dominated Intellectual History and How to Extract It Again," *North Dakota Quarterly* 51 [1983]: 31 – 47) suggests a debt to the *Naturphilosophie* of Lorenz Oken: "没有死的物质; 它通过存在于其中的永恒而活着……一切都是上帝, 上帝就在那; 没有上帝, 就绝对没有一切"。Alfred Tulk's translation of Oken appeared in London in 1847 (*Elements of Physiophilosophy* [London: Ray Society, 1847], 38). Limon notes another popular treatment of *Naturphilosophie*: J. B. Stallo, *General Principles of the Philosophy of Nature: With an Outline of Some of Its Recent Developments Among the Germans, Embracing the Philosophical Systems of Schelling and Hegel, and Oken's System of Nature* (Boston: William Crosby and H. P. Nichols, 1848). Courtney Fugate, "The German Cosmological Tradition and Poe's *Eureka*," *EAPR* 13, no. 2 (2012): 109 – 34.

[41] On the metaphysical import of figures of self-reference and recursion in *Eureka*, 见 Ruth M. Harrison, "Poe Möbius: An Exploration of Poe's Fractal Universe," *PS* 36, no. 1 (2003): 32 – 44。

[42] "Spes Credula," *Morning Express*, Feb. 9, 1848, in *TPL*, 722.

[43] Field, *Memories of Many Men*, 224; *TPL*, 720. Barbara Cantalupo links the "involution of idea" in *Eureka*'s argument and form with the rhetoric and effect of a mesmeric trance in "Of or Pertaining to a Higher Power: Involution in *Eureka*," *ATQ* 4, no. 2 (1990): 81 – 95.

[44] Poe, *Eureka*, 83.

[45] 同上, 78。

[46] On *Eureka*'s punctuation, 见 Dayan, *Fables of Mind*, 55 – 56; Cantalupo, "Novel Universe," 338。

[47] Cantalupo, "Of or Pertaining to a Higher Power"; on *Eureka*'s "kinetic design," 见 Jennie Chu Seo-Young, "Hypnotic Ratiocination," *EAPR* 6, no. 1 (2005): 5 – 19。

[48] Loomis, *American Journal of Science and Arts* 5 (Jan. 1848): 135 – 36, 153; Anton Pannekoek, "The Discovery of Neptune," *Centaurus* 3, no. 1 (1953): 126 – 37.

[49] Nichol, *Views of Astronomy*, 32; Frederick W. Conner, "Poe & John Nichol: Notes on a Source of *Eureka*," in *All These to Teach: Essays in Honor of C. A. Robertson*, ed. Robert A. Bryan et al. (Gainesville: University of Florida Press, 1965); Thomas De Quincey, "System of the Heavens as Revealed by Lord Rosse's Telescopes," *Eclectic Magazine of Foreign Literature*, Oct. 1846, 9, 2.

[50] Poe, *Eureka*, 67. 坡回忆说，两年前有一封"据说是尼克尔博士写的"信，"在我们的报纸上转了一圈"，暗示尼克尔正在考虑放弃这一假设，but it remained prominent in his 1848 New York lectures, *Views of Astronomy*, 39–42。

[51] Poe, *Eureka*, 15. Poe admired Whewell's *Bridgewater Treatise* above the rest of the series; *Eureka*'s notion of "consistency" recalls Whewell's confirmation criteria: prediction, consilience, and coherence, in *Philosophy of the Inductive Sciences, Founded upon Their History*, 2 vols. (London: John W. Parker, 1840); Laura Snyder, "Renovating the *Novum Organum*: Bacon, Whewell, and Induction," *Studies in History and Philosophy of Science Part A* 30, no. 4 (1999): 531–57; Henry Cowles, "The Age of Methods: William Whewell, Charles Peirce, and Scientific Kinds," *Isis* 107, no. 4 (2016): 722–37.

[52] Poe, *Eureka*, 89.

[53] 同上，54。

[54] In an appendix to the *Ninth Bridgewater Treatise*, 巴贝奇回顾说，自牛顿以来，哲学家们"偶尔会猜测存在某种更全面的规律，而重力本身就是这种规律的结果"(179)。

[55] Poe, *Eureka*, 89; Barbara Cantalupo, "Preludes to *Eureka*: Poe's 'Absolute Reciprocity of Adaptation' in 'Shadow' and 'The Power of Words,'" *Poe Studies/Dark Romanticism* 29, no. 1 (1996): 17–21.

[56] Poe, *Eureka*, 64–65. 在水星轨道内形成的新行星可能带来"陆地表面的新变化"，从而产生"在物质和精神上都比人类优越的种族"(同上，65)。

[57] Edward Robert Harrison, *Darkness at Night: A Riddle of the Universe* (Cambridge, Mass.: Harvard University Press, 1987); P. S. Wesson, "Olbers' Paradox in Astronomy: History, Nature, and Resolution," *Science Progress* (1989): 133–46; Stanley Jaki, *The Paradox of Olbers' Paradox* (New York: Herder and Herder, 1972).

[58] Poe, *Eureka*, 75. The Levines' edition of *Eureka* discusses Nichol's use of Olbers, 150n181; Stamos compellingly argues that "Poe's solution to Olbers's paradox is the key to understanding the science of Poe's cosmology in *Eureka*" (*Edgar Allan Poe, "Eureka," and Scientific Imagination*, 217).

[59] Poe, *Eureka*, 104.

[60] 关于印度教或佛教可能带来的影响，详见 Carol Maddison, "Poe's *Eureka*," *Texas Studies in Literature and Language* 2, no. 3 (1960): 366–67; Alan Hodder, "Asian Influences," in Myerson, Petrulionis, and Walls, *Oxford Handbook of Transcendentalism*, 27–37; David Schmit, "The Mesmerists Inquire About 'Oriental Mind Powers': West Meets East in the Search for the Universal Trance," *Journal of the History of the Behavioral Sciences* 46, no. 1 (2010): 1–26。

[61] Erasmus Darwin, *The Botanic Garden: A Poem in Two Parts Containing the Economy of Vegetation* (London: Jones, 1825), 62, cited and discussed in Scholnick, Poe's "*Eureka*," 61–71.

[62] Sean Moreland, "Some Power Unseen," unpublished MS.

[63] Poe, "Mystery of Marie Rogêt," 198.

[64] 尽管传达了令人欣慰的信息，坡的周期性愿景与孔多塞、边沁、普里斯特利、孔德和许多19世纪的历史哲学家所认为的向上进步的观点不同。

[65] 《尤里卡》中的神学信息对当时的读者而言很重要，尽管如今不受重视，详见 exceptionally Marilynne Robinson, "On Edgar Allan Poe," *New York Review of Books*, Feb. 5, 2015, 4–6; and Harry Lee Poe, *Evermore: Edgar Allan Poe and the Mystery of the Universe* (Waco, Tex.: Baylor University Press, 2012)。《尤里卡》的背景不仅包括浪漫主义和激进科学，还包括围绕《遗迹》展开的关于无神论、神论和自愿主义的讨论；其泛神论与有关歌德、斯宾诺莎、谢林和黑格尔以及他

们的评论家柯尔律治、卡莱尔和爱默生的讨论产生了共鸣。Tracey Matysik, "Spinozist Monism: Perspectives from Within and Without the Monist Movement," in *Monism*, ed. T. H. Weir (New York: Palgrave Macmillan, 2012), 107–34; Pierre Macherey, "Un chapitre de l'histoire du panthéisme: La religion Saint–Simonienne et la réhabilitation de la matière," in *Philosophie de la nature*, ed. Olivier Bloch (Paris: Publication de la Sorbonne, 2000), 357–66; on the tensions and public transformations of public religion, see John Lardas Modern, *Secularism in Antebellum America* (Chicago: University of Chicago Press, 2011).

[66] 玛丽·路易斯·休的朋友，神学学生小约翰·亨利·霍普金斯回忆道："我尽我所能，劝说他省略最后对泛神论的大胆声明，因为这对讲座的完整性和美感来说无关紧要。但我很快就发现，那是整个讲座中他最喜欢的部分；然后我们就泛神论的问题进行了相当多讨论。有时，他的语气和举止都很平静，尽管随着我们讨论的展开而慢慢发生变化；直到最后，他苍白瘦弱的脸庞和宽阔的眉毛上闪过一丝轻蔑，一种傲气，就像弥尔顿笔下的撒旦一样；一种奇异激动瞬间让他瘦小的身躯紧绷，又放松了。他感叹道：'我的天性对宇宙中存在比我更高的存在这一想法十分反感！'当时我就知道，进一步争论是没有用的。" Hopkins to Shew, Feb. 9, 1873, in *TPL*, 731.

[67] 关于坡的分离与结合模式的心理和历史层面，详见 J. James Livingston, "Subjectivity and Slavery in Poe's Autobiography of Ambitious Love," *Psychohistory Review* 21, no. 2 (1993): 175–96。

[68] W. C. Harris, "Edgar Allan Poe's *Eureka* and the Poetics of Constitution," *American Literary History* 12, no. 1/2 (2000): 1–40; Greeson, "Poe's 1848"; Susan Manning, "'The Plots of God Are Perfect': Poe's Eureka and American Creative Nihilism," *Journal of American Studies* 23, no. 2 (1989): 235–51; Matthew Taylor, *Universes Without Us: Posthuman Cosmologies in American Literature* (Minneapolis: University of Minnesota Press, 2013).

[69] Poe to George W. Eveleth, Feb. 29, 1848, in Ostrom, 2:650.

[70] Poe, "Fifty Suggestions (Part I)," *Graham's*, May 1849, 317–19.

[71] Freeman Hunt, *Hunt's Merchants' Magazine*, Aug. 1848, in *TPL*, 747.

[72] *Brooklyn Daily Eagle*, July 31, 1848.

[73] Nathaniel Willis, "Mr. Poe's Eureka," *New York Home Journal*, Aug. 12, 1848, 3, in *TPL*, 746–51.

[74] *Daily Tribune*, Aug. 3, 1848, in *TPL*, 751.

[75] *New Church Repository*, Aug. 1848, in *TPL*, 748.

[76] John H. Hopkins, review of *Eureka*, by Poe, *Literary World*, July 29, 1848, in *TPL*, 745–46.

[77] T. D. English, *John-Donkey*, Aug. 12, 1848, in *TPL*, 752.

[78] Welsh, "Value of Analogical Evidence."

[79] *Boston Journal*, Feb. 12, 1848, in *TPL*, 724.

[80] 奥姆斯比·米歇尔似乎是这种职业化转变的一个例外——一个专业天文学家，因其机构而颇有名气，同时也进行一些受欢迎的讲座，然而，米歇尔 1847 年的讲座正是为了赚取资金重建他的机构即辛辛那提天文台，该机构在一场大火中被毁。Robert Scholnick, "'The Password Primeval': Whitman's Use of Science in 'Song of Myself,'" *Studies in the American Renaissance* (1986): 385–425.

[81] Sally Kohlstedt, "Creating a Forum for Science: AAAS in the Nineteenth Century," in *The Establishment of Science in America: 150 Years of the American Association for the Advancement of Science*, ed. Sally Kohlstedt, Michael Mark Sokal, and Bruce V. Lewenstein (New Brunswick, N.J.: Rutgers University Press, 1999), 7–49.

[82] Maury's oceanography had already earned recognition from the BAAS, Arago, and Humboldt, and a favorable review from Poe.

[83] On clashes between Maury and Bache, 见 Steven J. Dick, *Sky and Ocean Joined: The US Naval Observatory, 1830–2000* (Cambridge, U.K.: Cambridge University Press, 2003); Walls, *Passage to Cosmos*, 142–45; and Grady, *Matthew Fontaine Maury*, 96–98, 112–17。

［84］ Dana Nelson, *National Manhood: Capitalist Citizenship and the Imagined Fraternity of White Men* (Durham, N.C.: Duke University Press, 1998), which examines nineteenth-century scientific sociability in part through Christopher Newfield's compelling concept of "corporate individualism," in *The Emerson Effect: Individualism and Submission in America* (Chicago: University of Chicago Press, 1996). "丐团" 一词有效描述了贝奇在19世纪50年代初形成的小团体, 尽管这个团体的一致性和持久性可能 会被高估。Mark Beach, "Was There a Scientific Lazzaroni?," in *Nineteenth-Century American Science: A Reappraisal*, ed. Nathan Reingold and George Daniels (Evanston, Ill.: Northwestern University Press, 1972), 115 – 32.

［85］ Kohlstedt, *Formation of the American Scientific Community*, 96.

［86］ Draft copy of AAAS address, n.d., for outgoing Presidential Address, 1851, quoted in Kohlstedt, *Formation of the American Scientific Community*, 109; 见 Jansen, Alexander Dallas Bache, 238 – 47.

［87］ 诺特和彼得·布朗尼在查尔斯顿发表演讲, 利用莫顿的头骨、格利登的木乃伊和头发样本; 阿加西提供了虔诚的支持。在会议记录出版时, 亨利决定使用史密森尼学会的出版社出版关于藻类的书籍, 而不是布朗关于毛发的研究; 贝奇在谈到布朗的演讲和阿加西兹的回应时说道: "会议结束时的讲话实在太受欢迎了, 不需要印刷出来。"(Bache to Lewis Gibbes, May 30, 1850, Lewis Gibbes Papers, Library of Congress, quoted in Stanton, *Leopard's Spots*, 154); Kohlstedt (*Formation of the American Scientific Community*, 112 – 13) describes Bache steering Agassiz away from race science to avoid public excitement and controversy; Lurie, *Agassiz*, 260, 257 – 71.

［88］ Poe, "The Colloquy of Monos and Una," *Graham's*, Aug. 1841, 52 – 54.

［89］ Poe to Clemm, July 7, 1849, in Ostrom, 2:820.

17　陨落的星辰

［1］ Poe to Nathaniel Willis, Jan. 22, 1848, Ostrom, 2:359.

［2］ Sarah Helen Whitman, *New York Home Journal*, March 18, 1848, in John E. Reilly, "Mrs. Whitman's Poems to Poe," in "Poe in Imaginative Literature" (PhD diss., University of Virginia, 1965), 187, eapoe . org.

［3］ Lynch to Whitman, March 10, 1848, in *TPL*, 728.

［4］ Poe, "To Helen," LOA, 95 – 7.

［5］ Osgood to Whitman, March 26, 1848, quoted in Caroline Ticknor, *Poe's Helen* (New York: C. Scribner's Sons, 1916), 48, in *TPL*, 729 – 30.

［6］ John R. Thompson quoted by Thomas Dimmock, "Notes on Poe," *Century Magazine*, June 1895, 316, in TPL, 749.

［7］ 坡在给玛丽亚·克莱姆的信中提到, 前年曾向约翰·蒙库雷·丹尼尔提出挑战, ca. Aug. 28 – 29, 1849, Ostrom 2:830; 丹尼尔自己后来写道: "成千上万的人看到他(即, 坡)在这个城市的街道上喝醉了……处于一种接近狂躁的状况。他一尝到酒的味道, 就很少停下, 直到喝尽兴为止…… 他的酒量不过是一种简单疾病——既不是因为快乐, 也不是因为兴奋。" *Richmond Semi-Weekly Examiner*, Oct. 19, 1849, in *TPL*, 750.

［8］ Thompson, in Dimmock, "Notes," 316, *Richmond Semi-Weekly Examiner*, Oct. 19, 1849, in *TPL*, 750.

［9］ Poe to Whitman, Oct. 1, 1848, in Ostrom, 2:696.

［10］ Poe to Whitman, Oct. 1, 1848, Ostrom, 2:382 – 91.

［11］ Poe, quoting Whitman's letter back to her, Oct. 1, 1848, in Ostrom, 2:696.

［12］ Poe to Whitman, Oct. 1, 1848, in Ostrom, 2:700.

［13］ 一位见多识广的博客作者对南希·里奇蒙德的信件以及包括惠特曼在内的其他记述提出了合理怀疑。这些记述导致了坡的神话中一些更戏剧化方面的出现。对这些情节的明晰重述将最受欢迎, 因为这位博客作者对坡整体形象的勾勒——强调哲学深度、理想主义和原则复杂性, 是本书所赞同的一点。

注释

[14] Whitman to J. H. Ingram, Oct. 25, 1875, in *TPL*, 766.
[15] Whitman to Ingram, March 20, 1874, in *TPL*, 767.
[16] Whitman to Mary Hewitt, Sept. 25 or 27, 1850; AHQ, 584.
[17] Whitman to Ingram, March 20, 1874, in *TPL*, 767.
[18] Whitman to Ingram, March 16, 1874, in *TPL*, 768.
[19] Whitman to Hewitt, Sept. 27–28, 1850; Whitman, "To Arcturus," *TPL*, 768. This poem was collected in her *Hours of Life, and Other Poems* (Providence: G. H. Whitney, 1853).
[20] Poe to Whitman, Nov. 24, 1848, in Ostrom, 2:730.
[21] Poe to Whitman, Dec. 16, 1848, in Ostrom, 2:741.
[22] Poe as quoted by Mary Hewitt, letter to Sarah Whitman, Oct. 2, 1850, in *TPL*, 778.
[23] Whitman to Ingram, July 21, 1874, in *TPL*, 767; "Poe and Whitman".
[24] Mrs. Whitman recalls her last day with Poe, Dec. 23, 1848, in a letter to Hewitt, Sept. 27–28, 1850, in *TPL*, 780.
[25] LOA, 98–100.
[26] *New York Home Journal*, April 28, 1849. 1848 年春天，坡还在玛丽·路易斯·休的帮助下创作了《钟声》。这首诗将一种不寻常的、重复的节奏与强调并有时延伸其字词传统意义的音乐结合在一起，重现了《乌鸦》的力量——字词的声音"叮叮当当"指向超越它们自身的现实；关于坡诗学中有意为之且古怪的音乐，详见 Jerome McGann, *The Poetry of Edgar Allan Poe: Alien Angel* (Cambridge, Mass.: Harvard University Press, 2014), 169–82。
[27] Poe to Annie Richmond, Jan. 21 (?), 1849, in Ostrom 2:419.
[28] Poe, "Eldorado," LOA, 101.
[29] Poe to Willis, April 20, 1849, in Ostrom, 2:790–91.
[30] Poe, "X-ing a Paragrab," *Flag of Our Union*, May 12, 1849, 2.
[31] Poe, "Mellonta Tauta," *Godey's Lady's Book*, Feb. 1849, 133–38.
[32] Poe to Lowell, July 2, 1844, in Ostrom, 1:449.
[33] Poe, "Von Kempelen and His Discovery," *Flag of Our Union*, April 14, 1849.
[34] Poe to Duyckinck, March 8, 1849, in Ostrom, 2:786.
[35] Poe, "Hop-Frog; or, The Eight Chained Ourang-Outangs," *Flag of Our Union*, March 17, 1849.
[36] Poe to F. W. Thomas, May 4, 1845, in Ostrom, 1:504.
[37] In Dayan's reading, "What Mabbott regards as 'a terrible exposition of the darkness of a human soul' is Poe's envisioned revenge for the national sin of slavery"; "Amorous Bondage," 258. 关于坡在奴隶制和帝国战争中对民族良知的探究，详见 Kadir Djelal, "Edgar Allan Poe: America's Conscience and Epistemic Anxiety," in *Poe Alive in the Century of Anxiety*, ed. Luisa Juárez (Madrid: Instituto Franklin, 2010), 17–30。
[38] For related commentary on "Hop-Frog," see Levin, *Power of Blackness*, 122; Louis D. Rubin Jr., *The Edge of the Swamp: A Study in the Literature and Society of the Old South* (Baton Rouge: Louisiana State University Press, 1989), 183–89. Paul Gilmore associates "Hop-Frog" with Barnum's "What Is It?" exhibition, featuring the acrobat Harvey Leach as the taxonomically unsettling "wild-man of the prairies," in *The Genuine Article: Race, Mass Culture, and American Literary Manhood* (Durham, N.C.: Duke University Press, 2001), 106.
[39] Poe, "Annabel Lee," in LOA, 102–3. 对西尔弗曼而言，"坡承诺永远记住她少女时的美丽，以及他很高兴能与她一起早逝，安娜贝尔·李代表了他爱过和失去的所有女人"(*Mournful*, 401–2)。
[40] Clemm to a friend, July 9, 1849; AHQ, 619.
[41] Recollection of George Lippard, quoted in T. C. Duncan Eaves, "Poe's Last Visit to Philadelphia," *American Literature* 26, no. 1 (1954): 46–47, in *TPL*, 817.

[42]　John Sartain in Silverman, *Mournful*, 416 – 7.
[43]　Poe to Clemm, July 7, 1849, in Ostrom, 2:820 – 21.
[44]　Poe to Patterson, July 19, 1849, in Ostrom, 2:828; Aug. 7, 1849, in Ostrom, 2:829 – 30; Patterson to Poe, Aug. 21, 1849, eapoe . org.
[45]　Silverman, *Mournful*, 97.
[46]　AHQ, 624. *Temperance Banner announces Poe's initiation*, Aug. 31, 1849, in *TPL*, 830.
[47]　Susan A. T. Weiss, "The Last Days of Edgar A. Poe," *Scribner's*, March 1878, 709.
[48]　Royster to Clemm, Sept. 22, 1849; AHQ, 634.
[49]　同上。
[50]　*Richmond Whig*, Aug. 21, 1849, in *TPL*, 826.
[51]　Poe, *Sartain's Union Magazine*, Oct. 1850, 231 – 39.
[52]　Poe to Charles Fenno Hoffman, Sept. 20, 1848, Ostrom 2: 380, a letter explaining and defending *Eureka*.
[53]　Percy Shelley, "To — " ("One word is too often profaned"), in Posthumous Poems of Percy Bysshe Shelley (London: John and Henry L. Hunt, 1824), 200. 珀西·雪莱的这首诗采用了一种虔诚的、超脱尘世的爱的形式，是写给简·威廉姆斯的，她的丈夫爱德华·威廉姆斯在 1822 年与珀西·雪莱一起在意大利海岸沉船淹死。
[54]　Edward V. Valentine, sharing reminiscences of his brother William W. Valentine in letter to J. H. Ingram, Sept. 28, 1874, in *TPL*, 841.
[55]　Weiss, "Last Days of Poe," 712.
[56]　Poe to Clemm, ca. Aug. 28 – 29, 1849, in Ostrom, 2:830 – 31.
[57]　Weiss, "Last Days of Poe," 713 – 14; AHQ, 636.
[58]　Royster to Clemm, Oct. 11, 1849, in *TPL*, 843.
[59]　AHQ, 637; Matthew Pearl, in *The Poe Shadow: A Novel* (New York: Random House, 2006), argues against this Philadelphia trip, citing a record for a letter sent to Poe from Maria Clemm, received poste restante, which Poe never claimed.
[60]　William Hand Browne to J. H. Ingram, Jan. 13, 1909, in *TPL*, 844.
[61]　Joseph W. Walker to Snodgrass, Oct. 3, 1849, in *TPL*, 844.
[62]　Joseph E. Snodgrass, "Death and Burial of Edgar A. Poe," *Life Illustrated* (New York), May 17, 1856, 24, in *TPL*, 844 – 45.
[63]　Moran to Clemm, Nov. 15, 1849, in *TPL*, 846.
[64]　The attending physician, John Moran, described Poe's cries in a letter to Maria Clemm; issues surrounding this report, and other facts pertaining to Poe's death, are critically scrutinized by William T. Bandy in "Dr. Moran and the Poe–Reynolds Myth," in Benjamin Franklin Fisher, ed., *Myths and Reality: The Mysterious Mr. Poe* (Baltimore: The Edgar Allan Poe Society, 1987), 26 – 36.
[65]　Reverend Clemm to E. R. Reynolds, Feb. 20, 1889, in *TPL*, 848.
[66]　Henry Herring, in Woodberry, *Life*, 2:448, and *TPL*, 848.
[67]　George P. Clark, "Two Unnoticed Recollections of Poe's Funeral," *Poe News-letter* 3, no. 1 (June 1970): 1 – 2, in *TPL*, 848.
[68]　Griswold, cited in James A. Harrison, *Complete Works of E. A. Poe* (New York: Thomas Crowell & Co., 1902) 1:359.
[69]　R. W. Griswold, writing as "Ludwig," *Daily Tribune*, Oct. 9, 1849, reprinted in *Weekly Tribune*, Oct. 20, 1849; *Richmond Enquirer*, Oct. 13, 1849; Saturday Evening Post, Oct. 20, 1849, in *TPL*, 849.
[70]　*New York Herald*, Oct. 9, 1849, in *TPL*, 850.
[71]　*Richmond Whig*, Oct. 9, 1849, in *TPL*, 851.
[72]　Cornelia Wells Walter, *Evening Transcript*, Oct. 9, 1849, in *TPL*, 851.

［73］ Kennedy, diary entry, Oct. 10, 1849, in *TPL*, 852.
［74］ Wilmer, *Merlin, Baltimore, 1827*, 25; AHQ, 654‑55.
［75］ Longfellow, quoted in *SLM* 15, no. 11 (Nov. 1849); AHQ, 655.
［76］ N. P. Willis, *Home Journal*, Oct. 13, 1849, in E. C. Stedman and G. E. Woodberry, eds. *The Works of Edgar Allan Poe* (1895)——Vol. X: Poems (Chicago: Stone and Kimball, 1895), 10:242‑3.
［77］ Neilson Poe to Clemm, Oct. 11, 1849, Original Autograph MS, Enoch Pratt Library; AHQ, 643.
［78］ Clemm to Richmond, Oct. 9, 1849, in *TPL*, 850.
［79］ Richmond to Clemm, Oct. 10, 1849, in *TPL*, 854.
［80］ Griswold, Oct. 31, 1849, Original Autograph MS, Harvard University Library; AHQ, 660.
［81］ Griswold, in *Works of the Late Edgar Allan Poe*, 3:vii‑xxxix.
［82］ Griswold, "Memoir of the Author"; AHQ, 673.
［83］ For example, the "Spiritual trance-speaker," Lizzie Doten, whose *Poems of the Inner Life* (Boston: William White, 1863) included six new poems first recited "under the direct influence" of Poe, including "Resurrexi," "The Streets of Baltimore," and "Farewell to Earth."
［84］ Death by brain tumor was argued by Leon Neyfakh, "Poe's Mysterious Death: The Plot Thickens!," *New York Observer*, Oct. 16, 2007, in agreement with Pearl in *Poe Shadow*; the Baltimore cardiologist Michael Benitez's observations were reported in "Poe's Death Is Rewritten as Case of Rabies, Not Telltale Alcohol," *New York Times*, Sept. 15, 1996; John Evangelist Walsh (author of the Osgood-Poe potboiler *Plumes in the Dust*) speculates he was murdered, in *Midnight Dreary: The Mysterious Death of Edgar Allan Poe* (New York: Macmillan, 2000); Natasha Geiling, "The (Still) Mysterious Death of Edgar Allan Poe," *Smithsonian Magazine*, Oct. 7, 2014; Scott Peeples, *The Afterlife of Edgar Allan Poe* (Woodbridge: Boydell & Brewer, 2004), 155‑64.

结束语　来自一座灯塔

［1］ *North American Review* 83 (Oct. 1856): 427‑55; AHQ, 685; for incisive reflections on recurrent moral critiques (and misreadings) of Poe, 见 Paul Lewis, "From Emerson to Edmundson: The Case Against Poe," *EAPR*, 11, no. 2 (2010): 73‑84。
［2］ F. O. Matthiessen, *American Renaissance: Art and Expression in the Age of Emerson and Whitman* (Oxford: Oxford University Press, 1941); F. O. Matthiessen, "Poe," *Sewanee Review* 54, no. 2 (1946): 175‑205. 马修森对玛格丽特·富勒的关注更少，对弗雷德里克·道格拉斯甚至毫不关心。关于接下来美国文学的精品，详见 Kermit Vanderbilt, American Literature and the Academy: *The Roots, Growth, and Maturity of a Profession* (Philadelphia: University of Pennsylvania Press, 1986), 501; Gerald Graff, *Beyond the Culture Wars: How Teaching the Conflicts Can Revitalize American Education* (New York: W. W. Norton, 1993); on Poe's eventual canonization, 见 Jerome McGann, "Literary History and Editorial Method: Poe and Antebellum America," *New Literary History* 40, no. 4 (2009): 825‑42。
［3］ D. H. Lawrence, *Studies in Classic American Literature* (New York: Thomas Seltzer, 1923), 93.
［4］ Lois Davis Vines, *Poe Abroad: Influence, Reputation, Affinities* (Iowa City: University of Iowa Press, 2002), Kafka on 204; Martin Ray, *Joseph Conrad: Memories and Impressions* (Boston: Brill Rodopi, 2007), 8.
［5］ Roberto Bolaño, "Advice on the Art of Writing Short Stories," in B*etween Parentheses: Essays, Articles, and Speeches, 1998–2003* (New York: New Directions, 2011), 350‑70; Emron Esplin, "Poe and His Global Advocates," in Kennedy and Peeples, *Oxford Handbook*, 597‑617.
［6］ Alfred Russel Wallace, *Edgar Allan Poe: A Series of Seventeen Letters Concerning Poe's Scientific Erudition in Eureka and His Authorship of Leonainie* (New York: privately printed, 1904).
［7］ Jonathan Elmer, "Peirce, Poe, and Protoplasm," *PS* 52, no. 1 (2019): 29‑49; Eco and Sebeok, *Sign of*

Three.

[8] Matthew Stanley, *Practical Mystic: Religion, Science, and A. S. Eddington* (Chicago: University of Chicago Press, 2007).

[9] Eddington to Quinn, Sept. 29, 1940; AHQ, 555‐56.

[10] Einstein to Gimbel, 1933, Gimbel Collection, Free Library of Philadelphia. Einstein wrote, "*Eine sehr schöne Leistung eines ungewöhnlich selbständigen Geistes.*"

[11] Einstein to Quinn, Aug. 6, 1940, Quinn Papers, University of Pennsylvania; 见 René van Slooten, "Edgar Allan Poe——Cosmologist?," *Scientific American Blog*, Feb. 1, 2017。

[12] To Georges Lemaître, Einstein wrote, "Your calculations are correct, but your physics is atrocious," quoted in Andre Deprit, "Monsignor Georges Lemaître," in *The Big Bang and Georges Lemaître*, ed. A. Barger (Dordrecht: Reidel, 1984), 370.

[13] Paolo Molaro and Alberto Cappi, "Edgar Allan Poe: The First Man to Conceive a Newtonian Evolving Universe," arXiv preprint, arXiv:1506.05218, 2015; Alberto Cappi, "Edgar Allan Poe's Physical Cosmology," *Quarterly Journal of the Royal Astronomical Society* 35 (1994): 177‐92.

[14] Harrison, *Darkness at Night*.

[15] "Über die Möglichkeit einer Welt mit konstanter negativer Krümmung des Raumes," *Zeitschrift für Physik* 21, no. 1 (1924): 326‐32. 在一次热气球旅行达到创纪录高度几个月后，弗里德曼于1925年去世，享年37岁。Tom Siegfried, *Strange Matters: Undiscovered Ideas at the Frontiers of Space and Time* (Washington, D.C.: Joseph Henry Press, 2002), 118‐22; on Friedmann and Poe, 见 Cappi, "Poe's Physical Cosmology"。

[16] Georges Lemaître, "The Beginning of the World from the Point of View of Quantum Theory," *Nature* 127, no. 3210 (1931): 706.

[17] Paul Valéry in "Au sujet d'*Eureka*," in Cantalupo, "*Eureka*: Poe's 'Novel Universe,'" 329. Jimena Canales, *The Physicist and the Philosopher: Einstein, Bergson, and the Debate that Changed Our Understanding of Time* (Princeton: Princeton University Press, 2016).

[18] Cappi, "Poe's Physical Cosmology," 188n50; Stamos, *Edgar Allan Poe, "Eureka," and Scientific Imagination*, 219, notes the similarity to Penrose's cyclical universe (Roger Penrose, *Cycles of Time: An Extraordinary New View of the Universe* [New York: Random House, 2010]) and connections to string theory (van Slooten, "Edgar Poe——Cosmologist?"); 科学哲学家斯塔莫斯将坡描述为一位鼓舞人心的科学美学家和想象力理论家。Mary-Jane Rubinstein, *Worlds Without End: The Many Lives of the Multiverse* (New York: Columbia University Press, 2014), and John Gribbin, *In Search of the Multiverse: Parallel Worlds, Hidden Dimensions, and the Quest for the Frontiers of Reality* (New York: Wiley, 2010); David Kaiser, *Quantum Legacies: Dispatches from an Uncertain World* (Chicago: University of Chicago Press, 2020).

[19] James Gleick, *The Information: A History, a Theory, a Flood* (New York: Vintage, 2011), 120, 171, 217, 375, on Poe and codes, Babbage, and information metaphysics.

[20] Douglass, "Claims of the Negro, Ethnologically Considered," 2:507. On the deep entanglement of post-war molecular biology and eugenics, 见 Daniel Kevles, *In the Name of Eugenics: Genetics and the Uses of Human Heredity* (Cambridge, Mass.: Harvard University Press, 1995).

[21] Beyond the similarity between Barnum's *Art of Money Getting* and Donald Trump's *Art of the Deal*, in a 2016 interview Trump embraced the comparison, saying: "我们很需要P·T·巴纳姆，因为我们必须建立我们国家的形象。" *Meet the Press*, NBC, Dec. 30, 2016.

[22] 在这种解释中，坡的哲学既坚持真理，又坚持矛盾的必然性和质疑的持久性；他的哲学通过提出一个非还原性单一现实概念（存在模式的多重性，包含在一个不可言喻的"神圣的精神"中——这相当于"虚无"，正如G·R·汤普森在《统一、死亡和虚无》中强调的那样），承认科学家、神秘主义者和艺术家所构成的现实存在。坡和黑格尔和谢林一样，展开讨论了斯宾诺莎

的参与性"泛神论"和莱布尼茨的透视主义，但没有线性展开。柏格森和怀特海的过程哲学提供了有用的比较对象，因为他们承认经验和数学科学的力量，同时将它们嵌入一个虽然难以捉摸，但颇为重要的整体之中，正如皮尔斯的进化宇宙论和詹姆斯的"多元世界"。换而言之，丹尼尔·霍夫曼在 *Poe, Poe, Poe, Poe, Poe, Poe, Poe* 中发现的多重性并不仅限于坡的性格和风格；它也适用于坡对现实的多元化观点。此外，正如坡所认识到的那样，他对自然和知识的看法，像其他任何真理一样，与其实现和表达的具体场合、器官和媒介联系在一起。正因如此，只有通过他的人生和所处时代发生的故事才能理解坡那始终不一致的"哲学"。

[23] Variations on this recurrent existential/epistemological/psychological pattern in Poe are explored in, for example, J. Gerald Kennedy, *Poe, Death, and the Life of Writing* (New Haven, Conn.: Yale University Press, 1987); Justin, *Poe dans le champ du vertige;* Robert Shulman, "Poe and the Powers of the Mind," *ELH* 37, no. 2 (1970): 245–62.

[24] Poe, "The Light-House," a name given by Woodberry in 1909, was published for the first time in 1942 and first included in a collection in 1951; three of its four MS sheets (in brown writing on light blue paper) are held at the Houghton Library at Harvard; the first is in the Henry W. and Albert A. Berg Collection of English and American Literature, the New York Public Library. Joyce Carol Oates reimagined the story in "Poe Posthumous: Or, The Light-House" in *Wild Nights!: New Stories* (New York: Harper Collins, 2009); its traces may lurk in Junji Ito's spiral-obsessed Manga, *Uzumaki* (San Francisco: Viz, 2013), and Jeff VanderMeer's *Annihilation* (New York: Farrar, Straus and Giroux, 2014). Late in the writing of this book, Robert Eggers's *The Lighthouse* was released, a visually stunning film based on Poe's fragment.

关于部分缩略语的说明

AHQ 指阿瑟·霍布森·奎因（Arthur Hobson Quinn）的《埃德加·爱伦·坡：批判传记》（*Edgar Allan Poe: A Critical Biography*），创作于 1941 年，1997 年于巴尔的摩由约翰斯·霍普金斯大学出版社（Baltimore: Johns Hopkins University Press）出版。

ATQ 指《美国超验季刊》（*American Transcendental Quarterly*）。

eapoe.org 指巴尔的摩埃德加·爱伦·坡协会网站（The Edgar Allan Poe Society of Baltimore website）。

EAPR 指《埃德加·爱伦·坡评论》（*Edgar Allan Poe Review*）。

LOA 指美国文库（Library of America）的《埃德加·爱伦·坡：诗歌与故事》（*Edgar Allan Poe: Poetry and Tales*），由帕特里克·F. 奎因（Patrick F. Quinn）编纂，1984 年于纽约出版。

Ostrom 指 2 卷本的《埃德加·爱伦·坡书信集》（*The Collected Letters of Edgar Allan Poe*, 2 vols.），先后由约翰·沃德·奥斯特罗姆（John Ward Ostrom）、伯顿·R. 波林（Burton R. Pollin）和杰弗里·A. 萨瓦（Jeffrey A. Savoye）编纂，第 3 版于 2008 年由纽约的戈迪安出版社（Gordian Press）出版。

PS 指《爱伦·坡研究：黑暗浪漫主义》（*Poe Studies / Dark Romanticism*）。

SLM 指《南方文学信使》（*Southern Literary Messenger*）。

TPL 指德怀特·托马斯（Dwight Thomas）和大卫·凯利·杰克逊（David Kelly Jackson）的《坡日志：埃德加·爱伦·坡的纪实生活，1809—1849 年》（*The Poe Log: A Documentary Life of Edgar Allan Poe, 1809—1849*），1987 年由波士顿的 G.K. 霍尔出版社（G.K.Hall）出版。

关于部分资料来源的说明

巴尔的摩埃德加·爱伦·坡协会网站为那些研究爱伦·坡或希望了解更多信息的人提供了非常有价值的服务,可以说是有关爱伦·坡的生活、作品(包括关键的书目信息)、评论和批评的最大的文献库,我非常感谢杰弗里·A. 萨瓦(Jeffrey A. Savoye)创建、维护和更新这个网站。德怀特·托马斯(Dwight Thomas)和大卫·凯利·杰克逊(David Kelly Jackson)的《坡日志:埃德加·爱伦·坡的纪实生活,1809—1849 年》也为研究人员提供了足够丰富的材料。有关坡的不断扩增的学术研究资料使我收获颇丰,包括但不限于阿瑟·霍布森·奎因(Arthur Hobson Quinn)、肯尼思·西尔弗曼(Kenneth Silverman)、杰弗里·迈耶斯(Jeffrey Meyers)、保罗·柯林斯(Paul Collins)、乔治·伍德伯里(George Woodberry)、托马斯·奥利夫·马博特(Thomas Ollive Mabbott)、赫维·艾伦(Hervey Allen)和詹姆斯·哈里森(James Harrison)等人的传记,尽管他们没有在本书中被提及。

当我 1996 年开始在《英国科学史杂志》(*The British Journal for the History of Science*)上发表文章研究爱伦·坡与科学的关系时,关于这个主题的最突出的作品是瓦莱里(Valéry)1921 年的文章、玛格丽特·阿尔特顿(Margaret Alterton)1925 年关于批评理论的著作、卡罗尔·迪伊·莱弗蒂(Carroll Dee Laverty)1951 年的博士论文,以及哈罗德·比弗(Harold Beaver)1976 年为《爱伦·坡的科幻小说》(*The Science Fiction of Edgar Allan Poe*)所作的尾注。此后,我又从芭芭拉·坎塔卢波(Barbara Cantalupo)、保罗·格里姆斯塔(Paul Grimstad)、莫里斯·李(Maurice Lee)、约翰·利蒙(John Limon)、达娜·梅多罗(Dana Medoro)、宫泽直美(Naomi Miyazawa)、肖恩·莫兰(Sean Moreland)、克里斯蒂娜·佩雷斯(Cristina Pérez)、劳拉·萨尔察(Laura Saltz)、罗伯特·肖尼克(Robert Scholnick)、大卫·斯塔莫斯(David Stamos)、苏珊·斯威尼(Susan Sweeney)、勒内·范·斯洛滕(René van Slooten)等人的研究中受益匪浅。

从爱伦·坡与传媒之关联的角度切入,可以为研究爱伦·坡及其所处时代之间的复杂关系提供思路,相关参考资料包括但不限于乔纳森·埃尔默(Jonathan Elmer)、凯文·海斯(Kevin Hayes)、利昂·杰克逊(Leon Jackson)、梅雷迪思·麦吉尔(Meredith McGill)和特伦斯·惠伦(Terrence Whalen)对坡与媒体的研究,以及包括肖恩·罗森海姆(Shawn Rosenheim)和斯蒂芬·拉赫曼(Stephen Rachman)、埃里克·卡尔森(Eric Carlson)、本杰明·富兰克林·费舍尔四世(Benjamin Franklin Fisher IV)、理查德·科普利(Richard Kopley)、凯文·J. 海耶斯(Kevin J. Hayes)[《剑桥伴侣》(*Cambridge Companion*)和《文本中的坡》(*Poe in Context*)]、J. 杰拉德·肯尼迪(J. Gerald Kennedy)和莉莉安·韦斯伯格(Liliane Weissberg)等人的著作,以及最近由肯尼迪和斯科特·皮尔普斯(Scott Peeples)编写的总集《埃德加·爱伦·坡牛津研究手册》(*Oxford Handbook of Edgar Allan Poe Studies*),对相关历史信息进行了详细的介绍。

关于 19 世纪的美国科学,详见本书开篇的相关注释。